华中师范大学中国
近代史研究所丛刊

东西文化非常的碰撞

『黄祸论』及人种学的近代中国人对的回应

罗福惠 著

北京大学出版社
PEKING UNIVERSITY PRESS

图书在版编目（CIP）数据

非常的东西文化碰撞：近代中国人对"黄祸论"及人种学的回应/罗福惠著.—北京：北京大学出版社，2018.3

（华中师范大学中国近代史研究所丛刊）

ISBN 978－7－301－29157－3

Ⅰ.①非… Ⅱ.①罗… Ⅲ.①种族歧视—研究 Ⅳ.①D066

中国版本图书馆 CIP 数据核字（2017）第 328909 号

书　　　　名	非常的东西文化碰撞：近代中国人对"黄祸论"及人种学的回应 FEICHANG DE DONGXI WENHUA PENGZHUANG
著作责任者	罗福惠　著
责 任 编 辑	刘书广　陈　甜
标 准 书 号	ISBN 978－7－301－29157－3
出 版 发 行	北京大学出版社
地　　　　址	北京市海淀区成府路 205 号　100871
网　　　　址	http://www.pup.cn　新浪微博：@北京大学出版社
电 子 信 箱	pkuwsz@126.com
电　　　　话	邮购部 62752015　发行部 62750672　编辑部 62755217
印 刷 者	三河市北燕印装有限公司
经 销 者	新华书店
	965 毫米 × 1300 毫米　16 开本　22 印张　300 千字
	2018 年 3 月第 1 版　2018 年 3 月第 1 次印刷
定　　　　价	59.00 元

华中师范大学中国近代史研究所丛刊

总 序

华中师范大学中国近代史研究所(原名"历史研究所"),是报经原国家教委批准,创立于 1984 年的高校专门研究机构。著名历史学家章开沅先生系首任所长,继任者为刘望龄、罗福惠、严昌洪三位教授,现由朱英教授任所长,章开沅教授任名誉所长。2000 年,研究所被教育部评审为高等学校人文社会科学重点研究基地,随之改名为"中国近代史研究所",并创办所刊——《近代史学刊》。

本所是我国恢复学位制度后,由国务院学位委员会批准成为首批具有硕士和博士学位授予权的研究单位。多年来,已培养了一批又一批博士和硕士,其中不少人已成为国内外知名学者。1988 年,又被批准成为当时为数甚少的首批中国近现代史国家重点学科。其后历经两次评审,现仍然是我国高等学校为数不多的中国近现代史国家重点学科之一。研究所的主要研究方向为中国近现代政治史、中国近现代社会经济史、中国近现代思想文化史,另设有中国商会史研究中心、东西方文化交流研究中心(其前身是 1994 年成立的中国教会大学史研究中心)、章开沅东西方文化交流学术基金。此外,全国性的学术团体——辛亥革命史研究会也一直挂靠在本所。

近 30 年来,在教育部社科司和华中师范大学的大力支持下,研究所建立后在各个方面都不断获得迅速发展。例如科研条件得到明显改善,包括研究所迁入新址,每位研究人员都配有宽敞明亮的研究室;研究所资料中心建设每年投入数十万元;各项科研设备也日趋现代化。除此之外,研究所专职人员也从最初不到 10 人扩展为现今的 20 人,特别是一批 30 余岁的年轻教授和副教授,已成为研究人员中的学术骨干,另还有多名兼职研究人员。这样的科研条件与人员规模,在国内高校的研究所中并不多见。与此同时,本所研究人员取得的科研成果也与日俱增;在出版方面,研究所给予了各方面的支持,但并没有以"研究所丛刊"的名义推出,而是由研究者自行联系海内外出版社出版。

海峡两岸的北京中国社会科学院近代史研究所、台北"中央研究院"近代史研究所都出版有专刊,尤其是台北近史所的专刊,已有较长的出版历史,刊行了大量受到学界重视与好评的专著。中国社科院近代史研究所的专刊,起步虽晚(始于 2003 年),出版的专著也为数不多,但具有很高的学术水准,同样受到国内外学者的关注与好评。华中师范大学的中国近代史研究所,自然无法与研究力量十分雄厚的前述两处近代史研究所相比较,但却希望以其为榜样,尽力提高我们的学术水平,形成我们的研究特色,为中国近现代史研究贡献绵薄之力。为此,在本所全体同仁的倡议之下,我们也决定出版自己的学术丛刊,并且这一计划很快得到了北京大学出版社的支持,给予我们极大鼓励。

丛刊主要是收录华中师范大学教师撰写的学术专著,但少量优秀的博士学位论文也酌情收入。凡提交丛刊的著作,由研究所学术委员会予以审核和认定,必要时还将聘请校外专家审阅,达到规定之学术水平的著作才能纳入丛刊出版。根据出版协议和丛刊著作入选程序之规定,在一般情况下,丛刊每年将推出二本学术专著。为了保证丛刊的学术水准,我们将以宁缺勿滥为原则,出版物数量并不做硬性规定。

我们希望通过研究所全体同仁的共同努力,在北京大学出版社的鼎力支持下,丛刊能够连续不断地坚持出版,由此积少成多,滴水成河。并希望得到海内外近代史学界朋友们的批评和指正。

朱　英

2011 年 4 月 15 日于武昌华中师大

目录

引　言

　　西方文化的古老源头有希腊和希伯来精神。而"两希"精神共同的特色之一是对人类(实指自我)无法避免的"命运"的预言。预言原本是"神启"或由"祭司"表达出来的对自己可能遭遇厄运的忧患意识，此后西方历代的"智者"和思想家都带有这种特征。所谓"黄祸"就是对来自外部灾祸的预言；所谓"白种人的衰落"和"欧洲的没落"，则是对出自内部灾难的预言。此类预言对于人们思想的影响，并不在于预言实现与否或者以某种变形实现，而是首先在于使人产生忧患和惕怵，或先发制人预杜外部可能出现的所谓灾祸，或设法疗治自身、提高和改善自己应对灾祸的能力。预言、历史记忆、现实感受三者结合，从消极面来说会使"灾祸"的阴影挥之不去；从积极面来说，则有可能转化为持续不断的进取力。

　　近现代的西方人既然以支配世界、按照其价值观安排世界的等级秩序为"使命"，就决定了他们尽管对别人知之不多不深，却依然要说三道四、指手划脚。自古希腊开始的"好辩"传统一脉相承，使得西方的政治领导人和外交家一般都辩才无碍，而现代化的社会更造就了一大批或专门"生产思想"、或以舞文弄墨为职的才俊之士，普及的教育和发达的舆论，更有助于将各种学说、观点、思想传播给大众。这当中当然有许多真知灼见，但也会有谬误、偏见和谎言。在东方人尤其是中国人看来是子虚乌有、不值一驳的"黄祸论"，在西方世界却长期占有一定的市场，其中应有多种原因。

　　"黄祸"由欧洲人对中世纪的一个历史记忆，到19世纪后期发展成为引人注目的思想学说，显然与当时欧美国家各种"学说"的发达有关。我们阅读西方有关"黄祸论"的著作或论文,即可发现"黄祸论"者论说的根本依据或具体问题的分析方法,广泛运用并涉及哲学、历史学、地理学、社会学、语言学、民族学、心理学、人种学、政治学等学科。具体地说是涉及知识论与思维方法、人性论、人口论、进化论、国民经济学说、贸易和币值理论、地缘政治理论、外交学说、军事与战争学说等等。反映出当时的西方不仅具有巨大的政治、经济、军事优势,而且也是各种"学说"、思想、舆论的产生和发散中心。用今天的话说,就是西方掌握了"话语霸权"。

(一)历史记忆与现实焦虑的倒错重叠

自有人类就有各种矛盾冲突,而矛盾冲突最严重的形式就是战争和屠杀。发生在国内、族群和种群内的战争和屠杀,记忆深刻的首先是国内、族群和种群内的人;而发生在国家、族群和种群之间的战争和屠杀,则可能成为多数国家、族群和种群的共同记忆。

按照西方以欧洲为中心的世界史叙述,古代欧洲与非欧洲地区(主要指亚、非两洲),或者说白色人种与有色人种的重大冲突,大体有七八次之多,按照时间顺序依次是:

(1)公元前 13 世纪左右,起于北非的腓尼基人的舰队曾侵入地中海北部,甚至可能到过大西洋、黑海以及波罗的海。由于时代太久远,相关传说并不准确。

(2)公元前 5 世纪发生的波斯与希腊的战争。这是欧亚大型冲突之始,在希罗多德(Herodotus)的《历史》中有浓墨重彩的记载。

(3)北匈奴残部西迁并侵扰欧洲。公元前 3 世纪左右,出现于中国北部、蒙古高原和中亚的匈奴人,在秦汉时期屡与中原王朝交战。公元 48 年,匈奴分裂为南北两部。公元 89 年(东汉和帝永元元年),汉朝联合南匈奴打败北匈奴,两年后北匈奴残部开始西迁。中国史书称其"不知所终",而西方的历史记忆则说这些人渡过了伏尔加河,经过数百年的生息,到公元 5 世纪中叶匈奴王阿提拉(Attila)建立了东到伊朗,西到莱茵河,南到多瑙河,北到斯堪的纳维亚南部的庞大国家。阿提拉王进攻时,所经过和被占领的城市受到巨大破坏。在东罗马帝国的历史学家笔下,这些源出于亚洲的游牧人都是躯干矮胖,由于生长在马背上而成为罗圈腿,皮肤发黑,耳朵鼓出,鼻子扁平,斜眼(眼角上吊),头发倒竖的野蛮人。这类书中所写的匈奴人的可憎面孔与剽悍、残忍的性格,给欧洲人留下了强烈的恐惧感。

(4)从公元前3世纪到公元前2世纪,迦太基(Carthage)和罗马帝国曾发生长期的战争。迦太基名将汉尼拔(Hannibal Barca,即孙中山所说的汉拿比)曾使欧洲人闻风丧胆。

(5)公元8世纪阿拉伯帝国进攻欧洲。7世纪初穆罕默德创立伊斯兰教,百余年后伊斯兰教形成西起西班牙,东到印度半岛,南到阿拉伯半岛和北非的巨大势力圈。阿拉伯人跨过地中海,在今法国南部与欧洲军队激战失败。

(6)公元11世纪末,由天主教教皇乌尔班二世(Urban Ⅱ)号召从伊斯兰教徒手中夺回基督教圣地耶路撒冷为发端,在其后二百年间,欧洲人向土耳其人和阿拉伯人发起了8次“十字军东征”。在此之前的千余年间,欧洲人在对亚洲人的战争中虽有少数战斗获胜,但总体上处于守势。十字军东征是欧洲人反攻之始,不过在这场长达近两百年的东西冲突中,欧洲人与对手各有胜负。

(7)蒙古人的进攻和对东欧的长期统治。成吉思汗(Dschingis Khan)在1215年攻占中国北部和西北之后,于1219年开始西征,占领中亚和今伊朗大部及欧洲东部,1223年侵入俄罗斯。1227年成吉思汗死后,他的孙子拔都(Batu)于1235—1244年又率军西征,打败俄罗斯人,以伏尔加河下游的萨莱作为首都,建立金帐汗国。拔都死于1256年,但金帐汗国一直存在到1502年。其间另一个汗王帖木尔(Tamerlan,1336—1405)也因为征服和统治中亚而为欧洲人所畏惧。

(8)奥斯曼帝国雄踞欧、亚、非三洲交汇之地。信奉伊斯兰教的土耳其人在13世纪末建立奥斯曼帝国,以后迅速强大,到1453年把欧洲的整个巴尔干半岛纳入版图,统治匈牙利,甚至威胁到维也纳。非洲西北部和亚洲西部均为其统治。

在古代欧、亚两大洲的冲突中，涉及大部分欧洲人，但只涉及少部分亚洲人，甚至可以说在上述所有的大冲突中，历代王朝治理下的中国人和孤悬东北亚海隅的日本人，都与冲突无关。而近现代的西方人在谈论"黄祸"的时候，无不把公元4、5世纪的匈奴人西迁和13至15世纪蒙古人西侵的历史作为口实，煽起西方人的恐惧。他们先把古代的匈奴人和蒙古人"放大"为"亚洲人"或"蒙古人种"，然后又具体地缩小到中国人、日本人，有时还包括印度人，且一律沿用"黄祸"之说。所以无论是孙中山、鲁迅，还是日本的大隈重信、桑原骘藏，在批驳"黄祸论"时都首先指出了西方人在这个问题上的引喻失义。

由于13至15世纪蒙古人、土耳其人阻塞了陆上的东西通道，迫使欧洲人寻找海上的新航路。16世纪欧洲人终于再度到达东方，他们给中国人的见面礼就是"十七世纪菲律宾群岛上的残杀和十八世纪爪哇的屠杀"[1] 当时西方殖民者所杀害的亚洲人，除了少数当地居民之外，绝大部分是移居此地的华人移民。

在西力东渐的前期，从18世纪中叶到19世纪中叶，英国用了将近百年的时间，直接控制了印度2/3的土地和3/4的人口，此后印度支那半岛和南洋群岛上的共十余个国家，无一不成为欧美人的殖民地。中国在19世纪40年代初的鸦片战争中失利之后，在半个多世纪的时期内，接连遭受1856—1860年的第二次鸦片战争、1884—1885年的中法战争、1900年的八国联军侵华战争的军事打击，被迫割地赔款，开放口岸。而俄国在1860—1900年期间，掠夺中国东北、西北部一百四十余万平方公里土地。至于各国在中国建立租界、划分势力范围、驻军于京畿和中国要地、修筑铁路、开发矿藏、挟制中央和地方政府、干涉内政等奴役中国人的种种霸权行径，使当时的中国人留下的泣血文字，远比欧洲人的"黄祸"梦呓真切。

在19世纪末20世纪初西方"黄祸论"甚嚣尘上的时候，中国人完

---

[1] 〔西德〕海因茨·哥尔维策尔（Heinz Gollwitzer）:《黄祸论》中译本，北京:商务印书馆1964年版，第21页。

全是另外一种感受。他们说,"今日之时代,帝国主义最发达之时代也",[1]指出发达的帝国主义国家,必然要把各后进国家置于其统治奴役之下,"若夫列强所以施行此帝国主义之方针,则以殖民政略为主脑,而以租界政略、铁道政略、矿产政略、传教政略、工商政略为眉目,用以组织此殖民政略,使达于周密完全之地"。[2]而在此一时代和帝国主义方针、政略之下的中国,已处于亡国灭种的危殆之境:"呜呼! 今日之世界,非竞争风潮最剧烈之世界哉? 今日之中国,非世界竞争风潮最剧烈之漩涡哉? 俄虎、英豹、德法貔、美狼、日豺,眈眈逐逐,露爪张牙,环伺于四千余年病狮之旁。割要地,租军港,以扼其咽喉;开矿山,筑铁路,以断其筋络;借债索款,推广工商,以朘其膏血;开放门户,划势力圈,搏肥而食,无所顾忌。官吏黜陟,听其指使,政府机关,使司转揆。呜呼! 望中国之前途,如风前烛、水中泡耳,几何不随十九世纪之影以俱逝也。"[3]中国人感受到帝国主义的全面侵略给中国造成了空前深重的生存危机,这种真实的恐惧与"黄祸论"者虚构和喧嚷的"恐惧"构成了鲜明对照。

西方人在向全球蔓延、扩张的过程中,总是打着"传播福音",完成白人的"使命","开化"野蛮人和半野蛮人等旗号,以证明自己行为的合理。但这些辞藻掩盖不住他们追求利益的实质,事情的本质就是他们不仅要维护自己的既得利益,还要始终不断地扩大这些利益。但19世纪后半期,当西方人在东亚大力扩张的时候,出现了两个意外情况。

一是西方在东亚的扩张遇到了较大的阻碍,这是西方在向非洲、南北美洲和澳洲扩张时未曾遇到的问题。首先是日本通过学习西法,不仅迅速强大起来,逐渐摆脱了西方的钳制,而且有迹象表明日本人可能"以其人之道还治其人之身"。其次是中国,虽然她的"自强"运动颇形艰难竭蹶,但毕竟在工业化和军事现代化上开始了起步。尤其是中国

〔1〕《帝国》,《新世界学报》1902 年第 10 号。
〔2〕 杨笃生:《新湖南》,载张枏、王忍之编:《辛亥革命前十年间时论选集》,北京:三联书店1978 年,第 1 卷,下册,第 624 页。
〔3〕 李书城:《学生之竞争》,载《湖北学生界》1903 年第 2 期。

的儒学文明,还在东亚与基督教文明分庭抗礼。而且中国人口众多,不仅能为工业化提供足够的劳动力,为军队补充兵员,还四出移民。日本因国土狭小,也在向澳洲、夏威夷群岛和美国西海岸移民。上述诸因素使西方人感到有一种潜在的或现实的威胁。

二是西方国家的发展有先有后,先强者与后强者也有利益冲突,再加上历史宿怨和出自各种目的的缔约或结盟,使西方内部也充斥着猜忌与矛盾。俄国幅员辽阔,始终以"欧洲宪兵"自居,所以西欧对俄国并无好感,自拿破仑时代到20世纪初,一直有"俄祸""东祸""泛斯拉夫祸"之说。19世纪末20世纪初,由于德国的兴起和英德之间的矛盾,英国又流行过"日耳曼祸"之说。而在19世纪后期,美国渐渐强大,虽然它此时正在奉行"门罗主义",对欧洲事务未多参与,但在欧洲尤其是德国和法国也一度流行"美祸"之说[1] 中日甲午战争之后,俄、德、法三国为联手对抗英、日而结成三国联盟,更使得西方国家之间的矛盾公开化。

当19世纪中叶西方在东亚高歌猛进之际,欧洲内部实则纷扰不堪,这不能不引起欧洲学者们的忧虑。法国贵族、外交家、人种学家约瑟夫·亚瑟·戈宾诺(Joseph Arthur Gobineau,1816—1888)在1853年撰有著名的《论人类种族的不平等》(*Essai sur l'negalite des races humaines*),极力论证白色人种比有色人种优越,但其思想还有另外一面,即在经历了1848年欧洲革命之后,心中充满了悲观情愫,担忧欧洲文明的没落和白种人的衰退[2] 而白色人种中的拉丁人面对英国的依然强大和德国、美国的兴起,首先提出了"拉丁衰落论",又为了不自外于白色人种,炮制出一番"欧洲衰落论"的说词。法国社会学家、人类学者乔治·瓦雪尔·拉布若(Georges Vacher Lapouge)1889年到1890年就在多次讲演中指出,如果黄种人和黑种人的文明程度达到和西方民族一样的水平,白种人将面对空前的困难和危险。而法国文学史家兼

---

[1] 〔西德〕海因茨·哥尔维策尔:《黄祸论》中译本,第40—44页。
[2] 同上书,第162页。

政论家埃米尔·法盖(Émile Faguet)在 1895 年曾认为欧洲征服世界的行动半途而废,因而"非但失败了,还把有色人种的世界发动起来了",未来"也许黄种人会彻底战胜白种人,再看得远点,将是黑种人又战胜黄种人。也许几世纪以后,或是一二百年以后,将会出现一个黄种人的欧洲"[1] 可见 19 世纪后期,在西欧尤其是法国,出现了一股引人注目的"白人衰退论"或"欧洲没落论"的判断或预测,这股思想是后来斯宾格勒(Oswald Spengler)和汤因比(Arnold Joseph Toynbee)思想的前驱。

因而,一方面是东亚崛起或东亚"觉醒论",一方面是相对的"欧洲衰落论",两者相形相映,自然只会扩大"黄祸论"的市场。何况"欧洲衰落论"者中如戈宾诺、法盖等人本身就是"黄祸论"者,在情感和心理上是集"白种人优越感"和"受迫害臆想症"于一体的类型。

近代东西方围绕"黄祸论"或者其变调而展开的百年攻辩,就是在这样的场景中进行的。这是一场时而激烈、时而消歇的马拉松论辩,也是一个难解之结。它如同阴霾罩在东西方人的心头,使双方难以消除猜疑,互不信任,有时更为双方的对立与冲突火上加油,造成人类的不幸。歧见的由来,当然首先攸关各自生存和发展的根本利益与由此产生的矛盾,也在于各自价值观的差异。任何较为牢固的思想观念,都是所在社会的经济、政治、文化长期发展与相互作用的结果。在西方的"黄祸论"与东方人不大多说但未必完全以为是子虚乌有的"白祸论"背后,实际上都存在着各自的人性论、知识论、思维方式和价值观念的基础的支持,这样才使得若干具体的认识与看法很难在较短的时间里发生改变,或者会使历史中的"亡灵"在变化了的时代环境中多次"复活"。

对于西力东渐一事,当时多数西方人认为是给东方赐福;二战后东方民族国家获得独立自主,至今还有西方人认为是他们的赐予。因此东方人如果谴责西方人的作为,或者不听从西方大国的安排,西方人就

---

[1]　[西德]海因茨·哥尔维策尔:《黄祸论》中译本,第158页。

视之为"反叛"。西方人不重视非西方人发出的声音,也根本难以理解东方人的感受,以为一切与西方观念相悖的言论和著作都不可相信。这里除了自恃强大和自认优越的原因之外,也在于西方人难以超越自身的经验和价值观而真正理解和认识东方。[1] 反之,东方人或者说中国人同样难以超越自身的经验和价值观来完全了解西方。因而面对同一现象和事物时,双方的感受、认识和判断会有同有异,甚至完全相左。于是争辩也就不可避免。

(二) 围绕"黄祸"说的论辩史

围绕"黄祸论"展开攻辩的有关重要人物的著述、讲演等等,作为本书的基本内容,将会在后面的章节中依照国别及时间顺序作详细探讨。为了避免重复,此处拟先把"黄祸论"在近代的复活、高潮、变化过程略作回溯与划分,然后对"黄祸论"的"祸由"加以归纳,最后概括日本人与中国人的回应。

从19世纪四五十年代到90年代以前是"黄祸论"在西方酝酿形成的阶段。在本阶段的前期,来到东亚的西方人主要是军人、商人和传教士,前两者文字著述不多,也尚未形成对中国和日本的整体看法,而传教士们对东亚人的看法也分歧很大。有些传教士在著述中指出,东亚封闭落后,人民愚昧野蛮,但也有少数传教士和汉学家赞扬中国的传统文化,并认为中国会有伟大的前途。但随着东西双方接触的增多,从19世纪60年代以后,认识上的敌意和实际上的冲突随之加深,其中有两件事可为代表。

一是19世纪70年代初,俄国的无政府主义者米哈伊尔·巴枯宁(Michail Banunin)就认为欧美"自由世界"的人民受到了奴隶般的亚洲人的"威胁",因而只能要么通过从美国和澳大利亚回移的中国侨民改造中国,要么由俄国领头征服中国。巴枯宁叫嚷亚洲人的"威胁",比

---

[1]　参见〔英〕亨斯曼:《中国:是黄祸还是红色希望》(C. R. Hensman, *China: Yellow Peril? Red Hope?* London, SCM Press Ltd 1968),第56—57页。

德皇威廉二世炮制"黄祸图"早二十余年,所以 20 世纪初年中国研究"黄祸论"的人,就曾指出"去今三十三年以前,俄国有豪杰名巴克宁其人者",就曾扬言"今者日本汲汲于泰西之事物,不惜弃其故步,取法列强。……其邻又有中国,疆域之广,人民之众,物产之丰,非吾全欧所艳道而称许者乎? 他日者,以日本之雄,与之联合,则黄色之蛮族如潮而来,氾滥横流,不可抑遏。虽尽全欧之兵力,乌足以御之? ……此论一出,而当时人士同声赞和,以曩者觊觎东亚之心,变而为操刀必割之计"[1] 可见 20 世纪初的中国人即已知道俄国的巴枯宁是比德皇威廉二世更早的"黄祸论"鼓吹者。

二是 19 世纪 70 至 90 年代,美国掀起了强烈的排斥中国移民劳工的浪潮。美国的排华运动,虽然没有大量采用"黄祸"之类的字眼,但人种歧视观念的作用是非常明显的。如美国一位署名斯陶特(A. B. Stout)的人写于 1862 年、修改重印于 1871 年、后来又用在 1876 年 10—11 月的"调查中国移民问题"听证会上的一本小册子,就说过如下的话:"中国人可能会高高兴兴地请求美国人移居到他们的国家里去,因为每一个结合都可以改进和提高他们那衰弱了种族;相反,每有一个中国佬在我们的土地上永久定居下来,都会使我们的血统降低。"他强调,如果美国允许亚洲人自由移民,那么二百年以后,"中国人、日本人、马来人和蒙古人的每一个阶层都会已布满了我国的土地;到那时,他们会已生育出无数种的混血儿后裔。……这一群一群的人将会使我们的国家退化"[2] 体现人种歧视的"黄祸论"已经呼之欲出了。

从 19 世纪 90 年代到 20 世纪第一次世界大战之前,是"黄祸论"流行的高潮时期。甲午中日之战一方面使西方感受到了日本崛起,另一方面使得他们猜测中国或许会因战败的刺激而奋起效法日本,或者与日本联合甚至接受日本的指导,但无论出现何种情况,都非西方之福。

---

〔1〕 谷音:《辨黄祸之说》,《东方杂志》第二年第二期(光绪三十一年农历二月二十五日发行),"社说",第 32—33 页。

〔2〕 吕浦、张振鹍等编译:《"黄祸论"历史资料选辑》,北京:中国社会科学出版社 1979 年版,第 13—14 页。

于是德皇威廉二世(Willian Ⅱ)广为人知的"黄祸图"及其后他与俄皇尼古拉二世(Nicholas Ⅱ)的通信几乎成为一时的舆论中心。1904 年日俄战争爆发并且以日本获胜告终后,"黄祸论"再度泛滥,当时日本报纸上就有文章指出,"欧洲人有黄祸论也,起于甲午以后日本初胜中国,列强视线几咸集于日本之海陆军。及三国干涉、辽东撤兵,而黄祸之声又顿歇。今者日俄开战,日本连战连胜,黄祸论又起。欧陆诸国不待言矣,即英美人素表同情于日本者,亦往往于新闻杂志中附搉其黄祸之论。然则黄祸论之消长,若与日本武功之大小为比例"[1] 可见这段时间"黄祸论"者的主要目标是日本的军事力量,日本人也完全了解这一点。但是到了中国发生辛亥革命之后,西方的"黄祸论"者又把中国包括进去了。当时西方人士看到,"革命风潮倏忽澎湃于亚东之大陆,共和党人竟以至短之期间达伟大之目的,以数亿之汉人逐数百万之满族。巩固共和政体,施行泰西文明政治,谋国家之富强。其势力之骤涨,当有一日千里之态。于是一般人士,遂来黄祸之虞"[2] 西方人显然是担心革命可能给中国带来新的机运,中国可能会从此振作强大起来。这从反面证实了西方人希望中国永远衰弱不振的阴暗心理。当然,辛亥革命并没有取得如西方人担忧的那种巨大成功。

　　从第一次世界大战开始到第二次世界大战结束,是"黄祸论"者把矛头主要对准日本的时期。其先是欧洲国家困于欧战,但美国与日本的矛盾加剧,故 1922 年有以限制日本军力发展为目标的华盛顿《九国公约》的签订,企图束缚日本的手脚。日本与英美的积怨越来越深,矛盾也越来越大,终于抑制不住狂妄的侵略野心,在 20 世纪 30 年代初发动了对中国的侵略,标榜黄种人团结的大亚洲主义在中国人心目中彻底破产。十年之后日本人又发动了主要以英美为对手的太平洋战争。战争中日本人以"亚洲的解放者"自居,继续鼓吹只有他们自己相信的

---

[1] 《论黄祸之说不合于学理(译阳历七月十三日〈时事新报〉)》,载《警钟日报》甲辰年六月十一日(西历 1904 年 7 月 23 日)。

[2] 高劳:《支那革命之成功与黄祸》,《东方杂志》第八卷第十号(1912 年 4 月 1 日发行),"社说",第61—62 页。

大亚洲主义。《黄祸物语》的作者桥川文三教授认为,"所谓大亚洲主义固然和黄祸论没有直接关系,一般和人种歧视问题也没有直接关联。但是……伴随着日中战争开始的'东亚共同体论',伴随着太平洋战争而发展的'大东亚共荣圈论'等,把这些理论的某种理念与'黄祸''白祸'等人种论的先后关系加以贯通理解,未必是没有意义的"。他明确地说:"在太平洋战争的过程中,肯定少不了跟人种问题或是'黄祸'有关联的现象。即当事国为表示对对手的憎恶而屡次使用(语言)煽动,并在相互发生的暴力行为、虐杀事件之中显示出来。原子弹的使用也不例外。"[1]意思是说,在日本人看来,对华战争、太平洋战争虽然不能完全从"人种战争"的意义来解释,但与人种之间的敌意未必完全无关。日本人始终认为,美国人在把原子弹用于实战时首先选定日本,这里面包含着人种意识。

从20世纪40年代后期直到目前,是"黄祸论"延续及其变种出现的阶段,其丑诋、寻衅的对象始终是中国。当然这半个多世纪的时间又可以划分为两个时期。前一个时期是从20世纪40年代末到70年代末,由于在此期间中国共产党执政并表示向苏联"一边倒"(真实状况则未必,由于中国共产党人保持了自己的独立性,中国与苏联的"蜜月"期不到十年就宣告结束),加入"社会主义阵营",因此这段时间里西方丑诋中国时,有时沿用古老的说词"黄祸",有时也沿用自苏俄革命和中国共产党诞生后出现的新词"赤祸"。但无论是"黄祸"还是"赤祸",此时已没有多少人种学意义,而是显示出强烈的意识形态意义。到20世纪60年代苏联领导人加入"黄祸"合唱,则更显示出国家利益的冲突。后一个时期从20世纪70年代末开始,中国摆脱了孤立与封闭,实行改革开放。由于走市场经济路线,对外招商引资,大力加强基础设施建设,工业化速度大大加快,科技研发水平提高,至今已成为全球第二大经济体;在国际事务上,中国重新以大国身份出现,不仅与全球多数国家和地区建立越来越密切的经贸往来关系,在国际政治活动

---

[1]　〔日〕桥川文三:《黄祸物语》,东京:岩波书店2000年8月版,第170、172页。

中也积极发挥重大作用。总之,中国的重新崛起成了世界舆论的一个重要话题,能正面看待或以平常心对待这一事态的人,也能客观、冷静甚至以欣喜之情待之;而抱持嫉妒、猜疑或者敌意者,则抓住一切时机宣扬、兜售"中国威胁论"。

概括百余年间西方"黄祸论"者言说的内容,其"想象"和推理的路径不外以下数条:

其一是人种对西方构成"威胁"。白种人自以为是"上帝的选民",血统高贵,智力发达,道德高尚,体形优美;而有色人种或智力低下,或顽固守旧而缺乏创造力,又多不讲卫生,野蛮、落后。如果白种人与有色人种通婚混血,白色人种就会"衰退"。前述美国人斯陶特就说,"高加索人种(包括它的各种类型)被赋予了超越所有其他人种的最高尚的心灵和最美丽的身体,它高居其余一切种族之上。……不论哪一个种族加入到它里面来,都会对它起破坏作用","由于血液退化,种族也将退化。而一个退化的民族既不能指挥在肉体上和智力上具有较高天赋的民族,也不能比这个民族生存得更久"[1] 斯陶特的话是特指应该禁止中国人与美国人通婚而言的。在他的认识中,中国人在肉体上和智力上不及高加索人种,但在有色人种中又是"具有较高天赋的民族"。唯其如此,对白色人种的威胁可能更大。

其二是人口的威胁。中国人口众多,在 19 世纪末已超过四亿,在部分西方人和日本人眼中,中国面积虽大,但相当大面积的地方不宜生产和居住,因而中国人为了生存,必然四出移民,与其他国家的人争占土地。早在 19 世纪初,英国驻马来亚总督拉斐尔斯(Thomas Stomphord Raffles)就危言耸听地说东南亚的华人移民在"建立第二个中国";19世纪 70 年代俄国的巴枯宁胡说中国人因国内"拥挤"而溢出境外,"不仅将充塞整个西伯利亚,而且将越过乌拉尔,直抵伏尔加河边";[2] 同时期美国主张排华的人士就说,"我断定,(中国人)这个民族,如果加

---

〔1〕　吕浦、张振鹍等编译:《"黄祸论"历史资料选辑》,第 10 页。
〔2〕　同上书,第 3 页。

以鼓励,将会成为世界上最好移民的民族"〔1〕加上中国人对环境的适应能力很强,对生活水平的要求很低,因而很容易"抢走白种人的饭碗",甚至挤占白种人的生存空间。

其三是中国文明的威胁。中国文明对西方文明而言具有极大的挑战性,西方人认为中国人不理解、更难以接受民主、自由、平等之类的价值观,顽固、守旧而且蔑视异类。他们或者称中国人"野蛮""排外""不开放""不文明""不道德"和"不诚实",或者认为这种文明带有一种"原罪",说"这些人(指中国人——作者)已经达到了四千年的罪恶的顶点,达到了一种文明——这种文明是由于人口过剩产生的——的罪恶的顶点"〔2〕更重要的是,中国文明自成体系,对试图进入中国的西方文明极力排拒,即使移民境外的中国人,也"在一切环境中和一切变化之下仍然保持着他们独有的民族特性"〔3〕因此不会被西方文明"同化"。两种文明难以融洽相处,而且最终会使西方文明"丧失生气"。下面将会谈到的英国人皮尔逊的著述《民族生活和民族性格——一个预测》就是这种观点的代表。

其四是经济发展和政治独立造成的威胁。19世纪晚期日本工业生产的成就已使欧美国家感到恐慌,如果中国也逐步实现工业化,因中国具有劳动力充足廉价,资源丰富和市场广阔的优越条件,将会使欧美国家的经济贸易处于不利地位,"鉴于中国人在工业方面的优越性,谁会对最后的结局还会有所怀疑呢?"〔4〕尤其是如果"黄种民族在政治上完全解放,他们在现代化武器的配备之下站了起来,他们由于人数数量上的优势,能够把欧洲人和美国人赶出东亚,夺得亚洲甚至世界的霸权"〔5〕这种担忧无疑从反面证明了西方国家无论如何也要保持自己在经济上的优势地位,在政治上要牢牢控制东亚的霸主心态。

---

〔1〕　吕浦、张振鹍等编译:《"黄祸论"历史资料选辑》,第22页。

〔2〕　同上书,第28页。

〔3〕　同上书,第22—23页。

〔4〕　同上书,第259页。

〔5〕　〔西德〕海因茨·哥尔维策尔:《黄祸论》中译本,第18页。

其五是最后的也是最危险、最重大的"军事黄祸"威胁。西方有人认为,"军事的黄祸和经济的黄祸是密切联系的。庞大的和日益增长的亚洲人口将迫使他们从事扩张,而为了扩张他们将进行战斗"。为此他们作了简单的兵力测算,说"四亿五千万人口的欧洲有五百万武装人员。人口比欧洲多一倍以上的亚洲,能够轻而易举地维持八百万名陆军","这就是东亚日益成长的力量,这个力量在几年之内就要把英国赶出印度和澳大利亚,把法国赶出印度支那,把荷兰赶出荷属东印度。而在由此加强之后,就要并吞西伯利亚,最后则压服俄国本土,再一次像1241年那样把难以数计的蒙古军队带到德国边界上"[1]。在19世纪末和20世纪初,西方尤其是美国出现了一批"未来战争小说",虚构日本军队或日中联军在中亚、南洋群岛和澳洲,甚至在太平洋与美国西海岸与西方军队大战的故事。在20世纪五六十年代,对于此期间所发生的朝鲜战争、越南战争和中印边境战争,西方有些人根本不顾其中的是非曲直,一律归因于中国共产党和中国军队"好战"。

在中国发生"文化大革命"期间,还有在20世纪80年代末中国受到西方"制裁"期间,西方还流行过一段"中国崩溃论"。但奇怪的是有的西方人认为,如果"中国崩溃"也会对世界造成"威胁",因为伴随着内战、饥荒以及"难民"外流,中国人那时将会成为世界的"负担"。幸而这种情形并未发生,中国的情形与那些悲观的预言家所说的相反,在改革开放近四十年后逐步走向富强,于是新的"中国威胁论"压倒了"中国崩溃论"。新的"中国威胁论"只是对"人种问题"有所淡化,在其他的说词上不过是改头换面,花样翻新,而实质未改,并且在产品竞争、自由贸易和军事威胁等几个方面提高了调门。如果说与20世纪六七十年代有所变化的话,那就是还增加了资源消耗与争夺的"威胁"及"环境破坏"的"威胁"。

当然,在"黄祸论"及其变种"中国威胁论"流行的一百余年时间中,西方也有不少人士持有不同见解。这些人或者是出于"公正""道

---

[1]　吕浦、张振鹍等编译:《"黄祸论"历史资料选辑》,第266、268页。

义"的人道主义精神;或者是出于对东方文明的爱好及对"文化多元
论"的信仰;或者是出于对种族歧视主义、殖民主义和帝国主义的批
判;或者是出于对西方文明的自信等等原因,使得他们保持了公正的立
场和理性冷静的思考,对"黄祸论"及其变种不以为然,或者竟至加以
批驳。这一现象足以说明,谎言虽能流行一时,但公理、道义自在人心。

　　本书出于再现有关"论辩史"的意图,还以大量篇幅介绍归纳了日
本与中国对"黄祸论"及其变种的回应。因具体内容在书中有较详尽
的展开,此处不拟多说,仅只对日中两国回应时的差异略作比较。

　　19 世纪后期"黄祸论"一经登台,日中两国人士即加以关注并各有
回应,而且也都表现出担忧和愤慨。不同的是,日本人比中国人敏感,
卷入论辩者远比中国人多,新闻记者、留学生、作家、学者、教授乃至于
政治权要如大隈重信,都有专门的文章、讲演以及著作,直接作出回应。
从内容上看,日本人的回应亦多种多样。如大隈重信和桑原骘藏是据
历史和现实批驳"黄祸"说的荒谬,尚不否认日本人是"亚种"或黄种
人,也没指俄国或中国为"黄祸";而学者高山樗牛在讲"人种竞争"甚
至"人种战争"时更强调日中属同一种,是所谓兄弟国家。但受到福泽
谕吉"脱亚入欧"论的影响,田口卯吉、石川半山、小谷部全一郎、木村
鹰太郎等人,或否认日本人种属于"亚种""黄种"和"蒙古人种";或重
新划分人种,称白人为"红白种",称蒙古人种为"黄白种";或称日本人
为犹太种;或制造地理大搬家,称日本人来自西亚等等,试图摆脱"黄
祸论"的困扰。而竹越与三郎更嫁祸于中国,称"中国人种侵略世界"。
而且日本对"黄祸论"的回应明显以第一次世界大战为界,分为前后两
个时期。在前一阶段,尽管有一些巧言诡辩和嫁祸于人,但还是属于对
于西方"寻衅"的自我被动辩解;而在第一次世界大战之后,日本自恃
强大,逐渐由被"寻衅"变为向他人"寻衅",不仅承认自己是黄种人、亚
洲人,还以黄种人、亚洲人的领袖和"解放者"自居,要和白人一争
天下。

　　而在中国,对"黄祸论"的回应比日本少,一些报刊文章多为不署
作者姓名的译文或短论。著名历史人物中只有孙中山、辜鸿铭两人有

较多反应。孙中山的回应是在有关其他问题的文章和演说中,陆陆续续地涉及"黄祸论"的问题,不是专门对这个问题的辩说,但是集中起来却构成了一种全面、综合的回答。辜鸿铭有专门的文章回应,出于对中国传统文明的自我赞赏,他的辩说主要从文明论出发,当然也根据西方列强侵略中国的一些事实,在"有无黄祸""谁是魔鬼"等辩题上有言辞犀利的短论和长文。不过辜氏的此类文章全用外文撰写,并发表在外国的报刊上,很长时间不为国人所知。

报刊上不曾署名的短论,以及邹容、陈天华、雷铁崖等涉及"黄祸"话题的作品,普遍表现出担忧和愤慨,认为这是列强为继续奴役中国人,甚至进而瓜分中国而制造的舆论。他们把"黄祸论"看成西方对中国发起总攻的信号,而对中国人而言则是警钟,主张中国人应该清醒地认识自己面临亡国灭种的危险,立即振作起来,改造社会、改造国家,与内外反动势力进行"种战",把反对人种歧视与民族主义思想结合起来了。与日本情形不同的是,20 世纪初中国虽有少数人提出"中国人种西来说",但此类没有充分根据的"假说",根本不为绝大多数中国人所理睬,中国人没有否认自己是亚洲人、黄种人及蒙古人种的一员。

其次,尽管中国人认为自己有史以来从未加祸于人,近代以来更只有他人加祸于中国,但中国人却近乎"老实"地承认西方的"黄祸论"包括了甚至主要是指自己。当然这并不是中国人承认自己曾经为祸或者会有能力为祸,而是深切认识到"欲加之罪,何患无辞"?中国人作为受害者反而被加污,有血性者自然难以装作视而不见、听而不闻。所以近代中国人还是从历史与现实中的事实,中国文化讲求和谐、宽容的传统,中国人爱好和平的民族性格,中国对人类文明发展的贡献,中国富强以后也决不追求霸权的宣示等多种角度,对"黄祸论"及其变种作了一些批驳。

(三) 有关"黄祸论"的研究史

谈到"黄祸论"的研究史,总体上专门成果也不多,原因主要在于,虽然从理论上说,论辩史和研究史不难区别,即前者是论辩"黄祸"的内容、形式、严重程度，或者针锋相对地论证"黄祸"为虚拟想象之词；后者是站在客观的立场上对前者进行分析、研究以及评判。但当我们今天进行阅读时，就会发现参与论辩的作品中也有对前人观点的分析、评判，而进行总结研究的人也未必能完全做到价值中立，客观地加以评判，实际上还是存在着认为"有黄祸"或者"没有黄祸"的倾向或立场，于是也就带上了论辩的色彩。

如美国学者霍夫斯塔托（R. Hofstadter）《1860—1915 美国思想界中的社会达尔文主义》（*Social Darwinism in American Thought 1860—1915*, Philadelphia, 1945）中设有"黄祸分析"一节，认为"黄祸论"是社会沙文主义者或政治达尔文主义者把各个国家、民族或种族之间的"生存竞争"和弱肉强食作为指导原则，把达尔文的生物自然规律运用于人类社会的"社会哲学和社会学派别"的理论。此处的研究就带有批评"黄祸"为虚拟的意味。至于顾立克（L. Gulick）的《东洋之白祸》（*The White Peril in the Far East*, New York, 1905），虽然论辩风格明显，但对"黄祸论"产生和流传的过程却有总结性的分析。还有日本作家森鸥外的《黄祸论梗概》（明治 36 年，1903），从题目看应归于研究史，但其中却有很多的辩驳之言。

鉴于本书在正文中对有关国家的具有代表性和较大影响的文章和著述都会有较详细的分析评论，此处对于各国学者有关"黄祸论"的研究史不拟多费笔墨。而且从时间上看，无疑是论辩在前，研究在后。"黄祸论"在第二次世界大战结束之后，大体上进入了"休歇"期，但其变种"中国威胁论"虽然时隐时显，却基本处于"进行时"状态。故此处对于"黄祸论"的研究史，选取了 20 世纪 50 年代之后问世的、专门以"黄祸论"为研究题目且在世界上有一定影响的四本代表性著作略加介绍。从这四本书中基本可以了解西方和日本有关"黄祸论"研究的详细状况。

第一本是 1962 年出版的原西德学者海因茨·哥尔维策尔（Heinz Gollwitzer）的《黄祸：一个口号的历史；帝国主义思想研究》（*Die Gelbe Gefahr: Gesschichte eines Schlagworts; Studien zum imperialistichen Denken*），

原书于 1964 年被译为中文,由北京商务印书馆出版,中文书名《黄祸论》。此书因是"内部读物",此后也未见再版或公开发行,所以中文读者见之者可能不多。该书的日译本出版于 1999 年,书名为《黄祸论是什么?》。

海因茨·哥尔维策尔的书在"导论"中从"口号"(指"黄祸论",晚清和民国时期的中国人普遍称之为"说词")与历史认识的关系、帝国主义的意识形态、口号产生的历史与现实"根据"三个方面入手,从理论上探讨了近代"黄祸论"兴起及传播的条件及过程。在这方面,该书"导言"可视为后来从"修辞学"和"话语系统"之类角度来分析历史的先导。全书基本内容则是分别梳理英、美、俄、法、德五国从 19 世纪中期到 20 世纪 20 年代围绕"黄祸"之说所发的有关议论。作者从各国有关的代表性人物在报刊杂志上发表的文章、出版的专门著作和收录有此类文章的论文集或个人文集中,发掘出丰富的文字材料,作为自己分析评论的基础。书末附有人名索引,既方便读者依据人物线索继续追寻资料,也体现出该书侧重于介绍"黄祸论者"的写作思路。

第二本是美国学者理查德·奥斯汀·汤普森(Richard Austin Thompson)的《黄祸论》(*The Yellow Peril 1890—1924*)。这是作者 1957 年在威斯康星州立大学完成的博士论文,1978 年由纽约时代公司亚诺出版社(Arno Press New York)出版。汤普森的书与上述哥尔维策尔的书讨论的时间下限完全相同,但汤书上限在 19 世纪 90 年代,未作更远的追溯。更大的不同是,汤书不是以国别和人物为经纬,而是以"黄祸论"的内容分类来组织材料,在"种族危害"(一章)、"人口祸害"(一章)、"亚洲移民的经济风险"(一章)、"来自亚洲的经济竞争"(一章)、"文化威胁"(二章)、"军事危害"(六章)、"战争之假设"(一章)等题目之下,把西方各国(重点在美国)有关人物的言论、文字纳入其中。作者不太注意表述方法,也没有很多的理论评析,但是资料相当繁富。书末未附人名索引,但有详细的参考、征引文献目录(包括论文和著作)。该书没有中译本,中国读者看起来难免有重复杂乱之感,尤其是"军事危害"加上"战争之假设"的篇幅几乎占到全书一半,使人读后难

免有言者虽然喋喋不休，但内容并无太多新意的感觉。当然这里的
"言者"是指"黄祸论者"而非该书作者。

第三本是英国人亨斯曼(C. R. Hensman)的《中国：是黄祸还是红
色希望》(*China: Yellow Peril? Red Hope?*)，1968 年伦敦 SCM 公司
(SCM Press Ltd, london) 出版。该书研究的时间范围是第二次世界大
战结束到中国"文化大革命"初期，这在作者著述时还是"当下"的问
题，不过现在已经属于"历史"了。亨斯曼在书中仍然回顾了中国的近
现代史，并以理解和赞同的态度讨论了中国人的近现代史观与当时中
国人的世界观的关系，然后介绍了中国人的看法，着重对照西方在所谓
"极权主义""战争威胁"等等"问题"上有关中国的言论和政策主张。
作者对于西方的"冷战意识形态"抱持批评态度，对中国的立场不乏同
情，但也流露出对中国走向的不确定感。我们参考此书，一是因为该书
的内容在时间段上恰好填补了从"二战"结束到中国实行改革开放以
前的这一段空白；二是从该书引用的文献资料可以看到，在此时期西方
舆论有时是使用"黄祸"，有时是称为"中国威胁论"，也正好体现了从
"黄祸论"到"中国威胁论"的过渡。

第四本是日本明治大学已故的桥川文三教授所著的《黄祸物语》。
虽然书名中有"物语"一词，却不是那种很通俗的、讲故事的作品，而是
和作者的另一本名著 *Nationalism*(纪伊国屋新书，1994 年重印本，译作
《国家主义》或《民族主义》均可)一样，是很严肃的评论分析甚至带有
考订色彩的著作。该书由筑摩书房在 1976 年 8 月初次刊行，据说此后
多次重印。我们所利用的是由岩波书店 2000 年 8 月新刊行的版本。

《黄祸物语》书中有诸如"黄祸论前史""日本对人种理论的介绍与
批评""俄日战争与黄祸论""John Chinaman 有关之事实""黄祸与太平
洋问题""从人种论看日本法西斯主义""黄祸——从妄想到现实""太
平洋战争与种族歧视之组织化""战后世界与黄祸论面貌之改变""新
中国与黄祸论""新黄祸论之余震"等章节。从上述名称即可看出，该
书亦是按照时间先后，讨论西方"黄祸论"的发生、发展、变化和日本、
中国对此的反应，所涉内容的下限已到 20 世纪 70 年代。与前面所说

的三本书的侧重不同,桥川文三教授对西方"黄祸论者"的作品与思想介绍并不多,重点放在日本和中国的态度,特别是着重于分析日本的反应。作者不仅具有把历史研究与现实政治结合的倾向,而且抱持追问人种主义和民族歧视在 20 世纪的战争悲剧中起了什么作用的立场,对西方的种族优越论和日本的国家主义从深处加以排斥和批判,显示了一个有独立思考精神的知识分子的思想光辉。不过对于中国方面,可能由于运用的资料有限,只对孙中山先生一度表现过的"大亚洲主义"思想有所分析,对邹容、陈天华、梁启超的文字有极少引用,总的来说是未窥全豹。

以上四本书当然不足以反映各国"黄祸论"研究史的全貌。不过这四本书分别出自德国、美国、英国和日本的研究者,且是专门以"黄祸"研究为题的综论性著作,从各书的注释和征引、参考文献目录可知,作者已将他们之前出现的有关论辩史、研究史的文献,绝大部分囊括其中。我们为了撰写这本小书,已将后面三本没有中译本的著作译成中文,依据其注释和参考文献的线索,在史料上作过若干追踪考察,但由于条件和水平限制,对国外有关"黄祸论"的论辩史和研究史,仍然只能说是有一点初步的大致的了解。

谈到国内的研究史,民国时期曾出版过两本书。一本 1912 年铅印的《黄祸二编》,无出版社及作者姓名,可能是一本研究史小书,但已不能得见。第二本是周之鸣编著,重庆独立出版社 1944 年出版的《黄祸即日祸论》(118 页)。这本书只在国家图书馆见到藏书卡片,也没有见到书。从书名看不会是研究史,且"黄祸即日祸"的观点只是反映了抗战时期中国人的某种情绪,提法未必妥当。

20 世纪 50 年代以来,大陆学者以"黄祸论"为题的研究之作甚少。20 世纪 60 年代发生中苏论战时,《人民日报》《红旗》杂志上有少数几篇文章对此话题稍有涉及。[1] 从 20 世纪 80 年代初至今,以学者个人

---

[1]　此类文章的代表之作如《人民日报》《红旗》杂志编辑部:《新殖民主义的辩护士——四评苏共中央的公开信:驳"种族论"和"黄祸论"》,载《人民日报》1963 年 10 月 22 日,第 1—2 版。

身份撰写的研究文章不过十篇左右,包括笔者自己的几篇在内[1]。另外还有几篇是结合历史与现实的相关论文[2]。著作方面,2003 年同时产生了两篇博士论文,一篇是饶本忠的《黄祸论、中国威胁论、中国崩溃论》,一篇是施爱国的《傲慢与偏见:东方主义与美国的"中国威胁论"研究》,两篇博士论文均以讨论现实问题为主,似乎还没有成书出版,只能从互联网上读到。最后要说的是,由吕浦、张振鹍等人编译的《"黄祸论"历史资料选辑》(中国社会科学出版社 1979 年)虽然不是研究著作,却是国内唯一的一本相关资料汇集,上引多篇青年学者有关"黄祸论"的研究论文,在既无法看到外文资料,甚至连清末和民国时期的报刊也难得一见的情况下,很多是根据这本"资料选辑"的材料写成的。

　　从以上对"黄祸论"研究史的回顾可以发现,研究史的情形与论辩史一样,即西方的多于东方,而在东方日本的又多于中国。而且从以上列举的成果不难看出,哥尔维策尔和汤普森的两本《黄祸论》,完全是总结西方的情形,所采用的全是西方的资料;亨斯曼的《中国:是黄祸还是红色希望?》,于中国有所涉及,但所用资料仅限于毛泽东、周恩来有关国际关系问题的讲话;桥川文三的《黄祸物语》重在检讨日本的回应,对中国方面则只引用了孙中山等几个人的言论,在很大程度上是凭印象勾勒中国人的反应。中国人在 20 世纪 50 年代以后的相关研究实

〔1〕　此类文章主要有,郑云山:《孙中山对"黄祸论"的批判》,载《杭州大学学报》1981 年第 3
　　　期;方式光:《"黄祸论"剖析》,载《人文杂志》1981 年第 4 期;黄鸿钊:《沙俄与黄祸论》,
　　　载《西北第二民族学院学报》1993 年第 1 期;金德湘:《中国的和平外交传统与西方的
　　　"黄祸论"》,载《世界经济与政治》1997 年第 11 期;罗福惠:《孙中山先生怎样对待"黄祸
　　　论"》,载《华中师范大学学报》2001 年第 1 期;罗福惠:《清末中国报刊对"黄祸论"的反
　　　应》,载《孝感学院学报》2001 年第 4 期;周宁:《"义和团"与"傅满洲博士":二十世纪初
　　　西方的"黄祸"恐慌》,载《书屋》2003 年第 4 期;方旭红:《论"黄祸论"的形成根源及影
　　　响》,载《安徽大学学报》2005 年第 1 期;罗福惠:《辜鸿铭对"黄祸论"的反应》,载《史学
　　　月刊》2005 年第 4 期。
〔2〕　此类论文有吴建国:《百年梦呓——"黄祸论"与"中国威胁论"透视》,载《西南民族学院学
　　　报》1996 年"历史、经济研究专辑";段兵、赵兴刚:《近代历史上的"黄祸论"与当今美国的
　　　"中国威胁论"》,载《陕西青年管理干部学院学报》2000 年第 3 期;刘亚玲:《孙中山驳斥
　　　"黄祸论"与邓小平批驳"中国威胁论"》,载《黄冈师院高等函授学报》2001 年第 2 期。

在太少。2003 年问世的两篇博士论文的问题意识主要出自现实,"黄祸论"只是其中的引绪。而上述十余篇相关的研究论文,大多数缺乏足够的史料基础,流于概念化。因此可以说,直到目前为止,中国还缺少自己撰写的系统探讨西方的"黄祸论"及其在中国的反响的总结之作。

(四)人种论与"黄祸论"

已有社会学家指出,就一般意义而言,种族的概念有两层涵义:第一,是生物学家和人类学家所谈论的科学概念,指的是具有共同体质特征如肤色、骨骼、毛发的人群分类;第二,是社会学意义上用以理解"恐异症"(对异族的恐惧)的表达、传播和行为方式的一个概念。[1] 这一思想对于我们今天理解人种论与"黄祸论"之间的关系,提供了一个从源头进行区别分析的思路,换言之,从人种论到种族主义是理解西方"黄祸论"起源的一个重要线索。当然若仔细考察,我们还会发现人种论与黄祸论之间的关系也明显经历了一个从生物学意义向社会科学意义转换的过程。这一过程与西方近代科学、社会、文化思想的发展紧紧联系在一起,同时也与西方近代以来向外殖民扩张的进程密切相关。

现代意义上的人种是在体质形态上具有某些共同遗传特征的人群,种族则通常是指有共同祖先和共同生活特征的一种群体。这本是人类在自然界进行生物学意义上的适应与选择的结果。

西方社会很早就形成将人类分成不同类型的思想,而近代的种族论(人种论)则形成于 17 世纪。研究者认为最早的人种分类可能是 17 世纪的弗朗索瓦·贝尔尼埃(Fransois Bernier)1684 年在给《学人报》的文章中,区分了欧洲人、非洲人、亚洲人、"拉普兰人",并惊讶地承认"美洲人"可能是第五个"人种"。他的这种区分是根据地理分布和人

---

〔1〕 〔英〕罗宾·科恩(Robin Cohen)、保罗·肯尼迪(Paul Kennedy):《全球社会学》,文军等译,北京:社会科学文献出版社 2001 年版,第 155 页。

体体征:肤色、身高、鼻型、发质和发色、体毛等。他强调了人种所具有的遗传性,但并没有证明欧洲人具有绝对的高贵品质,也找不到"白种人"优越的"美感"。[1]

对人种进行全面系统的生物分类,是由 18 世纪的生物学家和人类学家共同完成的。这些学者对人种的分法不外是根据原住地域、身体特征、言语方面、文明程度而别其种名。将人类按照不同的种族进行类型分类的思想,与近代西方生物科学的兴起密不可分。科学家认为,人种(种族)可以用来解释个人特性、社会结构及人类社会结构,同样,反过来人种论的出现也以一种微妙的方式修正了当时的生物学理论。这在 18 世纪以来的欧美生理、生物学家的人种理论中表现得至为明显。卡尔·冯·林奈(Carl von Linnē)在《自然系统》一书中,将动物分为纲、目,人在其中被归于灵长目,置于动物之首。而人又分为两属:一是昼人(智人),一是夜人(洞人)。其中智人又分六种,除了野人和畸形人外,还有四种正常的人:按肤色分为欧洲人(白人)、美洲人(红人)、亚洲人(黄人)和非洲人(黑人)。在此基础上他将黑色人种说成是具有"冷漠"或"懒惰"的遗传特性的人种,并找到了器质的、地理的、精神的、文化的,特别是语言和宗教的所谓的"科学依据"。在这一分类中,将不同人种分别安置在不同的生物进化的长链中,其中黑人的等级最低,处于人类进步的历史和文明之外。而白人则高居进化的顶端,具有无比的优越性。[2]

随着 19 世纪科学观念的兴起,生物学家以及后来的人类学家运用现代科学知识来研究人种状况,并对人种作出了系列的区别,其主要依据体质类型,并辅以地理分布,而逐步展开不同人种的特征及分类方法是其研究的重心,可以说人种分类构成近代西方人种学说的基干。这些学说成为后来"黄祸论"出现的生物学基础。不过,欧美、日本的近代学者对于人种的分类并没有形成一致的意见,有的倡导人类三种说,

---

[1]　〔法〕皮埃尔-安德烈·塔古耶夫(Pieer-Ardrē Taguieff):《种族主义的源流》,高凌瀚译,北京:三联书店 2005 年版,第 80 页。

[2]　同上书,第 11—13 页。

有的提倡人类五种说,更有的主张人类八分说。其中代表性的主张有布鲁文巴哈(Blumenbach,一译布鲁门巴哈,1752—1840)的人类五种说,屈费儿(Cuvier,一译居维叶,1769—1832)的人类三种说,斯托达尔德(Thedore Lothrop Stoddard)的人种五大类学说,爱德华·米斯特(Edward Meast)的五种人种说和横山又次郎的人类八分说。

布鲁文巴哈是德国有名的生理学家和人类学家,他在 1795 年将世界人种分为五类。他的分类法以肤色为主,参以身体的特征,还以居住地域为标准。这五种人种分别是:高加索人种(Caucasian-Race)——白色人种;蒙古人种(Mangolian-Race)——黄色人种;马来人种(Malanyan-Race)——褐色人种;亚美利加人种(American-Race)——赤色人种;尼格罗人种(Negro-Race)——黑色人种。

屈费儿是法国有名的生理学家,他将世界人种分为三类——白、黄、黑,每类又细分为四种,具体见下表:

白色人种	高加索人(Caucasian)
	芬兰人(Finns)
	拉普人(Lapps)
	马札尔人(Magyara)
黄色人种	蒙古人种(Mongolian-Race)
	亚美利加人种(American-Race)
	马来人种(Malayan-Race)
	波利尼西亚人种(Polynesian-Race)
黑色人种	阿非利加人种(African)
	达罗毗荼人(Dravidian)
	巴布亚人(Papuans)
	澳大利亚人(Australians)

罗斯若普·斯托达尔德是美国学者,他则将人种分为五大类,并列出每种人种的主要分布区域:黄色人种的分布区域——东部亚细亚、中国、朝鲜、日本、印度支那;白色人种的分布区域——欧罗巴的原住民族

全部及马札尔人和芬兰人;褐色人种的分布地域——北部阿非利加、近东、中部亚细亚、马来诸岛;黑色人种的分布地域——阿非利加大陆、南部印度、印度支那一部分、马来群岛一部分、大洋洲一部分、澳大利亚、西印度诸岛及北亚美利加一部分;赤色人种的分布区域——亚美利加一部分。

爱德华·米斯特是美国哈佛大学教授,他在 1923 年发表了题为《人类立于十字路口》(*Mankind at the Cross-roads*)的论著,对于人种的分类大体与斯托达尔德相同。但他计算世界各种人口的数量则略有不同。

日本早稻田大学教授、生理学博士横山又次郎在其关于人文地理学的讲话中,主张人类八分说,即:地中海人种——高加索人种,或云白色人种;蒙古人种,即黄色人种;马来诸岛人种;亚美利加人种;阿非利加人种;达罗毗荼人种;巴布亚人种;澳洲人种[1]。

生物学意义上的种族反映出自然界选择与适应的结果,其中本来不包含也不应包含任何社会文化的含义。但它在 18 世纪末至 20 世纪初被赋予社会学意义和政治学意义,从而发展成种族主义。种族主义产生于西方近代科学发达时期,例如林奈、布丰(Buffon)等人的学说建基于进化论的生物分类学,贝尔尼埃的人种学结合了人文地理学等等。他们认为种族主义一般是世俗化的产物,也是非宗教的科学现代思想的产物。由此得出的结论是:由于人群归属于进化程度不同、价值不同的种族,应当以不同的方式对待他们。

19 世纪的种族主义思想的系统化是由法国的外交家兼政论家约瑟夫·亚瑟·戈宾诺 1853—1855 年所著的《人类的不平等》(又译成《论人类种族的不平等》)一书完成的。这是一本以历史学、人类学、语言学为基础的综合性的著作。该书声称种族的差异是各国历史命运不同的根本原因,种族原则说明了人类的过去、现在和将来,决定了文明的命运。而且,一个种族创造的文化不能渗透到其他种族中去。一个

----

[1]　黄新民:《世界人种问题》,上海:光华书局 1927 年版,第 3—10 页。

文明的堕落是由种族混血造成的。没有一个种族可以无限地保持其纯洁,而一个种族混血越严重,则文明越退化。戈宾诺认为世界上主要有三个种族:黄种人、黑种人与白种人。其中黄种人奉行物质主义,缺乏想象力,其语言无法表达形而上的思想。黑种人缺少智慧。因此黑色种族和稍微发达的黄色种族是低等种族,而白色种族尤其是它的精华亚利安(又译雅利安或亚里安)人是一个有能力不断进步的高级种族。戈宾诺断言:每个种族都有其特定的意识形态:黑种人是无政府的个人主义,黄种人爱好共产主义,白种人则天生偏好自由主义、封建主义、议会制和仁慈的帝国主义。他还认为在白种人中,亚利安民族在早期形成了印度的精英,后期则创立了条顿民族的遗产,具有最高贵的品德,即对自由和荣耀的酷爱和对精神的崇尚。戈宾诺并不反犹太种族,并且谴责了奴隶制度,但他在用种族理论解释宇宙历史与肯定亚利安民族优越性的过程中,却听任自己受泛德意志运动的摆布,而这一运动又借助其理论构成民族主义和反犹主义的理论框架[1]。戈宾诺的种族主义是一种极端狭隘的理论,它既体现了生物学的确定论,同时也体现了社会理论和实践的不平等论。

　　人种论(种族论)之所以能在社会上得到广泛的传播,并在国际政治思想中日益引起重视,关键的因素是其与进化论联系在一起,"自然选择""生存斗争"以及"适者生存"等种族生物学的观念很快被种族论所吸收,套用到人文和社会科学领域的生物决定论成为种族主义的一个重要准则,并用来为现存的不平等或者一些不合理的现象和主张作辩护。19 世纪,当达尔文(Charles Robert Darwin)和赫胥黎(Thomas Huxley)用"受宠惠的种群"(Favored races)来指生存下来的"适者"时,他们指的是一般动物种群的类别。但是另一批科学家和国际法专家却用同样的字眼具体指向人类当中的类别。19 世纪是体质人类学的鼎盛时期,这项科学将人类分成三种以上的种族。尽管其中的许多说法

―――――――――

〔1〕　参见〔英〕戴维·米勒(David Miller)主编:《布莱克维尔政治学百科全书》(修订版)"种族主义"条,北京:中国政法大学出版社 2002 年版,第 673 页。

自相矛盾,却被看成一项精确的科学。历史学家、社会理论家和政客也纷纷涉足其间,写出许多专著、小册子、杂志文章向社会大众传播,其中不仅有各种人种的专门称呼,而且还有诸如"头部系数"——头型的长、宽、中等专业术语。[1]

到了 19 世纪中期,社会达尔文主义与种族主义之间的联姻在欧洲已经司空见惯,于是形成了一种社会—政治的人种理论,并日益成为 19 世纪影响巨大的一种社会政治文化思潮。作为新兴学科的人类学发展出一个新学派,即古典的进化学派,亦称之为生物社会学。这个学派的带头人英国社会人类学家赫伯特 · 斯宾塞(Herbert Spencer,1820—1903)在其《社会学原理》(严复译成《群学肄言》)中对于社会的进化与种族之间的关系进行了系统的论证。他将社会的发展分为内外两种不同因素作用的结果,外部因素他强调的是地理环境和相邻社会的影响;内部因素则强调人类的自然本质、种族分化和心理特质。斯宾塞心中有强烈的欧洲种族优越论思想,因而将欧洲以外的人种归结为体质上、道德上和智力上均不发达的人。他的政治学说包括社会有机论、社会达尔文主义和社会选择主义三个方面的内容,认为社会与生物界一样是一个有机体,受生存竞争和优胜劣汰的规律支配,在竞争中优秀的种族得以生存,劣等种族则被淘汰。

到 19 世纪末,与种族主义结合在一起的社会达尔文主义开始盛行。英国的豪斯顿 · 张伯伦(Houston Stewart Chamberlain)等人的著作影响尤其明显。张伯伦对历史上的条顿人的优越性作了阐释,并带有强烈的反犹主义色彩。他不仅坚持亚利安人在生理、智力与社会上的绝对优越性,这种优越性是以对其颅骨的测量以及其他社会人类学的、经济的标准为依据,而且还"发现"了所谓的人性的新思想和人与人之间关系的新观念。此外如安蒙(Alfred Otto Ammon)和德拉普热(L. M. Drapuge)认为,人种在社会中的分布严格受制于决定论,任何东西都无

---

[1]　参见〔美〕雅克 · 巴尔赞(Jacques Barzun):《从黎明到衰落》,林华译,北京:世界知识出版社 2002 年版,第 586 页。

法改变种族的命运。历史总是要亚利安民族承担重负,建立文明、创造艺术和科学、建造新国家并到处激发经济的活力。社会达尔文主义者都认为有机体与精神、活力之间,乃至在一个民族的身体、民族的心灵与其冒险承诺之间,或者在头骨的大小与人们在社会等级中所占的机会之间,都存在着绝对的相互关系[1] 除了欧洲之外,将人种赋予政治学、社会学意义的还有美国和南非等地。

尽管种族主义的出现比"种族"这一概念要晚得多,"直到19世纪下半叶,才形成了'种族学'的综合,其实是各种政治思想遗产成就不等的大杂烩。但是,作为西方现代思想的种族主义思想有一个常数,就是怀疑人类的同一性,就是将人类的各种种类,将分类学意义的'种族'设想为相互区别的'人种',甚至是不同的'种族'"[2] 就一般意义而言,种族主义是指认为人类种族在智力和发展能力上不相等,种族差异决定各族历史发展进程以及文化和社会发展水平,"优秀种族"理应凌驾于"劣等种族"之上的理论。种族主义的思想家用人的生物本质取代了社会历史的发展因素,从体质上的差异来认识和说明各族在文化上的差异,在政治上充当沙文主义、殖民主义和帝国主义政策的辩护士。

现代法国思想史家皮埃尔-安德烈·塔古耶夫(Pieer-Ardrē Tagu-ieff)曾指出,近代的种族主义与一般的种族歧视思想不尽相同。种族主义是一种"源自欧洲的现代现象"。他明确地主张:"'种族主义'一词的使用只是为了说明现代时期在欧洲和美洲出现的一种意识形态和社会政治现象。这就意味着种族主义在严格意义上构成一种具有一定复杂性的西方的和现代的现象。"[3] 这一现象与西方尤其是欧洲的殖民主义扩张密不可分。

随着殖民主义的扩张,西方统治阶级需要将种族间的差异扩大到

----

[1]　参见宁骚:《民族与国家》,北京:北京大学出版社1995年版,第135—136页。[英]戴维·米勒主编:《布莱克维尔政治学百科全书》(修订版)"种族主义"条,第673页。

[2]　[法]皮埃尔-安德烈·塔古耶夫:《种族主义的源流》,高凌瀚译,第9页。

[3]　同上书,第7页。

政治、外交等殖民理论体系之中,于是种族主义开始在国际政治上漫延。种族主义的理论核心强调人种的体质特征中的个性、智力与文化之间存在着因果关系,认为白人种族天生比其他种族优越。因此有社会学家将种族主义定义为:"种族主义是这样一种倾向,它以非文化的特征,例如肤色、头发以及脸和眼睛的结构来对文化不同的人们进行分类。"[1]种族主义者通过所谓的科学依据,论证各个种族之间的差异都是遗传的结果,不仅体质上如此,而且文化特质亦是这样,诸如文明的发达程度、伦理规范、行为方式以及价值观念都是遗传的结果。

"黄祸论"首先在欧洲得到传播,与之相伴而生的一个重要理论就是欧洲中心论,而欧洲中心的理论基础之一就是生物学意义上的种族优越论。19世纪的生物学家认为,欧洲人具有遗传上的优越性,他们从一诞生时起就比非欧洲人具有更高的能力。欧洲人更聪明、更优秀,欧洲人比非欧洲人优越。而当时在描述这种现象时,一般不使用"欧洲人",而是使用"白色人种成员",这亦是被学者们所说的生物种族主义。在19世纪末期,种族主义取得了一种假科学的、似乎是明显的真理的外衣,当时种族主义者们用门德尔遗传学来作为最根本的理论武装,宣称掌握了种族主义必然成立的证据[2]。

19世纪初期和中斯,英国学者戴维斯(John Francis Davis)的《中国人的历史》、法国学者沃尔尼(Constantin-Fransois de Chasseboeuf Volney,又译沃尔内)的《古老帝国的遗迹》等书中曾将蒙古西征称之为"中世纪最大的黄祸"。而拿破仑将中国比作"东方睡狮"的名言,无疑包含了中国有潜在威胁的看法。其后无政府主义创始人之一俄国人巴枯宁(Michail Alexandrowitsch Bakunin)在1873年出版的《国家制度和无政府状态》一书中开鼓噪来自中国的威胁之先河。英国殖民主义者

---

〔1〕　这是美国社会学家罗伯特·布劳纳(Robert Blauner)在《美国的种族压迫》一书中的定义,见[美]兰德尔·柯林斯(Randall Collins)和迈克尔·马科夫斯基(Michael Makowsky):《发现社会之旅》,北京:中华书局2006年版,第307页。

〔2〕　关于欧洲中心论与种族主义之间的关系,参见[美]J. M. 布劳特(J. M. Blaut):《殖民者的世界模式》,谭荣根译,北京:科学文献出版社2002年版,第75—80页。

皮尔逊(Charles Henry Pearson)在他的《民族生活与民族性格:一个预测》一书中又作进一步发挥,使得人种差别和人种歧视理论基本形成。这些最初有关"黄祸"的论述,可以说是19世纪的"黄祸论"的先导。

一　德国与奥地利的"黄祸论"

近代世界范围内的"黄祸"合唱,首先和德皇威廉二世的前台指挥有关。

德国自 1860 年远征奥伊伦堡(Eulenburg)以后,对远东的兴趣有增无减,海军、商业界、外交部都希望在中国取得一块殖民地。1894 年发生的中日甲午战争,使威廉二世唯恐在军事行动和错综复杂的外交折冲中吃亏,所以从 1894 年 11 月起,德国海军就企图霸占胶州湾。中日谈判开始以后,李鸿章请求德国协助,以争取签订一个不太苛刻的和约。于是德、俄、法三国结成联盟,向日本施压,迫使日本放弃在《马关条约》中已经得到的辽东半岛。到 1897 年,德国率先掀起了瓜分中国的行动,强占了以青岛为中心的胶州湾。

在扩大德国在远东的势力和利益的过程中,利用俄国牵制日本是这位好玩权术而又不甚高明的皇帝的近期战略,而"黄祸论"则是他手中的一个道具。1895 年夏天,威廉二世用铅笔草拟了一张画稿,然后经过御用的卡塞尔(Kassel)美术学院教授克纳科弗斯(Hermann Knackfus)加工完成,这就是那幅众所周知的以"黄祸"为题的油画。

这幅画流传较广,其立意也很明确,但具体的"图解"却众说不一,其中以英国皇家地理学会会员、英日协会理事会副主席戴奥西(A. Diosy)在《新远东》一书中带有嘲讽和调侃的解说最为详尽:

> 在一个高耸的断崖的顶上,站立着一个天使长,可能是米迦勒,他是那个德国米迦勒——这是条顿民族的象征,像约翰牛是英国人的象征一样——的同名者和保护者;德国米迦勒,正如德皇在一次著名的演说中所宣布的,已经把他的盾牌牢牢地树立在中国

的土地上。天使长手中拿着一把发出火焰的宝剑，正在告诫一群欧洲主要国家的女性化身，并且用另一只手指着正在逼近的祸患；在那个祸患同她们之间有一河之隔，画上没有明确表明这是一条什么河，但据推测大概是多瑙河，这条河拐了一个大弯，流过了下面的山谷。德国高大而健美……她头盔上的展翅的雄鹰令人想起德皇身边的雄伟卫兵的帽子，她身体微向前倾，热心地倾听着天使长所发出的武装起来的召唤。她身上披挂着铠甲，但没有戴手套，——她的拳头还没有铁甲保护——宝剑出鞘，紧握盾牌，显然是跃跃欲试。有人必定已谈到"胶州"。

俄国身穿西徐亚(Scythia)的鳞甲，为了避免被误认为是一个犰狳或是一个穿山甲，在她的头上和背上披了一条合适的熊皮。她拿着哥萨克长矛，以动人的友好态度倚扶在德国的肩上。这个景象使手持尖矛、头戴共和国自由帽的法国如此愤怒，以致她根本不去朝她们的方向再看一眼，而宁愿注视着那个祸患。法国用手遮着自己明亮的眼睛；至少她表面上的态度是这样。就我个人想来，她是在整理她额前的头发，这些头发被那个荒凉的断崖上的风吹乱了；因为正在逼近的是一个男性祸患。

在第二排，胸甲上饰有双头鹰纹章的奥地利看来没有拿武器，这是这位帝王艺术家对于他最信任的同盟国军队的一种可怜的恭维；……图上没有匈牙利；或许，马札尔人(Magyara)的亚洲血统，他们同那个祸患的亲戚关系(虽然是远族的关系)，使得邀请他登上断崖似乎不合适。很可能匈牙利同俄国"发生了口角"，或者同奥国发生了争吵，并且在彼时彼地同她拆散了合伙关系。在这一群人物中，奥国的态度最为突出。她抓着大不列颠不坚定的手腕，摸摸她冷血的脉搏是否还在跳动，并且显然正在劝告她下定决心来参加同盟。大不列颠，这是我们自己的美丽的、熟悉的大不列颠……但是她拿着一支矛，而不是拿着她常用的三叉戟。海上霸权的象征在哪里呢？是否是因为如果画出了这个象征，就会使德国十分痛苦地想起某些如此难以实现的渴望，想起痛苦地向东

"爬行"的军舰,想起为了建造战舰和巡洋舰而发起的某次庞大的全国募捐在两个星期内只得到七十九镑十先令五便士,因此就不把它画出来呢?

大不列颠踌躇不决;她的美丽的脸……表现出沉思的神态。大家知道,她对于那个祸患是十分了解的,她在过去曾经同它做过很多生意。因此很自然地,她感到不愿意用她的矛去刺一个重要的老顾客。所以奥国就被委托来说服她。……意大利站在大不列颠的旁边,光着头,穿着一件罗马式胸甲,她的剑插在鞘里,挂在身旁。……最后站着两个更为独特的人物,一个——或许是葡萄牙——几乎完全被遮挡住了,她紧紧地握着另一个人的手,这另一个人我们看得很清楚,可能是西班牙,手中拿着两枝标枪。从西班牙对美国的战争中所暴露的情况来判断,这些标枪的尖端很可能是锡的。值得注意的是,美国不在这群人里面。显然,在这个时候,她仍然还穿着那件门罗主义的长袍。……天空中,十字架在这群人的头上闪耀发光,它的光辉组成了一个圣安德烈的斜十字形,这是俄国的标记,是俄国的守护神之一的殉教的器具。

至于那个祸患呢,他正骑着一条龙,在一团火焰的光辉中拨开一方风云向前逼近;那是一条不会被人弄错的远东的龙,那片风云是从一座正在焚烧着的城市的火焰中升起的。……"黄祸"骑上了一条龙!每个人各有自己的喜好。在河岸和悬崖之间是美丽的城市,只要风云吹到它们这里,它们的尖塔、圆屋顶、城堡就会遭受到那一边那个焚烧着的城市的命运。奇怪的是,"黄祸"本人在外表上并不凶猛,他跏趺而坐,双手合掌,相貌温和,正在安然地沉思静观……他的身上有些东西使人禁不住想起引人喜爱的地藏菩萨来。

戴奥西讥笑道:"德皇是一个惊人地多才多艺、异常聪明的人;……但是'智者千虑,必有一失'……他错误地选择了佛教创立人这个形象作为'黄祸'的化身,而佛教在目前是世界上最少侵略性的宗教。"

画面的下部有德皇"用他自己特有的粗犷而清晰的笔法所写的御笔题辞……这个呼吁被译成法语:'欧洲各民族,保卫你们的神圣财产!'并以意译的办法十分自由地译成英语:'欧洲各民族,联合起来保卫你们的信仰和你们的家园!'所有这些呼吁,都有德皇的签名 I. R. William Ⅱ 作为鉴证;在这幅画的左下角,有几行字说明这幅画的由来:'克纳科弗斯根据德皇和普鲁士国王威廉二世陛下的草图绘于 1895 年。'"[1]

这幅油画随即由帝国印刷所以铜版印刷,广为推出,不仅贴到了德国开往东亚的轮船上,还送给本国的俾斯麦等国务活动家,以及欧洲各国的王公和国家首脑。据美国学者理查德·奥斯汀·汤普森(Richard Austin Thompson)考察,这幅油画也送给了时任美国总统的麦金莱(William Mckinley)。[2] 欧洲大战中任德国陆军参谋总长的毛奇(Helmuth von Moltke)奉命把这一"艺术品"送交沙皇。而早在同年的 4 月间,威廉二世就在同沙皇尼古拉二世的通信中描绘了"黄祸"的可怕,希望俄国明确自己在东亚所担负的保卫欧洲基督教文明的使命,信中说:"我一定要竭尽全力保持欧洲的平静,并且防护俄国的后方,以便没有人会妨碍你在远东的行动。因为,教化亚洲大陆,并捍卫欧洲,使它不致被庞大的黄种人侵入,显然是俄国未来的伟大任务。……你已经很好地理解了上帝的那个召唤,而且迅速抓住了时机;这具有重大的政治价值和历史价值,由此将产生许多好处,我将有兴趣地等待我们行动的进一步发展。"同年 7 月 10 日,他在另一封信中告诉尼古拉二世:"欧洲必须感谢你,因为你业已如此迅速地了解到俄国在教化亚洲、在捍卫十字架和古老的基督教欧洲文化以抵抗蒙古人和佛教的入侵当中的伟大前途。……在你执行上天赋予你的这项伟大使命期间,我将不让任何人试图妨碍你,或在欧洲从后方攻击你。"[3]

1898 年 1 月,威廉二世又送给沙皇一幅画。这幅画没有像前一幅那样复制宣传,但威廉二世给沙皇的信介绍了画的内容:"请你接受我

---

〔1〕 据吕浦、张振鹍等编译:《"黄祸论"历史资料选辑》,第 135—139 页。

〔2〕 〔美〕汤普森:《黄祸论》(R. A. Thompson, The Yellow peril, New York:Arno press, 1978),第 2 页。

〔3〕 《德皇威廉二世致沙皇尼古拉二世的书信》,载吕浦、张振鹍等编译:《"黄祸论"历史资料选辑》,第 112—114 页。

为你画的一幅草图。这幅草图表现了俄国和德国为在东方传布真理与光明的福音而充当黄海上的哨兵的象征性形象。我是圣诞周在圣诞树灯光的闪闪光辉之下画成这幅草图的。"[1]他向沙皇表明如果日本把中国军国主义化并领导中国对白种人斗争,那必然会出现可怕的后果。到 1907 年,威廉二世还颇为得意地强调自己的先见之明:"'黄祸'——这是我早就认识到的一种危险。实际上创造'黄祸'这个名词的人就是我。"[2]但即使在德国,"黄祸"或者相近意义的说词的更早使用者,就不乏其人。

德国有少数人从 19 世纪 40 年代开始关注东方。1847 年,德国的俄国问题专家哈克斯托森(August von Haxthausen)在一本关于俄国的著作中,一开头就考察了鞑靼人在俄国历史上的作用,然后提出,俄国"正在增加的亚洲居民有朝一日会重新涌往欧洲,并且这次会抵达大西洋。……(欧洲)如果正在变本加厉的社会解体造成无政府状态,使军事体系和纪律烟消云散,那么这种事情并非是不可理解的"[3] 专门谈论中国者,则有著有《中华帝国史》的新教传教士郭士立(Karl Gützlaff)和汉学家柏拉特(Karl Brater),他们曾乐观地预言中国人会被基督教吸引,从而成为一个有伟大前途的国家。但是,同时的政论家达罗生(Johann Gustav Droysen)却视中国为"世界强国",并表示他不知道中国会不会走金帐汗国的道路[4] 而地理学家拉采尔(Friedrich Ratzel)在 1876 年出版了以社会地理学和人口地理学研究中国的著作《中国人的向外迁徙》,他在该书中提到美国加利福尼亚和澳大利亚正在谈论"华人问题"和"黄色恐怖"这个口号,而且预料此类话题必然进入欧洲,因为"巨大的人口数目也帮助说明这些才能足以向感情容易冲动的人显示不可抗拒的蒙古人泛滥的'黄色恐怖'"[5] 不过直到

〔1〕《德皇威廉二世致沙皇尼古拉二世的书信》,《"黄祸论"历史资料选辑》,第 115—116 页。
〔2〕见〔西德〕海因茨·哥尔维策尔:《黄祸论》(中译本),第 44 页。
〔3〕同上书,第 36 页。
〔4〕同上书,第 38—39 页。
〔5〕〔德〕拉采尔:《中国人的向外迁徙》,(F. Ratzel, *Die chinesische Auswanderung*, Breslan, 1876),第 231 页。

19世纪70年代,德国这少数人的议论至多也只能说是中性的。如达罗生还是怀疑中国人是否会如同13世纪建立金帐汗国的蒙古人一样;而拉采尔只是客观地介绍加利福尼亚和澳大利亚的排华舆论,在谈及中国人口众多且具有经济才能的同时,还形容产生"黄色恐怖"的人是"感情容易冲动的"。

到了19世纪80年代,德国人突然感到多种"威胁"。奥地利籍的经济学家佩茨(Alexander V. Peez)提出注意美国的经济扩张。到19世纪90年代初,即在威廉二世鼓噪"黄祸"之前,德国的政论家维尔特(Albrecht Wirth)即开始使用"美祸"一词;而政论家弗兰茨(Constantin Frantz)和他的学生舒哈特(Paul Ottomar Schuchardt)则表示,"俄国征服中国和在军事上把中国人动员起来反对欧洲是完全可能的",他们把这种威胁称为"泛斯拉夫主义"和"东祸"。后者在《黄色恐怖》一文中表示了"在经济上对于东亚应有的担心",并预言政治上将出现"美国–俄国的世界二元主义"[1] 与此同时,由于日本引人注目地参加了1873年在维也纳举办的世界博览会,日本的工业化也引起了德国人的关注,德国学者斯坦因(Lorenz V. Stein)甚至分析说日本和中国会"形成一个伟大的东亚党,那时这个党当然能成为一种我们必须面对的势力"[2] 而且也是在19世纪80年代,德国开始出现反犹太人运动的第一次高潮。

在各种令人不安的危言耸听中,着重强调中国威胁的言论也出现了。1882年,一家名叫恩斯特·施迈茨纳(Ernst Schmeitzner)的出版家宣告要发行一份《国际月刊》,其声明呼吁德国人注意本国"在经济上被扼杀的危险。这种危险一方面来自工矿业生产水平今天已经非常高的美国,另一方面来自巨大的中国,中国正在异常热心地学会和开办欧洲人的工业、技术和交通事业,至于这个东亚大国的数不尽的人重新开始流动,使欧洲第二次为蒙古人所淹没这种对我们的危险,那就更用

---

〔1〕 〔西德〕海因茨·哥尔维策尔:《黄祸论》(中译本),第190—191页。
〔2〕 同上书,第195页。

不着说了"。这个声明载入了前述弗兰茨1882年出版的《世界政治》（"年鉴"一类的书），影响比较大。弗兰茨在《世界政治》中也表示"中国问题"会成为德国的国家大政问题，一方面是俄国可能会征服中国，并从军事上把中国人动员起来反对欧洲；一方面是中国人在南美洲也有巨大的扩张机会，甚至几十年后可能在俄利诺科河（Orinoco River）和亚马逊河（Amazon River）岸上"产生某个新中国"[1] 因此，对于美国在1882年实行排华法案，德国舆论一般表示赞同，他们希望在德国运用类似于美国的排华法案来排斥犹太人，也禁止向德国和德国殖民地输入中国劳工。旅居美国的德国人在《旧金山晚邮报》上疾呼"中国人必须走开"，并攻击加利福尼亚的垄断资本家与黄种人形成联盟，使白种工人阶级不能承受黄种人的竞争。

19世纪80—90年代，主要是德国和奥地利所在的中欧学术界出现过一种种族划分的新说法，把蒙古人种北亚类型和欧罗巴人种印度、地中海类型之间的混合类型称为"土兰人种类型"，其体质以蒙古人种的基本特征为主，略兼有欧罗巴人种特征，主要分布在俄国的中亚与阿尔泰地区和中国的新疆等处，称之为"土兰系民族"（Turanian，中国译称"都兰"，日译"句兰已安"），并且说"泛土兰主义"或"土兰游牧精神"比"泛斯拉夫主义"还可怕。德国语言学家斯皮尔曼的（Christian Spielmann）《新的蒙古人风暴》、前述奥地利人佩茨的《欧洲鸟瞰》，可说是"发现"泛土兰主义和宣传"黄祸"的代表作品，他们的"泛土兰"谬论把"土兰"的范围从中亚、阿尔泰地区及中国的新疆扩大到了亚洲大部，包括北俄和日本，主张警惕中国、日本、俄罗斯联合进攻欧洲。斯皮尔曼在《新的蒙古人风暴》中，把他所知道的关于蒙古人的远征以及中国和日本的历史事实纂集在一起，宣称日本的崛起将"使亿万蒙古种人从他们的文化沉睡中唤醒，并且使他们上升为亚洲的，甚至是整个世界的统治种族"。他分析说，黄种人侵略的突破点将是利用俄罗斯，而俄国的扩张欲望与其说是由于"泛斯拉夫主义"，不如说是由"俄罗

───────────

[1] ［德］弗兰茨：《世界政治》（C. Frantz, *Die Weltpolitik*, I, Chemnitz, 1882），第87、103页。

斯帝国内的土兰游牧精神"所煽起。他设想的解除黄色威胁的方法是,让俄国把注意力转向东方,对付中国和日本;禁止向中国输出武器,禁止欧洲军官在中国军队中服务,阻止日本人在亚洲大陆立足;欧洲(除俄国外)结成联盟。[1]

1894 年夏天发生的中日甲午战争使德国人更加关注东亚。战争开始时,威廉二世与德国外交部的态度还是"不要干涉"。而德国一般公众舆论则是支持"东亚文化的体现者"日本,反对"拖辫子的中国人"。但随着中国的战败,德国国内舆论很快形成了"德国的利益是在中国,这些利益受到了战争威胁"的转向,到 1895 年中日开始条约谈判时,德国人加剧了"害怕吃亏"的担忧。这一年的 3 月下旬,德国外交大臣比贝斯坦(M. Von Bibestein)已对俄国外交官查利科夫(N. W. Tscharykow)表示:"黄种人的联合会构成一种危险","日本人和中国人同属黄种人。在中国人眼里看来,日本人已经取得了很大的声望,如果他们能对中国人建立一种保护关系,那就有可能产生一种利害的融合。这种利益对全体黄种人来说都是共同的,而与欧洲列强的利益则背道而驰"。[2]

对日本的警惕心理导致德国外交部聘用具有反日倾向的、曾担任驻日外交官的巴兰德(Max August Brandt)出任顾问。威廉二世读了巴兰德 1895 年初出版的著作《东亚的前途》后,在同年 4 月 9 日接见了巴兰德,巴兰德"对黄祸作了夸张的描述",提出欧洲各强国联合,使"欧洲商业的和工业的以及政治的利益免遭东亚的威胁"。他同时断言,"让俄国越是忙于远东的问题,俄国对德国东部边界的态度也就会越温和"。威廉二世本来就有的类似想法显然因此更加明晰和强化,所以他在 7 月 30 日又说:"必须设法把俄国束缚在东亚事务上,使它较少地过问欧洲和欧洲大陆的事务。必须使俄国利用正教教会和莫斯科区的权势,作为基督教正教和十字架的先锋战士,作为文明的堡垒,站到

---

〔1〕 〔德〕斯皮尔曼:《新的蒙古人风暴》(C. Spielmann, *Derneue Mongolensturm*, Braunschweig, 1885),第 70 页。

〔2〕 《俄国对外政策档案》,莫斯科大库,d,第 18 号,第 9 页。

反对由于日本而动员起来的中国袭击的严重危险的前面去。"〔1〕可以说,威廉二世的那幅《黄祸图》,不光是这位皇帝自鸣得意的心血来潮,而是德国政治界、经济界、学术界中部分人士面对当时错综复杂的世界政局,力图维护和实现德国最大利益的思想的反映。

对于威廉二世的言行,德国人有不同的反应,有关怀疑和不同的意见以后还会谈到,此处还是继续分析甲午战争以后德国"黄祸论"的流行扩散。简言之,由于19世纪末帝国主义列强在中国争夺的加剧和中国人民的反抗,"黄祸论"在德国的喧嚣有增无减。而德国皇帝的态度,显然起到了"垂范"作用。

甲午战争之前,德国报纸上还有文章赞成把中国劳工输入新几内亚等德国的殖民地,让"殖民地内的'新臣民'缓慢地习惯于正规的劳动","但必须剥夺中国人作为独立的商工业者而定居下来的可能性,而且不允许他们获得任何地产。人们必须使中国人处于比土著还低的地位"。即只允许中国移民充当苦力,成为德国殖民者的生产工具,但到19世纪末,连上述这种苛刻的移民政策也受到怀疑。当时德国著名的政论家梯尔(Alexander Tille)在《莱比锡最新消息》上写道:"中国人带着固定的生活观和独特的文化而来,如果他们的数目足够成立组织,那么他们就在这个国家站住了脚并且把它蒙古化——这就等于排除德国的统治,哪怕这一统治在形式上维持不变。这时对于德国人说来是丧失了殖民地,而对于德意志民族说来是一个巨大的希望破灭。"〔2〕德国的社会政策理论家F.希支(Franz Hitze)也说:"低廉的劳动价格将第二次对我们的社会起致命的作用,将剥夺我国的另外一个等级,即工人等级。美洲已经有了中国人问题,我们也不会幸免。我们将经历一次两方面的遭遇战:同新世界以及同落后的旧世界。"〔3〕他所说的"新世界"是指美国,"旧世界"则指中国。奥地利外交家许伯纳(Alexander

---

〔1〕《世界政策》(GroBe Politik Nrr),第2240、2318号。参见〔西德〕海因茨·哥尔维策尔:《黄祸论》(中译本),第224—225页。

〔2〕《莱比锡最新消息》(Ieipziger Neueste Nachrichten),209号,30. VII 19010。

〔3〕〔西德〕海因茨·哥尔维策尔:《黄祸论》(中译本),第197页。

von Hubner)也认为,中国人遍及地球四分之三的地方,"人们打算让中国向欧洲人开放,但是人们却使世界向中国人开放了……他不是凭暴力,而是凭劳动和俭朴的武器战胜和排挤了白种工人"[1]。显然,中国人口众多和劳动力价格的低廉,是这时德国人担忧的主要原因。

虽然也有经济上的恐惧,但在当时那还只是一种推论。经济学家R.耶纳斯(Robert Jannasch)在名为《中国的开放》的演讲中,预计中国也会有一天在经济方面获得独立,但是到这样的危险出现还会有很长的时间[2]。前面说到的巴兰德在《东亚的前途》一书中指出,"欧洲和东亚之间在工业和商业领域中爆发一场大规模斗争已是确定无疑的事",他再三警告德国人,"决不要让人把自己挤到一边去!"[3]不过巴兰德这里的"东亚"主要还是指日本。但是地理学家里希特霍芬(Freiherr Richthofen)从日本的情形体会到,"只要已经僵化了的好几千年的世界观的冰块一旦被打破,蒙古种人能够多么迅速地使自己的观念转变",所以中国的工业化是必然的,而这也是"欧洲的无可逃避的厄运"[4]。

在镇压义和团运动的八国联军中,德国军人瓦德西(Albert Grofv Waldersee)出任过联军统帅。德皇威廉二世发表了《不要宽恕》的演讲,鼓励他的士兵努力扑灭"黄祸",而德国大主教昂塞(Anser)更在1900年末的一期《未来》(Zukunft)杂志上鼓吹杀死中国俘虏。辜鸿铭对此作了愤怒的斥责,有关情形在后面的辜鸿铭一节将会谈到。不过当时在德国国内的舆论中,既有《日耳曼报》的称赞教会、赞成"远征"中国的言论,也有《莱茵-西伐利亚报》批评教会的行为,不赞成远征,主张尽快从联军中退出的建议。20世纪初在远东参加过军事行动的德国军官们也有不同的观感和结论。他们有的认为"黄祸在商业、军

〔1〕 〔西德〕海因茨·哥尔维策尔:《黄祸论》(中译本),第198页。
〔2〕 同上书,第217页。
〔3〕 〔德〕巴兰德:《东亚的前途》(M. V. Brandt, *Die Zukunft Ostacsines*, Stuttgart, 1895),第289页。
〔4〕 〔西德〕海因茨·哥尔维策尔:《黄祸论》(中译本),第213页。

事和政治方面都是存在的,虽然现实程度有所不同",东亚的战争使得"关于黄祸的旧词获得了新的生命",预言亚洲人会团结一致反对欧洲;也有人批评欧洲的殖民主义罪行,认为"对于我们德国人说来,黄祸是最不能成立的。如果它来到的话,我们能以充分镇静的心情来面对它"。有人甚至称"政治的黄祸是一个幻影","黄种人是日耳曼人反对斯拉夫人的天然同盟者"[1] 显然,即使是否定"黄祸论"的观点,也是出于对德国利害的判断。

威廉二世则持续唆使俄国关注日本,不惜制造日本已在武装中国的谣言。1903 年 9 月、12 月和翌年 1 月,他三次致信沙皇,说"我在几年前所描绘的那个黄祸正在成为现实","二千万至三千万受过训练的中国人,由六个日本师团加以协助,由优秀、勇敢而仇恨基督教的日本军官指挥"。他喋喋不休地重复警告沙皇,"日本人正在你的背后偷偷摸摸地武装中国人来反对我们","日本人一定会唤起中国人的希望,并煽动他们对白种人的普遍仇恨"。为此,威廉二世鼓励俄国在东亚"寻找一个不冻的出海口",而且"俄国对于这样的海港所在地的一条狭长的海岸地带应当拥有权利",还有"朝鲜必须是而且即将成为俄国的"[2] 威廉二世的挑动与日俄战争有多大关系,当然说不清楚,但他利用俄国打击日本,而把中国和朝鲜作为他抵制"黄祸"的计划的牺牲品,则是再明确不过的。

20 世纪初年德国关于自己与各国关系的看法与政策,可以说是八方警惧,四面出击。德国担心"美国的威胁",断定美国与欧洲的对立已经形成;但又认为不存在"共同的欧洲",特别反对英国在 1902 年与日本结盟,故把英国称为"白种人的叛徒"而视其为敌人。在东方,德国对日本和俄国同样眼红和担心。正如对世界历史和世界政治素有研究的阿尔伯莱希特·维尔特(Albrecht Wirth)在《日本的危险性》一文中所形容:"德国人总是过分轻易地上当。只要受到任何强烈的影响,

----

〔1〕　〔西德〕海因茨·哥尔维策尔:《黄祸论》(中译本),第 204—206 页。
〔2〕　《德皇威廉二世给沙皇尼古拉二世的书信》,《"黄祸论"历史资料选辑》,第 118—120 页。

他们就要弄得昏头昏脑。于是祖国和整个欧洲就似乎立刻处于危险之中。首先我们看到世界被犹太人吞掉。然后世界又成为盎格鲁萨克逊人的天下。为了换换花样就召唤出黄祸来,预言欧洲将被苦力和佛教徒淹没。我们一会儿害怕中国人的人数众多,一会儿害怕日本人的火柴和木材零卖的经济后果。为了要装备舰队,必须把英日联盟时时抬出来吓人,要不就是俄国巨人在地球上投下了黑色的阴影。"〔1〕维尔特的描绘和形容不可谓不全面深刻,但这里仍有一个重要问题,德国人上了谁的当?鼓噪这种"威胁"、那个"祸患"的,不是也有德国人吗?威廉二世不遗余力地喧嚷"黄祸"就是证明。但维尔特并没有以自己的高见来批驳他的皇帝。

作为民族国家与马基亚维利主义(Machiavellism)的拥护者,维尔特只是不赞同纯粹从种族角度讨论各种危险和威胁,但他同样是一个政治达尔文主义者和民族利己主义者。他认为:"国家所保卫的不是种族,不是文化,而仅仅是它自己,它的领土和它的利益。这些主要是物质的利益,同种族和文化毫不相干。"〔2〕所以他在1899年就写过《中国人的发展和扩张》,谈论中国的劳力外迁和可能出现的与欧洲的工业竞争;1900年—1904年又写了前述《日本的危险性》和《历史上的民族性和世界霸权》,认为"东方一定会重新兴起……一定会成为一支力量,从而为东方格斗的最猛烈阶段提供诱因",还说觉醒的中国"会对俄国有危险"。〔3〕 到1905年,他又写了前述《黄祸与斯拉夫祸》,称"现在庞大的黄龙正在翻腾,看来像是一个无比巨大的彗星要遮蔽天空"。〔4〕可见民族国家利益至上论者与种族利己主义者在观察和思考的出发点上虽有差异,但四面树敌的归宿却仍然相同。晚年的维尔特支持希特勒的理论和行动,再清楚不过地证明了这一点。

---

〔1〕 〔德〕维尔特:《日本的危险性》(A. Wirth, *Die Gefährlichkeit Japans*, Alldentsche Biätter, 1900),第550页。

〔2〕 〔德〕维尔特:《黄祸与斯拉夫祸》(A. Wirth, *Die gelbe und die slawische Gefahr*, Biatter, 1905),第25页。

〔3〕 〔西德〕海因茨·哥尔维策尔:《黄祸论》(中译本),第192—193页。

〔4〕 〔德〕维尔特:《黄祸与斯拉夫祸》,第3页。

　　1905 年日俄战争结束以后,德国的"黄祸论"主要指向日本,斯特凡·冯·柯兹(Stephan von Kotze)在《黄祸》一书中批评英国人缺乏远见,竟同日本结成反俄同盟来保障自己对亚洲的支配地位,而没有看出日本独特的世界政策和它的种族目的,而"如果一旦德国和英国也被排挤出中国海,如果已经开始的雪崩淹没了暹罗和安南,并且经过英属缅甸而向前印度倾注,同时日本在南海肆无忌惮地实现自己的殖民政策的欲望,吞并了菲律宾和巴布亚并且转向相当缺乏防御的澳大利亚——到那时白种列强将整批从事全面的十字军战役和一场瓦德西战役。然而已经太迟了"。柯兹的这些悬想在当时几乎被视为天方夜谭。但不到 40 年后,即到太平洋战争爆发时,他的预言与现实却惊人地相似。柯兹因此对俄国抱有同情,认为俄国担负着执行白色人种"东部边境政策"的使命,至少是想利用俄国,让其成为"黄色东方的无数游牧民族同西方的日耳曼民族和拉丁民族之间的"[1]缓冲力量。

　　威廉二世在日俄战争之后继续鼓吹"黄祸论"。一方面他对 1905 年前后英国报刊上"黄祸"一词的频繁出现感到满意,说"现在他们的报纸已经第一次用了从我的画上取来的'黄祸'这个术语,而《黄祸图》现在正在成为真实",[2]另一方面对英国政府与日本结盟,没有按照德国的"白种人共同反对有色人种"的号召行事提出批评和警告。他对俄国败在日本手下表示不屑,说俄国"斗争得很不高明,要是进行这样的斗争的是德国军队的话,日本人就会被打败","自俄国在黄祸面前表现了自己的弱点以后,德国就负有制止这一灾祸扩展的责任"。[3]但是这个自以为聪明的皇帝还想继续玩让别人替他火中取栗的把戏,这时他看中了实力日益上升的美国。当 1906—1907 年美日关系变得紧张,美国派出舰队作世界访问以展现实力时,威廉二世趁机对美国人喊话:"你们的总统对于黄种人进攻白种人是怎样想的呢? 现在日本人正在准备进攻胶州,美国很能阻止它这样做。只要美国一举起指头,

〔1〕 〔德〕柯兹:《黄祸》(St. V. Kotze, *Die gelbe Gefahr*, Berlin, O. J),第 17—19 页。
〔2〕 《德皇威廉二世给沙皇尼古拉二世的书信》,《"黄祸论"历史资料选辑》,第 124 页。
〔3〕 〔西德〕海因茨·哥尔维策尔:《黄祸论》(中译本),第 231 页。

日本就不敢轻举妄动了!"〔1〕当时的德国的确曾想方设法扩大美日矛盾,也企图离间已与日本结盟的英国与美国的关系。对于新败的俄国,威廉二世一面为之打气,一面使用激将法,他对沙皇说:"如果你们愿意作欧洲人,你们也就必须保护欧洲反对黄祸。如果你们认为自己是亚洲人,那你们就必须同黄种人联合起来。"〔2〕并且说在他的印象中有出现第二种情形的可能。

威廉二世还不断通过别人向美国总统西奥多·罗斯福(Theodore Rooserelt)传递种种不实的讯息。诸如有一万名日本兵隐藏在墨西哥,打算从大西洋和太平洋两方面进攻巴拿马运河,而日本背后的主谋是英国;"英国是白种人的叛逆者",德国必将在最近期间对英国诉诸武力;还说美国人在一两年内肯定会对日本作战,德国对美国正在作的必要准备感到高兴等等。罗斯福"对威廉二世的不稳定性深感震惊","对皇帝的心境和意图"表示"严重忧虑",担心这些谈话的内容如果发表出来,"就会惹起一场国际性的风暴"。

事实上,威廉二世对沙皇的激将,果然使得沙皇"大为愤怒";而他关于日本为"黄祸"的谈话,也"在日本引起了很大的愤怒"。于是威廉二世又通过罗斯福向驻华盛顿的日本大使作"真实的解释":"那种认为皇帝谈'黄祸'是针对日本的说法是'假造的和卑劣的'。"〔3〕从威廉二世的所言所行可以知道,"黄祸论"在德国统治者那里犹如一根魔杖,其变幻完全出于损人利己的外交策略的需要。而其随心所欲地编造的各种理由和讯息,则使人感到它与同一时期在欧美书报上流行的各种关于人种斗争的"未来小说"完全是异曲同工。

德国"黄祸论"的另一个特色是强烈的种族优越感,而部分学者的作品在其中起了很大的作用。前述地理学家拉采尔在《中国人的向外迁徙》中,虽然认为中国人同欧洲人一样有自由发展自己天赋的权利和必要,主张宽厚和积极地理解中国人的迁移,抛弃"人类的各种有天

---

〔1〕　〔西德〕海因茨·哥尔维策尔:《黄祸论》(中译本),第230页。
〔2〕　《德皇威廉二世给沙皇尼古拉二世的书信》,《"黄祸论"历史资料选辑》,第126—127页。
〔3〕　〔西德〕海因茨·哥尔维策尔:《黄祸论》(中译本),第228页。

赋的种族的互相交往只可能是一场无情的生存斗争"的意见,但他自己仍然担心,"如果蒙古种居民像一个低等阶层插入到高加索种居民的下面,这一阶层乐于从高加索种居民那里接受粗贱的劳动,并且把较高尚、较愉快的文化职能留给他们去完成",那就会产生一种危险,即"高等种族必不可免要衰落下去,如果它的机体的低级职能被转交给一个外族的话",所以不能低估外来者会破坏原来高等种族的"同一性和内在的有机联系"。他说美国"黑人解放的灾难性后果有目共睹",故只有当中国移民"卑躬屈膝",并不要求权利,不是长久地留在国外,而是有了一些积蓄就跑回中国去的情况下,白种人才用不着害怕这种人口和劳动力的竞争。[1]

德国第一流人类学家但同时也是社会达尔文主义者的奥托·阿蒙在1900年赞同德国参加远征中国,其理由就是地球将人满为患,白种人必须及早获得新的地区:"价值较小的种族(如黑人、印第安人)将在这一斗争中战败。中国人的遭遇也将相似,他们固然由于自己的适应能力不至于毁灭,但白种人将对中国实行统治。……那时将出现一种新的社会制度,中国人被造成为第二等的工人。他们没有较高的抱负,他们乐于接受任何工作。不用说,不应当给予他们选举权。"[2]政论家朗格(Friedrich Lange)大力鼓吹"纯粹的德意志精神",作家沃耳措根(Hans von Wolzogen)高度评价朗格德国文化优越的观点,不仅认为黑祸、赤祸和黄祸都是对德国文化精神的威胁,还补充提出了一种"无色祸",即以为种族混杂也是巨大的危险。

德国还有一种因多种优越感而产生的看法,认为可能有"黄祸"但不足为惧。传教士马尔丁·迈埃尔(Martin Maier)宣称,抵制黄种人的扩张是基督徒的权利和义务,而白种人的伦理文化的优越性也无可置疑,"如果我们用基督教的武器去打中国人和日本人,那么我们一定会

〔1〕 〔德〕拉采尔:《中国人的向外迁徙》,第7、265、817页。
〔2〕 〔西德〕海因茨·哥尔维策尔:《黄祸论》(中译本),第179页。

打败他们"。[1] 坚信"福音"力量的传教士们反对在中国设工厂、筑铁路、开矿山,认为这只会导致中国工业化而加剧生存竞争,只有传播"福音"才符合西方的利益。政论家泽奥多·希曼(Theodor Schiemann)认为黄种人对西伯利亚的扩张是可以明显看出的,但只要俄国的统治仍然保持,这一侵入就不会扰乱任何人。俄国肯定不会让中国人越过乌拉尔山。他还说:"我们同样也不相信日本的树会长上天。这一劲头十足和精力充沛地努力上升的民族固然作出了惊人的成就,但是不能设想它会取消欧洲领导世界的资格。这一民族的理想的核心不足以为此。他们不是基督徒,他们只表面地接受基督教文化作为达到目的的手段,单是这一事实就已使他们做不到了。"[2] 德国基督新教学者维特(Johannes Witte)通过比较文化、地缘政治的分析,既确信西方和白种人的优越,又不相信黄种人会团结,"倒是坚信中国和日本之间的敌对",[3] 从而轻视和拒绝"黄祸"宣传。

〔1〕 〔德〕迈埃尔:《黄祸及其防御》(Martin Maier, *Die gelbe Gefar und ihre Abwehr*, Basel, 1905),第46页。

〔2〕 〔德〕希曼:《德国和世界政策》(Theodor Schinmann, *Deutschland und die groBe Politik*, 1904),第164页。

〔3〕 〔西德〕海因茨·哥尔维策尔:《黄祸论》(中译本),第211页。

二　俄国的"黄祸论"

　　正如沙皇俄国的国徽是一个分别面向东方和西方的双头鹰所象征的那样,俄国对东方黄色人种的态度十分复杂。俄国的主体民族俄罗斯属于白种人的斯拉夫族,在拜占庭时代确立了欧洲文化的主体地位,在宗教方面和东欧、希腊一样信仰基督教的分支东正教。从 13 到 15 世纪,俄罗斯人受鞑靼人的进攻和统治达数百年之久。当俄国逐渐强大,摆脱了鞑靼人的压迫之后,他们又越过了欧亚分界线的乌拉尔山,征服了广袤的西伯利亚和克里米亚-高加索;到 19 世纪又把中亚细亚并入俄国的版图。随着西伯利亚大铁路的修建,俄国开始向中国东北推进,从中国东北和西北两个方向加深了与东亚的接触。

　　与此同时,俄国又在欧洲先是与法国,后是与英国、德国争霸。对于俄国这个庞然大物,欧洲国家除了没有尊敬之外,畏惧、厌恶、贬斥,以及想利用它的心情兼而有之。卡尔·冯·罗特克(C. von Rotteck)在 1834 年出版的《世界通史》中说,"衰落将逐步把我们导向中国人的命运,而俄国人将会是我们的战胜者,正如蒙古人或满洲人战胜中国人一样"[1] 显然是把俄国贬斥为亚洲的和半蒙古式的野蛮落后国家。卢梭(Jean-Jacyues Rousseau)在他的《社会契约论》第 8 章中预言:"俄罗斯帝国想要征服全欧洲,但是被征服的却将是它自己。它的附庸而兼邻居的鞑靼人将会成为它的主人以及我们的主人的。"[2]俄国境内有大量亚洲民族居民,德国出色的俄国问题专家哈克斯托森(August

---

〔1〕　〔西德〕海因茨·哥尔维策尔:《黄祸论》(中译本),第 33 页。
〔2〕　〔法〕卢梭:《社会契约论》,何兆武译,北京:商务印书馆 2003 年版,第 59 页。

Freiherr von Haxthausen）考察了鞑靼人在俄国历史上的作用之后,在其1847 年出版的《关于俄国内部状况、人民生活以及农村制度的研究》一书中,曾预计"正在增加的亚洲居民有朝一日会重新涌往欧洲并且这次会抵达大西洋",甚至连俄国人亚历山大·赫尔岑（Aleksandar Herzen）也在自己的笔下把俄国描绘为"配备电报机和火车轮船,在司令部里有卡诺（Lazare Carnot）和蒙热（Gaspard Monge）将军,在拔都率领下配备有步枪、米格奈式火箭和康格莱维式火箭的成吉思汗"统治的专制集权国家[1]。直到 19 世纪 70 年代,当法国与德国发生战争时,西欧国家都认为俄国是西欧自相残杀的真正获利者,俄国会通过组织和利用其境内亚洲民族来实现它对欧洲的统治。为此德国、奥地利的人种学家制造了所谓"土兰系民族"的说法,夸大俄国的"土兰文化"成分。当时西欧的文人和记者通常把"俄国""鞑靼""亚洲"混为一团,"俄祸"也就等同于"黄祸"。至于企图利用俄国为欧洲阻挡"黄祸"的典型,则是前述德皇威廉二世送给沙皇的"黄祸图"和一系列信件。当时英国报纸上就有文章指出,这显然是那位自以为聪明的皇上要别人为他火中取栗。

在俄国思想界内部,由于有些人感受到西欧的敌视、排斥和轻视,而且明确地认识到英国是"俄国在亚洲扩张的障碍",于是形成了影响颇大的对抗西欧的东方派、欧亚学派与亚洲主义思潮。陀思妥耶夫斯基（Fedor Dostoyevsky）也许是此类思想的先驱。出于对西欧的强烈怨愤,陀氏起而反对俄国自彼得大帝以来的完全欧化的努力,强调必须承认俄国人的亚洲特征,希望俄国的亚洲政策能给予全体俄罗斯人以"荣誉和自尊",并提高俄国的威望。不过陀氏理解的东方主要是指伊斯兰教范围的中亚细亚。为了同英国抗衡,他拥护俄国向中亚细亚地区推进。

几乎与陀思妥耶夫斯基同时,赫尔岑在对西欧表示失望之后,也赞扬了俄国的"土兰"因素,赞同俄国转向亚洲。在费多罗夫（Nicolai

---

[1]　〔西德〕海因茨·哥尔维策尔:《黄祸论》(中译本),第 35 页。

Fiodorow)以"耕地和草原的二元论"为基础的历史哲学里,俄国和中国被列为同等重要的国家,他甚至认为有可能通过中国及中国人崇敬祖先的原则来革新人类思想。思想家康斯坦丁·列昂捷夫(Konstantin Leontjew)认为中国、印度和土耳其的文化远远高于巴尔干斯拉夫人和西欧的文化,他把俄罗斯文化中的"土兰"成分看成是俄国亚洲使命的起点。列夫·托尔斯泰(Leo Tolstoy)甚至把俄罗斯人列入东方民族。直到 1914 年第一次世界大战发生之前,俄国象征主义文学流派中的叶赛宁(S. A. Yesenin)、尼·克留耶夫(N. Klyuev)、亚历山大·布洛克(Alexandar Blok)等人经常在各自的作品中谈论"蒙古主义",表现出强烈的亚洲因素。

　　"东方派"中的联合派或者说融合派强调"俄罗斯人的亚洲使命"。他们超出了斯拉夫主义者反西方的态度和要求俄罗斯疏远西欧与中欧的主张,还提出无条件地批判种族傲慢。他们认为俄国处于欧亚两大洲的中间地位,从而给了俄国一种"亚洲使命",即从欧洲以外的传统,也就是从亚洲的生活和信仰中汲取新的力量,并促成斯拉夫人和亚洲人的联合或融合,共同反对欧洲侵略者。但是"东方派"中的斗争派虽然同样强调俄罗斯的亚洲使命,却把斗争目标指向中国,俄国著名的远东研究者普列瓦尔斯基(M. N. Prje Walskij)将军和马尔顿斯(F. F. Martens)教授都提出,"中华帝国在蒙古、新疆和其他地区的伊斯兰教臣民都在等待俄国去拯救"。还有一个布里亚特(Buryat)族医生巴特马耶夫(S. A. Badmajew)在 1893 年拜见俄国政治家维特(Sergei Witte)时,曾经建议俄国政府鼓动中国的西藏人、蒙古人和回民起来暴动,反对清王朝的统治。[1]

　　曾经经营报业,也是俄华道胜银行经理和中东铁路董事长的爱斯倍尔·乌哈多姆斯基(Esper Uchtomskij)侯爵,曾在 1890—1891 年陪同当时的俄国皇太子,即后来的末代沙皇尼古拉二世到东方旅行。乌氏自认为属于东方派,提出了"黄色俄罗斯"和俄亚帝国联合的思想,

---

〔1〕　参见〔西德〕海因茨·哥尔维策尔:《黄祸论》(中译本),第104—105 页。

他怀着使沙皇统治亚洲的幻想,却标榜平等对待一切非欧洲民族;又带着俄罗斯的高傲自大,把亚洲民族看成本质上是迷信、神秘、虔诚、古板、无限忠诚和驯服的人。1900 年义和团运动期间,乌氏宣传过俄中联盟;稍后又在一系列政论文章中宣扬他自己及和他类似的俄国人在同亚洲人交往时的热情与笃厚,并以此来同西方帝国主义的冷酷与贪婪做对比,他进而提出:"为什么亚洲本能地感觉到被称为东方的那一部分精神世界是在俄国呢? 深厚的宗教感情使亚洲与俄国的神秘的向往相遇的原因就是对沙皇的虔诚的尊敬",因此"在最完整地表现为佛教的亚洲教义和俄罗斯的民族精神之间建立起一个共同体"是完全可能的。[1] 但在 1902 年,当乌氏在《现代评论》上发表《中国的民族精神》一文时,虽然正面介绍了中国人的特征,描绘了中国文化的灿烂景象,而同时又称四亿中国人为"对未来的持久的威胁"。他说:"当我们一想到要愈来愈深地陷入黄色种族的万头攒动的生活的污泥中去的时候,我们就战栗起来","我们设想一下我们的历史境况,大胆地说,就是我们的永久的境况,我们是处在完全自相矛盾的文化形式的中间"。他还预计中国会走上日本的道路,肃清自己海岸上的外国人,控制全部的进出口,甚至可能征服东南亚。[2]

具有德国血统但忠于沙皇的俄国政论家海尔曼·布隆霍弗(Hermann Brunhofer),曾把乌哈多姆斯基所写的陪同俄国皇太子到东方旅行的旅行记译成德文,可说是乌氏的同道。布隆霍弗在《俄国伸向亚洲之手》一书中,谈及"俄国的亚洲使命",诸如建设西伯利亚大铁道,"几年以后,只要西伯利亚大铁道把黄海的海港直接同波罗的海和黑海连接起来的时候,旅客的来往和货物的运输将会大大地发展。到那时,东方和西方的一些至今尚被津津乐道的闭关自守的理论,就将由于高度文化和本性的交流以及货物的来往而消失在铁道的枕木之下了,

---

〔1〕 斯台林:《俄国通史》(K. Stahiln, *Geschichte Rußlands Von den Anfangen bis zur Gegenwart*, Berlin,1939),第四卷,第二编,第 690 页。

〔2〕 〔俄〕乌哈多姆斯基:《中国的民族精神》,译文见〔西德〕海因茨·哥尔维策尔:《黄祸论》(中译本),第 111 页。

并将让位于这种信任：地球为所有人开放空间"。在种族和宗教方面也将出现新的变化，"斯拉夫人和'土兰'血统将再次混合，半欧洲半亚洲种族的新的边境人民将成长起来，斯拉夫人将通过他们把基督教欧洲的文化世界的较高的生活方式带给尚未开化的亚洲内陆心脏"。

布隆霍弗对英国在亚洲的霸主地位深怀怨恨，认为俄国的东进政策就是要抗衡英国，并且平衡俄国与德国的紧张关系。因此他认为日本对中国和朝鲜的侵略，也是英国对俄国的打击；如果英国不让俄国进入渤海湾的不冻港的话，俄国就应该向帕米尔和通往印度的要隘推进，尤应在印度一旦发生动乱时就采取行动。他说，"东方世界并没有死。……东方民族愈来愈觉醒，今天在黄海之滨发生的事情，明天或后天也会以另外的形式在印度河和恒河的两岸重演"。他主张俄罗斯人尽快学会印地语，因为"懂得印地语的俄罗斯商人、军官、学者或外交官在与印度进行的边境交往中就会高出一手"。所以当时俄国的东方派基本上是反英派，他们所说的"东方"也包括印度半岛。

布隆霍弗显然也是一个"黄祸论"者。甲午战争期间，他就指出日本有通过同中国和朝鲜形式上结成联盟在远东建立霸权的野心，其范围最后将推及印度支那半岛和印度东部。这一预言值得后人惊奇，因为50年后日本在"大东亚共荣圈"名义下的扩张范围和侵略方式都被布隆霍弗言中！当然他的文章中更多的是谬误。比如他担忧佛教的力量，以为"佛教正在跃跃欲试，想成为一个世界性的政治力量。如果日本能成功地把佛教国家联合成一个宗教政治的联盟，那么欧洲基督教世界将受到迄今还无法想象的危险的威胁。因为佛教国家联合起来，统一的宗教政治行动的第一个后果，将是基督教欧洲在东亚的传教的破产，将是那些如大家所熟知的在中国、日本和后印度在任何时候都是用武力来维持的机构的垮台"。由于布隆霍弗具有德国血统且一贯主张德、俄协调一致，所以他在德国也很有影响。由此也就不难明白，德皇威廉二世的"黄祸图"上，"黄祸"的化身为什么是一个乘龙的佛陀了。

布隆霍弗认为俄国的亚洲使命源于它的地理位置和所受到的"威

胁"。因为从顿河到乌拉尔,从阿尔泰到朝鲜边境,几乎形成了佛教各宗支的不断的"锁链",佛教只要在东方建立起一个宗教政治基地,信徒就会由于内在的原因被吸引向这个基地。他认为未来高度工业化的中国"将是一个恶魔",它将服从佛教的世界宣传,作为一个强国与欧洲抗衡,这是前所未有巨大威胁,而"大力保护西方国家不被东亚洪水淹没这一世界历史任务,将因而重新落在俄国身上"。[1]

　　这里不妨打乱时间顺序,对俄国十月革命发生之后出现的欧亚学派和亚洲主义略作介绍,因为在"重视东方"这一点上,欧亚学派和亚洲主义与 19 世纪末的东方派有共同之处。欧亚学派是十月革命后流亡到保加利亚的部分学者形成的一个思想派别。他们把"欧亚"理解为乌拉尔山东西两边的俄国,从而把俄国既同欧洲也同亚洲区别开来,于是缩小了欧洲和亚洲的版图,他们把中国长城以南的地方、日本、印度支那、印度、伊朗以及小亚细亚才看成亚洲,其他地方都属"欧亚"即俄国了。这一派人重视鞑靼种族的因素,曾积极评价鞑靼人在俄国及欧洲、亚洲的历史作用。亚洲主义的代表人物是沙俄将军温哥尔·斯捷恩堡(Ungern Sternberg)男爵,他认为俄国发生革命是西方文明破产的证明,于是把目光转向鞑靼人。十月革命后他率兵进入蒙古,在库伦(今乌兰巴托)当了一段时间的"蒙古国家元首",提出"大蒙古"的口号,号召蒙古人组织进攻欧洲的十字军。1921 年苏俄红军进入蒙古,结束了他的统治。史实说明,俄国的东方派、欧亚学派以及他们"黄色俄罗斯""亚洲主义"等口号,在有无"黄祸"的问题上或许认识不同,但在主张俄国在亚洲扩张领土上,则几乎是一致的。

　　在俄国思想界,习惯地认为俄国是西方的东方堡垒,是反对亚洲专制主义的前卫和先锋,因而既有傲慢自大,又怀有敌视甚至恐惧的心情,就如同东方派既想与亚洲民族联合甚至融合,但又要向东方扩张并加以打击一样。俄国 19 世纪的权威汉学家瓦西里·帕乌诺维奇·瓦

―――――――――

〔1〕 〔俄〕布隆霍弗:《俄国伸向亚洲之手》(H. Brunnhofer, *Ruplands Hand über Asien. Historisch-geographische Essays zur Entwicklungsgesihichte des russischen Reichsgedankens*, st. Petersburg, 1897),前言、第 1、24—29 页。

西里耶夫(Wassilij Pawlowitsch Wassiliew)就是一个典型。瓦氏曾长期居留中国,研究中国的语言文字、宗教信仰、文化与政治,熟悉中国的情况。他从不怀疑西方文明优于东方文明,认为致力于全人类的文明化是欧洲各民族的任务,而俄国作为亚洲的"解放者"对于亚洲特别是中国,具有不可推辞的责任,因此在远东推行欧式宪法以及开发这些国家的经济是绝对必要的。强烈的帝国主义思想使得他很早就提出修建西伯利亚大铁路直通太平洋。他乐观而傲慢,但也料到了威胁性的远景,不排除中国会有组成几百万大军的能力。他在《中国的进步》中写道:"如果中国把太平洋的富饶的岛屿拿到自己的手中,它就能立刻威胁俄国、美国、印度和西欧。如果它的力量足够的话,它可以消灭一切反对者,即使是全世界都反对它。那时候全世界都将布满了中国人。幻想描绘出来的未来就是如此,今天我们还很难想象它。"[1]

俄国文学家亚历山大・布洛克(Alexander Blok)等人身上明显地反映出追求与亚洲联合和恐惧亚洲两者之间的紧张和矛盾,或者说他们时而对欧洲打亚洲牌,时而又对亚洲打欧洲牌。布洛克声称自己要作为"斯基特人"(Skeat)同亚洲人联合起来反对西方,甚至威胁西方说,"如果你们德国、英国、法国想要消灭俄国的革命,那就意味着你们不是亚利安人。……我们将斜眼看待你们凶恶的嘴脸。我们将转向亚洲人,而东方将把你们淹没,你们的皮将会用来蒙中国人的战鼓"。但他在一封写给他母亲的信中又断言俄国是保护欧洲不受亚洲分割的堤防。俄国哲学家尼古拉・费多罗夫(Nicolaj Fjodorow)建议利用中国来保护俄国,并为"白种沙皇同黄种沙皇的永久和平"辩护;但他又把佛教与"草原与沙漠上敌意的游牧势力"等同起来。作家兼哲学家康斯坦丁・列昂捷夫(Konstantin Leontjew)也害怕和仇视佛教及儒教,视两者为无神论的宗教。他认为具有这两种信仰的民族一定会反对斯拉夫

---

〔1〕〔俄〕瓦西里耶夫:《中国的发现——东亚文化史和经济政治史论文集》(W. P. Wassiliew, *Die ErschlieBung Chinas. Kulturhistorische und wirtschaftspolitische Aufsätze zur Geschichte Ostasiens*, Ieipzig, 1909),第49页。

人和整个欧洲。他制造了"泛蒙古主义祸"的概念。[1]

当然也有反对"俄国的亚洲使命"之说的。一个只署名 N. S. 的作者在《俄罗斯思想》1882 年第 1 期上发表《关于俄国和德国的东方政策同斯拉夫问题的联系的笔记》的文章,认为所谓俄国的亚洲使命之说,是德国人发明的"诡计"。他说,"德国人不愧自称为思想家的民族和仅次于希腊人的哲学之父。他们运用了自己的思维能力,就一定能找到他们需要的东西。这个发现就是他们为我们编造出来的新的历史使命。根据他们的历史政治理论,俄国政策的重点不应该是欧洲,而应该是在亚洲,因为俄国的历史使命似乎是把欧洲文明传播给亚洲各民族。在亚洲我们最终可以到印度洋和太平洋去,我们甚至正在做这一切,因为在很大程度上以印度为支柱的英国的海上优势统治对德国人来说是很不舒服的,因此我们的亚洲使命据说还包括'解放'印度的义务。而在欧洲我们就没有权利向前推进,相反地,我们应该愈来愈向后退,因为我们在欧洲是没有什么事可做的"。他强调俄国的对外政策应建立在"斯拉夫民族的种族思想"上,不能降低俄国公众的"斯拉夫热"。意思显然是俄国更应该关注欧洲,尤其是不能疏远了东欧的同为斯拉夫人种的国家。

俄国的无政府主义者米哈伊尔·巴枯宁,因流放西伯利亚,又经过日本流亡到美国,自命熟悉远东情形,成为著名的"黄祸论"者。19 世纪 70 年代初,他在题为《玛志尼的政治神学和国际》一文中,提出欧洲、美洲大部和大洋洲的 3.5 亿居民的自由世界受到了 8.5 亿传统的、野蛮的、奴隶般的亚洲人的"威胁",尽管起因是欧洲促使了中华帝国从睡梦中觉醒,"当欧洲人进军北京的时候,他们就给这个古老的帝国敲了丧钟;一个新的制度无疑地将从废墟中升起,如果五亿人振作起来,那只能是可怕的,欧洲应该提防才是"。巴枯宁预见英国和俄国这两个巨大的殖民国家会解体,而俄国将首当其冲。他对日本人深为钦佩,并认为俄国在黑龙江地区的势力会因日本人的压力而垮台;俄国

---

[1]　参见〔西德〕海因茨·哥尔维策尔:《黄祸论》(中译本),第 111 页。

在西伯利亚的统治也会由于中国人的推进而崩溃。总之俄国在亚洲的占领地只有 50 年的寿命！巴枯宁作为无政府主义者,认为贸易和传教都不可能"使亚洲文明化和人道化",只有他历来主张的"工人罢工"和"自由联邦"是万应灵药。而这些方法,他认为可以通过在美国和澳大利亚的中国工人和华侨来模仿并传回中国,而只有这才是唯一的希望。[1]

数年后巴枯宁对中国的态度更加恶劣。当时俄国政府对于在亚洲的战略举棋不定,即在征服阿富汗并进攻印度或是征服中国两者之间存有争论。巴枯宁认为前一目标"荒唐可笑",因为阿富汗"好战的人数众多的部落"多由英国人武装并加以训练,这比对付 1873 年被俄国并吞的希瓦(Khiva)汗国"至少要困难两三倍";而印度是英国的殖民地,进攻印度就是与英国直接冲突。因此他说,"如果真的要从事征服,为什么不从中国开始呢? 中国是非常富饶的,而且从各方面看,它比印度更容易为我们所控制,因为没有任何人和任何东西把它同俄国分隔开来","事实上,利用中国的混乱和内战(这是它的慢性病),就能非常深入地侵入这个国家"。巴枯宁似乎希望看到俄国"把蒙古和满洲从中国分割开来",并希望"听到俄国军队入侵中国西部边境的消息"。

虽然巴枯宁知道"俄国人尽可能地深入东方,对德国人是有利的";而且基于反对沙皇专制的无政府主义立场,他认为"俄国人民却不会跟着俄国政府走",但是"来自东方威胁着我们的危险"太大,诸如中国人口众多,"过度的繁殖率使他们几乎不可能继续在中国境内生活下去",于是"以不可阻挡之势大批向外移民",加利福尼亚、澳大利亚、西伯利亚都是移民目标地。而在西伯利亚"一千二百二十二万平方公里的辽阔土地上,至今居民不超过六百万人,其中俄罗斯人仅约二百六十万人,其余都是鞑靼或芬兰族系的土著,而军队的人数更是微不足道,怎能阻止大批中国人的侵入?"巴枯宁不仅把"移民"等同于"侵

---

[1]　参见〔西德〕海因茨・哥尔维策尔:《黄祸论》(中译本),第113—114页。

入",还危言耸听地无限夸大,称中国人"不仅将充塞整个西伯利亚(包括我们的中亚细亚新领土),而且还将越过乌拉尔,直抵伏尔加河边!"

巴枯宁还认为,中国内地的多数民众既未受到西方文明影响,也"受中国文明摧残程度较少",这些人"精力无比充沛,而且强烈地好战,他们是在连续不断的内战中锻炼出来的","近年来他们开始熟悉掌握最新式的武器和欧洲人的纪律……这种纪律和对新武器、新战术的熟悉掌握同中国人的原始的野蛮,没有人道观念,没有爱好自由的本能,奴隶般服从的习惯等特点结合起来",对俄国的威胁"多么巨大!"因此,巴枯宁强调说,尽管"俄国人口是如此稀少""俄国人普遍地贫穷",而且俄国"成功的机会是极小的",但还是"应该把它的全部武装力量坚决地派往西伯利亚和中亚细亚,并着手征服东方"[1]。这个无政府主义者在谈到沙皇政府的时候语带讥诮讽刺,但他蔑视中国文明和人民大众,建议对臆想的"威胁"主动进攻、全力征服的凶恶态度,更是明白不过了。

19世纪70年代后期到80年代前期,俄国因为侵犯新疆边境与中国产生矛盾,俄国政界遂有多人拾巴枯宁余唾,喧嚷中国威胁。如在1878年的柏林会议上,俄国的全权代表、俄国驻英国大使彼得·舒瓦洛夫(Peter Schuwalow)就警告与会者说,要把他们的争执放在一边,而把注意力集中到来自远东的威胁。1880年6月,俄国政治家亚历山大·库西林(Aleksander Kchinin)说:"我不满地看到,我们受到中国蚁群的烦累。当然可以在他们有所作为以前杀死许多。从肌肉来看,他们是很强壮的。"他还引用德国作家兼历史学家卡尔·希伦(Karl Hieron)的话说"世界的统治权终有一天会落到他们(指中国人)身上"。

1890年,俄国的宗教哲学家兼文学家弗拉基米尔·索洛维耶夫(Wladimir Solowjew)发表了题为《中国和欧洲》的长文,文章分析了中国向东南亚、澳大利亚和加利福尼亚的移民问题,也研究了中国国家组织和军事力量的现代化发展,字里行间已流露出明显的恐惧。不过他

---

[1]　吕浦、张振鹍等编译:《"黄祸论"历史资料选辑》,第2—4页。

的笔墨主要用于探讨宗教、文化问题,他用基督教的真理标准考察中国的伦理文化和生活方式,虽然承认中国文化和中国的生活秩序中"也存在一种真理",但以为"这种真理已不能再前进了,它已经被抛弃和无法得以实现"。所以中国文化和欧洲文化虽然同等地有意义,但却不具备同等价值。中国文化死守陈旧的原则,而"世界进步的基督教欧洲的思想"却会"使我们的生活更好和更完善,直到我们达到一个包含一切的意气风发的境地为止,直到过去都复活为一个永恒的、真正不变的生活为止"。他认为"在不幸的情况下,中国不会占领我们,但会成为对我们的巨大的危险,就像伊斯兰世界对中世纪的欧洲那样"。为了防止这种"危险",索洛维耶夫希望实现中西"这两种极端的文化的真正内部的和好",即"把满足他们的殷切的愿望的可喜的消息带给远东的非基督徒们,就像当年基督教的传教士在他们转向希腊和罗马的非基督世界所做的那样"。

　　索洛维耶夫忠于他的信念,从不怀疑基督教的最后胜利。但他认为"基督进步的理想在欧洲实现得很不够",这主要表现在法国革命和由此而来的激进主义的"错误的进步"以及"错误的中国主义"。他反对激进革命的观点很明确,但所谓欧洲人的"错误的中国主义"具体指的是什么却不明确,有可能是指完全敌视中国和中国文化的极端态度。这从他当时的结论可以看出来。他说:"我们错误的保守主义和错误的进步主义一样在内部的矛盾中崩溃了,而中国人不但比过去更为强大,他们完全有理由这样做:他们忠实于他们自己。如果欧洲的基督信徒们忠实于自己,就是说忠实于世界基督教,那么中国就不会对我们构成危险。我们也将要占领远东,但不是用武器,而是用精神力量";只有在欧洲背叛了基督的全部真理时,"黄祸"才会成为现实。他相信基督真理"能对所有的人施加影响,不管他属于哪一个种族"〔1〕。

　　1894年的甲午中日之战以后,俄国思想界的"黄祸论"更加强烈。除前面说到的布隆霍弗明显转变腔调之外,索洛维耶夫也不断地就黄

─────────────

〔1〕　参见〔西德〕海因茨·哥尔维策尔:《黄祸论》(中译本),第123—124页。

种人同世界的"争执"发表看法。1897 年他在一篇题为《为善意辩护》的文章中说,"从现在开始黄色种族就不可避免地把西方的技术和文化的方法占为己有,他们把这种方法用来作为一种手段,以便在决战中取得对欧洲人的他们自己的精神原则的优势,这一点是可能的。这一场即将来的战斗将是欧洲同蒙古人的亚洲的最后的,但也是最可怕的一场世界战争……谁在这场战斗中取得胜利,这对人类历史并不是无关紧要的"。至于何等重要,他在三年后的《关于非基督徒的故事》中有详细描述。

索洛维耶夫虽然相信最后的胜利必定属于基督教的欧洲,但他还是希望"防患于未然"。所以他在 1900 年去世前的最后一件作品,是献给德皇威廉二世的一首题为"龙"的诗,诗中说:"骑士们的后辈! 你是忠实于十字旗的。基督的火在你的剑上燃烧。你的威胁的话语是神圣的,上帝的心充满着仁爱。……但是在龙的大口的面前你懂得了,十字架和剑合而为一了。"[1] 显然是希望德皇现在就担当起保卫欧洲不受蒙古人种攻击的卫士之责。

1904—1905 年日俄战争期间及其以后,俄国政府曾组织过一次"黄祸"宣传运动。《新时代报》上有一个化名为"阿尔古斯"的政论家,详细地描绘了在伦敦和东京的"各种泛亚洲主义的集会"的情景,分析所谓"亚洲的觉醒和泛亚洲运动"的威胁。彼得堡的《论坛杂志》发表了《东方的危险》等文章。《新时代报》驻伦敦的特派记者韦塞里茨基(Sergej Wesseletzky)在伦敦亚洲协会宣传由于俄国的战败引发了全欧洲的危险,整个欧洲必须联合起来对付战胜国日本。该报驻柏林特派记者梅尔尼可夫(Nikolaus Melnikow)把前述索洛维耶夫的《关于非基督徒的故事》译成德文,还写了序言及相关的政论,并建议用德文翻译索洛维耶夫的全部作品。他一再引用德皇威廉二世关于"黄祸"的谈话,也介绍了索洛维耶夫写的那首题为"龙"的诗。一个名叫艾列茨(N. K. Eletz)的俄国舰长也带着同样的任务在布鲁塞尔和其他城市

---

[1]　参见〔西德〕海因茨·哥尔维策尔:《黄祸论》(中译本),第 126—128 页。

进行宣传活动。

19世纪90年代末担任过俄国陆军大臣,日俄战争开始时又任最高司令官的阿列克赛·库洛帕特金(Alexej Kuropatkin),在日俄战争刚结束后写了一部回忆录性质的著作《俄国军队与对日战争》,其中涉及这个军人对俄国的政策及远东"威胁"的看法。

库氏基于欧洲应该协调一致的一贯立场,主张俄英两国"在亚洲融洽合作",反对俄国同英国争夺阿富汗和印度。他认为俄英两国"都必须对付被征服的各民族想要打倒他们的征服者的那种自然愿望",而且"20世纪在亚洲一定会看到基督教民族和其他民族之间的一场大冲突",所以他强调俄国"同基督教国家结成同盟来反对异教种族,对于人类的幸福是极其重要的"。他不仅主张俄英两国建立协约的亲善的关系,甚至设想"万一印度有任何大规模的起义,我们就可以站在英国这一边"。

库氏在主张与欧洲各国协调,尤其是不要损害英国在印度和阿富汗的利益的同时,坚定地认为俄国应该把力量集中在远东。他在分析了中国的面积、人口、俄中贸易,以及两国"长达六千余英里"的边界线的情形之后,对俄国"驻扎在西伯利亚的军队的数目始终非常之少"感到担忧。他为俄国占领中国的乌苏里江地区,还有俄国"不得不对朝鲜建立一种暂时的保护权",以及"修筑一条从外贝加尔穿过满洲到达海参崴(Vladivostok)的铁路","取得关东(辽东)半岛的一部分(包括大连和旅顺)","并且把整个满洲包括到我们的势力范围以内"的措施辩护,称上述侵略行为符合"积极的路线"。在新疆方面,他建议"将肥沃的伊犁地区(这个地区象一个坚固的棱堡一样向东突出)加以并吞……因为那会使我们便于设防,并且可以作为对中国人的一种威胁"。此外,库氏还从宏大的目标上提出了对华战略,诸如"不允许中国的武装部队有任何增长,也不允许他的武装部队有任何发展";"尽可能发展我们同中国的社会关系和商务关系",在东北则"应当采取一切手段来取得商业上的绝对控制";"尽可能避免在中国土地上同其他任何欧洲国家发生争执"。

　　与多数俄国军人不同的一点是,库氏不同意俄国进一步在中国东北拓展版图,他说吞并这里"是很不上算的","如果满洲仍然是中国的一部分,那倒要好些"。库氏为何会发此"善心"？他说,夺取中国东北"将永远破坏中俄之间的和平关系",这当然是虚情假意,而真实的担心是,如果中国东北和早先被俄国强占去的黑龙江以北、乌苏里江以东地区一样成为俄国的领土,其"结果将会使许多满洲人定居在我们的领土以内,定居在俄罗斯人现在还很稀少的黑龙江和乌苏里江地区,我们的薄弱的殖民地将被黄种人的浪潮所淹没。东部西伯利亚将完全成为非俄罗斯人口……中国人这样涌入阿穆尔省地区,无疑会改进这里的农业水准,把这里的荒地改造成为花园;但在同时,西伯利亚的剩余土地将转入非俄罗斯种族之手,而每一公顷这样的土地都是应该保留给我们自己的民族的"。他预计俄国人口"到公元 2000 年可能会达到四亿左右,我们现在就必须开始至少为这个数目的四分之一留出土地"。尽管库氏对俄国人口增长的估计大有失误,但他对俄国的长远利益是绝对忠实的。

　　库氏在书中反省了俄国在日俄战争中失败的原因,诸如"俄国国内事态的严重状况和人民(对这场战争)带有敌意的、漠不关心的态度";俄国事前没有"同欧洲列强达成某种谅解","把我们的大部分武装部队保持在俄国的欧洲部分","后备队却在满洲作战";俄国在西伯利亚尤其是远东地区不仅人口稀少,军力不足,而且由于没有开发当地资源,致使当地所需的粮食和大部分军需品"不得不从俄国的欧洲部分和西伯利亚运去",而"俄国和满洲之间的铁路交通很薄弱",没有"将西伯利亚铁路铺设双轨以及沿黑龙江岸修筑一条铁路","试图通过北冰洋和叶尼塞河来运输供应品的失败"等;最后是认为俄国没有充分利用欧美与俄国同为白色人种的感情,"去设法封锁世界各国对日本的金融市场……如果我们耗尽了日本的财政资源,而且把战争继续进行下去,我们就有可能很快迫使日本寻求体面的和平",但结果却是俄国与日本的"和议过早地达成"。

　　库氏认为,俄日签订的《朴茨茅斯和约》"承认了日本是俄国在亚洲的征服者;缔结这样一种和议,不仅对我们,而且对所有在亚洲拥有属地或权益的列强,都将具有严重的后果。仅仅在不久以前才预见到行将出现的'黄祸',现在已经成为现实"。根据何在呢?库氏认为"虽然日本已经在战争中取得胜利,但是它仍然在急促地扩充它的兵力,而中国则正在日本军官的指导下,按照日本的式样建立一支庞大的军队。在很短的时间内,中国和日本就能够把一支一百五十多万的军队开进满洲,如果这支军队是来对付我们的,那它就会继续推进,从俄国手里夺去西伯利亚的许多地方,使俄国沦为第二流国家"。显然除了日本在扩充兵力这一条属实之外,其他又是推论。

不仅如此,库氏还危言耸听地对全体欧美人加以煽惑,他说:"让日本在满洲战场上取得绝对的胜利,这一般说来是不符合欧洲的利益的。战胜的日本可能和中国联合起来,举起'亚洲是亚洲人的亚洲'这面旗帜。清除欧美在亚洲的全部企业将是这个新兴大国的第一个目标,把欧洲人赶出亚洲将是它的最终目的。在欧洲大陆上已经没有多少发展余地,欧洲如果没有广阔的世界市场便无法生存。……这种危险正在逼近,而且是如此紧迫。"

库氏不仅是一个军人,而且具有政治家、外交家的头脑。"黄祸论"成了他得心应手的魔杖,他既要利用"来自远东的对于我们国家的威胁"煽动俄国人的"爱国主义",号召俄国"社会所有各阶层都应该准备……奋身而起团结得象一个人一样,保卫我们祖国的完整和伟大";又利用所谓"亚洲人的亚洲"的口号劝诱西方列强"消除彼此之间的分歧",一致对付亚洲人民的民族解放运动;还要利用"未来的战争"号召俄国加快发展西伯利亚的交通,并"把军队的基地尽可能移到西伯利亚"。尤其恶毒的是这样一句话:"做好准备不仅同一个国家的军队,而且同这个国家的全体爱国人民进行一次新的战争。"[1]无论这个国家是中国还是日本,总之她的"全体爱国人民"都成了俄国的敌人,把"黄祸"的"原罪"强加到了东亚人民身上。

---

〔1〕 吕浦、张振鹍:《"黄祸论"历史资料选辑》,第283—290页。

1911年7月，在英国伦敦举行了讨论种族关系问题的第一次世界种族大会，俄国多尔帕特（Dorpat）大学法学教授雅斯琴科（A. Yastchenko）作了题为《俄国在东西方互相接近中的任务》的发言。作为学者的"理论研究"，这篇发言带有若干理性与思辨的色彩，但仍然充斥着西方的价值观和俄国的"东方使命"感，而且其焦点放在中国。

雅斯琴科首先指出，"黄祸的真正性质"是由于"中国富饶"和"世界的重心……转移到太平洋"，使得"某些西方强国要设法在那个地区取得优越地位……引起了竞争和敌视。黄祸和远东问题也许终归要成为一项真正的祸患，即成为西方列强之间为争取在远东的优越势力而进行斗争和战争的危险。那会是一项严重的危险，因为在目前情况之下，一场欧洲战争可能会导致亚利安族的大大削弱，并使之完全受团结一致的蒙古人的支配"。如果按照雅斯琴科的"黄祸"和远东问题起因论，应该责备跑到中国和远东来"进行斗争和战争"的西方列强，但这位教授却把"严重的危险"归结为蒙古人种可能会趁亚利安族的大大削弱而取得支配地位！而且他强调，"畏惧东方的情绪……便集中到中国身上。毫无疑问，中国本身自成一个世界；不同血统的几亿人民，却共同拥有一种独特的文明，一种特别的传统和一种特有的脾性。中国是'泛蒙古主义'这个重大问题的中心，是'黄祸'的中心"。

雅斯琴科说，"黄祸的含义通常被了解为黄种人对西方各民族的直接攻击的危险"，"这种担心并不是完全没有根据的。谁能知道，当千百万新人进入世界商务的竞争场时，在世界各种势力的关系中会发生什么变化呢？当这许多人按照军事技术的最新要求武装起来时，会发生什么事情呢？这些具有不同的文明和完全不同的生活原则的国家进入世界，对于整个文明会有什么影响呢？"但是这位教授又没有正面回答自己的问题，而是表示"必须承认，对于黄祸的畏惧是被大大地夸大了"。

雅斯琴科的理由之一是，"东方精神与其说是取决于种族因素，不如说是取决于整个一系列的条件"，"日本不论在历史方面或民族性方面——有事业心、上进、侠义和好战等特性——都从来不是一个清一色的东方国家。……日本以其迅速欧化、理解并浸透西方精神一事证明，当我们发现了白种人和黄种人互相接近的共同基础时，种族的差别将不会阻止他们向一起靠拢"。总之，他认为由于"日本已经坚决地转到西方这一边"，所以白种人不应该畏惧日本。他甚至认为，"俄日战争是一项重大的错误，虽然从历史观点来看，这次战争也许是必然的。这次战争的好影响，在俄日两国的相互了解和两国人民的相互接近方面已经表现得很明显"，所以俄国"同日本的谅解是自然的"。应该说雅斯琴科认为东方精神不是取决于种族，而是由整体的历史条件形成的民族性格所决定的看法颇接近于科学，但他以为日本已经欧化就不会再与西方为敌的判断言之过早，1914年发生的欧洲大战和后来的太平洋战争就一再打破了之前的预言。

日本既然不是问题的所在，那么中国就成了问题的中心。不过雅斯琴科认为问题远非一些人想象的那么严重。

首先，中国在"军事上的祸患似乎是很大的"，但是他强调，"不能仅仅根据各国的人数来估计它们的军事力量。……胜利并不是总是在人数多的一边。在军事斗争中，最重要的是心理力量和斗争的组织方式"。雅斯琴科认为，中国人与日本人不同，"在他们的心理品质中，好战精神是没有根基的"，而"心理的特征，特别是好战精神，需要多少世纪才能形成，很难想象一个民族的特性能够轻易改变"。这就是承认中国人更热爱和平。还有，在军事斗争的"组织方式"上，"发挥最重要的作用的是政治上的普遍团结，财政资源和其他物质资源，对于战争的热情，统治者行动的协调一致等等。现在西方文明中的国家组织比东方的国家组织要强大得无法比拟。中国要达到这样的地步，必须按照欧洲的榜样彻底地从事改造和改革"。但是雅斯琴科乐观地说，"一个经过改革的中国就将不再与我们相异。它将同西方接近，参与国际通商，并且将被迫服从于世界均势的一般法则"。他还预见到不久的未来，"人类的国际组织将以一个政治联邦团体的形式出现。中国将被迫加入这个联盟"。我们不得不承认，这位教授的上述观点具有不少合理性。

其次是"来自中国方面的经济上的祸患",诸如"害怕中国工人移居入境",以及"担心可能会从一个经过改革的中国那里遇到商业和工业上的竞争"等等。雅斯琴科也认为上述情形"更非不可避免"。其理由,一是"中国的人口并没有稠密到如此的地步,以致随着中国自己的工业的发展,中国的工人竟不能在本国为他们的劳动找到一个市场",他举例说,当时"英国的人口密度相当于中国的人口密度的三倍",但能说英国是经济上的祸患吗?二是"如果中国的工业化和资源的开发增加了生产,消费也将相应地增加。如果中国出售得更多些,那么购买的也会更多些。它的预算将会扩大。由于新经济形式发展的结果,中国将会有新的需要"。显然这位教授具备的最起码的"经济法则"常识在这里派上了用场。

最后是文明与道德上的"黄祸"。雅斯琴科认为中国人特性上有"社会秩序永恒不变的思想,祖先崇拜或佛教的消极普救主义",这与西方思想确实不同。但他指出,"这些只不过是更大的真理中的一些健全的要素。这些思想对于欧洲人的思想方法的片面性确实是一种极好的解毒剂"。他解释道,以中国为代表的东方思想的特征"是过分地崇拜过去,否定尘世,涅槃思想",这种"不承认进步的权利就导致停滞、衰退、解体,最后则导致对于过去本身也加以轻视";而西方思想"是同样过分地崇拜将来,承认世界的现状",使"生活失去了有机进化的连贯的性质"而成为"无目的的长途跋涉"。而目前世界所需要的"是在这种相反的过程中保持一种平衡"。这就是雅斯琴科对东西方文明的特性及其各自价值的基本看法。

但是雅斯琴科仍然强调,如果认为"黄祸并不存在","不能看到在黄种人和白种人之间实际上存在着很大的距离,以及因此在他们之间有斗争和仇视的可能性,那将是一种不可饶恕的轻率"。不过他可能意识到,在他之前谈论"黄祸"及来自东方的"威胁"的观点和内容足以使他的论证成为了无新意的重复,于是别出心裁提出,"中国人民大众的粗鄙的实证主义和实际的唯物主义则是一种较大的祸患"。或许是怕别人不大明白他的意思,他又作了强调和补充说明:"有一种真正的危险是,到人类联合了起来,普遍和平的时代确立了下来的时候,中国的唯物主义精神可能会激励全世界。那时,宗教和道德的理想将不得不同人类心灵方面的粗俗鄙劣作斗争。"原来,这位教授所谓中国人的"粗鄙的实证主义和实际的唯物主义",实际是指中国人的无神论思想、理性实用主义以及身体官感上对于物质享受的知足常乐。反过来说,在雅斯琴科的眼里,中国的人民大众都是缺乏理想情操、不高尚不文明的"渺小人物"。但这不过仍是西方"有教养的绅士"鄙视华人的老生常谈。

为了不"给予东方民族以必要的抗衡力量",雅斯琴科强调俄国应发挥巨大的作用,首先是俄国应该"运用联盟和充分谅解的方法","建立一种白种人的均势,以便防止他们在互相斗争中失掉自己的力量"。其次是"建立一种白种人和黄种人的世界范围的均势"。如何建立后一种"均势"呢?雅斯琴科说,首先在认识上"千万不要从种族平等、种族友爱的理论原则轻率地推论说,目前各个种族实际上就是平等的",意思就是应该承认种族是不平等的,是有优与劣、"伟大"与"渺小"之分的。其次,他反对"急进的和平主义者的普遍裁军原则",强调"当出现有关保卫具有伟大价值的东西的问题时,战争是必须的和神圣的",因此不能"急进地废除战争",只有采用对"种族同种族的关系加以整顿,加以组织,各个种族必须作为有机的成员加入到整个人类的生命统一体中"的方法,才能"逐渐地使战争归于无用"。说到底,雅斯琴科的"均势"论,是反对人道主义、反对种族平等、反对和平主义的"均势"论,所以实质上是主张所谓"伟大种族"的优势论。

雅斯琴科接着说,"每一个伟大的欧洲种族都负有一种在世界上散布殖民地的使命。首先是盎格鲁撒克逊人,其次是西班牙人,最后是德国人和法国人"。当然他认为俄罗斯种族最伟大。因为"俄国具有一种强烈的基督教信仰,它意识到自己拥有一种崇高的道德理想","它的历史活动总是以亚洲各种族同化于欧洲文化来促进文明"。原来,俄国在16世纪以后越过乌拉尔山,把版图扩展到高加索、中亚、西伯利亚直至西太平洋沿岸,都是为了实现"高尚的道德理想"!建立殖民地,吞并或强占他国领土,都是为了"促进文明"! 而且雅斯琴科主张俄国还要充分利用它"处于东西方之间"的这种优势,继续在"调和东西方方面获得成功。在实现宗教和科学的综合这件事上,俄国将向东方和西方都提供它们所缺少的东西"。

为了实现俄国"调和"东西方的使命,雅斯琴科向沙皇政府建议:一是"以向它的亚洲各省积极殖民和在西伯利亚修筑通入中国的道路的办法来同中国密切地接近"。二是"以最大的精力"对"东方文明进行研究","考察并了解东方人的心灵及其内心的理想"。三是"俄国必须传播它自己的学说。必须竭尽全力在蒙古人(种)当中推广欧洲的科学教育"。特别是以"一种信仰和热诚的行动"来"大力推进基督教传教事业"[1]。从雅斯琴科的文章中,人们看不到欧洲文明应从东方文明中汲取哪些"解毒剂",也看不到俄国"自己的学说"是什么;能看到的只是他在"调和东西方"的幌子下,主张使用军事和政治力量加强俄国在远东的地位;在"促进文明"的口号下推广"欧洲的科学教育"和推进"基督教传教事业"。

从19世纪50年代到20世纪20年代以前,沙皇俄国就是在"黄祸论"和"东方使命论"的鼓噪声中,强占了中国东北、西北边疆的大片土地;在1882年为遏制中国和朝鲜的移民,制定了只有沙皇的臣民才能在西伯利亚购置土地的法令;1904—1905年为争夺中国东北而与日本发生战争;1911年辛亥革命之后又怂恿和支持外蒙古从中国分裂出去。虽然在此期间,俄国有诺维科夫(N. I. Novikov)、托尔斯泰、列宁(Vladimir Lenin)等人鲜明地反对"黄祸"之说(后面有专节叙述各国的反"黄祸论"),但正义的声音却为恶声淹没,其声势远不敌后者。

---

〔1〕　吕浦、张振鹍等编译:《"黄祸论"历史资料选辑》,第291—298页。

三 法国及比利时的"黄祸论"

如前所述,法国在18—19世纪前期对于中国及东亚文明的问题就有讨论,不过较多的直接接触则是从19世纪中期开始的。

1843年法国组织了一次有各色人等参加的考察中国的旅行。参加者之一的查利·拉佛莱(Charles Lavollée)后来在政府任职,1846年他出版了《欧洲人在中国的处境》一书;1854年又就中国的太平天国起义问题写了《中国的内战》这样一本著作。在后一本书中他提出,对于欧洲人而言,中国已不是一个"古董"和好奇的对象,而是"已经成为拥有三亿消费者的市场问题了。这个市场以它的全部作用在世界贸易范围中处于举足轻重的地位。中国的广阔天地为西方的政治野心、工业经营和宗教宣传敞开着大门"[1] 1847年法国海军中将儒里昂·德·格拉维埃尔(Jurien de Graviere)等人乘战舰巡行至中国海面,1854年出版了报道此次航行的《男爵(Bron)号三桅军舰在中国海航行记》,称"欧洲总有一天会把它的注意力转向远东"。此类行动和言论表明,在中国进入近代之初,法国也是急欲把自己的势力扩展到中国的国家之一。

19世纪70—80年代,盲目乐观的观察和预测渐渐被忧心忡忡的疑惧所代替。一个毫无根据的传说在法国流行:1873年在维也纳举办世界博览会时,中国与会的全权代表给一个帮助过他的法国代表写下了一份保证书,内容是一旦中国军队开进巴黎,中国军队会保证这个法国人的住宅安全。这个如幻想小说般的情节居然有人相信,而且在法

---

〔1〕 〔法〕拉佛莱:《中国的内战》,转引自海因茨·哥尔维策尔:《黄祸论》(中译本),第140页。

国的文献中一再被提及,比如收进了法国资本家弗里德里克·勒普拉(Frédéric Leplay)1881 年出版的《人类的基本体质构造》一书,这足以表明法国社会有可能接受"黄祸论"的氛围。勒普拉在书中称中国是和俄国、美国一样"拥有大量必需的矿产资源的大国",把"中国的工业化和正在逼近的中国竞争"列入多种危险因素(法国当时已在研究"美祸")之列,强调"欧洲只能在统一成一个联邦时才能同它们抗衡"[1]。

加利福尼亚和澳大利亚的排斥华工的运动显然影响了法国人。曾经在夏威夷当过 7 年外交官的沙利·维克多·瓦里尼(Charles Viktor Varigny)研究过华侨问题,他注意到了美国和澳大利亚的排华运动,预言人们如果不采取对策,则不到 19 世纪末,"中国移民会遍布加利福尼亚"。他"把中国人看成快要到来的美国社会主义革命的先行",因为中国劳工抢去了白种工人的工作机会,于是白人"社会主义者"不仅对中国劳工施暴,而且攻击资本家、铁路大股东和地方当局。他还危言耸听地说,尽管美国内战已经结束,但最后分裂为南部、北部和西部的危险仍然存在,而"中国人的迁入也将成为这种分裂的动因之一"[2]。

地质学家查理·维纳(Charles Wiener)受法国政府委托,于 1875—1877 年在南美作考察旅行,并把考察任务扩大到了现实的社会学领域。他在 1880 年出版的《秘鲁和玻利维亚》一书中,描述了黑奴被中国苦力代替的前景,还指出了缺乏保护的合同华工的恶劣的生活条件和劳动条件,担心在这种状况中生活的华工会自然而然地产生出一种仇恨压迫者的心理,总有一天会结成一支可怕的革命队伍,进行暴力革命。维纳还说中国人的气质中还有其他的抱负,因此"我们认为,终有一天中国人会支配整个世界。从目前来说,中国人已经起着相当大的作用了,不仅对土著而且对欧洲人来说,这些少数获得自由的中国人都是无可争辩的竞争者"[3]。

----

〔1〕 〔西德〕海因茨·哥尔维策尔:《黄祸论》(中译本),第 140—141 页。
〔2〕 〔法〕瓦里尼:《中国的入侵和美国的社会主义》,转引自〔西德〕海因茨·哥尔维策尔:《黄祸论》(中译本),第 139—140 页。
〔3〕 〔法〕维纳:《秘鲁和玻利维亚》(Ch·Wiener, Pérouet Bolivie, Paris, 1880),第 36 页。

19 世纪 60 年代曾经三次到中国旅行和考察的自然科学家、传教士阿曼德·达维(Armand David)对中国一直没有好感。19 世纪 70 年代初他在向巴黎地理学会提出的一份综合报告中说,他认为中国人不准备也不愿意让欧洲文明传入中国,而且从保护欧洲利益的立场来看,使中国人得到更好的科学教育也是错误的,"因为一旦他们懂得了我们的语言,了解到我们进行科学研究的方法和经商的手法,他们便会产生得到这一切的愿望和欲念,获得达到这一切的手段。这样一来,这些蚂蚁般的无穷无尽的人群就掌握了遇事权衡、深谋远虑的商业和经济的思想,就可以吞没全世界"[1] 这位教会学者相信,在遥远的未来,世界上会形成统一的人类社会,但眼下显然根本不可能,因此他主张划分一条严格的界限,考虑给中国过剩的人口开一个闸门,让这支人流在东亚、马来群岛甚至非洲的一部分地区发挥他们"坚韧的积极性",但一定要阻止其涌入欧美两洲。

曾经担任驻中国领事的考察家、外交官尤金·西蒙(Eugène Simon)1871 年写过《中国的农业》和《欧洲人在中国的商业的现实情况》等文章;1885 年又出版了颇有影响的《中国的城市》一书。西蒙向往而且主张"开发"中国,给中国未来的发展(西化)勾划了理想的蓝图,但同时又用暗淡的笔调描绘中国和西方关系的远景。他认为这不仅是因为中国"有一天会回到东京湾"(指越南北部一带,当时法国刚把印度支那地区纳入其殖民地体系),而且"中国能在经济上和人口政策上压倒欧美"[2]

总的来说,在 19 世纪 90 年代以前,法国对于中国的认识和讨论,主要关心所在还是中国作为西方的商品市场问题、人口流出问题和接受西方文化的问题。法国舆论中此时已在使用"美祸"而未使用"黄祸"的字眼,但是已经充斥着对中国的警惧,这正如海因茨·哥尔维策尔所说,这是"帝国主义时代的自我剖白和处于帝国主义时代的不安

〔1〕《地理学会学报》(*Bulletin de la Société de Géographie*,Paris,1871),第 477 页。
〔2〕〔法〕西蒙:《中国的城市》(E·Simon,*La Cité Chinoise*,Paris,1885),第 159、82—84 页。

和忧虑的表现,这种不安和忧虑在帝国主义发展的开始阶段就已经存在了"。[1]

这种不安和忧虑有可能导致一种歇斯底里的夸大其词,也有可能导致反向的冷静思考。后者如 1884 年中法战争期间,《法国经济学家》主编保罗·拉洛瓦-博利(Paul Leroy-Beaulien)等人,曾针对挑起战争的总理茹费里展开论战,他们认为茹费里以为中国微不足道的看法是不正确的,批评法国政府向中国提出无限度的要求,提醒人们不要轻率地在东亚采取军事行动。他们还分析了远东的经济情况,对于法国商人和企业主遭到竞争的恐惧心理越来越强烈。保罗·拉洛瓦-博利在 1885 年对在中国修筑铁路一事,就曾发表过心态复杂的见解:"当然,修建铁路无可争辩地发展了他们的物质财富,在目前替欧洲的工业开辟了意义重大的销售市场。……但是人们也得为明天着想,未来的日子将由一个深刻的变化来决定。一个拥有三亿人口的、具有优秀智慧、知足的、朝气蓬勃和坚毅的工人的民族,将占有我们的完备的生产资料。这种变化当然不是两三年或是 10 年、15 年会发生的事,至少需要 25 年或更多的时间。不过即使中国人掌握了生产工具,在很长时间内,他们将缺乏资金,这将会成为西方对付东方的自卫手段。如果中国成为一个工业国,那么由于中国人生活俭朴,资金日后也会积累起来的。一旦中国大部地区全部掌握了我们的技术成就和发明成果时,就会掀起几世纪来在世界上发生的那种深刻的革命。"[2]可见,在这些睿智的经济学家头脑中,还是感到了中国未来的工业化和经济实力可能给予法国的威胁。

进入 19 世纪 90 年代,法国的《两个世界》《法国经济学家》《欧洲经济学家》《印度支那》《外交和殖民地问题》等杂志上研究"黄祸"的文章多起来,还出版了一批研究中国问题的单行本,各种利益集团的代言人从不同角度,发表了众多见解,而且探讨了防堵"黄祸"的种种方法。

---

[1] 〔西德〕海因茨·哥尔维策尔:《黄祸论》(中译本),第 131 页。
[2] 《法国经济学家》(l' Economiste Francais),13 年度(1885 年),第 254 页。

　　自命代表法国本土的大地主、工厂主和白种工人利益的埃米尔·巴尔贝(Emile Barbé)律师,是反对经济上的自由主义的。他从印度纺织工业的发展造成英国纺织工业的危机这一事实,推测东西方经济关系将有新的变化,并且对欧洲的殖民制度表示悲观,"亚洲人要对人们以文明和开发的名义向他们所作的罪恶勾当进行报复",而这首先会体现为经济竞争。因此他在1893年就提出,"由于亚洲威胁的关系,关税保护的办法现在也有利于劳工阶层,这和古老的禁止入口制度比较起来前进了一大步"。"禁止入口制度"是在同一时期由英国人沃尔特·弗雷文·洛德(Walter Frewen Lord)提出的,巴尔贝以略带揶揄的口吻说:"人们不久才推垮了中国的'万里长城',强迫这个'天朝上国'违反自己的意愿与西方进行贸易以后,自己却要在本国国土上筑起一道长城停止与中国的贸易。这种主张看来颇为有趣。从总的来看,沃尔特·弗雷文·洛德爵士主张的禁止入口论倒是新颖的,他的主张也并不是只有利于大地主和工厂主的关税保护法,他想实现的是一种对工人有利的措施,不仅符合这两个利己的阶级的利益,而是符合整个种族利益的关税保护政策。"[1]巴尔贝与洛德,一个主张关税保护,一个主张禁止入口,前者与后者只是五十步与百步的差别而已。

　　比利时的货币复本位论者阿尔封斯·阿拉尔(Alphonse Allard)在一篇题为《黄祸》的文章中,介绍了东亚丰富的自然资源,庞大的人口以及工业和交通的发展前景。他着重强调,亚洲产业工人劳动时间长,报酬低,如果欧洲工人的工资降到亚洲工人的水平,马上就会发生革命。不仅在远东地区,而且在墨西哥等地,黄种人的竞争都会使欧洲遭到威胁。他认为欧洲在可能的经济竞争中处于不利地位的原因除了资源和工人工资的因素之外,还有一个重要原因是当时欧洲各国实行金本位制,而东亚各国实行银本位制,世界因而分裂为两个货币本位体系,影响了东西方的经济来往,而且"以金本位为基础的欧洲各民族对实行银本位的东方人所作的斗争是徒劳无益的。在这个大规模的斗争

―――――――――――
〔1〕〔西德〕海因茨·哥尔维策尔:《黄祸论》(中译本),第142—143页。

中,实行银本位的黄种民族将以胜利者的姿态出现。这就是使我们值得惊慌的'黄祸'"。因此他主张实行复本位制,即"提高整个欧洲买进和售出(货物)的价格,提高专门用来和东方人进行贸易联系的物品(指银子)的价值",[1]以重振欧洲的贸易优势。

法国外交家兼政治家埃斯图内勒·德康斯坦(Estournelles de Constant)在1896—1900年写过《竞争和失业》《中国问题》《未来的祸患——欧洲和它的竞争者》等文章,提醒人们注意"黄祸"。当时欧洲有人提议建筑铁路把欧洲和东亚各地连接起来,德康斯坦表示反对,认为这样会使亚洲的产品更可怕地流入欧洲。他认为当时日本已经开始经济起飞,正在争取获得在远东的优势,"东亚门罗主义"已在形成,如果中国的工业获得发展,那么它对欧洲的威胁将远远超过日本。因此他主张欧洲联合,共同对付东亚的竞争。他还认为美国人、加拿大人、澳洲人驱逐华人是很自然的,说这并非出于种族仇恨,而是出于对竞争的恐惧,是经济上求生存的斗争。

1901年法国《费加罗报》编辑爱德蒙·戴利(Edmond Théry)出版了一本题为《黄祸》的小书,作为他在义和团运动后对中国的一次考察的总结。由于义和团运动与清军的抵抗均轻易被八国联军镇压下去,所以该书重点未谈军事和政治问题,而是关注中国的工业化起步。他心目中的"黄祸",是"建立在欧洲工业大国的社会制度之上的国际关系平衡遭到猛烈的破坏,而这个破坏是由一个新的极大的国家突如其来的不平常的和无限制的竞争引起的"。他在这里没有明言所谓"极大的国家"是指中国还是日本,但其结论是明确地警告欧洲不要让中国模仿日本工业化的榜样,以免使欧洲遭到致命的竞争。德康斯坦为该书写了前言,他也把"黄祸"理解为未来会征服整个欧洲的全球性危险的一部分,希望欧洲一致组建起自己的抵抗力量,同时在行动上应该"不是加速中国人的竞争,而是使中国人的竞争的发展变得缓慢"[2]

〔1〕　〔比利时〕阿拉尔:《黄祸》(A. Allard, *Le Péril Jaune*, 载 *Revue Génerale*, Januar-Juni 1896),第505—524页。
〔2〕　〔法〕戴利:《黄祸》(E·Théry, *le Péril Jaune*, Paris, 1901),第309、26页。

德康斯坦的话很容易使人联想到拿破仑“别让中国睡狮惊醒”的著名比喻。

耶稣会士路易·格耶(Louis Gaillard)刻意美化法国的殖民政策，否认欧洲“剥削”了其他民族尤其是东方民族，伪善地表示自己承认其他民族的“权利”，而这与“我们正当地争取自己的利益”毫不矛盾。他还说，“天主教反复向群众传布，但愿中国会懂得，它是成为恢复生机的原则，成为生活的、大事业的、进步和解放的基本保证。假如天主教早被接纳的话，中国早就不会在肉体和道德上衰落了，也就根本不用去提‘黄祸’问题”〔1〕即认为让中国人真正接纳天主教是解决“黄祸”问题的根本办法。

总之在1901年以前，法国舆论中关于“黄祸”的讨论，主要还是围绕中国的人口外迁、工业化和贸易，以及宗教信仰等问题进行的。从1902年起，开始有少数人谈论未来的中国军事威胁问题。这一年，曾任法国殖民地官员的若斯林·配内-西埃菲尔特(Jocelyn Pène-Siefert)写了一本题为《黄种人和白种人在中国》的书，书中谈到中国在拥有现代化武装之后会对白种人持何种态度的问题。他说：“如果中国人始终是商人或是守信的和平主义者，则对好战和掠夺成性的白种人更有好处，至少暂时能这么说。如果他们因为受到妨碍不能进行劳动和收获他们的劳动果实，而想要掌握杀人和毁灭物质的简易手段的话，则他们可以拥有千百万士兵，把世界夷为平地。”他还说，虽然中国“不能立即把这支军队建立起来，但是时间对亚洲人来说并不重要。也许目前他们在欧美和日本的军事留学生中会产生伟大的战略家。而且现在已经有了以驱逐白人为目的军人秘密组织”，〔2〕所以人们应该当心。还有海军陆战队军官出身、曾到过非洲和印度支那，最后在1900年参加八国联军进攻中国时显露头角的亨利·尼古拉·法雷将军(Henri

---

〔1〕 〔法〕格耶：《中国和欧洲》(L. Gaillard, *La Chine et l'Europe*)，译文据〔西德〕海因茨·哥尔维策尔：《黄祸论》(中译本)，第150页。

〔2〕 〔法〕配内-西埃菲尔特：《黄种人和白种人在中国》(J. Péne-Siefert, *Jaunes et Blancs en Chine*, Paris, und Lyon, 1902)，第6页。

Nicolas Frey),1904 年在其所著的《古代、现代和将来的中国军队》一书中,曾预计中国军队必然会现代化,因此必须注意到这支军事力量可能对白种民族所造成的威胁。而其他谈论中国军事问题的作者都"把法雷看作专家而乐于引用他的论据"。[1]

法国人在讨论"黄祸"的时候,除主要出于上述人们熟悉的经济、外交和社会政策的观念之外,在学术界的人士中,还广泛涉及哲学、社会学、民族学、人种生物学、应用人种学以及大众心理学。另外还有一个值得关注的现象是,19 世纪 80—90 年代,以法国学术界为中心,曾经流行过一种"欧洲衰落论"或"白种优势丧失论",其中最令他们担心的又是"拉丁民族衰落论"。作为拉丁民族之一的法国人,不仅对东方的觉醒怀有畏惧,对德国、美国的兴起和英国与美国、日本接近的趋势,也深感不安。所以法国出现的"黄祸论",既是一种"空想"和"幻象",也可说是一种实有的悲观和恐惧的产物。

古斯塔夫·勒朋(Gustave Le Bon)是法国公认学识渊博的社会学家和社会心理学家,具有哲学修养。自然主义、心理学、以研究种族为目的的社会学构成了勒朋的世界观。他写了《人与社会》(1881)、《印度的文化》(1887)、《幻想和现实:当前的世界演变》(1928)等书,主题都是探讨白色种族的未来命运。勒朋的作品一方面攻击帝国主义,激烈地批评欧洲人尤其是英国人在亚洲,特别是对中国的所作所为和道德上不可宽恕的历史记录。另一方面,他是生物学上的宿命论者,坚持认为白色人种必然会没落,而人类的意志、道德和性格改变的可能性和作用极为有限,所以他无法在这两种价值取向上维持平衡。比如,他在19 世纪 80 年代曾说"将来中国工人进入欧洲才是真正可怕的事情",同时预言印度人将被亚洲其他种族当作征服全世界的工具,又估计中国、印度、俄国会联合起来反对英国,但是他相信"西方将永远保持思想的精华,因为东方拿不出与此相同的东西",尤其是"中国人的大脑组织不会超出一定的水平,因而不用害怕以竞争者姿态出现的中国人

---

[1] 〔西德〕海因茨·哥尔维策尔:《黄祸论》(中译本),第137页。

能作出更高明的事",而且他"对这一切感到欣慰"。[1]显然,无论从勒朋的观点、结论来看,还是从其情感和立场而论,书中正确与谬误并存,而且两方面都应该引起人们的思考。

同时代的哲学家阿尔弗烈德·富伊埃(Alfred Fouillée)也运用类似勒朋的理论探讨种族和民族的前途问题,不过他不像勒朋那么悲观。1895年富伊埃出版了《气质和性格等》一书,书中表示,他对黑人、白人和黄种人之间的斗争将对20世纪的政治内容起决定性作用这一点深信不疑,因而形势是危险的。为此,富伊埃反对有色人种迁入白人国家,他"从美国人和澳大利亚人反对黄种人移居该地区的运动中,看到了充满希望的征兆",而且"无条件地拥护实行以种族为范围的关税保护政策"。富伊埃对美国和俄国寄以厚望,称"一切问题都取决于美国人是否理解到他们对世界所担负的任务并联合欧洲的民族,此外俄国人有责任充当隔绝远东的藩篱"。但在对白种人的衰落和黄种人的兴起问题上,富伊埃不信宿命,不同意听其自然而强调白种人还应有所作为。他说:"占优势的种族必然是把最大的智慧和坚强无比、纪律严明的意志相结合的种族。……如果我们理解到振作起来,联合起来,如果美国理解到本身的天职,欧洲的种族就能保持自己的优势。自然,我们不能蹉跎光阴,或是相信美其名为进步的虚假的力量,幻想建立起一个永恒的帝国。重要的是要有预见,并为我们的前途作准备。未来将会和我们自己所要创造的完全相同。"[2]他的乐观建立在白种人的发明、才能、充沛的精力和道德原则的基础之上,而这显然是哲学思维的结果。

文学史家兼自由主义政论家埃米尔·法盖(Émile Faguet)是富伊埃观点的热烈赞同者,他在一篇题为《下一个中世纪》的文章中,首先批驳傅立叶(Charles Fourjer)的"空想社会主义的公社",认为即使有了"公社",内部也不会平静,这种争端就是黄种人和黑人威胁白种人的问题。他说,从种族而言,希腊人、罗马人和"未开化"的日耳曼人同出

---

〔1〕〔西德〕海因茨·哥尔维策尔:《黄祸论》(中译本),第155—156页。
〔2〕〔法〕富伊埃:《气质和性格等》(A. Fouillée, *Tempérament et Caractere etc*, Paris, 1895),第360、367页。

一支,但黑种人和黄种人则不然。他引用富伊埃的观点,论证"文明,或者更确切地说,即人性的更高的因素,是和白色种族联结在一起的",因而必须维护白种人的优势地位。他批评有的人认为中国人和日本人的智慧与道德发展很了不起,承认中国与日本具有强大的潜力,他和富伊埃一样,认为这种观点危险而且有害。法盖相信,如果有色人种征服了欧洲,就会产生无政府状态和黑暗。他把这个可怕的时代称为"第二个中世纪"。他像法国的哲学先辈康·特·梅斯脱(Comete de Maistre)一样,用"世界"和"人类"的观念取代"民族"和"阶级",把黑种人、黄种人和白种人的矛盾与冲突加以夸大,说"现在的问题不是由一个民族来代替另一个阶级,而是整个世界被另一个世界所取代,一种人类被另一种人类所取代"。

为了防止或至少是推迟"下一个中世纪"的到来,法盖支持北美和澳洲的排华运动,他认为无论是出于经济的还是社会政策的动机,白种人筑起一道万里长城来阻止中国人都是可以理解的。但法盖知道这个长城不可能永远发挥保护作用,他不无遗憾地抱怨,欧洲人征服世界的行动不仅是半途而废,而且这种扩张活动把有色人种动员和发动起来了。现在的办法只有"全欧洲成为一个新的罗马帝国或结成一个联邦集团",以进行"自卫"和"抵抗"。而"在这次抵抗运动中,就如曾经保卫基督教徒抗击土耳其人的波兰那样,俄国人将充当白种人抵御黄种人的堡垒和藩篱的角色。那时将发生可怕的斗争……仿佛命中早已注定:欧洲互相残杀的时代和为了抵抗侵略(又要耗尽元气)而联合起来的时代之间,永远不会出现令人高兴的短短的一百年时间。在这一百年中,不允许有片刻的休息和互相友爱,这段历史同样不会使人感到欢乐"。那么最终的结局如何?法盖预计:"也许是黄种人彻底战胜白种人,再看得远点,那时黑种人又战胜黄种人。也许几世纪之后,或是一二百年以后,将会出现一个黄种人的欧洲。"[1]法盖的危言耸听和悲观

---

〔1〕 〔法〕法盖:《下一个中世纪》(E. Faguet, Le Prochain moyen âge),载《辩论杂志》(Journal des Debates,1895)。

之情显然加剧了法国人对有色人种的恐惧。

法国影响最大的人类学家约瑟夫·亚瑟·戈宾诺(Joseph Arthur Gobineau)写过《论人类种族的不平等》《人种学纲要》《对当前世界形势的判断》《阿玛迪斯》等著作。他把印度和中国的情形作为自己种族理论的材料,证明即使欧洲人征服了印度人,要把他们"同化"也是不可能的。而危险却在于亚洲人文明的提高和欧洲人被亚洲人"腐化",因此白种人征服中国的可能性不大,而且没有意义。戈宾诺关注着中国人在美洲、澳洲和以缅甸为界的东南亚移居的现象,并说中国在中亚进行积极的活动。他还认为俄国人在远东的扩张,只会使东亚的新一代人在亚洲古老种族和民族的摇篮中迅速成长起来,准备向欧洲进行大规模的入侵。这个悲观的法国贵族怀着恐惧注视未来,他在1885年曾说:"我观察到亚洲正在酝酿着一系列祸害。我相信这些祸害迟早会一齐落到欧洲人头上。我看到这些祸害以闪电般的速度酝酿和扩大。我不能完全肯定是否在十年以内世界的总体结构将面临一个巨大的改变。"两年之后,他又在其作品《阿玛迪斯》中,用诗歌的形式描写黄种人在俄国的领导下进攻欧洲的远景。[1]

法国种族论者瓦雪尔·德·拉布若(Vacher de Lapouge)于1889至1890年在蒙派里尔(Montpellier,一译蒙布利耶)大学讲学时,多次提及世界范围内的种族之间的斗争问题。他认为当时日本人、美国黑人和安第列斯人对白种人造成的威胁已经占到重要地位,但未来更大的危险却是亚洲人(主要指中国人)和非洲人同白种人的竞争,而危机将出现在黄种人和黑种人的文明程度赶上西方民族的时候。但他讲学的时候正值中国衰弱不堪而且面临瓜分,所以他反对夸大东亚经济力量的挑战,也不相信会有策源于东亚的军事入侵,那么危险何在呢?这位想象力无比丰富的学者居然从罗马帝国的军队中大量使用日耳曼人、最后日耳曼人反戈一击造成罗马帝国衰亡的历史中得出了如下推论:"从军事角度来说,我担心统治中国的欧洲执政者使用强大的由黄

---

[1] 参阅〔法〕谢曼:《戈宾诺传》(Ludwig Schiemann, *Gobineau*, *II*, Straβburg, 1916, s. 608f)。

种人组成的军队来反对白种人。我担心人们会把黑人和黄种人组成卫戍部队驻在法国和德国的首都以维持秩序,就是说,西方国家政府用有色人种的军队来镇压西方人民。我更担心的是,在一次大规模的战争中,俄国沙皇利用编入他的军队的上百万中国士兵把西方毁灭。"[1]这种天方夜谭式的预测不仅在当时很有市场,甚至直到 20 世纪 50 年代因为中苏结盟而再度被传播,不过此时的俄国沙皇变成了"红色沙皇","黄祸"变成了"赤祸"。

还有一个原籍为德国,后来取得法国国籍的所谓考察家兼东方问题专家亚历山大·乌拉尔(Alexandar Ular),他当过作家、政论家和商务代表,曾多次到过美国、俄国,特别是中国,并在巴黎与不少印度人和中国人往来。此人有罕见的语言天赋,研究中国的语言文化比较深入,组织出版过中国文学的书籍,还把老子的《道德经》同时译为德文和法文,于 1903 年在欧洲出版。乌拉尔在比较著名的《现代评论》《白种人杂志》《德国展望》等刊物发表过时政评论,诸如关于 1905 年俄国革命的《俄国革命》,关于土耳其衰落的《熄灭的新月》以及论述俄国与远东关系的论文,还有一篇名为《黄色的逼迫》的小说,借小说中的人物之口讨论中国问题。他谈论"黄祸"比较集中的作品,是 1904 年出版的著作《俄中帝国》和同年发表在《现代评论》上的文章《日本的泛蒙古主义》。

乌拉尔密切注视所有黄种人"全球性的种族扩张"的每个"迹象",以一种近乎狂热的态度企图使"黄祸"问题成为世界政治讨论的焦点。当时法国还有一部分人士反对"黄祸"之说,认为这个说词"滑稽可笑",乌拉尔却坚持说:"实际上'黄祸'在世界政治中占主要地位,因而它是现实问题,是很严重的问题。"

乌拉尔与他人的不同之处,是把"黄祸论"理解为帝国主义时代的意识形态,是把人们从政治上动员和团结起来的一种"催化剂"。而且"'黄祸'这个口号反映出大规模的人口政策事件……这种事态正在从

[1] [法]德·拉布若:《亚利安人及其对人类社会的意义》(V de Lapouge, *Der Arier und seine Bedeutung für die Gemeinschaft*, Frankfurt, 1939),第 38 页。

自发的变成有组织地进行的阶段"。乌拉尔的这种观点主要是指俄国和日本。他说,俄国原先最害怕中国的扩张,但是从俄国政治家乌哈多姆斯基提出的泛蒙古主义政策和"黄色俄罗斯"计划构成了大俄罗斯体系的思想基础之后,俄国将会转而企图利用中国在国内外的发展。而日本的近卫文麿公爵领导的东亚文化协会亦主张泛蒙古主义,但目的是与俄国争夺东亚霸权。这两种目标不同的"泛蒙古主义在将来就是有组织的'黄祸'",使欧洲遭到严重威胁。乌拉尔对中国的看法好于俄国和日本,认为如果中国的经济实力得到充分发展的话,那么俄国式的、日本式的泛蒙古主义都会破灭。他希望"中国的中产阶级抵抗来自俄国和日本的泛蒙古主义运动",为此"中国不能再轻视现代技术和文明方面的成果",同时西方特别是法国和美国应加强文化攻势,"在精神上开发中国",击败以俄国和日本为策源地的泛蒙古主义[1]。乌拉尔的言论常常自相矛盾,出言不够慎重,故有人嘲笑他起码要几个世纪或几十年才能发生的事,到他笔下只需几年时间就行了。但是他的同时代人似乎还是很重视他,认为他的认识原则上是对的,曾经反对"黄祸论",提出"白祸论"的阿纳托尔·法朗士(Anatole France)也曾称乌拉尔为"一个与众不同的欧洲人"。

20世纪初年,法国是俄国的盟友。当1904年发生日俄战争,俄国因战败而大肆宣扬"黄祸论"的时候,法国在舆论上给了俄国支持。当时法国内阁的部长,如德拉内桑、阿诺托克斯等都随着俄国的音乐指挥起舞。俄国的《新时代报》《论坛杂志》在这场宣传战中是主要阵地,而法国的《光明报》《欧洲人报》《外交和殖民地问题报》都转载了《新时代报》的有关文章;法国的《印度支那评论》在日俄战争结束之后还连载了《论坛杂志》的长文《东方的危险》;《巴黎回声报》还发表了捏造的"日本入侵印度支那计划"。

在法国及比利时,认为存在着或将会有"黄祸"的代表性人物的言

---

〔1〕 参阅格尔维茨:《亚历山大·乌拉尔》(S. D. Gallwitz, *Alexander Ular*,载 Weserzeitung Nr. 227 vom 1,IV. 1919)。

论及观点大体如此。与德国的情形相比，法国的统治者没有像德皇威廉二世那样喧嚷"黄祸"，缺少了最上层人物的示范，外交官、军人、学者和别的舞文弄墨者倒有可能自由地发表各种见解，所以法国还有相当多不赞同"黄祸"说的言论。这点将在后面介绍。与德国不同的第二点是，19世纪末20世纪初的法国不仅像欧洲其他国家一样流行着"欧洲衰落论"，而且作为拉丁民族之一的法国人还有更深一层的"拉丁衰落论"，因为有着双重的惶恐，所以在法国"欧洲统一论"比德国喊得更响。在外交上，法国舆论不像德国那样公开批评与日本结盟的英国；法国在19世纪80年代也有"美祸"之说，但随着所谓"抵制远东的经济威胁"之说的登场，法国就比德国更多地寄希望于美国；在对待俄国的态度上，法俄虽曾多次在远东政策上合作，但担心俄国助成"黄祸"的人显然多于德国式的希望俄国为欧洲阻止"黄祸"的人。第三点不同是，法国是开始没落的老牌殖民主义国家，而德国是后崛起的帝国主义国家，因而前者的战略是尽量保住既得利益，后者则因为迟到而胃口极大，显得贪婪而且来势汹汹。法国的政论家阿·富克（A. Fock）1896年曾在一篇名为《东方与西方：非洲的经济作用》的文章中毫不掩饰地谈到"黄祸"带来的问题，但他的解救方法是撤出亚洲，把欧洲的精力尤其是法国的精力集中于经营非洲。1904年，战略地理学家奥奈西·雷克吕斯（Onésime Réclus）也写过题为《我们放弃亚洲，抓住非洲》的文章。作者认为，美国人、英国人和德国人已在中国占了优势，现在又有日本和中国自己这"两只黄狼"加入竞争，所以法国在中国会处于下风；法属印度支那也保不住，法国人无法使该地区法国化，而中国人正在那里"进行中国化的活动"。因此他主张"放弃亚洲，抓住非洲"。[1] 上述两人都是赞同存在着"黄祸"的人，不过他们不主张进攻而主张退避是因为害怕"黄祸"，这种主张又与当时法国因财政困窘，社会党人要求"卸除亚洲的担子"的反应类似。

---

[1]　〔西德〕海因茨·哥尔维策尔：《黄祸论》（中译本），第135—136页。

四　英国与澳大利亚的"黄祸论"

19世纪中期以后的英国,仍然是当时世界上最大的殖民帝国,它不仅在工业生产、世界贸易、海军力量等方面雄踞世界第一,而且在社会科学理论的"发明"上也处于领先地位。举凡国民经济、政治地理和地缘政治、人种学、人口学、统计学的兴旺,"进化论""生存空间""东方政策"等学说、概念亦由英国人率先提出,这充分证明一些帝国主义的意识形态和思想学说原来就是某些社会科学理论的派生物。英国的强大发达,不仅体现在它是先进武器装备的"军火库",同时也是思想理论的"军火库"。

与"黄祸论"直接有关的是人口学理论,无论是对人口增长持乐观主义的威廉·葛德文(William Godwin),还是持悲观主义的托马斯·马尔萨斯(Thomas Malthus),在对亚洲人口压力的忧虑方面完全是一样的。从人口问题出发,考虑到开发地下矿藏和其他原料(当时还没有应用石油,主要燃料是煤炭),或者是考虑到廉价的劳动力可能使欧洲经济破产的时候,人口论就成为"黄祸论"者的一大论据。

到19世纪八九十年代,英国的一些社会哲学和社会学派别把达尔文生物进化论的自然规律运用于人类社会,把国家、民族或种族之间的"生存竞争"视为弱肉强食的铁定法则,形成社会达尔文主义,使之与帝国主义的思想意识完全适应。社会达尔文主义对于帝国主义行动的可指导性显而易见,但它还不是帝国主义唯一的理论武器。在英国当时的帝国主义者中,"不少都信奉康德(Immunuel Kant)和卡莱尔(Thomas Carlyle),尤其是受牛津新唯心主义派的国家与社会哲学、巴利奥尔学院派的影响。精神上的冲动,对责任感和使命意识的要求以及面子上的需要,在竞争和剥削的本性之外,同时也时常微妙地和这种本性交相结合在一起,构成帝国主义的主要动力。这种动机凝缩为意识形态,在用'The white man's burden'('白人的负担')这句警语来说明的观察范围中,在对于世界使命、对于放之四海而皆准的文明政治任务的带有宗教色彩的信仰中以及在所谓各种'泛'的运动中变得具体化了"[1] 这就是说,帝国主义的意识形态中包含着许多经过扭曲的科学理论的派生物。例如从人类学中产生了应用种族学、种族优生学和人种改良学,从地理学中产生了地缘政治学等,而每当帝国主义者开始思考东亚问题的时候,人口论、文明论、种族主义及地缘政治等等,就会发生作用。

前面说到,当自己一方把他人看成祸害或威胁的时候,往往同时伴生己方的"没落"论或"衰落"感。在中西欧地区,由于感受到俄国的崛起,所以法国、德国及其他小国曾长期流行"俄祸"论;美国崛起后又有"美祸"论,法国还曾流行"拉丁民族衰落论"。总之,德、法等国在19世纪后期对于他人的变化和自己的实力地位问题十分敏感。

英国略有不同。整个19世纪英国在世界上始终处于一等强国的地位,维多利亚时代形成的自信与傲慢,使得它不可能随着德皇的定调起舞。在与列强的关系上,英国自恃与美国有特殊的种族和语言文字联系而不太担心;在远东刻意拉拢日本,趋向于建立英日同盟;在亚洲大陆的统治权上则倾向于同俄国达成协议,维持某种均势。加上英国有世界范围内最多数的殖民地和普遍的商业利益,所以英国政府不主张采取极端政策。当属于英联邦的澳大利亚推行"白澳政策"排斥华人的时候,在中国的英商出版的机关刊物《中国海外贸易报告》于1888年曾尖锐地向澳大利亚政府提出批评。英国的香港总督也向澳大利亚维多利亚州政府提出,如果澳大利亚继续推行排华运动,将会危及英国的利益。1894年,英国很有影响的杂志《十九世纪》上曾刊出文章,从经济和人道主义观点对美国加利福尼亚和澳大利亚的排华运动加以批

---

〔1〕〔西德〕海因茨·哥尔维策尔:《黄祸论》(中译本),第10—11页。

评:"我要为在加利福尼亚或昆士兰等新开发地区的华侨辩护的话是,有一定数量的华侨,对于这些地区的开发,只会证明是取得成就的一个最大因素。完全排斥华侨是最短视和最错误的政策;驱逐华侨无异是民族罪恶,因为这会使前进的钟表倒退。"[1]总之,当时英国虽然"感到自己在亚洲的统治地位和经济势力遭受威胁,但是英国把来自中日两国或者两国中任何一国的'黄祸'威胁看得较轻,而认为几个帝国主义劲敌在亚洲的势力冲突才是值得严重注意的问题"[2]。

中日甲午战争前后这种状况略有改变。1897 年 12 月 7 日德国的《总汇报》上有文章说:"英国自己对'黄祸'十分了解,因此据说它不想以任何方式在那儿(指东亚)妨碍我们。"也就是说此后的英国对中国与海外华人亦表现出很不友好的态度。虽然英国政府的政策与官方人士的言论没有明显改变,但一些个人著述和报纸文章却频频出现类似于"黄祸论"的言词和观点。

首先集中表达种族主义的民族歧视观点的人,是在英国牛津大学教授历史多年,后又移居澳大利亚的查理·亨利·皮尔逊(Charles Henry Pearson)。皮尔逊在牛津大学任历史教授多年,在这个专业领域中始终未能脱颖而出,但他留意的研究课题却超出了同行们的意料之外,而且他热衷于参加社会活动。在以健康原因移居澳大利亚之后,他以政治活动家和教育改革家的面孔出现,最后担任了教育部长。1893年他在英国出版了名为《民族生活和民族性格——一个预测》的专著,总结了他对当前的现状和世界未来演变的一些看法。

皮尔逊信仰自由和个人主义,他的理想是活跃的、有占领欲的、积极参与竞争的生活。皮尔逊深受达尔文和斯宾塞学说的影响,相信达尔文学说的规律可以应用于人类的社会生活,甚至把某些物理规律也用到种族关系上,把人类分成优劣不同的两类种族。但他又是一个"世纪末自由主义者",怀疑白种人的"可贵"品质和性格不能维持很

---

〔1〕　〔英〕密切尔:《海外华侨:十九世纪》(E. Mitchll, *The Chinaman Abroad: The Nineteenth Century*, 1894, Ⅱ),第 617 页。

〔2〕　〔西德〕海因茨·哥尔维策尔:《黄祸论》(中译本),第 73 页。

久,从而对当时欧洲掀起的从历史上、政治上批判帝国主义的浪潮起到了推波助澜的作用。他似乎已经很清楚地认识到两点:第一,帝国主义是一个过渡阶段,从历史时期来看相对地是短暂的;第二,有色人种的解放潮流是不可避免的。[1] 他的这本著作典型地体现出正确与谬误并存的特点。

皮尔逊从西方社会的种种现象中,诸如乡村的城市化,家庭生活的解体,经济伦理的丧失,语言文字的粗俗化及其艺术魅力的丧失等,得出了"个性毁灭"的结论。他对英国传统的自由主义的衰退忧心忡忡,认为"英国人不再信仰私人企业经营,转而信仰国家组织",其前途只能是:"在未来的社会中,军事专制制度将与工业社会主义相结合。国民如果不是国家的士兵,一般也是国家的奴仆。"[2]皮尔逊的这种预测在英国没有发生,但三四十年后在希特勒(Adolf Hitler)统治下的德国却变成了现实。

《民族生活和民族性格》一书认为,欧洲自由主义精神的停滞,尤其是对物质经济的疯狂追逐导致个性和民族精神衰退的这一趋势,将会由于受到日渐增长的中国人的压力而加速强化。他认为,中国成为一个主权国家之后,"如果中国得到一个有彼得大帝(Peter the Great)或腓特烈二世(Frederick Ⅱ)的组织天才和积极进取天才的人做君主,它对于英属印度或俄国将成为一个可怕的邻国"。虽然皮尔逊认为中国的军事力量不会踩蹋到欧洲,彼得堡和伦敦不会因此向北京屈服,但他认为"像中国人这样伟大的民族,并且拥有这样巨大的资源,迟早会溢出他们的边界,扩张到新领土上去,并且把较弱小的种族淹没掉"。[3]

作者认为,更大的威胁来自远东将会实现的工业化,中国不仅会独占亚洲市场(皮尔逊完全忽略了日本),而且在整个国际市场的竞争中

---

〔1〕 〔西德〕海因茨·哥尔维策尔:《黄祸论》(中译本),第57页。
〔2〕 〔澳〕皮尔逊:《民族生活和民族性格——一个预测》(Ch. H. Pearson, *National life and Character: A Forecast*, London and New York, 1893),第91—92页。
〔3〕 同上书,第45、51页。

也将稳操胜券。尤其是人口问题,由于"低等种族人口的增殖要比高等种族快",黄种人和黑人人数迅速增长,中国人发展到东南亚、毛里求斯,甚至到南美洲和中美洲,在整个拉丁美洲有可能会凌驾于西班牙血统的人、印第安人和这两种人混血的种族之上,从而"始终环绕在地球南北回归线之间的黑色和黄色带子,将要扩大其区域,并日益加深其颜色"。到了那时,"中国人、印度人、印第安血统的人占优势的中美洲和南美洲国家,可能还包括刚果河流域和赞比西河流域的非洲人在一个异族统治阶层的率领之下,把海军舰队开进欧洲的海面,他们被邀请参加各种国际会议,在文明世界发生争吵时作为同盟者受到我们的欢迎"〔1〕皮尔逊视此为自由主义时代的末日,因为他"发现自己被那些我们都视为奴仆并认为应当永远服务于我们的需要的民族挤压,甚至被排斥到一边去","我们还是死了为好"〔2〕

皮尔逊不但担忧他所喜爱的白种人的扩张将要停止,而且形势还会逆转。由于东方(主要是中国和印度)依靠工业化和人口与西方竞争,欧洲人将被迫采用关税政策把自己与世界隔离开来,或者限制自己人口的增长。白种人一度深信不疑,世界是属于亚利安人和基督教的,到时却会发现自己被所谓奴隶种族一步步逼到了死角。同时,欧洲精神也会进入一个"停滞"阶段,由于"精力将找不到出路,政治手腕将没有用途","现在一直是渴望征服新世界的那些种族将会丧失素来的信心,今后他们将是意气消沉、悲观失望和不重视创造发明和改进"〔3〕到了那个时候,西方人无论是物质的或者道德精神的取向都会与东方同化,甚至以东方的标准为楷模。

皮尔逊当然希望阻止上述状况的出现,因此主张继续执行帝国主义政策。他极力为"白种人的澳大利亚政策"辩护,希望后起的德国能够参与非洲的殖民主义化,还寄希望于所谓爱国主义、民族精神来弥补西方人由于对物质、经济的过分追求而引起的精力衰竭。他虽抱持社

---

〔1〕　前引〔澳〕皮尔逊:《民族生活和民族性格——一个预测》,第65、84页。
〔2〕　同上书,第85页。
〔3〕　同上书,第130页。

会自由的立场和态度,却又主张国家社会主义和提倡国家向福利社会发展,目的只是让白种人的优胜地位尽可能多维持一段时间。但是皮尔逊从内心认为,"无论什么也不能保护优等民族,使他们不失掉自己更高贵的动力。而当他想到未来的停滞不前的社会时,他就无法掩盖自己的带有嘲谑的消极悲观的感情"[1] 客观地说,皮尔逊的书虽然对中国多所着墨,对所谓可能出现的中国威胁夸大其词,不过他侧重表达的仍是对西方社会病和帝国主义政策的审视。

《民族生活和民族性格》出版一年后就发行第二版,在英国引起了一场热烈的讨论,在法国和北美洲也受到注意,在澳大利亚更可说是受到极大的欢迎,以致英国历史学家恩索尔(R. Ch. Ensor)把"白种人的澳大利亚政策"的成功归功于皮尔逊的这本著作。

19 世纪末,英国赞同皮尔逊所谓"白种人将会衰落"的观点者很少,而持与皮尔逊相反观点的人则比较多。其中最著名的是英国政治活动家寇松(George Nathaniel Curzon)和《泰晤士报》主编瓦伦亭·吉乐尔(Valentine Chirol),他俩分别在 1894 年和 1896 年各自出版了同名著作《远东问题》。

寇松的《远东问题》是英国人想在世界范围内保持优势地位的最好例证。书中充满了把大英帝国的活动看作是顺应天赋使命和历史要求的义务感,同时把工业文明时代的讲究实际的精神以及崇拜强权的热情结合起来,因此对帝国主义持有乐观主义的态度。寇松认为,大英帝国和沙皇俄国在世界政治舞台上的矛盾才是最现实、最危险的问题,他担心俄国的军事力量,预言英、俄将分操世界军事霸权,并会长期对峙。相形之下,来自远东的危险就不那么尖锐紧迫了。

关于中国,寇松的书中充满了轻蔑之词。他特别提到英国的戈登(Charles George Gordon)率领"常胜军"同太平天国起义军交锋的历史,认为中国不可能在较短的时间内形成独立的强大军事能力。加上中国政治机构的腐败和其他种种弱点,如果爆发军事冲突,中国将会遭

---

[1]　〔西德〕海因茨·哥尔维策尔:《黄祸论》(中译本),第 56 页。

到失败。根据过去的历史,寇松断言中国将永远处于从属地位,他因此感到非常"宽慰"。他也注意到了中国向海外移民的问题,但认为这一问题不值得夸大,因为到那时为止,中国只有两个省(广东和福建)的人有到国外当华工的传统,华侨不带眷属,大多数人最后仍然回到自己的家乡,所以并不具有侵略性质。他最后的结论是:"远东的黄色带子可能从白人手里把主要的商业抢过去,也可能把劳动的工资大部分弄到手。但是如果说他们敢抓住帝国的钥匙或者向西方种族的统治进行挑战,我是完全不能相信的。"[1]

与前述皮尔逊忽视日本的态度相反,寇松重视日本。他在《远东问题》的初版中曾预言如果发生军事冲突,中国将会失败,甲午战争之后,寇松在该书的第二版中得意地说他的预言果然证实了。《远东问题》对日本、朝鲜、中国的政治和社会情况作了有价值的评述,作者虽然用了一些篇幅谈到"所谓中国的觉醒",但始终认为日本是远东的英国,日本将领导和决定亚洲各国的行动,如果黄种人和白种人真正在远东较量的话,日本才是可怕的竞争者。当然,寇松也说到,只从日本战胜中国这一事实,还不能得出日本也能击败任何一个欧洲强国的结论;即使日本在商业上成为英、德两国可怕的竞争势力,也不等于白种人在经济上的优势将要破产,更不等于英国的政治统治地位就会垮台。但是他希望英国能和日本达成协议,英国可以在远东给日本一个广阔的活动范围,但必须以不影响大英帝国既有的优势地位、不影响英国对这一地区命运的支配权为先决条件。只要做到这些,英国就能继续完成自己在远东地区的使命,"在古老的亚洲心脏上,她坐在那永远统治着东方的宝座上。她的王笏指挥着陆地和海洋。像天神似的,她手持三股叉;像皇帝一样,她头上戴着王冠"。[2] 他用这种诗一样的语言所描绘出的图景,和德皇威廉二世涂鸦式的"黄祸图"恰恰相反,但其表现出的思想显然也不会为东亚人尤其是中国人所乐见。

---

〔1〕　〔英〕寇松:《远东问题》(G. N. Curzon, *Problems of the Far East*, Westminster 1896),第411页。
〔2〕　同上书,第414页。

《泰晤士报》主编吉乐尔（Valentine Chirol）的《远东问题》[1]则主要是围绕远东的外交政策向英国政府建言，所以从该书中找不到所谓黄种人对西方威胁的语句。作者把中国贬抑得很低，认为中国除了向西方工商业开放以求得和日本并驾齐驱之外，别无其他出路。吉乐尔对德国抱有警惕，主张英国和新兴的日本建立密切的关系，并和法国、俄国就解决远东问题达成协议。他对德国联合法国、俄国调停中日和议而未能从中获得好处一事，感到十分欣慰。上述寇松和吉乐尔的这类看法与意见，与英国1895年的外交政策转变有关。甲午战争之初，英国外交界最初曾考虑"帮助"中国调停中日争端，但随着中国的失败和日本的胜利，英国的态度逐渐和俄、德、法三国的"远东联盟"产生距离，转而策划将来能与战胜国日本进行合作。在这种情况下，英国政治、经济界大多数头面人物，以及对政治感兴趣的知识界人士形成了一种占优势的意见："不论'黄祸'是否真正存在，千万不能被它吓倒，在远东也和其他海外地区一样，应该勇气十足地沿着已经打开的道路大踏步走下去。"[2]

同一时期的新闻记者、政治家，后来成为《环球事业》杂志创办人和英国下议院议员的亨利·诺曼（Henry Normann），写了不少关于远东及俄国的作品。中日缔结《马关条约》的1895年，他出版了《远东的人民和政治》一书。该书认为中国正面临崩溃，随之而来的是远东进入危机四伏的时期。中国的瓦解将在亚洲引起新的政治争斗，一方面是亚洲人将产生类似门罗主义的主张，到处响起"亚洲属于亚洲人"的口号，而亚洲门罗主义的领导者是日本。另一方面，西方各国势必加强瓜分亚洲。诺曼预言澳门将丧失给葡萄牙，菲律宾会属于西班牙。俄国在亚洲的势力和影响将日益扩大，将被瓜分的中国完全不足以成为阻挡俄国的堡垒。

面对这种形势，诺曼认为英国只有两个选择：一是组织起白人国家

---

〔1〕 〔英〕吉乐尔：《远东问题》（Valentine Chirol, *The Far Eastern Questions*, London, 1896）。
〔2〕 〔西德〕海因茨·哥尔维策尔：《黄祸论》（中译本），第60页。

出面干涉,二是英国和日本结成同盟。他坚定主张采取第二个办法,
"大不列颠和日本联合起来在远东将是无敌的",[1]当然日本应该知道
分寸和界限。他还主张英国和俄国达成谅解,同时支持法国在印度支
那的殖民统治(他担心法国因财政状况和社会党的反对而放弃印度支
那,把殖民势力范围收缩到非洲)。但诺曼提出,无论法国是否参加,
中国注定是要被瓜分的,英国在参与瓜分时必须保证取得最大的一份。
他还认为一切条件都对英国有利,而且英国是"唯一的有良心的殖民
国家,她关系到黑人和黄人的和平与商业的联盟",[2]英国必须认识并
担负起这一使命。

甲午中日战争开始之前和之初,英国的舆论和政策一般更主张支
持中国,当然其动机是为避免把中国推到俄国一边。随着日本在军事
上不断获得胜利,崇拜强权和胜利者的英国舆论就转而对日本表示友
好。在英国和日本正式结盟之后,英国就有文章预测数年之后日俄必
有一战,并且乐观地认为日本将会获胜。所以当时报刊上偏袒日本的
文章较多。

一度在殖民地印度工作的英国政治家里亚尔(Alfred Comyn Lyall),
1895 年曾在英国有影响的杂志《十九世纪和未来》上发表文章,表示他更
重视皮尔逊的看法,即认为欧洲"后退的趋向已经开始",需要正视"亚洲
属于亚洲人"的呼声。他虽然表示愿意看到一个强大的中国,而不希望
法国和俄国在远东的势力进一步扩张,但从他对一系列问题探讨得出的
结论看,他对远东的前景并不乐观。他说:"今天,当我们从政治上把这
一大陆的一个辽远地区开发出来以后,我们不无苦恼地发现,当我们用
武力强行敲开与亚洲的很有工业才能的种族进行贸易的大门,实际上无
异于让一道危险的竞争的洪流决了口。……从人们有记忆的年代开
始,我们一向认为东方是千古不变的,这在诗人和作家的作品中也屡有
反映,但是中日两国的战争将迫使我们中间的大多数人重新考虑这种

〔1〕 〔英〕诺曼:《远东的人民和政治》(Henry Normann, *Peoples and Politics of the Far East*, Lon-
don, 1895),第 400 页。
〔2〕 同上书,第 600 页。

意见。可能我们会发现,这标志着一个新时代的开始,即直到目前欧洲借以统治亚洲的军事、工业和行政管理上的种种发明,将反过来用以对付原来的发明人。"[1]可见,里亚尔最终的担忧还是立足于欧洲人与远东民族的利害冲突。

1898 年,英国皇家地理学会会员、伦敦英日协会理事会副主席戴奥西(A. Diosy)出版了《新远东》一书。该书到 1904 年即发行第 4 版,可见其具有的一定的影响力。我们前面在有关德国的一节中曾经详细引用戴奥西对"黄祸图"的文字解说,可以知道戴奥西对德皇及那幅油画作了讽刺的嘲笑。但是戴奥西只是嘲笑德皇的外交思想幼稚和方法拙劣,艺术上更不高明。所以他在 1898 年初版的《新远东》一书中对此加以揭露,指出德皇在中日签订《马关条约》之后马上改变"同日本保持亲密友谊的政策",而"同俄国、法国联合起来,威吓日本退出了辽东半岛",是听取了曾多年担任驻北京和东京的德国外交代表巴兰德的意见,而巴兰德是一个"孜孜不倦地'推进'他本国的商业利益(特别是在有关他的同胞所投标的政府合同方面)而使他自己成为特出的人物"。而且戴奥西估计,"皇帝感染了自从已故的皮尔逊博士的惊人著作《民族生活和民族性格———一个预测》出版以来时时袭击西方思想家的'黄热病'"。接下来作者分析,德皇的目的既是为了"同俄国取得诚挚的谅解;其次在最近的将来,导向在中国获得领土(胶州湾事件并不是像一般公众所相信的那样没有预谋的事件);最后,导致对英国的损害———所有这些事情都是绝大部分德国人所热诚希望的,特别是最后这件事"。此外,戴奥西还从德国人民不响应政府的募捐号召,以及害怕警察的表现中,判断德国人对德皇不满。为了达到使德国人信服的目的,"除了恐惧之外,还能使用什么更好的论证呢? 必须使不满的人民认识到,他们皇上的智慧已经把国家从迫在眉睫的危险中拯救了

---

[1] 〔英〕里亚尔:《亚洲永久的自治》(A. C. Lyall, *Permannet Dominion in Asia*, *The Nineteenth Century and after*, 1895),第 390 页。

出来——因此'黄祸'这个妖魔就被抬了出来,并且公开地展览"[1]。总之戴奥西对德皇鼓吹"黄祸论"的利己动机和外交手腕不乏揭露和指斥。

《新远东》还指出,西方有很多人以"黄祸"为讨论题目"写了许多著作,有些是严肃的,有些是随便的;有些是明智的,有些是愚蠢的"。但是"对于大部分关心这个问题的人来说,这个威胁着西方文明的祸患,是按照西方的方法武装、装备和训练起来的难以胜数的中国群众可能侵入欧洲,这些人由于为数众多,将压倒一切反抗的力量,并使所过之处尽成废墟"。即是说大部分普通人所认为的"黄祸",还是担忧中国的武装入侵及造成的破坏。然而戴奥西认为,欧洲国家仍然具有强大的"战斗力",这种"战斗力","对于驱除这个魔鬼是有用的,无论如何在未来的许多年以内将是如此"。也就是说戴奥西认为在相当长的一段时间内,中国的军事力量还不可能对欧洲构成威胁。

那么,根本就不存在"黄祸"了吗?不,戴奥西说,"有一种真正的'黄祸',这种黄祸我们应该去加以注意,进行研究",它就是中国的工业化。作者认为,如果中国人依靠"西方科学的帮助",办起各种工厂,就会同西方产生严重的竞争。中国"享有一切想象得到的有利条件——非常廉价、聪明、易于指挥的劳工,受过科学训练的管理方法,丰富的煤和铁,几乎是应有尽有的土产原料,纵横如织的水道运输,数目众多的港口,而且到了那时,还会有一个四通八达的铁路系统。这样的中国新兴工业,在进行价廉物美的生产上,仍将比它的西方旧有对手处于一种远为有利的地位"。戴奥西认为,尽管"中国是行动迟缓的国家",但从"日本巨大的工业发展和它同西方进行的在很多场合取得了成功的竞争"的"实例"就可以预见到,由中国工业化而来的严重竞争,"不出这一代就一定会变为事实"。

戴奥西不愧为西方资本家的谋士。他提出这种所谓"真正的黄

---

[1] [英]戴奥西:《新远东》第8章"黄祸";译文据吕浦、张振鹍等编译:《"黄祸论"历史资料选辑》,第131—134页。

祸"，不仅是要已经工业化的欧美国家和日本一同设法阻碍和延缓中国刚刚起步的工业化运动，还要借这一"威胁"抵制欧美的社会主义运动，维护并加强资产阶级的统治。他提出，"西方的资本和劳工应该停止他们的互相毁灭的斗争，如果他们还没有完全丧失理智的话。这是一个值得我们的各种派别的社会主义者都加以考虑的问题……如果西方的工人能够认识到威胁着他们的迫在眉睫的危险，如果在他们的头脑中还有一点点理性的话，他们就会放弃目前那种想尽量少做工作而增加工资的倾向……英国及其殖民地的工人的奢侈行为的两大根源——酗酒和低级的'运动'——必须予以禁止，以便应付新的局面"。显然，戴奥西在一百多年前就虚构出中国工业化的"威胁"，主要是为了吓唬西方国家的劳工阶级，消弭帝国主义国家内部工人与资本家之间的斗争。他正是从这个意义才认为，"'黄祸'反而是一桩变相的好事"。[1]

1900 年发生了义和团运动，当八国联军已经侵入北京，而《辛丑和约》尚未签订的时候，在中国已经 37 年、此时正担任海关总税务司的赫德(Robert Hart)发表过一系列讨论义和团斗争的性质、应该如何对待中国和中国人的文章。这方面的情况将在下面专门安排一节来谈。而英国银行家、香港英国贸易界的重要人物、香港定例局(立法议会)重要成员怀特海德(T. H. Whitehead)，于 1901 年 2 月 8 日在利物浦商会宣读了题为《在华贸易的扩展》的长篇论文，该文除了大量引用赫德的文章之外，还大量引用了太平天国运动时期曾率领所谓"常胜军"与太平军作战的英国人戈登的经验和体会。戈登曾说，"象中国人这样高傲的民族对于这样继续忍受侮辱会感到厌恶，北京政府有一天会因它所走的路沿着战争的悬崖太近而陷入战祸之中，随之而来的也许是全国都出现无政府状态和发生叛乱"，"然而，这种瓦解的结果只会是中国出现一种新的团结。因为不论是我们还是任何其他强国，都不能

---

〔1〕 〔英〕戴奥西：《新远东》第 8 章"黄祸"；译文据吕浦、张振鹍等编译：《"黄祸论"历史资料选辑》，第 141—144 页。

长久地控制这个国家"。怀特海德引用戈登40年前说过的话是别有深意的,两者的共同之处是中国同样处于太平天国之乱和八国联军之乱以后,因而英国必须"考虑采取什么步骤"。

怀特海德认为,"去年夏季北京城内和北京周围的纷扰,多少是由于外国的侵略和欧洲列强割去中国的领土而引起的。毫无疑问,中国人受到了相当大的挑衅,而双方在过去和现在都有过错"。而且他认为义和团运动表明"在(中国)相当大的一部分地方存在着一种支持北京政府的民族运动","被认为已经死亡了的巨龙现在仍然富有应变的才智"。对于当时各国不同的"处置"中国的议论,怀特海德和赫德归纳为不外三种选择,"瓜分、改换朝代、或者补缀满洲人的统治"。第一种选择由于"没有一个基督教国家可以统治中国"而不可行;第二种选择可能引起新的长时期的混乱与无秩序;所以适宜的方法只能是第三种方案。

怀特海德认为,"由于中国问题或'黄祸'无疑地包含着无限的可能性和世界范围的大灾难的因素,所以列强在同中国打交道时就应该始终把理智、公正、同情、节制等品质记在心里。不是实际可行的条件就不应该强加于中国。要中国偿付的赔款应该合理,为的是不要向目前正处于不幸境遇中的中国人民的辛勤劳动征索过度——因为这笔钱是要中国人民来提供的。我们现在越少苛待他们,我们将来得到他们的合作的可能性就会越大"。对于怀特海德的这番话如果斥之为"伪善",可能失于简单。由于他在香港有巨大的贸易利益,又长期与中国人和中国政府打交道,对于中国的情形较为了解,故从一种务实的、长远的观点出发,反对对中国进行"瓜分"和勒索过度的"赔偿",而且在口头上标榜"理智、公正、同情、节制"等等。这说明当时在英国的外交事务中,如同以后的时代一样,存在着强硬的鹰派与温和的鸽派之分。两派的根本目的是一致的,即最有效地维护本国的利益,继续对中国和东亚实行霸权统治,但策略和手法则有不同。

怀特海德的最终目的是避免"黄祸"。他说,"如果由于外国的不义行为的结果,中国人发生了爱国心,并且联合起来保护他们的领土和共同利益,那么欧洲将再度面临'黄祸'。……有谁能担保千百万的中国人不会被日本的榜样所激发,开办军事学校,采用现代的战争方法呢? 还可能出现某个真正伟大的群众领袖,把帝国的不可胜数的部队组织起来,以便恢复它已失的领土"。尽管他认为"黄祸"的起因可能是"由于外国的不义行为",但仍然把"中国人发生了爱国心","保护他们的领土和共同利益","恢复它已失的领土"等,都看成"黄祸"[1]。可以说,怀特海德仍然是一个只论强弱、利害,不问公正是非的"软派黄祸论"者。

还有一位曾在中国海关服务,以后又在英国军队中担任翻译的贝尔特拉姆·辛普逊(B. Simpson,笔名普特南·威尔),1905 年曾发表题为《远东的重新调整》的文章。作者表示不相信那些故意制造恐慌的人所说的"黄祸"及有关的"鞑靼人消息",但认为远东的形势的确危险,担心远东可能爆发世界规模的战争。他强调英国人必须明确形势和自己的目标,应扶持中国使其强大起来,对日本则应小心戒备,他还建议英国应和美国联合起来,以保障盎格鲁萨克逊人能在远东保持优势地位。到 1908 年他又写了一本题为《东亚未来的斗争》的书,详细分析了英国旨在扶持一个"强大的日本"的外交政策的利弊,认为亚洲一定会有人出来提倡门罗主义,而日本则会作为"整个东亚的斗士"而当上远东的盟主。主张英国不仅要重新考虑改变亲日的外交政策,还应认识到英国只靠自己的力量将无法在亚洲立足。他说,"欧洲在 19世纪中取得的对亚洲的统治地位是不能长久维持的;因为人口众多对亚洲将是越来越有利的条件,欧洲最后只能把希望寄托在俄国和北美上"[2]。作者的潜台词是,如果说会有"黄祸"出现的话,最有可能的体现者将是日本。

英国作家兼政论家克劳赛(Alexis Sidney Krausse)写过两本关于远

---

[1] 原载〔英〕怀特海德:《在华贸易的扩展》第 8 节"中国问题",译文据吕浦、张振鹍等编译:《"黄祸论"历史资料选辑》,第 161—167 页。

[2] 〔英〕普特南·威尔:《东亚未来的斗争》,转引自〔西德〕海因茨·哥尔维策尔:《黄祸论》(中译本),第 65 页。

东问题的著作,即《俄罗斯和亚洲》和《中国在衰退》。作者认为中国这个大国已经无法复兴,日本也不可能完全霸占中国而成为远东雄主。中国在经济上对西方自然是一个威胁,从商业政策方面考虑才有所谓"黄祸"存在,但西方对这个问题不会束手无策。作者坚决反对俄国在远东的扩张,强调英国必须与俄国协商,达成军事的、政治的、商业的一系列协议,以维持英国在远东的地位。

英国军方人士对形势和外交政策的看法也涉及"黄祸"到底是指谁的问题。

英国军队的参谋总长让·汉密尔顿(Sir. Jan. Hamilton)曾经非常敬佩日本。在1904年的日俄战争中,他任日本的军事观察员。汉密尔顿赞扬日本人的勇敢和军事才能,认为英国应该将日本人作为学习的榜样,与日本结盟将会使英国恢复青春的活力。他认为日本民族值得西方学习的最伟大之处,是日本能"灌输给它的男女国民先公后私的精神";其次则是"尚武精神"。这个歌颂战争为"万事之父"的老军头一贯认为,一个民族不再想要战争,就是这个民族开始衰落的确切证明。所以他说在欧洲,特别是在英国,反对尚武精神,追求和平主义和经济上自私自利,恰恰体现出西方正在走向没落。汉密尔顿主张英国和俄国在亚洲的统治权上达成协议,尤其强调欧洲和北美应该保持战斗精神以迎接未来。尽管如此,他对白色人种的没落仍然忧心忡忡,预测白种人将来一定会受到沾染恶习较少、更朴实、"更自然的"种族的控制。他说,"印度是高卢,中亚细亚是日耳曼,瓦鲁斯(公元9世纪罗马帝国的大将)的军团将在梅万德全军覆没",以此来比喻阿富汗人和印度西北边境的尚武的"野蛮民族"将会获胜。他尤其担心"数以亿计的中国人也将加入到这些山区民族的行列里来,人口扩散和压倒一切的经济势力,这两种危险也必然出自这一民族"[1]　根本的解决之道何在? 汉密尔顿呼吁西方国家用自己的文明来教育和启迪将来可能战

〔1〕〔英〕汉密尔顿:《日俄战争时代一个参谋总部军官的日记》(Sir Ian Hamilton, *Tagebuch eines Generalstabsoffiziers während des russisch-japanischen Krieges*,1910),第215、101页。

胜自己的敌人,这样,即使白种人在世界上的统治权被推翻以后,欧洲也不致重新沦入黑暗时代。几年之后,汉密尔顿对日本的看法有很大改变。1913 年他在澳大利亚的奥克兰(Auckland)发表了一次演说,对日本表示厌恶,称其为"黄色的祸患",并预言未来东方和西方势必爆发一次世界规模的战争。[1]

英国陆军元帅伏尔赛利(F. V. Wolseley,一译沃斯理)曾在海外作战几十年,也到过中国。他久经沙场,经验丰富,1895 年到 1900 年担任英国陆军总司令。他在自传中不但对中国人的军事才能表示佩服,而且相信中国人是世界未来的主宰,中国所需要的只是一个彼得大帝或者拿破仑式的人物来领导而已。他甚至构想了中国人和美国人之间未来爆发的一场世界战争。[2] 无论是在当时还是今天的中国人看来,这种无端的夸大其辞的恭维和天方夜谭式的悬想,客观上只能是为"黄祸论"火上加油。

在白人开始殖民澳大利亚初期,为了使用廉价劳动力曾考虑从中国引进劳工,旋因粮食不足而中止计划。19 世纪初,悉尼周围出现少许中国水手。到 1830 年后,农业劳动中开始雇佣中国人,华人开办的商铺和餐馆随之发展。19 世纪 50 年代澳洲发现并开始采掘金矿,华工移民迅速增加。1855 年在北部昆斯兰(Queensland)的金矿有三万中国劳工;1887 年在新南威尔士州(New South Wales)有六万中国人,占当地人口的 15%。随着中国移民的增加,经济利益产生矛盾,而宗教、文化、习俗和语言的差异也造成摩擦和误解。社会上不时传播诸如中国人不讲卫生,生活条件恶劣,是传染天花等疾病的媒介;中国人有抽大烟、赌博的习惯,又拼命地多生孩子等等说法。总之不外乎中国人种恶劣,道德文化水平低下之类的老生常谈。

白人的矿业工会和其他工会的劳工是排华的先锋,城市中的一些行会也排斥华人。有的行会章程就明文规定:"本会成员,不得与中国

---

〔1〕〔西德〕海因茨·哥尔维策尔:《黄祸论》(中译本),第 190—191 页。

〔2〕〔英〕伏尔赛利:《一个军人的生平》(F. V. Wolseley, *Die Geschichte eines soldatenlebens* Ⅱ, Berlin,1905),第 2 页。

人交易","不得从中国人开办的或雇有中国人的商店购买物品","不得以任何资格雇佣中国人"等。更有甚者,有白人对中国劳工和居民使用暴力。1851 年 6 月末,在新南威尔士州的夫拉多(Frador)金矿上发生黄、白种劳工的争吵,到了夜间,大约三千个武装的白人劳工袭击了散布在数英里长的采金地带上的华工营地,肆行纵火、抢掠、破坏和杀人,数百名中国劳工遭难。当时有一份报纸这样记载:

> 可怜的亚洲人,几乎没有任何抵抗。他们只顾隐藏自己的金子,说不出有多少人被杀死。来不及从采金矿井中逃上来的人,就那样被活埋进去了。遗弃的帐篷和物品堆积如山,白人就在这些堆积物上点火,大肆进行屠杀和抢掠。

除了夫拉多事件外,还有一个古吕尼斯(Glines)事件也很严重,其他中小型暴力事件更多。而且从 19 世纪 80 年代起,澳大利亚各州都开始了限制移民的立法,到 1901 年,终于形成了集大成的立足于"白澳主义"(The White Australia Policy)的澳大利亚"移民限制法"[1]。

澳大利亚的白澳政策于 1888 年遭到在中国的英国商人出版的机关刊物——《中国海外贸易报告》的尖锐批评,英国派驻香港的总督在当地商会的怂恿下,同年也向澳大利亚维多利亚州政府指出,如果澳大利亚继续进行排华运动,将危及英国的在华利益。1894 年,英国有影响的《十九世纪和未来》杂志上曾刊登文章,从经济发展的需求及人道主义原则对澳大利亚和美国加利福尼亚的排华运动加以激烈的抨击。

但是英国政府对澳大利亚的排华运动保持一种暧昧的态度。总的来说,英国政府当时视俄国为其主要竞争对手,并没有被所谓"黄色的魔影"弄得惊惶不安,但"黄祸"之说毕竟在英国公众舆论中有一定市场,英国政治家对此不能置之不顾,对澳大利亚和美国的排华行动虽不愿配合,但不可能表示反对。尤其是英国本土的工会组织,认为各地雇用华工都是资本家对付白种工人的恶毒手段。所以英国工会领导人对

---

〔1〕　参见〔日〕桥川文三:《黄祸物语》,东京:岩波书店 2000 年版,第 310—312 页。

于澳大利亚、加利福尼亚和南非雇用华工的情形无一例外加以抨击,还多次在年会上通过决议,反对把华工运进南非。英国政府不能不顾及强大的工会组织的意见。

作为英联邦成员国之一的澳大利亚,出于对"黄祸"的考虑以及排斥黄种人的动机,在内外政策上与英国始终保持着歧异。澳大利亚政治家杰姆斯·霍格(James Hogue)1912 年发表《从澳大利亚看形势》一文,说:"澳大利亚落入亚洲人手里,譬如说被日本人所夺得,它就能在不远的将来派出一支能够席卷欧洲的军队,派出一支能使日本成为海上霸主和地球大部地区的天皇的海军。"[1]他的"黄祸"威胁主要是指日本,企图使英国了解日本的危险性,以此来影响英国的舆论,达到让英国修正外交政策的目的。他认为中国发生的辛亥革命意味着日本的胜利,其结局将导致中国"日本化"并使东亚局势发生重大变化。他的出发点是对日本威胁的恐惧感。同时,霍格认为不应阻止德国在非洲的扩张,希望英德两国达成谅解;如果英德两国冲突火拼,日本就可以乘虚进入南太平洋,日本不会错过这个机会。霍格深知孤悬在东方的澳大利亚和新西兰必须紧紧依靠欧美,故希望欧洲国家和美国在"不许侵犯澳大利亚"的口号下联合起来。

---

[1] 〔澳〕霍格:《从澳大利亚看形势》(J. A. Hogue, *The Outlook from Australia: The Nineteenth Century and After*, Vol. LXXII, Juli-Dezember 1912),第 3 页。

五　美国的排华浪潮与远东战略

　　美国从 18 世纪末开始,逐渐向亚洲扩展商业贸易。亚洲的辽阔富饶和巨大市场对美国很有吸引力。19 世纪中期,美国在对欧洲的关系方面呈现孤立主义色彩,但有一部分政治活动家却非常热衷宣传美国在亚洲的文化使命,希望远东和北美结成同盟。中国是东亚最大的国家,在与中国友好的同时使美国成为太平洋地区的领袖,是那时不少美国外交家和政治家的愿望。

　　中国劳工在 19 世纪 40 年代中期以后进入美国,主要集中在美国西海岸的加利福尼亚州。1852 年在加州的华工约有 4 万人,占该州全部人口的 1/6,以后还持续增加。在开始的 20 年中,华工进入美国受到欢迎。两个德国血统的美国人波希(T. Poesche) 和戈普(C. Goepp)在 1853 年写了一本题为《新罗马或世界合众国》的书,称赞华工为加州开发所作出的巨大贡献;从人道主义的立场欢迎华工的劳动,并将其视为和平、进化地取消黑奴制的一条途径。[1] 与此同时,华工也对美国政府和加州居民表示友好,1852 年数万华工在旧金山举行了盛大的美国国庆纪念活动。德国慕尼黑的一位东方学者为此乐观地发表评论说:"旧金山的这一庆祝会对我们说来,是未来远东和美洲西部人民友好往来和文化交流的一个前奏……人类在战争与和平中不断教育自己,不断向前迈进,一直到所有的陆地和岛屿,所有的界线和地区结合成一个美好的整体,一直到所有专制制度结束,一切自由国家都集合在

---

〔1〕　参见〔西德〕海因茨·哥尔维策尔:《黄祸论》(中译本),第24页。

世界国家体系里。"[1]

　　蒲安臣(Anson Burlingame)的行动加强了中美人员交流。蒲安臣 1855 年任美国众议院议员,1861 年出任美国驻华公使,1867 年底卸任后,得到总税务司赫德的支持,担任清廷"办理各国中外交涉事务大臣",于 1868 年 2 月率领中国使团出访美、英、法、普、俄等国。蒲安臣希望通过接触和谈判,使中国与上述各国建立起正常的外交关系,但在俄国和普鲁士收效甚微,在英、法两国也归于失败,只在美国通过国务卿威廉·西华德(William Seward,一译西沃德)订立了《中美续增条约》。条约规定:中国得在美国各埠设置领事;两国人民在对方国内不得因宗教信仰不同而受到歧视;两国人民前往对方游历、居住,均照最惠待遇办理;两国人民均可在对方进入大小官学,双方均得在对方设立学堂等。该条约在 1869 年 11 月得到中美双方政府批准。

　　中国史学界有一段时间曾对蒲安臣及这个条约大加挞伐,以为让一个卸任的美国外交官担任中国的"中外交涉事务大臣"是清廷的奴颜婢膝,蒲安臣与西华德签约是"擅自越权",条约表面上彼此平等,实则让美国攫取了扩大掠卖华工、加强文化和宗教等多方面的侵略权益。但是另一方面也应看到,这个条约规定了中国向美国的移民不再是贩卖苦力的贸易,也开启了中国人留学美国的大门,使中美两国的人员往来有了合法渠道。至于美国从中获取的权益更大更多,那只是交流中强势的一方比劣势的一方处于更有利地位的必然结果。在 19 世纪,这个《中美续增条约》比起 1880 年签订的《中美续修条约》和 1894 年签订的《限禁来美华工保护寓美华人条约》来,当时的美国还是显得更开放、更"友好"一些。

　　《中美续增条约》签订后仅一年,美国排斥华工的问题就开始表面化了。排华的声音既出自实际利益受到损害的劳工队伍,也出自坚持种族差别论,认为自由思想派希望种族和谐是不能实现的空想因而对

---

[1]　[德]诺伊曼:《英帝国在亚洲的历史》(K. F. Neumann, *Geschichte des englischen Reiches in Asiens*, II leipzig, 1857),第 723 页。

华工大肆攻击的学者。不过美国此类著作中出现最早的一本，却是德国学者兼作家约翰·冯·贡帕赫（Johannes Von Gumpach）用英文撰写，分别在伦敦、上海和纽约三地出版的《蒲安臣的使命》。贡帕赫的理论基础是白种人和白种文明至高无上，对中国则充满蔑视，认为中国想争夺世界霸权是不自量力的妄自尊大。他主张白种人共同制订出对付中国的政策，重新划定中国的疆界，使中国北方直接和俄国，西方直接和英属印度接壤；外国在中国的租界和殖民地应该组成一个行政上的联盟，以便在海陆两方面都有强大的防卫能力。贡帕赫认为也许可以在中国逐渐推行西方的政治制度，但千万不能为当时已经显露端倪的中国民族解放运动开辟道路，就是说不能让中国人学到西方的"真经"。贡帕赫恶毒地说："中国人是一个半开化的、骄傲而无知的民族，中国鞑靼政府没有脱尽野蛮习气，狂妄而不守信用。以平等的态度跟中国人打交道是不明智的行为，用普通国际法的尺度衡量中国人，让中国人享有文明民族的权利，这无异于自杀。"[1]因此他对蒲安臣的行为作了最尖锐的攻击。

美国的经济学家、政治家和土地改革家亨利·乔治（Henry George）是中国人较为熟悉的，孙中山先生曾反复宣传过他的土地"单一税"主张，但是对他的排华论却作了回避。1869年乔治在《纽约论坛报》上发表《太平洋岸的华人》一文，鼓吹赶走华工。乔治把自己的文章寄给"英国著名经济学家兼哲学家约翰·斯徒亚特·穆勒（John Stuart Mill，一译密尔），意思是希望得到他的理论支持。穆勒的回信称，中国人向美洲移民一事，实际上提出了两个问题，一是"某些首先占据了地球表面某一空间的人群有多少权利可以阻止另外一些人到这一地区移殖定居？"二是"更进步更发达的民族应该用什么方式和手段，才能合法地保护自己不受文明程度较低的人的影响和侵害？"穆勒说，"要想笼统地用一个答案回答这两个问题，是一件困难而危

---

〔1〕〔德〕贡帕赫：《蒲安臣的使命》（J. V. Gumpach, *The Burlingame Mission*, Shaughai, London and New York，1872），第5页。

险的事"〔1〕

穆勒承认黄种人和白种人在加利福尼亚的尖锐竞争所引起的严重局势,但他认为到加利福尼亚的中国人为数不多,而且中国人的习惯是经过一段时间后仍然会回到祖国,因此中国移民不会增长到必须强加阻止的程度。穆勒还委婉地批驳了认为中国人不文明、不可救药的观点。他说:"有人认为中国人的性格和习惯不能向更高的阶段发展,这样说真有根据吗? 美国的教育机构一向表现为最强有力的工具,能把文明的基本因素传播给劳工群众中最贫苦、最愚昧的人们。如果每个中国人的孩子都能有机会进入你们这样的学校,或者如果可能进入更有效力的学校,在那里受到足够年限的教育,难道将来中国人不能上升到美国人的水平吗?"〔2〕显然穆勒没给予乔治所希望得到的支持。

乔治在复信中对穆勒在思想界的领导地位表示尊敬,对穆勒的人道主义精神表示佩服,但是对穆勒理论的核心——自由思想和个体的权利却加以攻击。乔治说:"您的想法似乎是从这一前提条件出发的:一个'最小的中国人'也和您自己一样,享有利用加利福尼亚土地的自然权利;而您可以把自己的住所搬到太阳照耀下的任何一块土地上也是您的不可侵犯的权利。但正是这一点是我绝对不能同意的。难道人类只是个人吗? 难道所谓家庭、民族、种族这些东西都是不存在的吗? 如果人类有结合的权利,难道就没有相应的排斥的权利吗?"〔3〕

乔治的排华思想,除了基于对土地占有权的思考之外,还有种族歧视和文明歧视。他认为,黑人虽然没有文化,却是"可以教育的孩子"。黑人是没有开化的野蛮人,如果想教育他们,只要把他们引导到白种人文明的道路上就可以了,因此北美不同的种族可能形成同质性。但中国人是"头脑敏锐但心胸偏狭的成年人,自以为是,习性根深蒂固;中国人有自己的文化和历史,狂妄自大,看不起别的种族,世代相传的思

〔1〕 〔美〕乔治第二:《亨利·乔治传》(T. H. George jr, *The Life of Henry George*, New York, 1911),载《亨利·乔治全集》第9卷,第198页。
〔2〕 同上书,第198—200页。
〔3〕 同上书,第202页。

想习惯已经在这一种族深深扎了根。……至少在较长的一段时间里情况是这样:这些人在中国出生,在中国受教育,将来还想回到中国去,他们居留在美国期间过的是'小中国'的生活,对于寄居的国家丝毫没有联系——中国人是地地道道的邪教徒,无信、放荡、怯懦、残忍"。[1] 对中国人的性格和中国文明表现出极度的轻蔑与反感。

乔治的"单一税"主张,即为反对大土地所有者垄断地利而提出"土地国有,增值归公",除了要解决社会贫富不均的问题之外,还有一个重要的非经济学目的——排华。他说:"把土地掠夺者赶走,华人就非走不可。让白人在土地上生了根,几百万亚洲人就无法再占用它。"[2]他的"土地改革问题"与"排华问题"同等重要。

在乔治与加利福尼亚劳工组织的影响下,当时美国西部的一些报刊如《晨报》《邮报》《海上纪事》《旧金山晚报》《旧金山观察报》等,都高唱"排华"论调。由于乔治不断地在《纽约论坛报》上撰文,本来只是局限在美国西部的华工问题,逐渐受到东部各州的重视,并很快成为整个美国关注的问题。

1876 年 7 月,美国国会参众两院分别通过决议,成立一个联合特别委员会前往西海岸对中国移民问题进行调查。这个委员会由参议员、众议员各 3 人共同组成,于同年 10—11 月在旧金山听取了一百多名证人对中国移民问题的意见。这些证词最后汇集为一部长达 1200多页的《调查中国移民问题的联合特别委员会报告书》,《"黄祸论"历史资料选辑》选择了其中 7 篇资料。

第 1 篇是一个名叫斯陶特(A. B. Stout)的人向特别委员会陈述意见时提交的他自己撰写的一本小册子。斯陶特大约是加州的一个医生或卫生工作者。他的核心论点是"种族的不纯是衰退的根本原因"。

斯陶特骄傲地说,高加索种人"天生具有在各种环境下应付一切气候和土壤条件变化的最高禀赋和最大才能",他们"正在迅速地扩展

---

〔1〕〔美〕乔治第二:《亨利·乔治传》,全集第 9 卷,第 194—195 页。
〔2〕　同上书,第 203 页。

到全世界"。而"我们这个新的美国分支现在正以它的纯洁性和文化程度及教养程度最高而兀立于各个民族之间,傲然与众相争衡"。接着,这位不知历史为何物的人居然嘲笑起"研究历史的学者"来,说他们把一些民族的衰亡"归因于这些战争及其政治根源"是逐末之论,而最根本的原因是"种族不纯"。他说种族不纯会破坏整个民族的团结一致,"种族的内部纷争招致了外来侵略";种族不纯就会"退化"。因此对一个"比其他一切种族都优越的"种族来说,"第一条自然法则就是保持种族的纯洁"。他激烈地批评美国社会内部"营图私利的利己主义者""滥用自由主义的政府""病态的博爱主义"以及"相信人类的普遍平等会逐渐扩大"的理想主义者,认为是这些人在允许"劣等种族"进入加利福尼亚,使这个地方"因为引入了这些有害的成分而受到威胁"。

斯陶特为了表现自己的"博学",引用了不少关于人类学、种族学、人口学、历史地理学的著作。他谈到了高加索种人以外的中国人、日本人、马来人、蒙古人、黑人等(这种分类不用说是漫无章法的)的性格和文明状况。他要求"大家不要以为我是否认一个古老的、一度很文明的种族由于他们的智慧而具有的长处",但他一再强调,中国人是一个已经"衰弱了的种族"。中国"拒绝了整个基督教","也用政治上的闭关主义把自己裹了起来"。而"从西方来的英国势力的侵略,从北方来的俄国的一步步的、然而又是确定无疑的进逼,在亚洲的东海岸不断游弋并且要设法驶入的英法联合舰队,最后一定会压倒亚洲大陆"。而"被叛乱所分裂、为鸦片所毒害、在穷困中正陷于饥饿的中国,一定会在一次总的毁灭中一起沉沦下去"。斯陶特正是基于这种形势分析和"优胜劣败"的丛林原则,判定中国人是"劣种民族"。

斯陶特认为,"中国的人口超过三亿,他们所占据的领土是不足以容纳他们的。他们……不停地辛勤劳动却只能勉强糊口"。因此如果"对他们不加限制,那么从他们的家乡泛滥到我国来的人将会多得不计其数"。这些廉价的苦力不仅会抢走"高加索种工人"的饭碗,甚至布满这块土地,使白种人的"体力和道德都降低到苦力的状态"。尤其危险的是,"每有一个中国佬在我们的土地上永久定居下来,都会使我们自己的血统降低"。"二百年以后……他们也许已经生育出了无数的混血儿后裔","这一群一群的人将会使我们的国家退化"。斯陶特认为,当年成吉思汗的大军通过火与剑把欧洲变成废墟,高加索种人"还可以用刺刀和膛线炮去反抗侵略";而今天现实中中国人的这种"破坏性的侵入",正在受到"从来没有想到过自己祖国的利益而只求增进自己的私利的人的帮助和奖励",而且这种"侵入"正"在不知不觉间毒化我们生命的源泉,并且遍布各地,逐渐破坏和腐蚀我们的力量和繁荣的关键要害",所以比成吉思汗大军的侵入更严重。

　　为此,斯陶特提出,美国政府应该"修改"同中国的条约规定(即指前述《中美续增条约》);由州立法机关出面制订防止移民入境的法律;允许地方社团可以对入境移民设置障碍;发动社会舆论宣传拒用中国工人。当然他没忘记声辩自己并不想"妨碍贸易"和影响运用美国精神去"教导"别人,他声明自己的主张是"反对扩大移民入境,反对那些移民永久居住";"拒绝给予他们以永久居住权、选举权、绝对的土地所有权,以法令宣布通婚无效,并迫使每一个中国商人最后都回到他的祖国去"。而在中国人的"短期逗留"期间,应该教他们学习"我们的语言""宗教""科学原理""一切实用技艺"和"经营方式","使他们热爱我们的社会制度的一切精华,使他们愿意采用我们的生活方式……这样受到影响以后返回他们的家乡,去散播和广泛传布他们由此获得的教训"[1]。斯陶特的小书具有代表性,体现了他的自大、自私、人种偏见、文化偏见以及惊人的坦率。美国政府和社会以后对待华人的态度和做法,实际上与这个小人物的主张惊人地相似。

　　第2篇是一个名叫麦克考宾(F. Mccoppin)的人的发言,麦克考宾是加州参议员的代表。这个发言表明,同年4月加州参议院组织了一个由五名州参议员组成的委员会,调查该州中国移民问题,从事了两个月的调查、听证工作。此后加州法院曾作过一次"把华工移民中最卑

─────────

[1]　吕浦、张振鹍:《"黄祸论"历史资料选辑》,第9—20页。

鄙无赖的分子驱逐出境"的判决,但被联邦法院以"违反美国宪法精神"为由驳回。

麦克考宾的发言,主要谈到中国"每平方英里有268人"的拥挤程度,虽然中国政府不鼓励它的人民向外迁移,但"蜂房内部所产生的压力"会使中国人"成为世界上最好移民的民族"。当时从香港到旧金山,"船费只需40美元"。"目前本州的中国人口估计为116000人,其中约有30000人居住在旧金山"。他认为"除非以制订法律和修订现行条约的办法来阻止他们入境,否则(西海岸)就有被这个异教群体蹂躏的危险"。

麦克考宾要求阻止华人入境的理由,最主要的是华人移民到了美国之后"仍然保持着他们独有的民族特性","虽然身在我国,却并不属于我国"。例如旧金山市中心"有一个中国市区"(唐人街),"这个市区同广州或北京的任何地区一样象是外国地方,它的居民受'中华会馆'的管辖,而不受市政当局的管辖"。言下之意似乎不能容忍这样的情况,以为"这个事实就构成了根本反对他们前来我国的最强烈最不可克服的理由之一"。

其次是经济上的理由。华人移民"同其他国籍的人不一样,似乎不想在美国置买不动产"。麦克考宾说,当时加州全部资产的估定价值在6亿美元以上,华人占该州人口的1/6,拥有资产却未超过150万美元。"因此在维持本州行政所需的岁入中,他们所缴付的还不到四百分之一。"当然还有中国人"非常节俭","他们做工作就能够比欧洲血统的工人少拿工资。……在为面包而进行的斗争中,这种人是比美国人或欧洲人有利的"[1]等众所周知的理由。

显然上述理由似是而非。移民是否有权利保持民族传统和文化特征?移民不能融入当地主流社会是应受到排斥的理由,还是被排斥的结果?同样,移民少有不动产(因此作为纳税人的贡献不大),是由于贫困还是由于没有投资意愿,而且是否同样是由于受到限制和排斥?

---

〔1〕 吕浦、张振鹍:《"黄祸论"历史资料选辑》,第22—24页。

还有,他们通过出卖劳动力对当地的发展是不是一种贡献?总之,麦克考宾的证词虽然言辞不算激烈,而且列举了系列数字和事例作为要求限制移民的理由,但这些理由都经不起深究和批驳。

第3篇是旧金山市的代表皮克斯利(Frank Pixley,一译皮胥黎)的证词。此人激烈地排斥华工,19世纪60年代初曾说"如果不能以任何其他方法来阻止中国人……不如把从中国开来的轮船在码头上烧掉"。经过约15年的时间后,此人在听证会上还公然表示,他"直到现在也没有改变过那种意见",强调要求把美国西海岸"从中国移民中拯救出来"。

皮克斯利承认"移民能够使某些工业繁荣起来,使某些人赚钱",但他强调"赚钱"应该是比道德、社会方面和政治方面的"危险"次要得多的事情。他一方面轻蔑华工,称他们为"有耐性、勤劳、辛苦工作的奴隶,由于畏惧而尊重我们的法律,为了维持自己的生活而被迫从事劳动",另一方面又畏惧中国工人,这不仅是因为华工的廉价劳动使白种"劳动人民正在遭受饥饿之苦"。他尤其担心的是,"如果在某个政治狂热时期",华工获得了选举权,"就会有一个中国佬担任州长,或者会有一个靠中国人的选票当选的人担任州长","当我们改选本市市长时,他们会选出来一个中国佬"。这就是皮克斯利认为社会和政治方面的"危险"所在。

在文明和道德方面,皮克斯利轻蔑华工,并说中国人"比上帝所创造的任何种族都要低劣"。他说有些非洲人虽然"智力的标准比较低,但是道德的标准比较高","他们比较诚实";而中国人"却已经达到了四千年的罪恶的顶点",因此中国"如果象非洲一样没有文明,那还要好些"。至于中国文明为什么成了"罪恶的顶点",皮克斯利又不置一词,他只是强调如果美国文明同中国文明"接触",就会"把我们的文明降低到他们的水平,并不是提高我们的文明,而是提高他们的文明,这就是危险所在"。所以他认为"明智"的做法是利用太平洋把美国人与中国人、美国文明与中国文明"分隔开来"。

但在谈到中国移民会对加利福尼亚产生威胁时,这个皮克斯利又说中国人"是一个机灵、狡猾、敏锐、聪明的民族。任何人如果要把他们低估成一个劣等民族,就是把这整个问题都搞错了","根据许多事情来考察,他们是优秀种族"。当调查委员们指出他的证词前后矛盾时,皮克斯利辩白说自己谈到华人的"劣等性"时,指的"是他们的那些坏习惯"。[1] 但是"习惯"与"文明""道德"是什么关系?难道有一个种族从"文明"而论是优秀种族,从"习惯"来看又是一个"低劣"甚至"罪恶"的种族?看来排华论者为了说明"排华有理"时会连起码的逻辑都不顾了。

第4篇是一位海军少将、驻旧金山湾北部的圣巴勃罗湾(San Pablo Bay)的司令官罗杰斯(John Rodgers)的证词。罗杰斯到过中国两次。他说"中国有贫穷、节俭、有才智、有教养而又非常勤勉的人",这种人"除了在他们认为迫不得已的情况下之外,是不会甘心长久处于外国人的统治之下的"。所以"在爪哇、在新加坡、在鞑靼,中国人是不安分的,而且有时候他们会引起惊慌"。他认为如果对中国劳工不加限制的话,"他们能够用自己廉价的劳动把比较昂贵的美国工人或欧洲工人从每一个工业部门中都给排挤出去"。他承认"中国工人使加利福尼亚洲的工业发展到庞大的规模",这是好事;但如果加利福尼亚成为美国的"大制造业中心",而整个美国的发展失去平衡,"最后将使我国东部各城市的工人们陷入饥饿",这又是坏事。还有,华工的廉价劳动使工业品价格降低,"如果你必须出卖你的劳动,你就会认为那是坏事;如果你要买一双鞋子,你就会认为是好事"。看来这个司令官考虑问题就像在天平的两端不断加上砝码,左边一个,右边一个,"好事""坏事"都考虑到了。

不过罗杰斯的全面考虑又都只是为白人和美国的单方面着想。他认为"种族应该纯粹","白种人同一个不同肤色的种族混合在一起,就会是一种退化"。他尤其强调,美国的繁荣应该建立在"人民的利益与统治者的利益相一致的基础之上",他看到美国的劳工基本都排斥华工,而运输业主、工厂主和农场主则需要华工,尤其在加利福尼亚,"大

---

〔1〕 吕浦、张振鹍等编译:《"黄祸论"历史资料选辑》,第25—36页。

部分白种人或多或少都是资本家,廉价劳工对于他们是一种天惠",因此他主张"实行妥协",采取折中的处理办法。"既不绝对拒绝中国人,也不给他们到我国西海岸来的无限的权利。"罗杰斯具体地提出,他"不赞成增加中国移民,这种移民应该被限制在一定数目以内";也"不赞成驱逐中国人",还应"保护他们并且给他们安全",但"不赞成给他们选举权"。

关于限制移民的具体做法,罗杰斯建议:由美国政府"向美国驻华公使寄送某一适当数目(例如二千或三千张)的劳工移民入境票",然后由驻华公使"分配给各地的美国领事;领事应造送一份详单,载明每一个移民的姓名和编号",劳工入境时把"入境票交给海关当局"。他预计"入境票"可能会被驻华领事的经手人"出售",但这不值得担心,因为"移民入境票价格的提高,很可能会使我国得到比较好的移民"。对于中国"官吏或来我国游历的其他人士",可以"单独颁发一种入境票,数目不加限制,但只能由我国驻北京公使发给"[1] 应该说,在已经译成中文的几份"证词"中,这个海军少将的言论是最冷静客观的。

第 5 篇证词是一位叫做德梅隆(James Dameron)的律师的发言。这个律师自称"多少算是一个博物学家和人种学家",他综合了一些人种学家的学说,把地球上的人类分为 12 种,其中最高等的人种就是高加索人种(或称地中海人种)。德梅隆引用一个名叫帕克(Parker)的人种学家的话,赞美高加索人种"仁慈""文明""而且在不断进步","高加索人常常是其他种族的主人,从来不是他们的奴隶"。帕克还认为,"宗教""科学""君主立宪政体""共和国","一切发明都是高加索人的"。他说不仅"所有的欧洲民族都是高加索种的后裔",还有"阿拉伯人、波斯人、希伯来人和埃及人都属于高加索种"。他们把高加索种人的范围定得很大,例如列举到伟大的人物时,说"摩西、马丁·路德、耶稣·基督、琐罗亚斯德(祆教始祖)、释迦(佛教始祖)、毕达哥拉斯,都是高加索人种","只有中国哲学家孔子是这条规律中的一个例外"。

---

〔1〕　参见吕浦、张振鹍:《"黄祸论"历史资料选辑》,第38—47 页。

德梅隆说，蒙古人种是仅次于高加索人种的第二等人种。他们"有一部时间久得发霉的历史，这部历史断言自己有五千年的文明"，"他们的文献据说富于各种各样用韵文和散文写成的著作：伦理学、历史、地理、游记、戏剧、传奇、故事以及各种小说；他们的政府以君主政体的基础，靠教育资格用人，形式是有些复杂，然而抗住了时间的破坏"。但是他接下来却说，"蒙古人种一直没有进行过一次努力把自己从暴政和压迫之下解放出来以及建立自由政体"，"安静地服从于汉人或鞑靼人的统治"，他们"遵循着传统和祖先的根深蒂固的惯例，以禁欲主义的漠不关心的态度来对待一切欲望和环境……使自己沉迷在自满和旧传统之中，把华夏之邦以外的一切人都看做野蛮人"，由于不能进行自我的根本变革，又不能向他人学习，所以"他们已经定型了，固定化了，发展到了顶点……进步已经终止"。这就是德梅隆对蒙古人种及其文明的看法。

为什么高加索人种能不断进步，而蒙古人种的进步会终止呢？德梅隆认为根本的原因在脑容量。他收集了一些人种学家公布的数据，称盎格鲁萨克逊人的"平均脑容量为九十至九十六立方英寸"，居人类之冠；而中国人的"平均脑容量低于八十五立方英寸"，虽然略高于美国黑人的八十二立方英寸，但是没有达到关键的八十五立方英寸。不知这些人种学家根据什么逻辑把脑容量与制度建设联系起来了，而且居然断定："任何种族，如果他们的平均脑容量不超过八十五立方英寸，就没有能力建立自由政体。"他们甚至发挥想象力说，脑容量不足的人，"永远不能成为自由民"，不会正确地运用选票"选出最好最纯洁的人来统治和管理"，而很可能把选票"用来赚几块美元，而不惜危及自由和人类进步"。

德梅隆认为，中国人不仅"宁可被消灭，也不肯改变他们的生活方式，采用西方文明"，而且"冷酷自私，几乎没有同情心或慈悲心"。移居美国的华人，"一般是选择挣钱最多、最容易挣钱的职业"，然后"重返家乡"。他们就这样"两手空空来到我国，搬走了他们所有能够搬走的东西，使我国贫穷下去，使他们自己的国家富足起来"。尤其可怕的是，"这些中国佬同南方的黑人合在一起，将危及选举权，使之降低到为保持一个自由政体所必需的平均智力和品德之下"。因此德梅隆主张，为了保持美国社会的"和谐一致，阻止他们（指中国人）的移民，或许是最好的办法"[1]。

第6篇是主张排华的调查委员与反对排华兼营水果种植业的长老会牧师布赖尔（William Brier）的对话。从对话的内容可以知道，当时移民到加利福尼亚的，不仅有华工，还有许多欧洲国家的工人，尤其是爱尔兰工人。爱尔兰工人是掀起排华浪潮的直接力量。在当地，按布赖尔的说法，凡是雇用有华工的人都不赞成排斥华工；而"对中国人进行这种攻击的人，都是同我们的工业、我们的开发事业、我们的农业或我们的机械业毫无关系的人"。在党派的主张方面，布赖尔说，民主党为了"在这个州捞取政治资本"，而煽动排华，"共和党虽然大部分人都赞成中国人到这里来，却没有勇气采取相反的立场，因为他们害怕这样就会被击败"。关于在加州华人的职业，自然绝大多数为佣工。排华论者说他们"正在加利福尼亚州大量购买最好的土地，脱离白种人而开始独自经营中国的殖民地"，还夸大其词地说如果对华人移民不加阻止，他们就会像占有香港一样，"使加利福尼亚洲变成中国的一个省"。布赖尔则表示，他"从来没有看到过一个中国人购买任何不动产"，只是"听到过说他们已开始独自经营"。他推测如果中国人已开始购买土地，那也"多半是白种人不愿意去的地方"。

布赖尔反对排华的理由，一是强调平等对待，"我们是民主主义者，我们愿意给每个人以机会"，既然美国"不能限制一切国家的移民"，那么"单单限制某一国籍的移民是不合理的"。实际情况是，"在我国有许多更坏的外国人，他们拥有公民的一切权利和其他一切东西"，但是他们却到处"讨东西吃"或把钱"花费在威士忌酒上面"，不肯工作或不好好工作；而中国人"是个有礼貌的民族""性情非常平和""他们把自己弄得很整洁、干净、漂亮，他们没有任何令人讨厌的地

---

[1]　参见吕浦、张振鹍等编译：《"黄祸论"历史资料选辑》，第48—59页。

方"。尤其是中国人"不乞讨""不酗酒""依靠工作谋生"。基于平等的理由，布赖尔主张"中国人应该有购买不动产的权利，那是正确而且正当的"；而且当中国移民能用"我们的语言"读、写，"能通过一次关于美国宪法和我国政体问题的考试"之后，"赞成给他选举权"。

二是发展实业和经济的需要。布赖尔认为"同中国保持最友好的关系，将来对加利福尼亚会有极大的好处"，应该根据加利福尼亚的"物质繁荣的理由"来思考问题。他批评有些人"不经营事业，从来不雇用任何人，丝毫不懂得我国的物质利益，却对中国人到这里来的事大嚷大叫"，强调和他一样雇用有中国人和其他人的人才"是最好的裁判者"。并且说别的人没有"任何理由对现行的对华条约进行任何干涉"。布赖尔的发言常常遭到带有排华倾向的听证委员的反驳，如说他"对白种人的判断是如此苛刻，而对中国佬的判断却如此宽容"；又讥讽地反问像他一样"从中国人身上赚钱的人"是不是认为来到加州的"中国人还不够"？

布赖尔毕竟是一个自以为高人一等的美国人，而且会明确地维护美国国家和他个人的利益。他理所当然地认为美国人比中国人优秀，所以会说出"相信上帝把这些中国人送到这里来，是要他们学一些有关我们的制度的、宗教的东西，通过他们在美国和中国之间的来来往往，他们可能会把美德散播给一个庞大而愚昧的民族"之类的话。他反对排华，是因为他要雇用廉价而能干的劳工，他坦承："我看待他们就同看待我们想要使用的任何其他东西（如马或机器）一样。他们在做某种工作，这种工作除非使用某种象这样的劳工，我们是不能完成的。"他显然只是把华工看成一种可利用的、造成加州"物质繁荣"的工具。他还露骨地表白，他决不是一个主张"不加区别地、无限制地让中国移民入境"的人，"如果有朝一日他们开始超过需要，超过我们能够使用的限度，那么我一定会赞成冒一切危险来撕毁任何条约"，[1] 即不再允许华工入境。

---

[1] 参见吕浦、张振鹍等编译：《"黄祸论"历史资料选辑》，第61—76页。

最后一篇是一个名叫豪立斯特(William Hollister)的人的证词。豪立斯特是拥有7.5万英亩土地和5万头羊的大农牧场主,他和布赖尔同样主张雇用华工。他说,他所在的加州圣巴巴拉郡(Santa Barbara)共有400名华工,一年之中只有5人被拘留过,且其中两个案件只是"他们从自己人那里偷窃蔬菜或蔬菜一类的东西","我一生当中从来没有看见过比他们更好的人"。他称赞华工"非常诚恳",身体虽不是非常强壮,但"难得看见一个虚弱的"人。中国人的卫生习惯"比白种人的习惯要好""每天都洗身子"。他声称"从来没有看见过一个中国人喝醉酒",虽然"可能看到过中国人受鸦片影响的若干事例",但"他们竭尽全力来工作"。为了否认移民中有契约"奴隶"或债务劳工,豪立斯特还表示"从来不相信加利福尼亚州的中国人当中过去曾经有过一丝一毫的做工偿债制或奴隶制",没有"任何一个中国人对另一个中国人实行任何一种控制的任何证据"。意思是说中国移民是"自由"人,他看不出"有任何理由""必须拒绝蒙古人种成为美国公民","看不出为什么他们不能成为最好的公民"。

当然,豪立斯特也说,他"喜欢用美国人,因为他们知道的事情最多",而中国人"每样事都得学习"。中国人的"全部要求就是:有地方工作,能挣我们的钱,受到适当的待遇,挣钱挣够了就回老家去","他们一点也不关心(选举权)这一类事"。而豪立斯特把自己的要求也说得很明白:"我们要的是体力,而不是公民,我要的是有人干活。我不管他是从哪里来的,或是住在哪里。我要的是白人、中国人、骡子或马的体力。我不管那是什么,只要能干活就行。"[1]可见这位大农牧场主反对排华的原因,最根本的是他需要"有人干活"。

完成这次调查四年之后的1880年,美国政府与中国签订了《中美续修条约》,主要内容是美国对于华工赴美,"可以或为整理,或定人数之限",这是中文条约文句,英文的意思则是"可以规定、限制或暂停"。从1882年起,美国以国内法的形式制定了一系列排华法案。1894年

---

〔1〕　参见吕浦、张振鹍等编译:《"黄祸论"历史资料选辑》,第77—81页。

又与中国订立了《限禁来美华工保护寓美华人条约》(即前述《中美华工条约》),主要内容是规定居美华工离开美国超过一年者,不得再入美境;不准居美华工或别类华人入美国籍;居美华工均须按照美国国会通过的《华工条例》登记。到1904年又立法规定上述排华法案无限期延长,从而引起中国国内发生声势浩大的"抵制美货"运动。

不过直到19世纪90年代初为止,美国社会的"排华"主要是围绕移居美国的华工问题而展开。舆论中没有德国、俄国那些"黄祸"及东方威胁之类的字眼。但从19世纪90年代起,当"排华"喧嚣还未完全平静的时候,由于大量日本人流入夏威夷群岛和加利福尼亚州,加上日本积极扩展海军和对朝鲜、中国发动侵略,又引起了美国部分报刊和舆论的排日情绪。日本侨民的子女在美国小学读书受到歧视,日本人对1905年美国出面调停日俄签订《朴茨茅斯和约》也不满意,日本的公众舆论对美国也极不友好。此后日美两国的外交和政治冲突一直延续到20世纪20年代,美国凡是论及远东及太平洋地区的问题,都会涉及日本和中国。不过美国人有关这些问题的议论,不单纯是用"黄祸"之类的话语,而往往利用历史哲学和世界政治战略理论来表达。

西奥多·罗斯福(Theodore Roosevelt,中译一作泽奥陀·罗斯福)在排华运动之后仍然对远东问题议论较多。19世纪90年代他在美国政坛就很活跃,1901—1909年更以共和党人身份出任美国总统。1894年他读了皮尔逊的《民族生活和民族性格———一个预测》之后,对皮尔逊的研究工作相当重视,写了一篇详尽的书评。

罗斯福赞同皮尔逊的一个观点,即一个民族对某一地区以建立外来政权的形式进行政治统治是不能长久维持的,而通过移民侵占某一地区更具危险性,因此他坚决主张把中国人从北美洲排斥出去。但他说这些话的时候没有忘记夸耀美国式的民主政治,称"民主政治具有明确的种族利己主义的本能,看到了种族敌人,并且阻止了危险的外国人进入",所以"十九世纪的民主政治已经为白种人保持了……温带的美洲和澳大利亚","民主政治能维持自己的生存"。相反,"如果这些地区处于贵族政府统治之下,那么中国移民入境就会受到鼓励,正如奴隶买卖必然受到任何一种拥有奴隶的寡头政治的鼓励一样,其结果是几代人之内,对于白种人甚至会有更致命的影响"。不过除了强调以民主政治来保住白人的北美洲和澳大利亚之外,罗斯福在其他问题上并不同意他称之为"悲观主义派"的皮尔逊的有关看法。

罗斯福也预计,"中国人有一天会在东印度群岛、新几内亚以及后印度(指缅甸、泰国、印度支那等地)的人口中构成占优势的部分,不论在政治上或数量上都是如此",但这"对于白种人将不会有任何实际的影响"。他也不同意皮尔逊的"中国人在亚洲可能会危及俄国"的结论,他说虽然"俄国人根本是不民主的,但是他们的国家是非常强有力的,因此他们能使中国人不得进入西伯利亚各地"。这是就移民问题而论。谈到军事力量问题时,罗斯福认为"中国人过去从来不是,今后也许永远都不会是象土耳其人或鞑靼人那样的战士……到目前为止,中国人在发展一支能够对付欧洲敌人发动攻势的军队方面没有任何进展";他推测"在遥远的将来,中国也有可能会走上日本的道路,会改变它的政策,会发展海陆军",但这样也不会"阻碍高等种族的发展"。罗斯福认为印度更不会对白种人构成危险,以为印度能否推翻欧洲人的统治还是一个疑问,即使"欧洲人的统治被推翻,饥饿和自相残杀的战争又将连绵不断,而印度将重新下降到它以前的地位"。他还认为,工业化带来的竞争也不会那么可怕,"中国人和印度人可能会把某些白种商人从热带赶出去,但是除此之外他们就不可能再多做些什么了",白种人有办法保护自己,"当他遇到严重的威胁时,他总是会以保护关税和严厉的移民法来保护自己"。

至于皮尔逊所说的如果亚洲、非洲、拉丁美洲的"劣等民族都获得独立",甚至和欧洲民族平起平坐,就会使白种人感到"恐惧和沮丧",从而失去"进取精神",罗斯福也提出了商榷。他说,即使事情的发展像皮尔逊想象的那样,"那么说英语的民族的绝大部分,即居住在美洲和澳大利亚的那些人,也绝对不会受到影响";欧洲大陆会受到一些影响,但这种影响"也不会比葡萄牙人和荷兰人相继看到他们的非洲帝国和印度帝国缩小的时候所受到的影响更大"。同样,"即使中国果真成为一个模仿欧洲的军事强国,这个事实到 20 世纪末年给予美国人和澳大利亚人的影响,也不会比日本为求进入文明国家的行列而进行的努力在 19 世纪末年给予我们的影响更大"。

罗斯福与皮尔逊的不同态度,在于后者专以种族兴衰为考虑,而前者虽然也论及种族,但更强调"文明的与不文明的"这一差别。所以罗斯福说,"如果任何一个热带种族在工业上和军事上果真达到一个繁荣的顶点,使它成为欧洲和美洲国家的一种威胁",那么这个国家本身就"已经成为文明国家了"。这时,白种人和这个国家打交道,"不过是同另一个非亚利安血统的文明国家打交道",[1]而不会再考虑到人种有别的问题。应该说,是当时美国与欧洲保持距离的孤立主义、美国的活力与实力感,使这个新帝国主义的政治家对世界局势和历史的发展采取了乐观主义的态度。但他的白人优越与美国至上的观点仍是再鲜明不过的。

罗斯福的两个亲密朋友,在美国政治界和思想界颇有名气的亚当斯家族的两兄弟,即亨利·亚当斯(Henry Adams)和布鲁克斯·亚当斯(Brooks Adams),具有明显的帝国主义思想,他们赞赏皮尔逊的种族主义观点。亨利·亚当斯评论皮尔逊的《民族生活和民族性格——一个预测》时说:"我确信皮尔逊的说法是正确的,有色人种正在压倒我们。他们在海地已经这样做了,目前在西印度和我们南部各州也正在这样做。如果事态继续以这种速度发展下去的话,再过五十年左右,白种人将面临着这样一种局势:必须再通过一场战争、一场奇袭来重新占领热带地区,不然就只能把自己的活动限制在北纬 50 度以北的区域内。"他在归纳他的兄弟布鲁克斯·亚当斯的作品《文明和衰落的规律》(伦敦 1895 年出版)的基本观点时也说:"一切文明不外是集中,一切的集中在经济。在经济的集中下亚洲比欧洲价廉。世界正走向经济的集中,因此亚洲会生存下去,欧洲将走向毁灭。"[2]他的理论充满了

---

[1]《西奥多·罗斯福对皮尔逊〈民族生活与民族性〉一书的评论》,载吕浦、张振鹍等编译:《"黄祸论"历史资料选辑》,第 106—110 页。
[2] [西德]海因茨·哥尔维策尔:《黄祸论》(中译本),第 87—88 页。

悲观色调。

如果说皮尔逊的书为后来的"黄祸论"立下了框架,那么布鲁克斯·亚当斯的三本书,即《文明与衰落的规律》(1896 年)、《美国的经济优势》(1900 年)和《新帝国》(1902 年),可说是为美国的"黄祸论"充实了理论基础。

布鲁克斯·亚当斯曾总结过他所谓的历史规律,提出"世界的力量总是聚焦在经济中心上,历史又在这些经济中心周围形成世界军事中心。除了几个特殊情况,军事—经济中枢总是在西方国家"。但是历史上常常存在着权力中心的转移现象,这种权力中心的转移意味着一种文明的衰落和另一种文明的兴起。亚当斯分析原先权力中心的文明衰落的原因,一是"经济优势所依赖的自然资源的枯竭",一是更重要的"社会变化进程"。他对"社会变化进程"作了颇有眼光的剖析,指出在权力中心,"经济和政治权力不断强化集中,这种结果的危险是当资源掌握在少数人手中时,它就更容易被破坏;如果集中继续强化下去,就会无法控制,最终由于自身的重力和规模而崩溃"。这时权力中心的"独裁政府"的出现,权力中心的民族"进入一种傲慢自大且毫无防范的富裕状态",就成为从辉煌到毁灭的"转折点"。

亚当斯具体谈到了当时权力中心已经出现的转移征兆。近代欧洲本来是世界的权力中心,但是从普法战争之后,中心开始向西向东移动,一是从海上跨过大西洋西移到美国,一是从陆上通过铁路网经过俄国移到远东。而且由于美国政府不恰当的管理体制和不正确的政策,西移的权力中心最终会跨过美国和太平洋。两条路径的移动结果,都是使东方成为世界中心。从而使西方文明处于风险之中,美国也面临衰落的灾难。

亚当斯到过印度,"印度人对生存的需求之低给他留下了深刻的印象"。他认为正像印度的农业曾一度威胁到罗马的农场主一样,如果英国的资本引入印度,"西方工业同样难逃灭亡的命运"。他尤其认为"来自东方民族的危险是中国在资源和人口方面所拥有的巨大财富"。但是他并没有指明东方的领导力量是日本,抑或是中国和印度。

在 1900 年前后,亚当斯认定的敌手是俄国,他担忧俄国单独控制中国,"只有在一种情况下,这个东方大国(指中国)才具有威胁性;那就是它全部或绝大部分都处于一个独立力量的控制之中","俄国已经统治了中国的满洲,而且它的统治正向核心地带扩散。……俄国人会采取任何手段抓住机会,进而控制整个世界"。由此可知,亚当斯思想中东方威胁的主导者是俄国,中国不过是俄国控制下的工具而已。

亚当斯总结说,"自然规律在推动人类向更进一步的联合方向发展,避免这种自我崩溃的唯一方法是持续的扩张。而东方是仅有的还能进行扩张的地方"。他希望打破他自己发现的历史发展规律,使西方尤其是美国避免衰落的命运,故强烈主张美国改变仅仅保守住美洲的门罗主义,在远东实行扩张和控制。他说:"如果有足够强大的军事力量,并在远东地区发挥作用,美国就会避免由于自然资源枯竭而带来的权力的丧失。如果做不到这一点,俄国对中国的统治就会进一步加强。"亚当斯迷信战争,认为未来的战争会更激烈,胜利者也会更富有。而避免世界被斯拉夫人统治的唯一办法,"就是建立一个盎格鲁萨克逊联盟,这可能需要德国的帮助",[1]他相信这个联盟能统治整个世界。但在《美国的经济优势》一书中,他又认为英国的力量明显在衰退;而美国的优势地位能否长久维持,要看亚洲工业的发展能推迟到何时,"如果亚洲实现了工业化和政治上的独立,美国和整个西方文明的衰落就会跟着到来。为了保障自己的安全,美国必须征服亚洲、欧洲和整个世界"。[2] 更赤裸裸地表达出美国建立世界霸权的意图。

美国记者休·纳斯克(Hugh H. Lusk)讨论了日本崛起的问题,但他表示不相信日本海军会出现在太平洋上,日本的军舰更不可能轰击美国西海岸的城市。他提出"黄祸"的问题应该主要从人口政策这一角度来考察。他想象有一天所有的蒙古种人会从沉睡中觉醒,成千上

----

〔1〕〔美〕汤普森:《黄祸论》(R. A. Thompson, *The Yellow Peril*, Arno Press, New York, 1978),第 25—28 页。

〔2〕〔美〕贝林豪斯:《布鲁克斯·亚当斯传》(A. F. Beringause, *Brooks Adams, A Biography*, New York, 1955),第 195 页。

万地向东南亚、澳大利亚移殖，最后扩张到美国西南部，一直深入到北美边境。所以他支持美国和澳大利亚的排华政策，认为澳洲能否成为一个自由的白种人国家完全取决于是否坚持这一政策[1]。

亚当斯兄弟的密友，美国"新海军主义"的首要理论家，海军上将阿弗烈德·玛汉（Alfred Mahan）也是一个著名的帝国主义者，他在1897年称赞了美国的排华运动，认为这个运动是"本能的、直觉的，包含着对未来危险的预感"。他激烈地反对裁军，说文明种族如果实行裁军，迟早有一天会像羔羊一样被牵往屠宰场。

玛汉从政治地理、历史哲学和人种学几个方面提出了自己强权政治的理论。他认为北纬30°—40°的地方，即从土耳其亚洲部分经过波斯、阿富汗、中国西藏、长江流域直到朝鲜这一狭长地带，是一个隐伏着世界危机的地区，因为这一地带政治上极不稳定，易受外来势力影响，美国应该首先把长江流域作为自己的势力范围[2]。玛汉认为，由于国际形势的发展，美国奉行的门罗主义已经过时，欧洲任何一个国家政权的变易都会牵动美国，美国同西班牙争夺菲律宾的战争使美国在亚洲成为强国，因此应该参加列强在远东的角逐，即所谓"承担起亚洲事务的责任"。

玛汉强调指出，此后的外交政策不应以民族，而应以范围更大的种族为考虑范围。美国、英国、德国都属于"条顿民族国家"，应该以海军为主要武力。由于历史的发展，美国将不仅与"外国"，也要与"另外的种族"打交道。如果将来建立起世界范围的联盟组织，那么其中的对立将是根据民族而且尤其是根据种族划分的。故提倡种族主义比现有的民族国家能在更大的范围内把人民团结在一起。他说："赤道以北的大西洋是古老的欧洲文明社会的海洋，从我们的观点看来，人类的幸福就是靠欧洲的文明。"[3]因此他非常希望陆军强国法国、俄国和海军

---

〔1〕　参见〔西德〕海因茨·哥尔维策尔：《黄祸论》（中译本），第89页。

〔2〕　〔美〕玛汉：《亚洲问题及其对国际政策的影响》（A. T. Mahan, *The Problem of Asia and Its Effect upon International Policies*, London, 1900），第176页。

〔3〕　同上书，第191页。

强国英国、美国、德国达成"势力均衡"。

　　玛汉认为,欧洲文明与亚洲文明交锋是历史的"一个重要的新阶段",他希望这两种文明接触的结果不是欧洲改变自己,而是"亚洲各国人民参加到基督教国家的大家庭里来"。[1] 在1900年的时候,他对日本比较放心,主张对日友好并与日本结成同盟,称日本为"亚洲国家中自愿接受不可改变的事实的唯一强国"。但是他对中国则充满疑虑:"这一发展的结果目前我们还很难看清,但是当我们想到四万万中国人组成一个强大的国家,拥有一切现代装备,而这样庞大的人群却被圈在对于他们是过于狭小的一片土地上,这是很难以宁静的心情来展望将来的。中国在目前包围着、压制着它的势力影响下将创造出什么样的文明,这在很大程度上关系着世界的前途。"[2]他还谈到当时各国赞同美国提出的中国门户开放政策,认为仅仅这样还很不够!"一个为了通商而敞开大门的中国固然能给我们很多好处,但对我们以及对其自身的危险也将随之无限扩大,因为我们使中国获得的物质上的成就会使中国越来越富足,越来越强大,而中国人却没有清醒的头脑以树立使用这些物质的准则,更不要说能把西方的精神和道德力量吸收过去了。……如果中国发展成一个有组织的国家,而又缺乏调整、约束着欧洲人的纯粹物质力量的更崇高的理想所具有的修正错误倾向、提高道德水平的因素,这对于欧洲民族才是真正的危险。"[3]

　　以上玛汉的"中国危险论"有三层意思,一是中国人口众多,强大以后会不会要求更大的发展空间。二是包围、压制或者说能影响到中国的发展道路的国家和种族不止一个,中国跟着谁走?玛汉在这里没有明言,但他显然认为美国能影响甚至控制中国才是上上之策。三是如果中国富强了,但精神上没有西化,不能接受西方的宗教、道德等"精神文明",就会是一种"真正的危险"。

　　玛汉在无限忧惧之中并不排除"暂时把中国瓜分"的想法,但他更

---

〔1〕　〔美〕玛汉:《亚洲问题及其对国际政策的影响》,第154页。
〔2〕　同上书,第88页。
〔3〕　同上书,第166—167页。

强调的是西方国家必须直接有力地控制住中国的局势，"不要被不干涉的原则和传统对主权完整的观点所束缚，这样就能创造出有利的条件，使中国的现代化不致成为扼杀西方世界的威胁势力"。这个强权主义者的"控制中国论"包括两个方面，首先当然是包括"准备兵力"在内的"力量方面的准备"；同时他更注重的是"应该使他们（指中国人民）获得时间来吸收我们的理想"。他强调，"门户开放的意义应比通常使用这个术语所包含的意义更广泛些。这就是说，门户不仅应当为商业开放，并且应当为欧洲思想以及这种思想在各个分科方面的教诲者的进入……而开放"，通过学术文化、道德宗教等多方面的工作，"把他们引入我们的现存文明之中"[1]　简单地说，玛汉认为只有把中国人完全纳入西方文明体系，现代化的中国才不会对西方构成威胁。

　　与玛汉主张联合日本对付中国的见解相反，荷马·李亚（Homer Lea）高度警惧日本而主张联合中国。李亚从小被军事科学吸引，具有强烈的冒险性格和征服欲望，他在加利福尼亚的学校读书时，受到同学中中国人的影响，学习过中国的语言和历史，后来又随同国际援助探险队到过中国。从 1899 年到 1912 年，李亚先是帮助康有为等维新派，后来转而帮助孙中山。1911 年底他陪同孙中山从美国回到中国南京，孙中山担任临时大总统时，李亚是孙中山的军事顾问。他写过《不列颠帝国的命运时刻》《萨克逊的日子》和《无知的勇气》等书。

　　李亚对日本充满警惧，可以说他所认为的"黄祸"就是指日本。他认为 1902 年英国和日本结盟是一个致命的错误，这对英国在印度和南太平洋上的统治有百害而无一利，日本可以随心所欲地支配英国；加上俄国在日俄战争中失败使日本开辟了政治上和经济上的扩张范围，所以在太平洋上日本已经超过英国，英国的战略优势摇摇欲坠。鉴于日本势必实行向东南亚和澳大利亚等地的扩张和移民政策，而白种人人口增殖过慢，不能用大量移民抵制日本，因此唯一的解决办法就是通过战争。而且他相信日本为了太平洋的统治权正在寻机挑起一场与英、

―――――――――

〔1〕　〔美〕玛汉：《亚洲问题及其对国际政策的影响》，第 90—93、166—170 页。

美的战争。

　　李亚把盎格鲁萨克逊"种族"的海上霸权与对世界的统治权看成至高无上的东西，但是现在已经遇到极大的危险。他认为英国已经衰落，而"日本海军实力比美国强大"，"它会追求对中国及印度边境的控制。通过与英国结盟，日本在香港以北的海岸线上处于至高无上的地位"，此外"日本在满洲战场上也拥有绝对优势"。他强调"美国是唯一能与日本在太平洋上对抗的力量"，"美国在科技和经济发展方面领先世界，但在军事科学方面仍停滞不前"。他警告说，"一个国家越富有，对于这个民族来说，发动战争的成本就越高。正因为这样，一个贫困但尚武的民族能通过战争挤垮一个富裕的国家"[1] 尤其是"美国对日本的发展壮大熟视无睹，美国人埋头于国内此起彼伏的党派生活中，美国的种族如此庞杂的人民，加上美国人把个人利益摆在国家利益之上，对战争的空话连篇的、令人悲观的蔑视态度，这一切早已决定了日美斗争的前途"是让人忧虑的。

　　李亚认为，对太平洋的争夺必然牵涉中国。中国与日本、俄国几乎是天然的仇敌，但中国过于贫弱；盎格鲁萨克逊人必须跟中国结成同盟，才能在与日、俄的斗争中稳操胜券。李亚希望中国"革新"，1900 年就宣称他要参加推翻清王朝的斗争。他帮助中国维新派和革命派的种种努力，"只不过是一个迂回的途径，其真正目的还在于保障盎格鲁萨克逊人的世界地位，使其不受他所认为的'黄祸'的威胁"[2] 这样说并没有冤枉这位曾为孙中山尽力、也被孙中山高度赞扬过的美国朋友。

　　曾在马关议和时担任李鸿章的顾问，后来当过美国国务卿的科士达（J. W. Foster），在美西战争和八国联军战争之后，非常关注美中关系。他认为美国取得了菲律宾，与中国更加邻近，美国资源的开发以及国外市场增长的需要，应该使美国"比以往更加同情（东亚）那些民族和他们的政府。美国已成为一个亚洲强国，它要履行新的责任，保护

〔1〕〔美〕汤普森：《黄祸论》，第 326—327 页。
〔2〕〔西德〕海因茨·哥尔维策尔：《黄祸论》（中译本），第 94 页。

（自己）扩大了的利益"。科士达对中国人有一定好感，说"从中国的历史和成就来看，断言不论古代或现代没有一个民族或种族比中国人更配称得上是伟大的民族，这并不是什么夸张"，尤其称赞中国人的"能力和耐久力"及"热爱和平"。

科士达批评《辛丑条约》"给中国政府增加了一副它很难担负得了的赔款重担"，而要偿付这项巨额赔款，中国政府"势必向人民增课赋税"，这将成为"使中国人愤怒的根源，很可能煽起不满的火焰"。他认为，"四亿强壮有力而又热衷于自己的古老习惯的中国人，在一种十分流行的种族仇恨的影响之下，迟早会从一个热爱和平的共同体一变而成为一个好战的民族，一心想要报仇雪耻"，而"只要种族仇恨支配着中国人民，世界和平就处于危险之中"。现在很难说十来年后美国向中国部分"退还庚子赔款"用于中国青年赴美留学与科士达的态度有何关系，但在当时，科士达认为中国人"对外国人的仇恨仍然遍及全中国"，并引用赫德的话称"中国人仇恨外国人，乃是对世界的真正威胁"，仍然难免给人颠倒因果的感觉，对列强勒索中国轻描淡写，而对中国人的愤怒和反抗却危言耸听。至于他所主张的解除对世界和平的威胁的方法——由美国"帮助"包括中国在内的"全世界取得更自由的市场，帮助东方居民得到基督教文明的福祉"，[1] 无非也是要使中国成为西方附庸的霸权主义。

曾经到过中国的美国传教士勃罗温（A. J. Brown，一译布朗）也是一个温和的"黄祸论"者，而且他的"黄祸"所指同时包括中国人和日本人。勃罗温首先"批评"了认为中国"既没有同欧洲作战的组织，又没有同欧洲作战的勇气"，因而"不把'黄祸'当作一回事"的态度。他说，虽然直到目前为止，中国人依旧"轻视军事职业"而主要"把精力用于做学问和经商方面，而以贫民、罪犯以及鸦片烟鬼填充于它的陆、海军中，这些人就象黑人一样缺乏胆量、智慧和爱国心"。但是中国也有

----

〔1〕 〔美〕科士达：《美国在东方的外交》(J. W. Foster, *American Diplomacy in the Orient.* Boston and New York：Houghton, Mifflin and Company, 1904)，第433—435、438页。

"许多善于作战的人,当他们得到良好的指挥时,他们就能成为同别的国家的士兵一样良好的士兵"。而且"这个民族已经从惨痛的经验中懂得,现代化军队乃是他们抵御外国人的唯一希望",于是不仅各省"设立武备学堂以精研近代军事科学","还在1903年派遣了四十名青年前往欧洲,明确地是去学习白种人最新的陆海军作战方法",同时"有三百个中国人正在日本兵营里学习军事学……有五千个中国人为了将来在本国担任要职而正在日本学校里受训"。勃罗温的意思是,中国人的作战"组织""勇气"以及"方法"问题是不难改进与提高的。

勃罗温也批驳了"距离"是"有效屏障",即中国"无法把它的陆海军运送到相距如此遥远的欧洲"的说法。他说小小的荷兰和葡萄牙都曾派遣军舰和军队到远东,中国"有的是土地","有的是人,而且他们正在获得必要的知识。……中国仍在购买连发步枪和速射机关枪,同时在他们自己的兵工厂里正在生产大量的军火弹药"。总之,他认为"中国的军队很快就要同欧洲的军队一样很好地装备起来"。

勃罗温也相当注意日本的动向。到20世纪初年,日本已经成为列强之一,日本"不仅已经得到台湾这个大岛,而且多年来一直悄悄地在朝鲜使自己的利益占有优势"。更重要的是日本野心勃勃,"竭力想担当起(领导亚洲对付欧洲的)巨大任务",为了达到这一目的,日本"一直在加强把他们同中国连起来的种种联系"。在中国"几乎所有的大城市中都可以看到聪明的日本人",日本人"在中国政府中担任顾问,为中国改组军队、起草法律,在中国的大学里执教"。勃罗温担忧,如果"中国走向日本化",或者"中国人一旦真正置身于日本人的巧妙领导之下,这就会使一种只有全世界所有其余部分的联合努力才能抵挡得住的力量行动起来"。

在勃罗温看来,"象中国人这样众多而刚强的人民要说将永远受某一个外国的领导是不大可能的",尤其是"由于中国人的自尊和偏见不会轻易去承认那个傲慢的小小岛国的领导",因此日中联盟的可能性不大。然而即使是中国单独地、迟缓地"行动起来",一个拥有四亿多人口的大国,虽然"比一个拥有四千三百万生气勃勃的人民的国家需要更多的时间,但是……他们的势头也就按照人数的比例而更大"。如何阻止中国人的"行动"呢? 勃罗温不是没考虑过"瓜分中国",但是由于一是担心为数众多的中国人"不断发生叛乱",因此"治理中国人……可能需要庞大的军事开支";二是"瓜分意味着(列强之间)一种激烈的争夺,这种争夺势将加速促成一场全面战争","以致列强都明智地不敢一试"。勃罗温的话从一个侧面说明了 20 世纪初列强没有公开瓜分中国的某些考虑。

这位传教士还能看得更远一点。他说:"即令瓜分成为事实,也只会促进那成亿的人民的发展,因为外国的统治会意味着更多的铁路、电报和轮船航线。那会意味着矿山的开发,印刷业的发展和西方思想取得完全的优势。中国作为一个政治机体可以被分割,但是中国人民仍会存在——他们是亚洲最刚强、勤劳而孜孜不倦的民族。"勃罗温对殖民统治必然终结的推测,已经为 40 余年后印度的独立所证明,他对中国民族性格的分析也没有曲意丑化或夸张。

但问题在于他背负着西方列强曾经凌夺中国的"原罪"。所以他说"最危险的战士乃是强壮有力而又性喜和平,但被长期的侮辱和不公平待遇驱入了绝望之境而不顾一切进行挣扎的人"。压迫愈甚,反抗愈烈,这是必然的局面,解困之道显然是种下仇恨种子的列强改弦易辙。但勃罗温却用新的恶行掩盖旧的恶行,他居然附和德皇威廉二世的观点,称赞"这幅图画表达了全世界的思想家们今天心中最前沿的想法。大家都看到了今后几十年充满祸害的各种可能性"。他提出,避免"黄祸"的办法只有:"西方各国必须或者是予以征服,或者是使它改信基督教。征服是决不可能的……唯一的抉择是使它改变信仰。"[1] 可见他是要从思想信仰上改变中国人,却不是要求西方列强改变主张,让中国人自主、自择。

美国政治评论家米勒德(T. F. Millard)在 1906 年出版了《新远东》

〔1〕 〔美〕勃罗温:《旧中国的新力量》(A. J. Brown, *New Forces in Old China*. New York: Fleming H. Revell Company, 1904),第 305—319、354 页。

一书,从军事和商业两个方面讨论"黄祸"问题。他认为来自远东的军事威胁"现在对西半球的居民来说没有什么实际意义,这是因为地理上的隔离为他们提供了安全",然而"东方对于欧洲国家在亚洲的属地和势力范围的侵略,从某些方面看,却包含着可能性的萌芽"。但是谈到这种可能性的来源时,米勒德却认为它不是日本而是中国,因为"日本有实现这样一种成就的愿望和意志,我却深信它本身并不具备实现这种成就的力量"。他认为"中国拥有这种潜在的力量"。这一方面是中国可能让东亚"其他民族的力量联合在一起",使"东方是东方人的东方""这一原则实际上适用于亚洲";另一方面,"中国人固有的军事才能……也和日本人的军事才能是相等的。中国人同日本人一样聪明,体格比日本人高大强壮,而且别的民族很少能比得上他们的那种持久力",中国"创建一支新式的现代化军队"的工作已取得"惊人的进步"。米勒德还说,尽管《辛丑条约》规定禁止对中国输入武器,禁止中国在某些港口设防,但是中国正在想方设法"规避这项规定",并在"自己的兵工厂中制造武器和弹药";还有,中国目前正在"朝着更现代化的教育制度所进行的努力";"中国拥有大量的财富,这些财富同中国人在商业上的无可争辩的聪明诚实结合在一起……中国工厂的产品将去敲击美洲和欧洲市场的大门"。总之"没有任何东西能阻止中国沿着现代化的路线前进"。而中国的现代化问题,在这位"有一种敏感的想象力"的时事评论家眼中,居然成了需要欧美国家"使用某种形式的政治压力"才能处置的问题,真是咄咄怪事。

当然米勒德也没有忽视日本。他"以日本的真正政策的过去和现在明显的迹象为根据",认为日本有称霸亚洲及太平洋的野心。而且日本已在政治上、军事上控制了"朝鲜和南满";日本的航运公司正在"以不正当的手段"与欧美在亚洲的公司竞争;还有日本大量向亚洲大陆移民,"每一个到大陆来的日本移民都是抱有民族野心的";还有"许多日本和尚前往中国,他们往往能通过宗教上的业务而发挥其影响"。米勒德尤其担忧大量的日本的军官和教师在中国的军队、兵工厂和学校里的作用,认为日本教师"正在充斥全中国",而"中国未来的军队将主要是日本手创起来的"。他说日本的这种"努力如果取得成功,对于西方在中国的利益是否有好处,却是一个问题"。显然,在米勒德的思考中,单独一个日本不可能改变欧美国家在东亚的优势,或者说他对已经成为强国的日本再也无可奈何,只能承认现实,重要的问题是不能"听任日本在中国自由行动","这乃是一件要由西方从各方面加以考虑的事"[1] 他的主张就是前述西方国家"使用某种形式的压力",让日本不能"在中国自由行动",由欧美加强对中国的影响和控制。

　　排华运动和种族主义也引起了作家的思想分化。马克·吐温(Mark Twain)写了《对一个男孩的可耻迫害》的诗歌,尖锐地嘲讽了排华运动。而生活在加利福尼亚的杰克·伦敦(Jack London)则相信未来会爆发种族战争。1904 年他在《旧金山观察者》上发表文章提出警告说,如果日本人能够发挥他们卓越的组织才能,控制了人数众多的中国人和中国巨大的劳动力,盎格鲁萨克逊人将面临严重的威胁[2] 其观点与评论家米勒德几乎一样。

　　客观地说,前已谈到的 20 世纪初年担任美国总统的西奥多·罗斯福是不大赞成种族主义的排外,也不赞成"黄祸论",但是坚持西方文明论和民主制度优越论的政治家。他还有一个突出的倾向是看好日本而轻视中国。在移民问题上,罗斯福对澳大利亚的"白澳政策"有所保留。他虽然同情地认为"澳洲白人的出生率变得很小",而同时又禁止移民入境,是因为"他们所害怕的'黄祸'对他们可能确实要成为一种真正的祸患",但他仍然指出,既然白人的出生率过低,不能满足生产和开发所需,"他们就应该用各种方法来鼓励他们能够同化和消化的那种移民入境"[3] 罗斯福没有具体说哪些移民是可以同化和消化,哪些是不能同化或消化的,但他显然不完全赞同种族排外主义。

〔1〕　〔美〕米勒德:《新东方》(T. F. Millard, *The New Far East*. New York:Charles Scribner's Sons, 1906),第 270—282 页。
〔2〕　参见〔西德〕海因茨·哥尔维策尔:《黄祸论》(中译本),第 96 页。
〔3〕　〔美〕莫理逊编:《西奥多·罗斯福通讯集》(E. E. Morison, *The Letters of Theodore Roosevelt*. Harvard University Press,1951),第 5 卷,第 787 页。

　　20世纪初年,日本在美国西海岸的移民已经超过中国,在夏威夷群岛日本移民几乎取得了人口优势,这种状况引起了美国舆论的关注和社会上的排日运动。日本对俄国战争的胜利进一步增加了美国人对"黄祸"的恐惧。1905年3月加利福尼亚州议会通过了一项决议,要求联邦政府对那些"为微薄工资而劳动的不讲道德、不知节制、专门争吵的人"制定限制的法律;5月,旧金山教育局通过了一项对中国和日本学童予以隔离的决议。同时,"日本人在美国自成社会""日本移民中很多是军人""移民是日本政府的阴谋"等流言广泛传播。德皇威廉二世乘机挑拨,1908年他在会见美国《纽约时报》的记者黑尔(William Hale)时,宣称德国已经同美国商妥共同支持中国反对日本,以保持东方的均势;德国正以各种方法"援助伊斯兰教徒",作为"抵御黄祸的一道防线";英国同日本结盟,"是白种人的叛徒";还说"一两年内美国势必会同日本打起仗来",他很高兴美国"正在为此作准备"[1]

　　对于移民问题,罗斯福坚持了反对任何歧视性立法的态度。他承认日本劳工的节俭、自律和宗派团结使美国的"劳动阶级感到可怕";在夏威夷的日本移民"自成一个完全与众不同的外来集团",更是"一个严重的问题";还有日本"不允许任何外国人在日本拥有土地",却反对别的国家"对他们划出另一种界线",这些使得罗斯福不打算反对加利福尼亚州议会"通过一项措词恰当有礼、真正可以达到他们所追求的目标的决议"。但是他反对做同美国的"外交政策的基本原则恰恰相反的事",反对"无礼地谈论外国,然而又总是拒绝为战争作好准备",他对此"感到不舒服"甚至"非常愤怒"[2]。他还说,如果美国"表现出我们认为日本人是一个劣等异样的种族,并且试图象历来对待中国人那样对待他们,而同时又不把我们的海军保持在最高效率和最大规模的水平上,那么我们将招来灾祸"[3]。这里显示出罗斯福区别对待日本和中国的态度。

---

〔1〕《西奥多·罗斯福通讯集》,第6卷,第1163—1164页。
〔2〕《西奥多·罗斯福通讯集》,第4卷,第1168—1169页。
〔3〕同上书,第1233—1234页。

在对待日俄战争的问题方面,罗斯福不是以人种决定爱憎,而是重视国家的政治制度。他表示,就人种而论,"俄国人在根本上是比较接近我们的",而且"相信斯拉夫人是有前途的",但俄国"还处在惨重的专制制度下面",因而"目前他们事实上并不更接近我们";"日本人并非亚利安种,也非基督教徒,但是他们并没有处于俄国的那种专制制度的重压之下","今天生活在日本要比生活在俄国幸运一些"〔1〕他强调,专制制度"同一个文明民族的智慧和个性的成长都是不相容的",而且专制制度不论是对该国本身,"或者是对世界其他各国","看不出有什么永久性的好事"〔2〕他在这个方面也和日本一样,认为"俄国人在满洲问题上一贯从事于惊人的虚伪说谎勾当",因而危害了日本和美国在中国东北的利益。

因此,尽管美国"整个说来乃是倾向于同情俄国",但罗斯福自称"关于日本人是一种与我们完全不同的种族,而俄国人与我们是同一个种族的说法,对我没有很大的影响",因而"决心使我国政府在这次战争中保持中立"。他不无忧虑地预估到,"也可能这两个国家将打到精疲力竭、两败俱伤,然后才缔结和平,而这样的和平条款将不会意味着造成一个黄祸,或造成一个斯拉夫祸"。但是他强调"我们操英语的国家"应该"有所准备","如果我们的利益受到威胁,就来固守我们的阵地"〔3〕在罗斯福的思考中,"种族识别"毕竟不如实际利害重要。

对于日本,罗斯福表示出比对俄国更大的好感,称赞日本是"东亚伟大的新力量",说日本"在工业方面同在战争方面一样十分值得注意","它现在已经是一个伟大的强国,将来会成为一个更伟大的强国"。因此他"愿意看到美国本着尽可能彬彬有礼的精神,慷慨大方而又公道地去对待日本人"〔4〕1904 年 6 月上旬,罗斯福会见日本驻美

〔1〕 《西奥多·罗斯福通讯集》,第 4 卷,第 759—760 页。
〔2〕 同上书,第 829 页。
〔3〕 同上书,第 760—761 页。
〔4〕 同上书,第 1233—1234 页。

国公使高平和毕业于哈佛大学的金子男爵时，不仅表示应该承认"日本在黄海周围地区拥有最高利益"，而且希望日本像西方"文明大国"一样，"不仅有些事向别人学习，而且有些事要教导别人"[1]对照上下文，就可明白他所说的"向别人学习"是指向西方文明大国学习，而"教导别人"则是指"教导"朝鲜和中国。

当然罗斯福对日本并非完全信任，这其中有两点考虑。第一点是主要的，即日本强大以后往何处去？罗斯福预计，日本对俄国战争的胜利将使日本成为"东方的一个可怕的国家"，再加上"如果日本认真着手来改造中国，并且取得任何进展，那么其结果对白种人来说将是均势中心的真正改变"[2]罗斯福曾当面告诉高平公使和金子男爵，他担忧"日本可能会变得自大，大干起傲慢和侵略的事情来"。当他看到日本人对用"一个一般性的国际协定来保证中国在满洲的自治"很不满意，借口"拿不稳中国人是否强大得足以自己独立支持"，而要由日本单独承担满洲事务时，罗斯福表示"希望看到中国保持为一个整体"，还警告日本"他们要控制中国会是困难重重"；并坦率地强调说，如果日本果真干起傲慢和侵略的事情来，"这无疑对于世界其他各国暂时是十分不愉快的，但到头来对于日本将更不愉快"。

第二点考虑与其说是种族的因素，不如说是文明的因素。罗斯福认为，"日本人的文明在许多方面跟我们的文明非常不同"，"日本人、甚至中国人……他们自己祖先的文明重担将压住他们，不让他们变得同我们一模一样"。但罗斯福强调，不同文明的国家只要"能成为我们的国际社会的成员"，彼此就不应该表现出歧视。他对当时西方国家指日本为"黄祸"的舆论不以为然，说"象他们已经发展起来的这样一种文明，使他们有权对于指责他们是黄种恐怖的一部分的说法置之一笑"[3]正是基于这样的考虑，罗斯福称前述德皇大谈"黄祸"、挑拨美国同日本打仗的谈话"荒唐"，并且说"我将以最强烈的方式反

〔1〕《西奥多·罗斯福通讯集》，第 4 卷，第 829—830 页。
〔2〕同上书，第 760 页。
〔3〕同上书，第 830—833 页。

对把这样一篇谈话公开发表；发表这个谈话不可能有好处，反而有很多害处"。[1]

罗斯福还说，"我完全知道，如果他们（指日本）获得胜利，这就可能意味着他们和我们之间在将来的一场斗争"，这是基于前述的第一点考虑，不过他认为这事还不能确定，而目前直接的问题是俄国，"俄国在过去三年间所采取的方针已经把事情弄得很清楚，如果它获得胜利，它将把中国北部组织起来反对我们，并且从它能够控制的一切地区内把我们彻底排除出去"。对日本与俄国两者权衡的结果，罗斯福强调，美国不能"拿眼下必定受到损害的事来抵制将来可能受到损害的事"，所以美国在日俄战争中表示"中立"，但实际上最不希望俄国获胜，当然也不放心日本获胜，而最好是两败俱伤。战争的结果是日本获胜，所以罗斯福一方面主张要用友好亲切的态度对待日本，"使它找不到对我们怀恨的借口"，一方面在会见日本人时，发出意思明确的劝告甚至是警告："如果侵略来临，我相信我们会有充分的能力来保卫我们自己。"[2]同时他还批评自己的同胞"无理地谈论外国，然而又总是拒绝为战争作好准备"，反复强调美国及别的英语国家要"在身心方面"即从军事力量和思想认识上作好固守阵地的准备，足以对付"强大起来的新兴国家"和"成长得更为强大的旧的国家"。[3]

我们不能不说西奥多·罗斯福是一个高明的政治家，但是他作好思想准备、发展军事力量的号召背后，不仅是为了美国的利益，恐怕还有迎合军火生产及销售商人的意图。武器设计家、军火工厂厂主西拉姆·马克西姆（Hiram Maxim）和军火商人哈得森·马克西姆（Hudson Maxim）兄弟，是罗斯福政策的热烈拥护者。1915 年哈得森写了一本题为《没有防卫的美国》的书，从军火商的角度大肆宣传战争，他说"美国一定要挨一顿打才能认识到自己处境的危险；如果英国人不想教训美国人，德国或日本也会抽美国一鞭子。德、日两国比较起来，更危险的

---

〔1〕《西奥多·罗斯福通讯集》，第 6 卷，第 1166 页。
〔2〕《西奥多·罗斯福通讯集》，第 4 卷，第 831—832 页。
〔3〕 同上书，第 761、1169 页。

是日本。日本人在不到一个月的时间内就能使二十五万人在美国太平洋海岸登陆，比美国把正规部队调集到这一地区进行拦击的速度要快得多"[1] 第一次世界大战结束以后，哈得森强调战争的威胁并未消除，建议由"亲戚们"即美、英、德、法、俄五国召开会议，讨论国际重大问题，强调"日本人必须排斥在外"。这里显然存在着种族论的观点。他还主张，在战争的危险没有消除以前，只有扩张军备一条道路可走。[2] 马克西姆兄弟的宣传，在美国起了很坏的影响。

美国政治和外交方面的活动家米勒德是一个坚定的对日警戒派。早在 20 世纪初年，他就指出"日本人仅仅是给本民族人民灌输狂热爱国主义精神的野心勃勃的独裁者手中的工具"。他认为西方人忠诚于理想，"但是东方人仅仅忠诚于当权者"。日本与中国的不同之处在"中国人抵制改革的地方，日本人却能紧紧地抓住"，这些情况应该引起美国人的注意。1905 年日俄《朴茨茅斯和约》签订之后，美国对日本人在"黄祸"方面的关注又开始上升，米勒德是宣传鼓动者之一。1906 年米勒德撰文宣称，"日本人在政治上保持移民政策的决心，意味着它认为必须控制自己的殖民地"，"虽然日本还弱小而不能祸害（欧洲），但它拥有煽动中国的力量。中国军队的潜能比日本大，中国可以找到大量失业的日本军官来帮助自己建立军队，日本的东亚政策威胁到了西方"。[3] 在清王朝灭亡之前，米勒德的东方危险论虽然主要是指日本，但也包含中国会为日本所用因而危险程度增加的考虑。

随着辛亥革命之后尤其是第一次世界大战初期日本出兵山东，随后又提出灭亡中国的"二十一条"，中日矛盾趋于尖锐化的态势出现，米勒德遂将日本作为唯一的"黄祸"目标加以攻击。他说"日本确实成了黄祸，毫无疑问他们可以通过武力占领整个中国"，只是由于他们担心此举会逼出一个新的欧洲联盟来，考虑到风险太大而被迫放慢扩张

〔1〕 〔美〕马克西姆：《没有防卫的美国》（H. Maxim, *Defenceless America*, London, New York and Toronto, 1915），第 100 页。

〔2〕 参见〔西德〕海因茨·哥尔维策尔：《黄祸论》（中译本），第 95—96 页。

〔3〕 〔美〕汤普森：《黄祸论》，第 216、307 页。

的速度。他分析日本的步骤必然是,首先"加固它已经拥有的占有权,悄悄地推动它在中国的利益"。他在 1914 年 8 月曾提醒中国说,"随着欧洲的卷入(世界大战),日本很可能利用这一绝好的机会重新开始对中国的侵略"。而最终,"日本人最主要的目的是控制中国",只要有机会,日本会采取与对待朝鲜同样的做法,把中国"变成自己的专属殖民地,那里的外来者完全被排斥"。米勒德认为,"中国是可以抵御日本统治的",但条件是中国不应该同时反对欧美。巴黎和会期间米勒德担任中国出席会议代表团的非官方顾问,他对中国代表说:"远东地区存在的因素使中日战争在未来几年中成为可能,这将是一个严重的危险。日本会在中国反对白种人的浪潮达到高峰时占领中国。"[1]区区一个非官方顾问之职不会使米勒德为中国的利益忧心,其真实动机还是在为欧洲尤其是美国打算。

米勒德强调日本的政策应该引起美国足够的注意。他说日本的政策虽然不仅仅是针对美国,"但日本人总是对美国的力量仔细斟酌则是毫无疑问的",而且日本人"非常清楚美国人在阻止他们在中国实现抱负的方式"。米勒德指出,"日本人的扩张是为了权力而不是为了争夺生存空间",他们野心勃勃,不仅要占领中国,还会"占据菲律宾",并"向印度支那半岛前进";在西半球,日本"会转向拉丁美洲殖民地",可能在"半个世纪内(实现)对墨西哥人的统治"。总之,米勒德认为"日本人相信自己一定能战胜美国,消灭门户开放政策和门罗主义",因此"日本永远不会和美国合作,它的贫困将会煽动而不是远离和美国的战争"。米勒德建议,美国应该"帮助中国"抵制日本。[2]

到 20 世纪 20 年代,美国加利福尼亚州排外联盟的立法代表瓦仑廷·麦克莱齐(Valentine Mcclatchy)撰写了《亚洲的德国人》《日本移民和殖民事业》《日本移民》等书,鼓吹排斥日本移民。麦克莱齐宣称,"没有通婚的同化是不切实际的,但无论日本人和美国人都不会选择

---

〔1〕　〔美〕汤普森:《黄祸论》,第 324、367、392 页。
〔2〕　同上书,第 324、380、367、392 页。

通婚"。而且他本人也"科学地认定,通婚对两个民族都有害。日本人总是日本人……即使日本政府允许,文化背景上的巨大差异也会阻碍精神同化的发生"。何况由日本政府与日本领事对移民组织的有力控制,不仅使得"日本移民在很大程度上都保持着他们的种族凝聚力",而且维持着日本政府对移民的直接影响。麦克莱齐还说,"在美国社会,日本人的高出生率决定了他们是一个在不断扩大,并且难以忍受的群体。日本人对自己国家的忠诚使得他们不希望成为好的美国公民;同时日本人爱挑衅(好战)的传统也导致他们会给其他民族带来极大的危害",并认为这实际也是另一个层面上的"劣等"和"优等"的差异问题。随着日本移民对加利福尼亚州农业生产的进一步控制,麦克莱齐等排日主义者喧嚷"日本人会迅速垄断西海岸城市的农产品供应"。

麦克莱齐还极力夸大"日本移民潜在的军事威胁"。他危言耸听,"据称在美国出生的日本人正被训练着,要求他们'为了天皇的荣誉和日本民族的利益'行使公民权"。麦克莱齐甚至表示他愿意作为"日本人正在筹划太平洋势力范围"的证人,因为"据说每当和太平洋西北中学的同学们辩论时,日本的年轻人就会威胁说:将来有一天他们要控制美国"。1922 年,麦克莱齐曾就日本的军事威胁问题再次向国会议员发出警告:日本不仅"正在试图增加在美国太平洋沿岸的人口数量",同时"在智利和秘鲁的矿山和港口,已有预谋地驻进了大规模的日本人"[1]。现在无法证实麦克莱齐的言论有几分根据几分捏造,但他当时的确靠这些激烈的排日言论而大出风头。

持有种族观点的人类学家麦迪逊·格兰特(Madison Grant)也加入了排斥中国人和日本人的合唱。他在 1924 年继续主张澳大利亚和新西兰成为"纯粹北欧人血统的社会",宣布这两地为"白种人的国家",抵制中国苦力和日本移民。1937 年他还出版了一本题为《一个大陆的征服》的小书,不仅认为白种人比黑人优越,也比黄种人优秀,主张把

---

[1]　[美]汤普森:《黄祸论》,第 232、420 页。

黄种人从北美洲排斥出去。[1]　在 20 世纪 20、30 年代的国际政治气氛中,美国学者从自己专业的"学术"圈中跳出来,插足政治和外交领域,发表各种议论,成了一种普遍现象。

---

[1]　参见〔西德〕海因茨·哥尔维策尔:《黄祸论》(中译本),第89页。

六 西方文学作品和电影中的黄种人形象

　　19 世纪后期在文学领域中一时成为风尚的世纪末情绪,在少部分文学家那里与"黄祸论"形成合流。于是黄种人形象、想象的人种战争成了少数文学作品中的题材,而主题则不外是对黄种人的丑化和对黄色"威胁"的渲染。

　　美国民间诗人布雷特·哈特(Bret Harte)早在 1870 年就产生了"白种人在衰落"的悲观,他在一首题为《忠实的詹姆斯的更多语言》的诗歌的开头和结尾说:

> 是不是我们的文明失败了,
> 还是高加索人的戏已经演完?

这种不知缘由的无病呻吟还不够,作者认为白种人文明的衰落乃是因为有了狡诈的竞争者。所以同年他又写了一首幽默的方言诗《那个邪教徒中国人》,描写一个名叫"阿新"的中国赌徒的诈骗行径,诗的结尾几行是:

> 这就是为什么我说
> (我的话通俗易懂)
> 这个中国邪教徒真叫高明,
> 他的手段别人捉摸不透,
> 他的花招诡计神出鬼没。

这一点我看得清又清[1]

显然,哈特嘲讽的不只是一个具体的生活在美国的中国赌徒,他厌恶的是全体中国人的性格,实际上反映的是当时部分美国白种人排斥中国移民的情绪。

甲午战争前后,在俄国以宗教哲学家闻名的弗拉基米尔·索洛维耶夫(Wladimir Solowjew)写了一首题为《泛蒙古主义》的诗:

> 泛蒙古主义! 可怕的字眼!
> 但我却因这个野蛮的声音为之一震,
> 这简直是上帝终于为我们
> 指示了末世命运的艰难旅程……
> 黄色人种争先恐后地武装起来,
> 他们要战斗,他们在竞争。
> 几十万几百万明晃晃的刺刀,
> 摆列在中国国境,做好了冲锋的准备。
> 以不可抗拒的撒旦一般的巨大力量,
> 人山人海,漩涡汹涌而来,
> 一片灰色,像蝗虫一样,
> 嗜血成性,贪婪而又冷酷。
> 俄罗斯,你的光荣泯灭了,
> 双头鹰在黑夜中消失,
> 黄色的面孔发出狂笑,
> 耍弄着撕碎了的旗帜的彩条。
> 多么痛苦,对你的爱和信仰再无踪影,
> 随之而来的是恐怖的法庭。
> 第三罗马化为灰烬,

---

[1]　〔美〕哈特:《散文和诗歌选集》(Bret. Harte, *The Choice Works in Prose and Verse*, London, 1903),第435、43页。

第四罗马却还没产生。[1]

看来这位宗教哲学家关心的不是中国还是日本的胜败。他关心的是"泛蒙古主义"对俄国和基督教世界的威胁。他不怀疑西方的最后胜利，但强调黄白人种之间必有一次血腥的、为时漫长的恶斗。

1900年，比利时文学家伊万·基尔金（Iwan Gilkin）发表了他的诗作《若奈斯》。"若奈斯"今译"琼纳斯"，是一个类似于先知的男子，他向欧洲宣告说，一种来自远东的运动将要灭亡欧洲，而且欧洲再也找不到像能抵抗匈奴王阿提拉和蒙古汗帖木儿一样的英雄人物。基尔金又借此谴责欧洲的社会主义者："你们要把你们自己的民主从欧洲的资本主义制度下解放出来，那你们又怎样保卫自己的民主不使它受到亚洲工人的损害呢?"[2]由此可见，"远东的威胁"成了这个文学家反对欧洲社会主义运动的理由。

比起诗歌来，"未来小说"或类似于小说的散文在传播"黄祸论"方面的影响更大。

1898年，英国人希尔（M. P. Shiel）出版了一本长达348页的传奇小说《黄祸》。主人公霍恩（此据英文 En Ho 音译）是日本贵族和清廷女性的混血儿，他具有天才的头脑，居然能够说服乃至操纵中国的李鸿章和日本的伊藤博文。经共同谋划后，已与日本订立密约的中国突然向欧洲各国通告中国愿意把领土无偿分让，如对法国让与海南岛和云南，对俄国让与扬子江流域，对德国让与胶州湾等。其实是利用这中间的利益矛盾离间欧洲列强，使它们由互相猜忌发展到兵戈相见，终于在多佛尔（Dover）海峡发生了英法两国海军战舰的冲突，欧洲出人意料地发生大乱。

小说接着写霍恩接替李鸿章当上了"首相"，公开和日本结盟，乘着欧洲战乱，开始向欧洲大举进攻。这场入侵比古代的阿提拉、中世纪

---

〔1〕　参见〔西德〕海因茨·哥尔维策尔:《黄祸论》(中译本)，第125—126页;〔日〕桥川文三:《黄祸物语》，第296—297页。

〔2〕　〔比利时〕基尔金:《若奈斯》(I. Gilkin, *Jonas*, Brüssel, 1900)，第65页。

的蒙古人入侵更可怕,几亿西欧人被杀。德皇威廉二世虽不肯向中日联军投降,但由于俾斯麦的背叛不得不流亡到英国。小说的结尾是英国出现了一个与霍恩旗鼓相当的天才儿童,他通过种种计谋和坚持不懈的努力,最后把欧洲从"黄祸"中拯救出来。[1]

值得注意的是该书出版的时间几乎完全与19世纪末列强瓜分中国的狂潮同时,这颇能反映作者观察的敏锐及其对瓜分中国可能引起欧洲国家矛盾冲突的担忧。书中写到的李鸿章、伊藤博文、德皇威廉二世、俾斯麦也均在世,对威廉二世、俾斯麦的描写也颇符合他们对"黄祸论"的态度(即德皇坚决反对所谓"黄祸"而俾斯麦表示不能赞同;不过当时李鸿章秉承慈禧的态度,倾向于联俄拒日,而小说把他写成主张联日了),除此之外则都是天方夜谭。但这本书在英国和欧洲却有一定影响,现今的日本国会图书馆里仍藏有该书,黄色的布封面,上面画着一张奇异的、不知是中国人还是日本人的面孔。

1900年正是八国联军打到天津和北京的年份,前述俄国宗教哲学家索洛维耶夫却在死去之前连续发表了著名的《三篇谈话》,它被译成多种外文而广为人知。其中第三篇《关于非基督徒的故事》就类似于小说,充分表达了他对蒙古人种在20世纪怎样入侵欧洲的想象。

索洛维耶夫称日本人未来的世界观就是泛蒙古主义,这是对泛希腊主义、泛美洲主义、泛斯拉夫主义和泛伊斯兰主义的模仿。由于欧洲的分裂,加上欧洲人要花精力抵御来自伊斯兰世界的压力,这给了日本机会。日本领导下的东亚结成一体,甚至形成"日本人同中国人、满洲人、蒙古人和西藏人融合",成为帝国主义的综合体或者一个超国家的实际的政治军事力量。

索洛维耶夫想象,在泛蒙古主义扩张的初期,上述联合体就会把法国人赶出印度支那,把英国人赶出缅甸。中期,则是在蒙古第二个神圣汗王(他出身于日本皇室,母亲却是中国人)的领导下,在中国的新疆

---

[1]　〔英〕希尔:《黄祸》(M. P. Shiel, *Yellow Danger*, London, 1898),并见桥川文三《黄祸物语》前言。

集结一支 25 万人的大军,佯装进攻印度,结果却是进攻俄国的中亚细亚,并煽动当地的非俄罗斯族居民起来暴动反对沙皇。俄国和其他欧洲列强在这一波接一波的军事打击之下,被来自东亚的占领军统治,成为神圣汗王的附庸国。此后,泛蒙古主义的统治者还组织了强大的海军,进攻澳大利亚和美洲。欧洲在被黄色人种统治的时间里,大批中国和日本的工人涌入,西方和东方的文化、制度激烈碰撞,经济和社会问题层出不穷。

但是索洛维耶夫推断黄种人对欧洲的统治不会长久。欧洲的秘密团体和支持这些团体的欧洲各国政府的长期反抗,将使占领者的子孙最终被赶出欧洲。欧洲大陆将摆脱外来压迫,组成年轻而强健的欧洲合众国联盟。[1]

日俄战争之后,有关"日美未来战争"的小说风行一时,战场被想定在太平洋或者美国本土。1907 年美国人曼森(Marsden Manson)写了一本未来幻想小说《黄祸在行动中》,他从加利福尼亚地方民族主义和美国军国主义的立场出发,描写了美国和亚洲几个国家的联合势力进行的一场战争。此后这类作品连连出现,其中略微被日本人和中国人重视的主要有两本。

一本是 1908 年在柏林出版的、一个匿名作者写的日美未来战争小说《巴拉贝拉姆》。关于这本书,据桥川文三教授所说,有小寺谦吉的抄录本,还有 1925 年的一本名叫《ばんざい!》的日译本。"巴拉贝拉姆"原为 Parabellum,有"军备万能论者"之意,是书名还是作者笔名已难判定;日文译者"尝胆生"亦无可考。

小说以日本对美国作战的胜利为开头。当时日美邦交并未断绝,然而日本不宣而战,出其不意地封锁了菲律宾的马尼拉湾。由于海中地震,美国的马尼拉守军无法同本国联系、接受指挥,他们虽然击沉了一艘装扮成商船来窥探港内情形的日本运输船,但猛烈的炮战之后,港内的美国军舰瞬间即被粉碎,整个岛上的美国人东跑西窜,极其狼狈。

---

[1]　参见〔西德〕海因茨・哥尔维策尔:《黄祸论》(中译本),第 126—127 页。

由于遍布菲岛的日本间谍的预先布置,当地土人亦奋起抗美迎日,菲律宾轻易落入日本人手中。

接着日本迅速进攻美国西海岸。由于日俄战争之后,日本移民到旧金山及西海岸诸州者已达数万人,他们伪装成劳工,其实全都是在日本国内受过正规训练的预备兵和退伍兵。一声令下,这些人有条不紊地迅速行动,先占领旧金山车站和东路铁道线,然后未遭抵抗即占领旧金山全市,太阳旗到处高高飘扬。美国总统慌忙向国会提交咨文,要求招募国民军。应募者熙熙攘攘集合之际,让美国人战栗恐惧的恶鬼似的东乡平八郎率领着庞大的日本舰队蜂拥而至。虽然美国海军力量与日本旗鼓相当,但美国当局不知出于何种分析判断,居然把海军一分为二,让一半的海军舰队转向大西洋沿岸,从而在日本舰队面前处于劣势。日本舰队气势冲天,对美国舰队实施日本特有风格的电光石火般的突击,战斗打响之际,日军的信号旗在东乡司令的旗舰上高高升起,东乡目视海天,大声宣告:"今天为神奈川事件雪耻之日。一如当年培理(Metthew Perry,一译佩里)提督用刀把敲打日本的门户,今天吾辈将粉碎(旧金山的)金门。"

金门之战以日军的大胜结束。此后两国开始谈判。由于日本提出的媾和条件过于苛刻,美国不肯接受。最后由于美国民众的坚决抵抗,日本侵略军终于被赶出美国本土。抄录此书的小寺谦吉加上了简单的批语,他断定这个德国人之所以写这本小说,无非是和德皇用"黄祸论"教唆俄罗斯一样,而这次是怂恿美国和日本对抗。[1]

还有前述曾担任孙中山军事顾问的美国人荷马·李亚,于1909年出版了题为《无知之勇》(*The Valor of Ignorance*)的书。此书无疑是先被孙中山看过,然后介绍给当时与中国革命党人过从甚密的日本人池亨吉。池亨吉以摘译加意译的方法介绍给日本人,1911年10月以《日美战争》为书名在日本出版,其后在短短的四个月里竟然重版19次,可见在日本引起了广泛的关注。而英文的《无知之勇》还有德译本,

---

〔1〕　〔日〕桥川文三:《黄祸物语》,第80—82、86—87页。

"据说德皇为让其陆海军人阅读特地购买了十几万册"。

《无知之勇》和前述荷马·李亚的另两本书《萨克逊的日子》《不列颠帝国的命运时刻》的主旨一样,认为英国与日本结盟是一个历史性的错误,只会有利于日本的侵略扩张,加快盎格鲁萨克逊人的没落;俄国虽然和日本刚打过仗,但两国却是天然的盟友,是中国的共同敌人;美、英两国必须和中国结盟,对抗俄、日。他还批评美国人对日本的崛起与侵略企图掉以轻心,丝毫没有为与日本作战作好准备,这样必然影响到美国的前途等等。严格地说,《无知之勇》不能算是小说,但又不是标准的军事评论或政治评论,只能说是类似于今天"军事文学"一类的著述。除了一些议论、分析之外,书中也有大量的战争想象场面,诸如"日美宣战后 24 小时,夏威夷的美国军队被消灭";"马尼拉不得不在三周内向日军投降";"战争开始后的五个月内,在华盛顿、俄勒冈、南加利福尼亚等地,有十七万余人的日军登陆。旧金山在被日军包围两周后,美军不得不开城投降"等等。也许正是这个原因,桥川文三教授把《无知之勇》安排在"未来战争故事流行"一节之下作了介绍。[1]

《巴拉贝拉姆》《无知之勇》之类的作品,使得"日美战争"危机广为传播,一时太平洋两岸的美国和日本的彼此警戒情绪大涨。明治 44 年 3 月 27 日的《东京日日新闻》上有时评说:"太平洋沿岸由于日美开战之说变得神经过敏,并有各种煽动之说。昨日在旧金山湾某炮台附近发生捕获三名徘徊于此的日本人旋又释放的事件。在芝加哥征招入伍兵总部,听说有命令要招募多数壮丁。开战之说正在刺激人心。"[2]但是对于上述两书中关于日军进攻马尼拉、夏威夷的想象和描写,后来目睹太平洋战争过程的桥川文三教授也说:"至少他们在军事方面的预测,几乎原封不动地在三四十年后实现",因此"令人认为,'黄祸论'这种非科学理论的预见力也不容轻视,白种人追究'黄祸'也许可以说不无所获"。[3] 显然,预测战争将在哪些国家之间发生,战争的某些过

---

〔1〕 〔日〕桥川文三:《黄祸物语》,第82—83 页。

〔2〕 同上书,第85—86 页。

〔3〕 同上书,第76 页。

程乃至结局如何,包括"黄祸论"者在内的一些人可能得出大体不错的猜测或分析,但这并不是"黄祸论"者的特长和独特发现。而且关键的是,"黄祸论"者不能正确认识战争的本质及其发生的根源,反而以人种划线,鼓吹白色人种的优越、正义,所以不应该以"非科学理论"一语轻轻带过。

"黄祸"作为西方文化集体无意识深处的对于东方的恐惧,似真似假,如梦如幻。它对西方各国经济的威胁在于中国所产商品的竞争,在于廉价劳工的源源涌入;对西方哲学和宗教的威胁则是儒学的存在和佛教的对外传播;政治上的威胁则是中国人正和其他殖民地半殖民地国家的人民一道,要争取独立自主。而在文学作品中,西方人厌恶乃至恐惧的对象就化成了野蛮、邪恶、狰狞或猥琐的人。

在西方人看来,"黄祸"在东方人与西方人冲突的事件上更能体现。义和团事件、日俄战争以及后面还将谈到的朝鲜战争、越南战争,都被他们视为"黄祸"预言的应验。所以,在义和团事件期间及其后一段时间里,西方来中国的商人、军人、外交人士和传教士的书信、报道、报告和札记、小说之类的东西,无不充斥着恐怖的"黄祸"图景;无数丑陋凶残的黄种人,头上缠着血红的布带,挥舞着大刀长矛,野兽般地嚎叫着,像海水或蝗虫般地漫山遍野地涌来,所到之处火光冲天,过后便是废墟一片。义和团和八国联军事件发生的五年之后,即 1906 年,事件发生时正在北京的英国人普特南·威尔(Putnam Weale)打算发表自己的见闻和书信,他的一个朋友告诉他,仅他自己的藏书中就有 43 种有关义和团的著作,而且这还只是英文书。

普特南·威尔说,只有在北京这座城市,才能够想象义和团的恐怖,因为这是个在历史上反复被野蛮部落杀戮涂炭的地方;从金到元,从元到清,草原游牧部落经常从黄尘四起的戈壁中涌来,烧杀抢劫之后,尸体血污成泥,房屋宫殿成尘。如今又是一个尘沙蔽日的夏天,"义和团像过去来自草原上的那些游牧部落一样,涌入这个黄尘弥漫的死亡之城。他们粗野尖厉地嚎叫着,像地狱里的恶狗(Hell Hounds),放火焚烧房屋,火光与浓烟吞噬了城市"。在西方人的笔下,鞑靼、蒙古、游牧部落、义和团、中国乃至东方,是不用加以区分的,反正都是如浪如沙的黄种人潮,他们将淹没跑到中国来"传播文明和福音的白种人"。

普特南·威尔更具体地描绘了义和团进北京时的恐怖气氛:"依旧忠于职守的帝国卫兵刚要关上城门,就听到一阵嚎叫,以前我从未听到过这么尖厉可怕的声音。……义和团第一次向我们扑来,他们穿过哈德门,从东面向使馆区逼近。他们已经肆无忌惮地烧杀抢掠了三天,几乎没有遇到任何阻力,除了我们这里的百十杆枪。义和团加上北京城里的那些流氓无赖,发现在汉人区里已经没有什么值得施暴了,大概又听说他们可以随意处置那些基督徒和欧洲人,所以他们就蜂拥扑向内城。他们发疯地嚎叫着,一阵一阵地,所有的人同时重复着两个字:杀、烧! 而且声音一波比一波大。我曾听到一大群沙皇的士兵向沙皇致敬时的吼叫如何响彻云霄,那种声音奇怪之极,但是它还不如现在义和团嚎叫的可怕。这种叫声听起来让人血液都凝固了,它凄厉、空旷,一声一声地重复,几个小时从未间断,叫声中包含着疯狂与邪恶。……我们中的妇女已经吓呆了,水手们嘟囔着,这不是战争,比战争更可怕,是但丁描写的地狱。你的直觉中已经预感到,如果这些人冲进来,他们会将我们的肉一片一片地从骨架上撕下来。夜色漆黑,宝塔与城墙上箭楼的影子,看起来也狰狞恐怖,义和团随时可能冲进来,使我们粉身碎骨。"[1]

虽然事实是义和团并没有攻入北京的使馆区和外国教堂,但普特南·威尔的文字真切地记下了他的经历和感受。而此类著作的流传,可能会使读者产生比作者的感受更为恐怖的印象。果然,后来有"一位小时候读过有关义和团事件的书籍的美国传教士,听说自己将被派到中国传教时,作了一夜噩梦"[2] 文学作品和类似著作更能影响读者,于此可见一斑。当然,还算忠实客观的普特南·威尔也描写了八国

〔1〕　周宁:《"义和团"与"傅满洲博士":二十世纪初西方的"黄祸"恐慌》,《书屋》2003年第4期。

〔2〕　〔美〕哈罗德·伊萨克斯:《美国的中国形象》,于殿利、陆日宇译,北京:时事出版社1999年版,第141页。

联军洗掠北京的恐怖,但同是恐怖,他不仅于后者着墨较少,而且更没有述及双方仇恨对立的根源,似乎战争正义与否不需考虑。

部分西方人还感到,不仅众多如蜂如蚁一般拥挤地生活在中国黄土地上的人是"黄祸",那些身无长技、而又一心想到西方发财的移民,更是直接威胁到西方世界和他们个人自身的安全。20世纪初年,西方人想象中的唐人街上的中国人总离不开古怪、邪恶和犯罪。这些中国人戴着西式礼帽,脑袋后面还垂着一根长辫子,不男不女;他们虽然也穿着上衣长裤,但看上去总像睡衣睡裤一样松松垮垮,显得不伦不类。他们用一种由刺耳的尖叫构成的古怪语言说话,聊天竟像是吵架。他们以洗衣服、开餐馆为职业,聚集在拥挤肮脏的唐人街,隐蔽地从事贩毒、赌博、卖淫等邪恶活动。他们不知道法律,只知道黑社会。……那是不可思议而又危险的人群,只以各种非法的状态生存,在那种可怕的忍耐、痛苦与屈辱的沉默中,随时都在酝酿和产生阴谋,随时都可能爆发危险。

1911年英国伦敦发生了一起据说与当地华人黑社会有关的团伙犯罪案件。流行已久的"黄祸"观念突然被这个案件具体化、形象化了。翌年英国通俗小说作家萨克斯·洛莫尔(Sax Rohmer,一译罗默)开始创作名为"傅满洲博士"的系列小说。傅满洲这个人物形象,就是20世纪中国在西方移民的"黄祸"化身。洛莫尔在回忆自己最初的创作情形时说:"我常想为什么在此之前,我没有这个灵感。到1912年,似乎一切条件都成熟了,可以为大众文化市场创造一个中国恶棍的形象。义和团暴乱引起的黄祸传言,依旧在坊间流行,不久前伦敦贫民区发生的谋杀事件,也使公众的注意力转向东方。"就是这种社会热点和通俗作家个人的意念,催生了作者笔下的傅满洲博士。1912年洛莫尔关于傅满洲的第一部小说《傅满洲博士之谜》问世,一下子就销售了上百万册,还被翻译成十几种外文,这个原先寂寂无名的通俗小说作家和他塑造的人物一举成名。

从1912年到1959年,洛莫尔一共写了《傅满洲博士之谜》《阴险的傅满洲博士》《傅满洲博士的复归》等十三部长篇小说、三部短篇小说和一部中篇小说。傅满洲博士外形瘦高、秃头,倒竖着长眉,面目阴险狰狞。他走路没有声音,举手投足都预示着阴谋与危险,又特别神通广大。洛莫尔在《阴险的傅满洲博士》一书中说:"你可以想象这个人,瘦高,耸肩,像猫一样地不声不响,行踪诡秘。长着莎士比亚式的眉毛,撒旦的面孔,秃脑壳,细长眼闪着绿光。他集所有东方人的阴谋诡计于一身,并将它们运用发挥得炉火纯青。他可以调动一个富有的政府能够调动的一切资源,而又做得神不知鬼不觉。想到这样一个邪恶的家伙,你的头脑里就会出现傅满洲博士的形象,这个形象是体现在一个人身上的'黄祸'的形象。"

洛莫尔所说的"黄祸"包括两个层面。浅显的层面是生活在西方大城市中阴暗的唐人街上的中国移民,"他们大多是恶棍罪犯。他们迫不得已离开中国,又没有在西方世界谋生的本领,就只好依靠他们随身带来的犯罪的本事"。这种近在咫尺的"黄祸",直接威胁到西方社会的安全,使西方人即使待在家中也不时感到惊恐。既深且巨的层面则是移民竟成了中国这个"黑暗帝国"意志的代表,他们不仅像"瘟疫、蝗虫"一样,悄悄地漫溢于全世界,而且要用各种办法消灭白人,征服世界,最终实现"帝国复兴大计"。所以傅满洲系列小说中的白人警官说:"我们的命运都掌握在中国人这个长不大的民族身上!一个崇拜祖先的民族,什么事都干得出来。"而小说的叙述者说得更明白:"我们经不起任何失败,否则黄色游牧部落就会吞噬整个白人世界。"所以虽然小说写的是傅满洲这个移民,他却被视为所谓"黑暗帝国"意志的体现者乃至化身。

傅满洲系列小说不仅常以中国以及亚洲的政治、宗教、文化状况为背景,而且在设计傅满洲的行为和故事的时候,作者始终在暗示1912—1959 年这四五十年间中国的政治变化和主要思想特征,甚至干脆把两者紧紧结合起来。如 1912 年出版的第一本关于傅满洲的小说《傅满洲博士之谜》就与 20 世纪初中国兴起的民族主义建国思潮紧密相关。以后这种倾向越来越明显,除了第二次世界大战期间洛莫尔暂时中断了"傅满洲的活动"之外。中华人民共和国成立和冷战开始之后,傅满洲的活动以国民党跑到了一个小岛上,"东方帝国"的土地上出现了一个共产党政权,这个政权与苏联合作、与西方对抗的政治格局为背景,在1957年出版的小说《傅满洲博士的复归》中,已经一百岁的傅满洲身体依旧健康,他与苏联合作,成为红色阵营的阴谋家。在洛莫尔的最后岁月里,中国共产党与克里姆林宫的统治者产生严重思想分歧,社会主义阵营出现分裂的征兆,敏感的洛莫尔在1959年去世前不久,发表了他的最后一部关于傅满洲的小说《傅满洲皇帝》。这部小说中的傅满洲,又成了对抗克里姆林宫中共产主义官僚和"苏联霸权"的形象,傅满洲向一个英国生物学家表示,他的任务是"消灭那些试图创造一个共产主义世界的,而只知寻欢作乐的厚颜无耻的骗子"。总之,现实背景虽然变化离奇,但傅满洲所代表的总是那个"永恒天幕下的东方帝国"。原型在想象中继续,想象则以各种隐喻的方式,表现出各个时段上西方对中国的种种欲望、猜测、焦虑和恐惧。

在洛莫尔的这些小说中,傅满洲的活动不仅有各种稀奇古怪的谋杀,诸如利用毒蛇、蝎子、狒狒等动物,或者利用高科技手法配制毒药,都明显带有所谓的"东方野蛮色彩";更有机构的组织和行动,傅满洲既依赖一个"神秘东方的最大的谜"的秘密团体——"思藩"(Sifan),又把这个团体作为超级间谍的谍报机构。他还通过这一机构与不同的组织、阵线合谋共事,后者包括狂热的宗教原教旨派别、毒品走私犯罪集团、中国传统式的秘密结社、印度绿林好汉和缅甸杀人越货团伙等等。傅满洲等人的活动地点,则包括从纽约到加勒比海,从伦敦到印度、缅甸的广大地区,但是他们与中国有紧密的联系,甚至说中国是"他们的老窝"。而傅满洲等人的目的,不仅在于实现一个个具体阶段上的各种"邪恶"计划,其最终目标是构成一个"超社会的""掌握颠覆政府甚至改变文明进程的力量",这当然会对白人国家,尤其是对曾经掌握或企图掌握世界霸权的英国和美国构成挑战和威胁。

为了说明白种人终究比黄种人更有能力,洛莫尔塑造了一个名叫丹尼斯·奈兰·史密斯(D. Nayland-Smith)的白人警官,他是傅满洲的强大对手,总是一次次地挫败了傅满洲的阴谋,显示出白种人文明的生命力。但为了证明"黄祸"并未因此而消失,洛莫尔又让傅满洲造成假象,使读者在每部作品的最后以为他死去了;而在下一部作品中,他又活灵活现地出来了,而且要策划更奇特、更险毒的计谋。要不是洛莫尔在 1959 年死去,他还会让照推算已经 100 多岁的傅满洲继续活下去,继续向白种人文明挑战,以便继续演绎由黄种人带来的千年"祸患"。洛莫尔晚年曾说:"我对中国一无所知,这使我出名。"〔1〕因"无知"、胡编乱造而"出名",这对作者本人和读者社会而言,真是一种莫大的讽刺。

比小说更有播散力的电影,更成为西方"黄祸论"者势必利用的工具。

1894 年,美国就曾拍摄过一部近半小时的无声影片《华人洗衣铺》,以闹剧的形式表现一个移民华人如何想方设法摆脱一个爱尔兰警察的追捕。此后长期展示在美国银幕上的华人移民形象,不是罪犯就是恶棍。在 20 世纪 70 年代的美国电影中,神秘的唐人街成为中国的象征:邪恶的阴谋、遮掩的窗帘、在窗口窥视的东方人的面庞、窗帘后若隐若现的身份不明的人物,刻意构成一种秘密恐怖的气氛。而影片中中国人的形象与性格,无一不是丑陋、怪诞甚至邪恶的,女人裹着小脚,男人拖着猪尾巴一样的辫子,留着长指甲,手里拿着扇子或打着伞,细眼睛似笑非笑,说话怪声怪气,脑子里诡计多端。所谓"中国风情"即"中国怪事"(Chinesey),除了月洞门、工艺精巧的小古董、女人的弓鞋和男人的大烟枪之外,就是中国人从早到晚抽鸦片,吃猫、狗、蛇、鼠之类的动物,溺死女婴,以残忍为消遣,愚昧无知,信奉一些乱七八糟的鬼神。电影中还宣传"中国的一切都是颠倒的",如男人穿长裙而女人穿长裤,左首为尊位而右首为卑位,读书是从上到下而不是从左到右,吃饭时总是最后才上汤,葬礼穿白而婚礼穿红,姓氏在前而名字在后,

---

〔1〕 以上叙述及引用文字参见周宁:《"义和团"与傅满洲博士:二十世纪初西方的"黄祸"恐慌》,《书屋》2003 年第 4 期;《西方的中国形象史研究:问题与领域》,北京:学苑出版社 2004 年版;〔美〕陶乐赛·琼斯:《美国银幕上的中国和中国人(1896—1955)》,邢祖文、列宗锟译,北京:中国电影出版社 1983 年版。

罗盘指南不指北等等，无不与西方相反。西方观众从电影中得到的印象是：中国人是一个愚昧、懒惰、狡诈、肮脏甚至凶残的劣等民族，他们从来不愿干也干不了好事。

20世纪20年代初，美国好莱坞拍摄的有关中国人和中国的电影，有两部曾为国内影评者所知。一部是《男女儿》(The Son-daughter)，一部是《阎将军的苦茗》(Bitter Tea of General Yen)。前者由一部舞台剧改编拍摄而成，"背景为三藩市唐人街。一个中国志士鉴于祖国国势日衰，将有陆沉之痛，乃将爱女售与大腹贾，得美金两万五千，为救国捐"。后者的"本事"是："但女士(Barbara Stanwych)之未婚夫在中国内地传道。迨婚期将届，但女士来华。时中国内战剧烈，为阎将军所掳，屡次逼奸，女士誓死不从。事为将军爱妾所知，愤其得新忘旧，设计通敌。将军兵败被擒，仰药死。"[1]

对于这两部影片，上海的中国影评家称之为"辱华"和"失实"。作者署名"抱寒"的文章说，"《阎将军的苦茗》在故事上而言，并无侮辱我们中国之处，不过在服饰上、化妆上，以及描摹我们中国人的举动上，总有可挑剔的地方"。对于《男女儿》，他则认为主演"雷门诺伐罗(Ramon Novarro)系好莱坞地方很看得起中国人的人。……所以我想雷门主演这张片子，不至于挖苦我们吧。况且雷门为主演此片，竟剃了一个光头，戴上一顶方顶西瓜皮帽子，我们在幽默生思上，似乎不应当过于苛求吧。即就鲁意史东(另一男主演)拖辫而论，我们二十多年以前，不是人人拖一条辫子，加上丝线，自命翩翩的公子？我看鲁意史东扮演得真不错。不过我在未看本事以前，还要保留一个判决"[2]　在抱寒先生看来，除了演员的服饰、化妆、举动有可"挑剔"之处外，这两部影片并无"挖苦""侮辱我们中国之处"，即使主演顶着西瓜皮帽子、拖着长辫，那也是因为二十多年前中国人本来就是如此装束，怪不了别人。

署名"鹏年"的作者认为抱寒的文章"略有错误"。鉴于抱寒对《阎

〔1〕　鹏年：《关于"失实"影片》，《申报》1933年2月2日，"电影专刊"第5版。
〔2〕　抱寒：《关于"辱华"影片的鸟瞰——对于"佳土"的期待》，《申报》1933年1月24日，"电影专刊"第5版。

将军的苦茗》"本事"言之不详,就称故事"无侮辱华人之处";而对《男女儿》的"内容本事尚未研究过",仅凭主演雷门"很看得起中国人"就猜测这部片子"不至于挖苦我们",鹏年遂在文章中简述了两部影片的"内容本事",认为两部影片在"辱华"和"失实"上"同出一辙",均属胡编乱造。即如《男女儿》表面上肯定爱国志士,但在实际生活中"华人卖身葬父则有之,卖女救国则未之前闻。外人心目中之中国志士,不过如此"。[1] 这正是美国人认为华人缺乏做好事的本性和能力的反映。

更恶毒地把华人形象妖魔化的,是好莱坞米高梅公司根据前述洛莫尔的小说拍摄的关于傅满洲的系列影片。从 1929 年到 1932 年,米高梅公司至少拍摄了一组以傅满洲为主角的电影。当时的宣传材料曾这样描写傅满洲:"他的手指一动就是一个威胁;他的眉梢一挑就是一个恶兆;他的斜眼一眨就是一种恐怖。"在电影海报上,傅满洲的形象高高矗立,白人男女在傅满洲的巨影下缩作一团。傅满洲的银幕形象集中了当时美国白人对东方和华人世界所有最恶劣的想象,在美国公众中影响很大。

20 世纪 30 年代初为中国人所知的第一部关于傅满洲的电影是《傅满洲的面具》(The Mask of Fu Manchu)。该影片"本事"中的傅满洲,曾经留学欧美,获有爱丁堡大学哲学博士、基督学院法学博士、哈佛大学医学博士等头衔,他却是一个才智兼备而又残酷狠毒的魔王,拥有极大的势力,党羽遍布世界各地。傅满洲与英国苏格兰侦探局的丹尼斯·奈兰·史密斯"东西斗法",双方争夺元太祖成吉思汗坟墓中的一副金面具和一把宝剑。英国人认为,如果金面具和宝剑落入傅满洲之手,这就应验了成吉思汗死前所说的"我后来必复活"一语,傅满洲必自称为成吉思汗再生,率领其野蛮军队杀入欧洲。因此史密斯抢先派遣探险家巴登爵士去蒙古戈壁寻找成吉思汗的坟墓。

傅满洲正苦于不知道成吉思汗坟墓的墓道之所在,得知知道这一秘密的巴登出马,遂指使手下党羽轻而易举地将巴登绑架到了自己的

---

[1]　鹏年:《关于"失实"影片》。

巢穴,先加以利诱,再施以种种酷刑,要巴登说出墓道之所在,但巴登始终没有吐露秘密。这时,巴登的女儿希拉得知父亲失踪,偕其情人德雷追踪而至。因为希拉曾从其父口中得知墓道所在,遂能将金面具和宝剑从成吉思汗墓中取出。但这一切逃不出傅满洲的预料和掌控,待希拉等把宝物装入大铁箱,预备运出境外时,傅满洲才出手,将希拉、德雷等一干人困住,要他们交出宝物。德雷听说傅满洲对美丽的希拉颇有非分之想,十分着急,为救巴登父女,同时也使自己脱险,打算放弃宝物。

正在傅满洲即将得手之际,史密斯从英国赶到。史密斯赶造了一把假宝剑,德雷不知就里,将那把假剑献给傅满洲。傅满洲知道成吉思汗的宝剑由百炼纯金铸成,遇见"神火"也不会损坏;而平常钢铁铸成的剑,一遇"神火"就会熔化卷曲。试验的结果,当然知道德雷所献之剑是假货。傅满洲把德雷绑了起来,一顿皮鞭将其打得死去活来,之后又将毒药注入德雷的血管,使其本性迷失,从此对傅满洲的命令服从唯谨。德雷回到住处之后,即说服希拉,瞒着史密斯,设法盗走真正的宝物,一起送到傅满洲的巢穴内。而且这时德雷因为本性迷失,对希拉已无真心,在傅满洲女儿的引诱下,两人发生了爱情。

史密斯发现希拉、德雷失踪,真宝物被盗,决定亲自出马。这时已被截去一手的巴登爵士的尸体又被掷到史密斯脚前,他感到希拉等人也濒于险境。果然等到他赶至傅满洲的巢穴时,希拉已被绑住,傅满洲正要杀她祭神。千钧一发之际,史密斯控制了傅满洲自己发明的秘密电机,用电力把傅满洲及其巢穴内的党羽一个一个地杀死,救出了希拉等人。宝物自然也就落入史密斯之手。

对于这样一部辱华影片,抱寒只是轻描淡写地说:"《傅满洲的面具》的内容外观,可以说俱臻恶劣之上乘。本事既荒谬,扮演复不伦。我可以断定这张片子,是专为美国缺少世界知识的人看的。米高梅公司为什么要这样做法,真是莫名其妙","但我们亦不能深怪他们,因为美国人民完全是一种享乐的人民。他们虽好游历,但不过游山玩水作为享乐之一端,并不是真正来费心考察人情风俗的。他们所知道的中国人的一切,不过纽约、旧金山等处的唐人街。他们从来没有和高尚的中国人士接触过,所认识的几个中国人或只是洗衣铺或杂碎馆里的低级人。这种人大抵不识体统不顾国家颜面的。"[1]显然,抱寒先生对美国摄制这部影片的用意,完全缺乏社会学、人种学及政治意义的分析,而且他自以为"高尚"、轻视下层移民的态度,非常不足取。

相比之下,署名"思瀛"的文章要深刻得多。作者说,"好莱坞各影片公司近来出产描写中国人生活情状的影片,确有风起云涌之势。其中有所谓辱华影片者,多陈意恶劣、描写失实之处。美国人观之,对于中国实况易起一种误解,而对于我国人民,即不增加其轻蔑之心,亦必视华人或东方人为一种残酷阴险之人类。吾人对此颇生愤慨",强调中国人"对于此种'辱华'影片,实不能不有所认识"。

作者首先批评说:"日本人攫取中国的东三省,所藉口者是中国治理之不良善。所以西方人攫取东方的财宝,亦有很好的藉口。他说这种财宝在东方人手里是危险的,可以扰乱世界和平的",所以西方人"必欲先探得成吉思汗古墓之所在,并取得墓中的金面具、宝剑等,就是为防止世界之大乱,维持世界之和平","而此一段故事就建筑在这种片面、不公允的观察点上",使"西方人盗取东方之财宝,却有绝大之理由"。作者讽刺说,推而广之,"恐怕西方来东方之一切考察团、探险团等,都是抱着这种'大仁大义'之心的"。至于双方"斗法"即"争取之手腕"上,也是扬西贬东,"当然西方人攫取东方财宝所用的手段,实光明正大的;而东方人保持东方固有财宝的方法,系阴谋、残酷、无人道"。作者能够抓住影片的立意和态度,高屋建瓴,直接点中要害。

作者接着批评影片表现傅满洲等"种种残酷,亦皆不一而足",其实都是东方人闻所未闻,"恐怕只有西方古时有之"的东西。诸如傅满洲对巴登使用的"钟刑","即以人缚置大钟下,使日夜不断的钟声,刺激他的耳鼓,使人狂猘而死",中国绝无此刑法。再如"傅满洲的女儿,作出恶形恶状的样子,一会去迷惑老巴登,一会去引诱希拉的情人德

---

[1] 抱寒:《关于"辱华"影片的鸟瞰——对于"佳土"的期待》。

雷",其"阴险"无耻,也非东方女性所能为。而德雷与傅满洲的女儿"发生了爱情",则是美国影片中常见的"把肉麻当有趣"的表现手法。还有傅满洲既然"万知万能","岂能任外人去其巢穴而毫无所知？并且他自己发明的秘密电机,居然能为史密斯所用而自启杀身之祸。种种不近情理之处,均足证明作者力求荒诞虚幻之后,无法收束,而借用神话中'从天而降'的神助来作一结束,真是无谓幼稚之至"。

对于这种影片出现的原因,作者分析说:"实则美国影片家用其金钱,费其脑力,制作此种影片,于人于己,两无利益,亦属无谓也,未知彼等何独出此举。若以此为娱乐之需,则殊无幽默之资料;若以足为教育之工具,则徒增人民之误解;若以之为宣传之利器,以中美邦交之友善,似亦不应出此。故除去美国影片资本家之拜金主义、惟利是图之观念外,恐无其他解法。"那么实际结局将会如何呢？作者认为"此种辱华影片","在中国市场已无立足之地",因为它会"使中国人易触其怀疑之心,或竟贸然地加以拒绝。中国影剧院对于此种影片,遂不得不过虑及审慎。因此此属影片,或将绝迹于中国市场,美国影片厂当然须忍受此一笔经济上之损失"。因此作者希望,美国影片厂商"应了解此种国际谅解与友谊之障碍,即不从经济方面着想,亦有早日祛除的必要"[1]对照作者前面颇能切中要害的分析,此处仅从经济利益、票房价值所作的解读和劝告,显然失之肤浅,或许作者是想把深刻的认识理解与策略的批评两相结合吧。

好莱坞的影片常常是美中关系的晴雨表。20 世纪 30 年代初,中国东北已沦于日本帝国主义的铁蹄之下,但当时的美国还陷在经济大萧条之中,门罗主义盛行,东方人再度被认为是抢走白人饭碗的"公敌",有关傅满洲的电影问世并莫名其妙地引起轰动,很大的原因就是出于迁怒的心理。直到中国全面抗战开始的 1937 年,中国人民的抗战事迹激起了美国公众的同情和好感,加上同年根据赛珍珠的小说改编

---

〔1〕　思瀛:《从辱华一点上说说"傅满洲的面具"》,《申报》1933 年 2 月 2、3、4 日,"电影专刊"第 5 版。

的电影《大地》(即前面抱寒先生所"期待"的《佳土》)问世,在美国电影观众中初步改变了中国人的恶劣形象,观众多达数千万。为了不冒犯观众的情感,好莱坞在其后的一部影片中安排了傅满洲的自然死亡。

　　但在 1949 年以后,美中关系恶化,好莱坞电影又密切配合美国政府的反共反华宣传,充当冷战意识形态宣传的先锋。傅满洲再度复活,且形像更加邪恶恐怖。这类影片有 1965 年上映的《不死毒王》(*Face of Fu Manchu*),1968 年上映的《傅满洲之血》(*Blood of Fu Manchu*)。最后一部是 1980 年上映的《傅满洲的奸计》(*The Fiendish Plot of Dr. Fu Manchu*),内容仍是老掉了牙的故事,而且粗制滥造,因此不仅未产生票房价值,反而激起美国华人世界的一片抗议之声。不过 70 年代末、80 年代初是美中关系的解冻期,美国家喻户晓的傅满洲已被制作者安排在影片中再次死去。或许他永远不会再度复活了吧。

七　西方社会的不同声音

从 19 世纪中期到 20 世纪前期，西方舆论在谈到中国和东亚时，除了表示恐惧，或为扩大侵略有意寻衅而喧嚷"黄祸"之外，也有不同的声音。这些不同的声音，有的表现为对中国及东方文明的称赞；有的表现为认为"黄祸论"不切实际（包括对中国及东方军事、经济力量的藐视）；有的表现为主张继续与中国贸易和使用华工，并对移民的境遇表示同情；有的在八国联军战争时期谴责西方军队的暴力与不人道；有的不同意使用"黄祸"之说，或以嘲笑的方式提出"×祸"，其中最明显的是反唇相讥的"白祸论"。本节拟依国别择取较重要的观点和议论加以介绍和分析。

德国传教士郭士立（Karl Gützlaff）对中国历史有一定研究，他对中国文明的评价比较客观，并且认为东方文明未必一定会与西方文明对立，基督教也不是白种人不能转让的"财富"。他希望中国向基督教开放，认为这样将使世界历史进入一个新的时代，而中国的政治觉醒并不是一种危险。他在著名的《中华帝国史》中说："中国变得强大起来并且以比任何其他国家更为巨大的力量对整个地球的状况发生作用的日子还没有到来；但是它一旦到来，中国就会给各民族以精神的自由，而一切政治限制就会消除，这时世界就会对这个人们一直认为是已经死亡的民族感到惊异。"[1]当然郭士立是以假定中国会实现基督教教化为前提的。在他于 1851 年死去之前，中国与西方的关系还不很紧密与

---

〔1〕〔德〕郭士立：《中华帝国史》〔（Karl. Gützlaff, *Geschichte des Chinesischen Reiches*, Hrsg. Von）K. F. Neumann，Magdeburgund Tübingen，1847〕，第 910 页。

紧张,所以他对传教的前景和中国的未来都很乐观。

　　"黄祸论"在19世纪七八十年代逐渐显出苗头,当时的主要原因是日本的工业产品开始与欧美竞争,中国也因洋务运动而开始了早期并不成功的工业化。19世纪90年代初,德国、英国和美国为此曾组织一个联合的专家代表团,到东亚考察生产和商业贸易状况,代表团的任务就是确认关于经济上的"黄祸"之说有无根据。德国经过内务部、贸易部、"工业界中央协会"和众多商会的讨论协商,派出了由有经验的工厂主和技术人员组成的德国代表团前往东亚。考察的结果,多数情况是经济界人士"竭力把'黄祸'说成是一种不实际的幻象","有关的论文大多是以一种有信心的帝国主义经济主义的精神写成的",认为日本和中国加入经济竞争不可避免,但对此"进行原则性的考虑只会有积极的效果,这样做的目的是要唤起公众对于在远东经营企业的兴趣"。[1] 即为了宣传抓住在远东巩固和扩大经济利益的机会,德国代表们乐观的结论多于悲观的看法。

　　甲午中日战争之前,在中国创办的德国人的机关报《德文新报》(1886年创办于上海),出于可以理解的原因,对中国表示同情,主张把"对于蒙古人种泛滥世界的恐惧限制在适当的程度上"。该报还以印度"开放了几个世纪但并没有把欧洲排挤出世界市场"为例,指出欧洲不应该因为东亚的工业化就产生经济悲观主义。由于该报的观点以远东经济状况的直接知识为基础,所以它在德国国内有一定影响。《德文新报》还主张重视中国与日本的差异,反对把"黄祸"当作全亚洲的现象,并说"不管在人类成为平等的人的兄弟联合以前还必然会发生多么重大的事件,人类的统一必然会实现"。[2] 德国国内出版的《德国殖民报》在1890—1894年间,曾热烈主张把中国工人输入德国殖民地如新几内亚等地。其起因固然是对黑人或巴布亚人的使用价值和受教育的可能性表示怀疑,但他们亦由此而反驳"黄祸"之说。

---

〔1〕　参见〔西德〕海因茨·哥尔维策尔:《黄祸论》(中译本),第27—28页。
〔2〕　《德文新报》(*Ostasiatische Iloyd*),20. XII,1895。

就在德皇威廉二世起草"黄祸图"并到处兜售他的"发现"的1895年以后,德国舆论中也有不表赞同甚至嘲讽的声音。德国历史学家兼政论家维尔特(Albrecht Wirth)以讽刺的笔调写道:"过去是法国人使我们热血沸腾,不久以前时而是美祸吓得我们发抖,时而又是赤色国际、黄色国际,时而是斯拉夫熊想吞食我们,时而是英国大蟒要缠死我们。自从赫雷罗(Herero)战争以来,黑祸或褐祸又流行起来了。可是我们仍然活着,享受着灿烂的阳光的照射。现在庞大的黄龙正在翻腾,看来像是一个无比巨大的彗星要遮蔽天空。但它也并不意味着终结,它喷出的毒气也不会叫我们丧命。"[1]在维尔特的思考中,美国工业化的成就和俄国的军事力量,对德国构成的威胁远比"黄祸"实际而且严重。维尔特的看法并不乏支持者,在此前后德国信奉天主教的社会活动家弗兰茨·希支(Franz Hitze)、信奉新教的社会问题作家鲁道尔夫·迈耶尔(Rudolf Meyer),还有德国工业家同盟秘书长文特兰(Wilhelm Wendtland)等,都更呼吁注意"美祸"。

德国社会民主党更一贯反对德皇的帝国主义政策,在1898年的胶州湾事件和1900年的义和团事件上,社会民主党人都反对德国对中国的远征。1898年2月3日,社会民主党领袖倍倍尔(August Bebel)在德国帝国议会上,发言谴责德国政府以保护基督为名,对中国进行武装侵略。他说"这不是什么十字军东征,也不是什么神圣的战争。这是一场彻头彻尾的掠夺战争和报复行为,是一次名副其实的暴力行为"。1900年6月19日,该党中央机关报《前进报》刊登了题为《铁拳》的社论,称赞中国人民的反侵略斗争,文章说:"如果说有所谓神圣的战争,那么,中国奋起抗击以主子姿态出现的外国剥削者的战争,正是这样一个神圣的民族战争。"社论尖锐地责问西方挑衅者和侵略者,"是谁给了外国人要求中国人放弃他们原有的信仰并强使他们信奉其教义,即同基督教列强的行为大相径庭的宗教的权利呢?是谁给了外国人瓜分

---

〔1〕〔德〕维尔特:《黄祸和斯拉夫祸》(A. Wirth, *Die gelbe und die slawische Gefahr*, Berlin, 1905),第3页。

中国人的国家并强迫他们接受外国工业品的权利呢?"文章最后认为,"中国在其维护本国领土和民族独立的斗争中,应该和布尔人一样得到一切具有政治道德的朋友的同情。如果我国青年正在东亚的战场上流血,我们当然为他们的牺牲而伤心,可是对于他们的'敌人',我们却不能不寄予同情"[1] 德国社会民主党的观点,体现出曾受到马克思、恩格斯影响的这个社会主义派别的国际正义感。

德国历史学家兼政论家希曼(Theodor Schiemann)表示不相信"黄祸"会成为事实。他以为暂时还只是潜在的伊斯兰危险更应该引起注意,当然黄种人(他未具体说是中国人还是日本人)对西伯利亚的侵略是不难想象的,但只要俄国的统治能够维持,这种侵略就不会危及欧洲,俄国人肯定不会让中国人越过乌拉尔山。希曼在《德国和世界政策》一书中说:"我们也不相信中国人会变成一个征服者的民族,这是违反好几千年的历史在这一民族的心灵中所培植起来的本能的。我们同样也不相信日本的树会长上天,这一劲头十足和精力充沛地努力向上的民族固然取得了惊人的成就,但是不能设想它会取代欧洲领导世界的资格,这个民族的理想的核心不足以为此。"[2]或许可以说希曼的不以"黄祸论"为然,在很大程度上是立足于他对白种人文明和力量的自信,甚至可以说对中国和日本不乏蔑视,但他的观点毕竟是较为冷静和接近实际的。

还有广受尊敬的德国汉学家奥托·福兰阁(Otto Franke),一向敢于提出警告,叫人们不要陷入"黄祸论"所可能导致的死胡同,不要采取冒险的亚洲政策。他认为,一个民族尤其是一个文明民族,在谈论"黄祸"时应该"不忘记那些不是以种族斗争告终的高尚使命"。如果使一种政治观念从属于白种人或西方种族的概念,并且要求起一种种族的领袖作用,那是完全错误的。"在这种情况下,如果德国想做一种在别处既不受欢迎也没有前途的思想的承担者,如果它想作为一个种

---

[1] 德国《前进报》文章译文见《近代史资料》,1957年第5期,第6—7页。

[2] 〔德〕希曼:《德国和世界政策》(T. Schiemann, *Deutschland und die grobe Politik*, 1904),第164页。

族单位(它至多在人种学理论中存在,但是政治上却是一个想象的量)的不请自来的辩护士出现,那么这看来很难说是适当的。"[1]福兰阁的话持重而有远见,他称种族单位只在人种学理论中存在,在政治上也是一种想象单位,因而文明民族不应以种族来区别界线,更不应让政治观念从属于种族概念,或者企图充当某一种族的领袖。他的剖析和警告,具有明确针对德皇的意义。

20世纪初年的德国,属于后起的帝国主义国家,作为称霸和利益瓜分的后来者,其改变现状的欲望比维护既存格局的倾向更强烈。经济学上的自由贸易论者狄采尔(Heinrich Dietzel)欢迎世界市场上出现新的竞争者,希望各民族经济的发展"均衡化",因为进入工业化的国家越多,它们从老工业国的进口也会越多。在此过程中虽然老工业国的某些工业部门的确会失去一些曾经占有的销售市场,但是在整个经济体系中会由其他工业部门销售的扩大得到补偿。交换的重点有所转移,但交换本身并未减少,反而可能会增加。他的结论是东方国家的工业化将促使西方老工业国"发生变化,促使其工业转入新的轨道,使其……出口具有另一些内容——不是缩小,而只是换了颜色"[2]。从这一思考出发,他认为不应把日本和中国的工业化看成来自东方的祸害。

狄采尔的观点颇得到经济界人士的支持。德国《社会科学杂志》的编辑尤利乌斯·沃尔夫(Julius Wolf)仔细权衡了赞同或反对狄采尔观点的各种议论后,也得出了乐观的结论:"东亚的祸害是存在的,但总的说来它给欧洲带来的是利多于害,个别工业将吃亏,其他工业由此取得的好处同前者所受的损害相当或者超过它。"持相似观点的人还认为,类似"黄祸论"的说法会对德国的经济产生令人担心的心理影响——失败主义!麦克斯·尼兹雪(Max Nitzsche)在《普鲁士年书》上写道:"我们今天谈论'黄'祸,'美洲人'祸,'斯拉夫'祸。如果这种悲

---

〔1〕　参见〔西德〕海因茨·哥尔维策尔:《黄祸论》(中译本),第216页。
〔2〕　〔德〕狄采尔:《生产资料的输出是经济自杀吗?》(H. Dietzel, *Bedeutet Export von Produktionsmitteln volkswirtschaftlichen Selbstmord*, Berlin, 1907),第56页。

观主义在较为广泛的阶层中扎下了根,那么由此当然会产生一种祸害,但这是我们自己首先制造出来的"[1] 虽然其出发点仍是基于本身利益的反对思考上的自虐,但毕竟是与"黄祸论"不同的声音。

不同的声音也有从军人中发出的。东亚骑兵团的中校威查德·冯·维拉莫维茨−穆伦道尔夫(W. V. Wilamowitz-Moellendorff)伯爵1900年参加了侵华联军,在中国的见闻与经历给他留下了深刻的印象。日俄战争之后他写了一本小书《有黄祸存在吗?》,书中揭露了欧洲军队在中国的罪行,特别是毫无顾忌地斥责了教会的弊端,认为西方传教士的不良行径是引起中国人反感和反抗的首因。维拉莫维茨还说,"政治上的黄祸是一个幻影,尤其对于德国说来并不存在"。他出于抵制俄国在欧洲大陆称霸的野心的需要,甚至称"黄种人是日耳曼人反对斯拉夫人的天然同盟者"[2] 所以他对俄国被日本打败一事说不定有几分窃喜。

还有一位德军少校弗雷德里希·冯·戈尔茨(Friedrich Von Goltz)男爵,1907年写了一本题为《从历史观点看黄祸》的书。他一方面说已经结束的日俄战争使得"关于黄祸的旧词获得了新的生命",它证实一种亚洲的统一感已开始出现,并预言亚洲人民将团结起来反对欧洲的殖民主义;但同时他更注意探讨谁会损失最大,以及对于德国会有什么影响的问题。正因为有后面的这一考虑,他得出的不是悲观而是乐观的预断:"无论如何,对于我们德国人来说,黄祸是最不能成立的。如果它来到的话,我们能以充分镇静的心情来面对它。也许它对于我们甚至是有益的,如果由于黄种人有成效的扩张努力而出现各民族的财富和力量对比中的变动的话。那时我们一定要做好准备来利用环境的有利之处。"[3] 还有一位被德国人称为"伟大军人"的柯尔马·冯·

---

〔1〕　参见〔西德〕海因茨·哥尔维策尔:《黄祸论》(中译本),第202页。

〔2〕　〔德〕维拉莫维茨:《有黄祸存在吗?》(W. V. Wilamowitz-Moellendorff, *Bestehe eine gelbe Gefahr?* Potsdam,1905),第69页。

〔3〕　〔德〕戈尔茨:《从历史观点看黄祸》(F. V. Goltz, *Die gelbe Gefahr im lichte der Geschichte*, Leipzig,1907),第115页。

戈尔茨(Colmar V. Goltz)元帅在私下的通讯中,曾对欧洲列强贪婪的殖民主义以后会遇到阻碍表示高兴,并充分地估价了日本以及可能还有中国进入"大国圈子"这一事实的世界政治意义。

总之,在德国,虽然有德皇率先大谈"黄祸",而且如同本书第二节所述,德国还充斥着把"黄祸"戏剧化的论调,但是也不乏非议甚至反对"黄祸论"的声音。这些不同的声音,除了德国社会民主党和少数人道主义者是基于国际正义之外,更多的也许是立足于对客观形势和本身利益的判断。后者多能看到实际上能够构成威胁的主要矛盾是什么,因而即使他们对长远的可能前景不能置之不理,但还是会对眼前实际存在的危险与未来可能出现的威胁作出精确的区别,并确定当前的和未来的对策。所以当时利用"黄祸论"制造惊慌的人并未能完全支配思想和舆论阵地。

在被视为抵御"黄祸"前线的俄国,也有反对甚至尖锐批判"黄祸论"的声音。声音的发出者有学者、和平主义人道主义者,而尤为深刻的是列宁。

俄国社会学家约·诺维科夫(Jakob Novicow)曾一度旅居法国,所以对法国喧嚷"黄祸"的情形有所了解。他对"黄祸论"的批驳,首先体现为对于这种莫名恐惧的根源的剖析,在1897年诺维科夫出版的《白种人的前途:当代悲观主义批判》中,指出法国人对白种人前途问题讨论得特别热烈的原因有二:一是19世纪70年代普法战争和巴黎公社运动的刺激,一是由社会心理学家古斯塔夫·勒朋提出,而为不少人接受的"拉丁民族没落论"的影响。这种悲观主义又适逢"世纪末",故恐惧和忧虑就可能制造出一个假想敌,"黄祸"不幸占据了中心位置。他说:"以往,人们总想在一出戏或一部小说的结尾处让人们从美好的事物获得胜利的方面得到舒服的感受。可是今天却要使人们产生一种痛苦和绝望的心理。今天人们只是喜欢去看事物消极的一面。似乎一切美好善良和高尚的事物必然要没落,白色种族必定要被低等种族所扼杀,野蛮和不开化最终将取得胜利。"

诺维科夫还分析了造就"黄祸论"的有关各种"科学理论",他认为种族主义的思想意识、人口论和经济学,都有部分为"黄祸论"者所用。为了反驳悲观主义和"黄祸论",他提出了"种族概念的不稳定性",与"种族的稳定性"针锋相对;提出了不要将"生理现象和社会问题混淆",以反驳有关出生率和生活水平之间有固定关系的看法。诺维科夫的驳斥对象,包括前述皮尔逊、勒朋、埃斯图内勒·德康斯坦,还有自由派政论家埃·法盖、女记者阿尔韦特·巴里纳(Arvède Barine)等多人,强调所谓"黄祸"是出于自己的恐惧心理。[1]

诺维科夫主要从白种人尤其是法国人的主观感受上探寻他们的恐惧心理,而且对造成恐惧心理的有关"科学理论"作了批驳。因而不仅反映了那个时代的社会心理,提供了一份思想史式的作品;而且让后人看到,在评判一个错综复杂的事物时,无论是肯定还是反对,都会打出"科学"的旗帜,因此他对"黄祸论"产生的社会心理和相关理论,亦用社会科学的方法作探本溯源的分析与批驳。但他很少采用历史或现实的实证,对白人恐惧的对象即黄种人本身涉及不多(这是该书主旨决定的)。而且他对于把"美好""善良""高尚"等始终与白种人相联系,而把"野蛮""不开化"归之于黄种人的观念,并未多作分析与批驳。

俄国银行家约翰·布洛赫(Johann Bloch)是个"和平主义者",海牙和平会议的推动者之一。他从大商人和经济集团的利益出发,并不否认确有"亚洲人的亚洲"呼声,甚至存在着"可怕的竞争"和"黄祸"。他在1900年出版的一本小书《论中国的现状——政治经济研究》中说,如果中国真正觉醒了,"那时候我们将突然看到英印边境问题,法国东京湾的边境问题,西伯利亚边境问题以及其他问题都出来了"。布洛赫还对事实上不可能出现的"中日同盟"感到担忧,"如果这两个黄色种族中的一个,如果不是更多的话,更好地组织起来,担负起对千百万人的领导,那么这两个黄色种族的联盟是最可怕的了。人们将会突然看到一个强国正在站起来,它掌握着无限的军事潜力,欧洲对此必

---

[1]　[法]诺维科夫:《白种人的前途,当代悲观主义批判》(J. Novicow, *l'Avenir de la race blanche. Critique du Pessimisme Contemporain*, Paris, 1897),第1、3—6、12页。

须有足够的估计。日本提供干部和组织者,中国提供人员,全世界提供经济来源。因为金钱并不懂什么爱国主义,只要付给高的利息,这个新的帝国可以获得足够的贷款"。他在书中"研究"了中国的经济发展和军事力量增强的可能性,并得出了对于欧洲国家"不利"的结论。从这个角度说,布洛赫至少也是一个"黄祸潜在"或"黄祸可能"论者。

不过在如何对待中国这个问题上,或许可以说布洛赫与那些穷凶恶极的帝国主义者稍有不同。他坚持认为,人们无法用军事的帝国主义的措施去阻止或消除来自远东的威胁,这样做只能煽动和加强这种危险。因此他警告西方国家不要在军事上、政治上和经济上逼迫中国过甚,而应该以平等的态度对待中国,当中国走在独立自主的道路上时不要妨碍它:"为了消除'黄祸',必须克服认为四亿中国人可以同一个欧洲国家一样去对待的看法,必须抛弃冒险政策和危险的幻想的政策。"[1]这就是他主张的所谓"严肃对待黄祸"的态度。所以,尽管布洛赫认为德皇在1895年表达的对"黄祸"的忧虑有一定理由,但在海牙和平会议上还是明确地谴责了德国的对华政策(德国在1898年率先强租胶州湾,因此掀起了列强瓜分中国的狂潮)。1900年夏八国联军侵华期间,他还在俄国的《综合杂志》上发表了题为《征服中国的幻想》的文章,以南非布尔人的抗英战争为例,尖锐地提出了"如果把四亿人民逼迫到绝望的地步,人们能预期他们干些什么"的问题。可见,布洛赫的思想上存在矛盾,他不否认可能会有"黄祸",主张严肃看待这个问题;不过不赞同对中国推行过于激烈的打击、遏制政策。在这方面他同本书以后将要谈到的赫德的态度相似,然而他自己强调的主张又空洞无物。

俄国大文豪、人道主义者列夫·托尔斯泰(Leo Tolstoy)是对中国文明和中国人民抱持热爱、友好态度的人士。托尔斯泰通过英、法、德、俄等文字,阅读过的有关中国的专著和译本多达数十种。他从1877年

〔1〕 〔俄〕布洛赫:《论中国的现状:政治经济研究》(J. V. Bloch, *Zur gegenwä-rtigen Lage in China. Eine politisch-wirtschaftliche studie*, Berlin, 1900),第8、25、39页。

起开始研究和翻译《老子》，从 1884 年起开始阅读和研究孔子、孟子和墨子，和波波夫（Popov）一起根据德文译出了《道德经》，自己编选出版了《中国贤人老子语录》，还写了《论老子学说的真髓》《论孔子的著作》《论〈大学〉》等文。从 1884 年到 1910 年，托尔斯泰共写出和编辑了近十种有关中国哲学的论文和著作。他在《论孔子的著作》中说："中国人是世界上最古老的民族，中国人是世界上最大的民族……中国人是世界上最爱好和平的民族，他们不想占有别人的东西，他们也不好战。"1900 年 11 月 12 日他在日记中写道："专心研究孔子，感到很好。吸取精神方面的力量。"[1]托尔斯泰赞赏孔子的"仁""恕""己所不欲，勿施于人"；赞赏孟子的"良知"；赞赏佛教的献身与泛爱和墨子的"兼爱""非攻"；尤其高度评价老子的"道"和"无为"。因为这些与他的人道主义、和平主义、重农倾向及"不以暴力抵抗邪恶"的主张相近。

所以，当德皇威廉二世炮制出那幅"黄祸图"不久，托尔斯泰就发表评论，称其为"我们时代最可笑的人物之一"和"特别爱国者"，并且说德皇的"爱国主义"是"粗鄙的、异端的"，"已落后于时代一千八百年"。正是这种爱国主义"越来越激怒这些爱好和平的国家（指中国等东方国家），并且教给了它们爱国主义和战争，现在更大大地激怒了它们"。托尔斯泰警告那些帝国主义者说："如果日本和中国像我们忘记了基督的教导那样，把释迦和孔子的教导忘得一干二净，那么他们很快就能学会杀人的艺术。他们都无所畏惧、敏捷灵巧、健壮有力、人口众多，不可避免地很快即将像欧洲各国改变着非洲那样来改变欧洲各国，如果欧洲不发明出某些比枪炮和爱迪生的发明更强有力的东西的话。"[2]

1900 年 8 月 8 日，正值八国联军进攻京津期间，托尔斯泰写下了著名的文章《不可杀人》。此文的大部分内容是反对使用暴力，批评

〔1〕 转引自戈宝权：《托尔斯泰与中国》，《托尔斯泰研究论文集》，上海：上海译文出版社 1983 年版，第 8—9 页。
〔2〕 吕浦、张振鹍等编译：《黄祸论历史资料选辑》，第 128 页。

"以眼还眼，以牙还牙"，谴责操人之生杀大权的"帝王将相们"利用政变、刑罚杀人，特别是"使成千上万的人惨死战场"；甚至也反对被压迫者的起而反抗杀死君主和官吏，认为这种行动虽然"可以理解"，却又是"缺乏理智"的。托尔斯泰称后者为"白费力气"，因为"帝王们早已为自己建立了这样一种制度，犹如市场上出售的玩具手枪，当一颗子弹射出去之后，另一颗子弹立刻跳入空弹槽内"，所以"人民的苦难不是由个别人造成的，而是由社会制度造成的"。不能说托尔斯泰的思想不深刻，但是他"不以暴力抵抗邪恶"的主张并不能解决制度问题。

当然托尔斯泰在这篇文章中也谴责了德皇和沙皇。他说，"象德国威廉皇帝那样愚蠢、粗鲁、虚荣，以容克地主为理想的人，脑袋里能装什么？当然只有愚蠢龌龊的东西"，"他如果说德国军队在中国作战不要留下俘虏，而要统统杀掉"，就该把他送进疯人院。托尔斯泰还指出，"尼古拉二世一方面提出一个幼稚愚蠢、也十分虚伪的全面和平倡议，另一方面又下令扩军……还下令屠杀中国人，犯下了跟他的和平倡议完全背道而驰的骇人听闻的罪行"。托尔斯泰对德、俄两国最高统治者的直言不讳的谴责，体现出他无与伦比的道德勇气。

托尔斯泰在谴责德皇和沙皇的同时，还进而追问，对于德皇，人们不仅"不会把皇帝送进疯人院，而仍会高呼万岁，并且大批地涌到中国去执行他的指示"；对于沙皇，人们也是"对他大肆吹捧""喝彩""赞扬进军的胜利"，这说明什么问题呢？他认为"真正的罪魁祸首是拥戴他们当皇帝，同意他们可以拥有生杀大权的人"，更有"产生了他们的各国社会制度"，而"支持各国现存制度的是人们的自私自利之心"。托尔斯泰的谴责包含了君主、将军、官吏，尤其是不合理的现存制度，但是他把问题归结到人心的时候，无疑也包括了"受到爱国主义和伪宗教教育的蒙蔽"，"为了谋取一点私利"而"牺牲了自己的自由和人格"的普通人。所以他提出的问题解决之道，即"消除压迫人的现象"，"结束不需要的战争"的根本方法就是"正告"各国统治者，"你们自己就是杀人凶手"，"不许他们杀人，拒绝执行他们的杀人命令"；同时大家都从各国政府施行的"催眠术"中"清醒过来"，"停止互相残杀"。很明显，托尔斯泰谴责欧洲帝国主义国家的统治者及其集团为杀人的罪魁祸首,并深入批判当时各国的社会制度,批评一般人被所谓爱国主义与伪宗教教育所蒙蔽,为了满足自己的"权势欲""虚荣心"和"一点小小的物质利益",[1]就丧失理智和良知,牺牲自己的自由和人格,不仅无条件地支持政府的掠夺和战争政策,而且听从号令去残忍地杀人,这些都是值得敬佩的见解。但是他主张依靠人们的自我觉悟,停止互相残杀,恐怕与佛家的"放下屠刀,立地成佛"的幻想与自欺没有什么区别。

1872 年出生于江苏的张庆桐,于 1896 年入北京同文馆学习俄语,1899 年被同文馆派到俄国圣彼得堡的法政大学留学。1905 年 12 月 1 日他给托尔斯泰写了一封表示敬意的信,并赠送他和俄国东方学者沃兹涅森斯基(Andrey Andreyevich Voznesensky)合译的梁启超的著作《李鸿章传》(亦名《中国四十年来大事记》),请托尔斯泰教正。托尔斯泰于同年 12 月 4 日写了《致张庆桐》的回信。张庆桐回国后任清廷驻恰克图都护副使,1912 年他出版了《俄游述感》一书,书中载有托尔斯泰回信的译文。[2]

托尔斯泰在信中表示,他"相当熟悉中国的宗教学说和哲学","墨翟的学说,更特别使我为之惊佩","我对于中国人民向来怀有深厚的敬意"。他还具体说道"中国常常被人责备为顽固保守,如果把它同基督教世界得到的一些结果相比较,它比基督教世界所处的充满仇恨、刺激和永不停止的斗争的情形要好上千百倍"。他认为"在俄国和中国两大民族之间,有一种内在的精神上的联系,他们必须手携手地并肩前进"。总之托尔斯泰诚恳地表达了赞赏中国文明精神,希望俄中人民携手前进的良好愿望。

但是托尔斯泰表达的另外一些看法,显然重犯了他在《不可杀人》中出现的错误。例如在 1904 年发生的日俄战争中,中国宣布中立,让自己的东北领土成为日俄两军的战场,托尔斯泰却说"中国人民建立

---

〔1〕 〔俄〕托尔斯泰:《不可杀人》,章海陵译,载《列夫·托尔斯泰文集》第 15 卷《政论　宗教论著》,北京:人民文学出版社 1989 年版,第 461—467 页。

〔2〕 关于张庆桐及其与托尔斯泰这段文字缘的考订,见前引戈宝权《托尔斯泰与中国》一文。

了极大的功勋,在这种功勋面前,不仅日本人的胜利变得微不足道,而且把俄国和日本政府的全部狂妄与残暴的丑态也真实地照亮出来"。而中国人的"功勋"本身,竟是"在于指出了人民的高尚美德并不在于暴力和杀人,却在于不管一切的刺激、侮辱与灾难,远远避开一切的怨恨,宁愿忍受加于它的一切暴力,而能坚持到底的忍耐的精神"。把屈辱当作功勋,恐怕再有忍耐精神的人也不能苟同。

同时,托尔斯泰虽然承认"改革就意味着成长、发展、完善,是不能不表示同情的",但他认为如果只是"模仿"或把西方的"一些形式"引进中国,"那将是一个最大的和致命的错误"。他强调中国人"应该发展自己的精神力量,而不是追求技术上的完善。精神上的力量被歪曲了,技术上的完善只会起破坏作用",他希望中国"不要走日本的道路","改革必须从一个民族的本质中生长出来,而且应该是一些新的,同其他民族完全不相象的形式"[1]。从理论上说,托尔斯泰的这些话不仅没有错误,甚至还很深刻;但是联系地看他的相关文章,就可知道托尔斯泰所说的中国人的精神力量就是不以暴力反抗的忍辱负重,所谓不应追求的技术完善就是不要工业化,继续维持个体农民的生产方式和乡村文明。如此一来,中国人民将会永远沦为中外反动统治者的奴隶。

托尔斯泰与中国的联系还体现在他所写的《给一个中国人的信》,此事的原委如下:日俄战争结束以后,中国的保守主义者辜鸿铭于1904 年 11 月写出长文《当今帝王们,请深思:论日俄战争道义上的原因》,同年 12 月 10 日起在《日本邮报》上以日文连载。1906 年初由上海墨丘利(Mercury)公司出版英文单行本。1906 年 3 月,辜鸿铭通过俄国驻上海总领事将此单行本与他在 1901 年出版的另一本英文著作《尊王篇》寄给托尔斯泰。托尔斯泰收到后,于同年 8 月回赠了自己若干著作的英译本,又在同年 9 月给辜鸿铭写了一封长信,此信于同年年

---

〔1〕〔俄〕托尔斯泰:《致张庆桐》,戈宝权译,载《列夫·托尔斯泰文集》第 16 卷《书信》,北京:人民文学出版社 1992 年版,第 325—326 页。

底刊登于德国的《新自由报》和法国的《欧罗巴邮报》,题目就是《给一个中国人的信》,不久还出版了此信的俄文单行本。

托尔斯泰来信到1928年为止至少就有三个中文译本。一是连载于无政府主义者刘师培在日本创办的《天义报》(1907年第16、17、18、19期)上,可能是通过日文译出的,此时距原信的写作时间刚刚一年。刘师培选刊此文显然是欣赏托尔斯泰信中的无政府主义观点。二是刊登于《东方杂志》第8卷第1号(1911年农历二月二十五日出版),此时距原信写作时间已5年,中国国内的立宪运动和革命运动已形成高潮,清王朝的统治摇摇欲坠。而这次的译者很可能就是辜鸿铭本人,故译文中特别突出了批评中国当时的改革派的文字。三是刊于《东方杂志》第25卷第19号(1928年10月10日出版)上署名"味荔"译自《世界周刊》第13期的译文,译文已全用白话。此后也许还有别的译本,但最准确可靠的,还是最晚出的由朱春荣翻译、载于《列夫·托尔斯泰文集》第15卷《政论　宗教论著》的译本。因为这个译本是直接根据俄国为纪念托尔斯泰百年诞辰而出版的《托尔斯泰全集》第36卷原文,其篇幅是前述根据外文报刊而译出的中文的两倍多。

不过这封回信虽然很长,其要旨不外两点。一是对中国人民表示真挚的同情和友爱。托尔斯泰说,"爱好和平"的中国人正在遭受"欧洲人,其中在很大程度上是俄国人"的"不道德的、极端自私的、贪得无厌的暴行"的侵犯,中国"处在国家没有军队的状态之中,而又为不能过独立生活的军事强国所包围,于是不可避免地会遭受掠夺和侵占",因此,"中国人民过去经历过,现在仍在经历着的折磨是巨大的和艰难的"。他谴责欧洲侵略者,称"粗野的、自私的、只过着兽性生活的人总是这样,与中国发生关系的欧洲民族正是如此",并且尖锐地指出,西方民族的"整个生活完全建筑在必须用暴力和狡诈从还过着合理的、农耕生活的中国、印度、俄国和其他国家为自己攫取生活资料之上",故称之为"寄生民族"。托尔斯泰还谈到中国自身的问题,说"中国同样感觉到了专制政权的危害",政府对人民有诸多的"不合理要求","官吏们的淫威"使人民遭受"奴役和掠夺"。所以无论从外部关系还是从内部关系来看,都需要来一个"伟大的转变"。这个"转变"在托尔斯泰看来,就是"中国、波斯、土耳其、印度、俄国,可能的话还有日本等东方民族"争取"实现自由",而"中国应该在领导东方民族中发挥伟大的作用",并"给各民族指明那条通往自由的真正道路"。他对中国文明精神的示范作用寄予了很大的期望。

其二,托尔斯泰继续表示,中国"千万不能效法"西方国家,如"制定宪法"、"保护关税"、组织"常备军队"、实行工业化而"抛弃农业"等等,尤其不要失去"忍耐","按照欧洲人的样子武装起来","用武力抗击欧洲民族所施加的暴行"。他认为这些选择或决定"不但是轻率的和非常愚蠢的,而且完全不符合聪明的中国人民的本性";中国人应该继续过着"明智的、爱好和平的、农耕的生活"。托尔斯泰强调,中国人只要"遵循自己的三大宗教教义(孔教、道教、佛教三者的教义一致,都是要摆脱一切人的权力,己所不欲、勿施于人,克己、忍让、爱一切人及一切生灵——原注),他们现在所遭受的一切灾难便会自行消亡,任何力量都不能战胜他们"。除了坚持三大宗教的教义之外,他还具体谈到了在他人看来是消极的不合作的斗争方式,"只要你们不服从自己的政府,在别的民族向你们施加暴力时不协助他们的政权,不到私人的、国家的、军队的机构中去为他们服务,就不会有你们正遭受的一切灾难"[1]。

显然,就托尔斯泰的第二个要旨而论,它不可能为中国人民争取自由的道路指明正确的方向。相反,如果中国人不学习西方文明,不走科学、民主、法制和工业化之路,中国会永远停滞于农耕的、专制的、贫弱落后的社会发展阶段;如果中国人一味忍耐,不与中外反动势力作猛烈的持久的斗争,中国人就只能永远沦为奴隶。而且古今中外的历史证明,几乎没有一个反动统治集团或落后的社会制度会因为人民的"忍耐"而自行崩溃,也没有任何受压迫的阶层或民族会因"忍耐"而得到

---

〔1〕〔俄〕托尔斯泰:《给一个中国人的信》,朱春荣译,载《列夫·托尔斯泰文集》第15卷《政论　宗教论著》,北京:人民文学出版社1989年版,第519—529页。

解放和自由。所以托尔斯泰对中国人民和俄国人民开出的药方绝非良药，甚至称其为"麻醉药"也不为过。但是托尔斯泰谴责俄国和其他欧洲国家借口"黄祸"对中国发动侵略，点名道姓批评德皇和俄皇；赞赏中国文明精神，尤其是一再肯定中国人爱好和平的本性，是对"黄祸论"的有力反驳，当时曾产生很强烈的影响。

最深刻地剖析俄国与欧洲列强政府的本质，谴责帝国主义强盗的罪行，对中国人民表达最真挚的情意，从而有力地批驳"黄祸论"谰言的，仍然是苏俄的缔造者列宁。1900年12月，列宁在俄共的《火星报》第1号上发表了《对华战争》一文，以国际主义立场和马克思主义的观点，驳斥了帝国主义者的种种谬论，肯定了中国人民反抗斗争的正义性，表达了社会主义者对民族解放运动的支持。

列宁首先辛辣地嘲讽了俄国的"黄祸论"闹剧图景："目前在报刊上大肆攻击中国人，叫嚣黄种人野蛮，仇视文明，俄国负有开导的使命，还说什么俄国士兵去打仗是如何兴高采烈，如此等等。向政府和大财主摇尾乞怜的记者们，拼命在人民中间煽风点火，挑起对中国的仇恨，手都写肿了。"帝国主义强盗疯狂镇压中国人民，"主战派却硬说这是由于'黄种人敌视白种人'，'中国人仇视欧洲文化和文明引起的'"，列宁认为这是贼喊捉贼。

文章对中国人民的苦难作了概括，"中国人民从来也没有压迫过俄国人民，中国人民也遭到俄国人民所遭到的那种苦难，他们遭受到向饥饿农民横征暴敛和用武力压制自由愿望的亚洲式政府的压迫，遭受到侵入中国的资本的压迫"。列宁进而指出，现在，列强已不满足于对中国实行一般意义的"资本的压迫"了，"欧洲各国政府（最先恐怕是俄国政府）已经开始瓜分中国了。不过它们在开始时不是公开瓜分的，而是像贼那样偷偷摸摸进行的。它们盗窃中国，就像盗窃死人的财物一样，一旦这个假死人试图反抗，它们就像野兽一样猛扑到他身上。它们杀人放火，把村庄烧光，把老百姓驱入黑龙江中活活淹死，枪杀和刺死手无寸铁的居民和他们的妻子儿女"，中国人民的苦难真是到了极点。列宁还分析了俄国政府为什么喧嚷"黄祸"，并如此凶残地对待中国人的原因,他说沙皇政府是一个"只靠刺刀才能维持的政府",在这样的政府统治下,俄国"人民的不满是无法消除的",政府"必须设法把这种对政府的不满转移到别人身上去"。列宁谴责"沙皇政府在中国的政策是一种犯罪的政策"。

列宁以活生生的事实和阶级观点支持中国人民的反抗斗争,"中国人民并不是憎恶欧洲人民,因为他们之间并无冲突,他们是憎恶欧洲资本家和唯资本家之命是从的欧洲各国政府。那些到中国来只是为了大发横财的人,那些利用自己的所谓文明来进行欺骗、掠夺和镇压的人,那些为了取得贩卖毒害人民的鸦片的权利而同中国作战的人,那些用传教的鬼话来掩盖掠夺政策的人,中国人难道能不痛恨他们吗?"[1]列宁的文章逻辑严密,爱憎分明,对"黄祸论"的批驳深刻有力,切中要害。更重要的是列宁与其他人对"黄祸论"的批驳有明显区别,他力求把种族和文化上表现出来的问题归结到社会政治的根本原因上去,而不是从人种优劣、文明高下、道德标准以及什么东西方冲突等等来理解。

在法国和比利时,不附议"黄祸论"的声音亦不弱。地理学家埃利赛·雷克吕斯(Elisée Réclus)希望尽快实现世界范围内的经济发展平衡和文明交融,并且在他的《新世纪地理》中描绘了这种新的图景。他说:"从中国和日本对欧洲列强的关系来看,无论这两国的政治和军事的命运趋向如何,有一点是肯定的,即东西方的各国人民将来是互相提携的。通过生活资料和贸易物资的互通有无,通过文明的白种人到亚洲去旅行,中国人和日本人到欧美去旅行,通过人口的迁进和迁出。各种文化会相互渗透,自由贸易会顺利进行,而用大炮不能达到的目的将会通过一种完全不同的、极为有效的方式来达到。那些政治界限、不同的语言、不同的传统、不同的风俗习惯和法律阻碍不了双方相互接近。……随着外在的变化,心理变化也随之产生,就如贸易一般,人们的观念也互相交流,东方人和西方人达到了相互了解的地步,于是他们了解到双方的共同点在哪里。他们会认识到世界太狭小了,各民族的

〔1〕　列宁:《对华战争》,《列宁选集》第1卷,北京:人民出版社2012年版,第278—282页。

文化怎么能在地理界限明显划分的地区内孤立地发展呢？他们必须溶汇成一个更高度的文化。……中国人置身于这两个欧洲（指欧洲和新欧洲即北美）之间，置身于这两个新的大陆之间，于是同样的榜样、同样的思想涌向中国。这股不断的洪流越过大陆和海洋，从一个民族涌向另一个民族，漫遍我们居住的星球。"当然他在这里依然认为欧洲人比亚洲人文明，所谓文化融会显然是以白种人的文化为中心，但这在那个时代的西方人当中，恐怕是一种普遍观点。

雷克吕斯批驳了"东方人的思想是死的"，中国人拒绝西方文明的论调。他说："今天世界上所有国家内，社会分成两个部分，一部分人使自己不断革新；而当这一部分人为了改善本身的生活条件而进行劳动的时候，另一部分人由于害怕未来而遁入旧的传统中去了。中国……那些捍卫过时了的习惯的忠实的卫士们都想从以往的几世纪中寻求他们的黄金时代。然而就在他们的统治底下活动着一个生气蓬勃的社会阶层，这些人敢于投入探求未知事物的冒险行动中去。……今天对东方民族的下层群众而言，他们的主要任务不仅是从欧洲文化中学会一些化学公式和工业上的操作规程，而且要获取人类文化的新面貌。他们必须致力于寻找一种新的理想，这些都是关系到他们能否生存的问题。"[1]雷克吕斯不仅认为东方学习西方是必然的历史趋势，体现出了西方文明优越论，而且回避了西方对东方的扩张和侵略。他只是不同意那些主张用孤立和隔绝的办法防止"黄祸"的意见。从这个角度出发，他认为德国的拉采尔、里希特霍芬（F. D. W. Richthofen）等人的"黄祸论"至多也只是一种臆测。

还有一些人则因为感到另有真正的威胁而不同意鼓吹"黄祸"。针对19世纪80年代西欧流行"美祸"之说，法国作家伏盖（E. M. de Vogüé）1884年访问俄国时，发现了"东方的美国"即俄国正在实现工业化，认为不久西欧就会面临俄国的经济威胁。于是他强调，法国人只留

---

[1]　〔法〕雷克吕斯：《新世纪地理》(Elisé Réclus, *Nouvelle Géographie Universelle*, Ⅶ, Paris, 1882)，第14—15、17—18页。

心"美祸"是不够的,人们还必须考虑到俄国,"我们父辈的幻象即哥萨克的入侵,我们是逃避不了的,只是它以现代的形式——农业和工业的压迫——出现"[1]伏盖只是因为更重视"美祸"和"俄祸"而不附议"黄祸"而已。

比利时驻日本领事路易·施特劳斯(Louis Straus)则是从生产、贸易和消费的关系的角度认为所谓"黄祸"没有根据。他说,如果未来生产率和劳动效力提高,所有地区都会同时繁荣起来,自然淘汰的普遍法则一起作用,也就不会必然产生过去那样残酷的争夺。以后的竞争将以文明的形式进行,必然遵循人类道德的原则,出现人类的互助,这样就会提高生产力。而生产力的提高反过来会使所有的人受益,财富增加,贸易发展,促使每个国家去兴办能获取更大利润的工业。一个民族的工业部门愈发展,世界财富就愈丰富,通过国际贸易对其他民族的物质福利的贡献就愈大。他强调,提高劳动效率是以改进普遍的物质福利和增加工资为前提的。工厂开得多,居民的生活状况就改善得快,消费也会迅速提高,这三者的增长成正比。因此,先进国家应向正在工业化的国家提供工具(指资金、技术、设备),满足这些国家新出现的需要。先进国家的某些劳动部门会从这种需求中获益,这些行业的工人也能提高自己的消费量,所有的人都能从后进国家的工业化中得到好处。[2]简言之,施特劳斯是以乐观的眼光看待远东的工业化,从而否定"工业黄祸"的。

法国内阁官员兼殖民地理论家路易·维涅翁(Louis Vignon)也不赞成"黄祸论",他在1897年的法国《政治》杂志上发表了题为《黄祸》的文章,对"黄祸论"的所谓依据逐条加以驳斥,但重点也是放在远东的工业化会带来什么这一点上。维涅翁批驳了挣五法郎的欧洲工人会因为感到没有前途而反对挣五苏(五分钱)的东方工人。他认为关于远东工人工资的报道绝大部分不可靠,而且尽管黄种工人的工作能力

---

〔1〕〔法〕伏盖:《回忆和预见》(E. M. de. Vogüé, *Souvenirs et visions*, Paris, 1887),第226页。
〔2〕参见〔西德〕海因茨·哥尔维策尔:《黄祸论》(中译本),第151—152页。

远远低于欧美工人,但如果能受到更好的训练,他们的需求肯定会提高。维涅翁举出一些证据,反驳"远东没有罢工,劳动工时更长,没有工会组织"的说法,预言亚洲的工业和社会状况会变得越来越同欧洲相似。至于中国产品和欧洲产品的竞争问题,维涅翁也举出富有说服力的例子,说明远东的需要越来越多,欧洲的生产和贸易就能从中获取更多利润。所以他说,远东加入世界经济行列这一历史性的事实,不会使得西方的老牌工业国在经济上丧失竞争力,"对我们来说,'黄祸'并不吓人。实际情况是,尽管局部地区发生危机,尽管暂时有困难,开发新市场会提高老地区的物质福利;因为不但生产了新的产品,而且同时出现了新的消费阶层。生产增加,消费也随之增加。如果贸易额增加了,这将为我们星球上所有的人带来更大的利益"。

维涅翁嘲笑那些被"黄祸论"弄得昏头昏脑的人,说他们希望逃避经济竞争的普遍法则而主张封锁和隔绝政策,称"在统一地球的运动中会出现这样一个新阶段,现在这个统一运动正在使人类行动起来。直到今天为止地球割裂成很多地区,这些地区被高墙互相隔绝。尽管关税保护政策起着阻碍作用,但总有一天各处的高墙会在同一时刻倒塌下来,于是人们朝着国际间的相互提携的方向靠拢,因为每个民族至少在经济上对所有其他民族是有所依赖的"〔1〕维涅翁承认在全球统一的远景实现之前会有危机和困难,但这些困难和危险不能归罪为"黄祸"。法国经济政策家兼评论家亨利·伯拉尼埃(Henri Brenier)赞同维涅翁的见解,1898年他在巴黎出版的《政治科学年鉴》上发表意见时,给自己的文章命名为《黄色幻象》。

法国探险家兼作家马赛尔·莫尼埃(Marcel Monnier)也认为"黄祸论"是一种杜撰。他在自己的《亚洲纪行·中国》一书中说:"从中国人具有无可否认的优点这一点,并不能得出他们在经济领域内就一定会是优越的、进攻性的这样的结论。他们在这方面缺乏原动力、经营事

---

〔1〕〔法〕维涅翁:《黄祸》(Louis Vignon, *Le Péril Jaune*),载 *Revue Politique*,14,1897;参见〔西德〕海因茨·哥尔维策尔:《黄祸论》(中译本),第152—153 页。

业的头脑、首倡的精神。首先他们是故步自封的人,从不考虑将来,在
最小的生活细节上都要从死去的人遗留下来的典范中寻找先例。"[1]
在日本东京大学担任法学教授的法国人亨利·杜摩拉(Henri Dumo-
lar)谈到日本的情况时则认为,欧洲人和美国人可以放心。日本经济
的积极因素只是廉价的劳动和模仿的才干。由于缺乏资本,由于恶劣
的经营风气,由于产品质量低劣,由于技术上的缺陷,日本经济有很多
消极因素。[2] 上述两人均从经济问题的角度强调西方国家的优势,虽
然对当时的中日两国流露出一定程度的轻视,但其言论的目的仍是在
批驳经济上的"黄祸论"。

　　著名的法国作家阿那托尔·法郎士(Anatole France)于1904年在
《人道报》上发表了一部题为《在白色的石头上》的小说。小说写的是
几个法国人和一个意大利人在罗马的谈话,讨论当时的日俄战争、殖民
主义政策以及展望未来等,中间穿插着许多故事和法郎士的评论。

　　小说借其中一个人物之口对欧洲殖民主义者在中国犯下的罪行进
行谴责:"在我们这个时代里,信仰基督教的民族已经形成一种习惯。
他们习惯于一当自己在中国建立的秩序遭到破坏时,就共同地或单独
地向那么大的中国出兵,通过抢劫和房掠、杀人放火来恢复秩序。这些
民族已习惯于用枪炮对这个国家进行'和平'渗透。而中国人反应迟
钝,不抵抗或是抵抗不力,所以人们就能轻而易举地'屠杀'他们。"小
说表达了持有同情中国人的立场和态度。

　　话题转到日俄战争,谈话者都认为俄国人在日本海和中国东北所
丧失的,不仅是俄国贪婪凶残的东方政策,而且意味着全欧洲的殖民政
策吃了一次败仗。法郎士认为,即使有"黄祸",也应归咎于白种人自
身,"并不是黄种人跑来袭击白种人,而是黄种人多年来就懂得'白祸'
了。……'白祸'制造了'黄祸'。日本这个欧洲人在中国的义务帮凶,

―――――――――

[1] 〔法〕莫尼埃:《亚洲纪行·中国》(M. Monnier, *Ie Tourd' Asie. l'Empire du Milieu*, Paris,
1899),第 359 页。

[2] 〔法〕杜摩拉:《日本的政治、经济和社会透视》(H. Dumolard, *Le Japan Politique*, *economique
étsocial*, Paris, 1903),第 135—165 页。

在这次战争中倒给中国报了仇,它成了黄种人的希望"。

法郎士认为,日本的胜利确实造成了世界格局的变化,给欧洲人造成了心理上的恐惧。他说"日本和被日本重新振作起来的中国会在世界市场上和我们竞争。这种竞争的方式是残酷可怕的和异乎寻常的。我们的经济学家一想到它就会毛发悚然",因为"害怕日本人","许多欧洲人认为有理由要求把日本人和中国人消灭掉"。

法郎士显然认为这种恐惧和仇恨过了头。他以为,如果日本能使白种人不再小看黄种人,那就是替人类做了一件好事,并为把世界建成一个"不那么安宁的集体"作了准备。为了全人类的利益,欧洲人应该盼望而不是害怕强盛的日本来提携中国。因为"只要所有的民族都强盛了,他们就会争取和睦共处,互相竞赛开发世界上的资源财富。像土耳其和中国这样弱的民族往往是不安和危险的根源"。法郎士的人类和平观可说是很独特,他认为要结束战争和殖民主义,不能寄希望于战争狂人和殖民主义者的道德上的向善,而只能依靠各个民族国家都强盛而实现力量均衡。

法郎士始终认为殖民主义不"合法",称其为"野蛮的最新形式"和西方"文明的寿终正寝"的标志。他批评奉行殖民主义政策的政府是"利用征讨殖民地人民的办法,来讨好陆军和海军,来讨好工厂主、牧师和传教士,用一个黄种人或是黑种人国家的财富去讨这批人的欢心"。他是一个彻底的人本主义者,认为"人类最宝贵的物质是人本身,谁想正确地估计地球的价值,必须首先重视人的价值。地球上的土地、矿藏、水力以及一切物质和力量都需要人、人类、所有的人去开发"。也为此而主张一切人种、民族之间的平等与和平,"白种人、黑人和黄种人共同努力,才能把地球上的财富全部开发出来。如果我们去观察推动人类社会的潮流,就会发现这种迹象,使用暴力的时代必然会结束"[1]。

———————————

[1] 〔法〕法郎士:《插图本全集》(A. France, *Oeuvres Complètes Illustrées*, Paris O. J.),第 13 卷,第 476—500 页。

《在白色的石头上》问世不久,就受到日本人的关注,因为小说讲到日俄战争,并希望日本"提携"中国,但同时没有忽略日本曾经侵略中国和朝鲜的事实,对日本以后的态度存有疑虑。这虽然是十分晦涩的预言,但是有些日本人显然明白了。1906 年日本文学家德富苏峰在《胜利的悲哀》一文中就说,日本战胜俄国之后,一方面是白种人的嫉妒、猜忌与不安大增,另一方面是其他有色人种亦闻风而动,日本"立于此两间,欲如何作为? 如一步失当,胜利即变为亡国之端,并成为世界空前人种大战乱之因"。七八十年后的桥川文三进而认为,20 世纪前期,日本在"大东亚战争"和"大东亚共荣圈"的名义下,一方面侵略亚洲各地,一方面借口"解放亚洲"排除欧美人的势力,正显示了当时法郎士和德富苏峰的预言不幸成真。[1]

在英国,"黄祸论"不像在德、俄、法三国那样具有声势,反击的人也就较少,比较集中刊登反击者文章的是《十九世纪和未来》杂志。1904 年,英国汉学家德米特留斯·包罗杰(Demetrius Boulger)在该刊发表题为《"黄祸"恶魔》的评论文章,对俄国的"黄祸"鼓噪作了尖锐的批评。在他看来,"黄祸"是出于一个明显的目的而被捏造出来的"恶魔",正体现捏造者患有"幻想病"。他说:"俄国人为什么要创造一幅'黄祸'的图景是很明显的;正是使他们去造出一个种族的'法兰克斯坦'的原因也会使我们在其中去看到'黄色的烟雾'。"俄国人为了自身的利益,而又很难找到合适的他人为其火中取栗,想重演 1895 年俄、德、法三国联盟的把戏,于是编造了"黄祸"威胁整个欧洲的神话。包罗杰认为,在未来的世纪里可能会有"黄祸",但目前唯一的真正危险却是俄国,如果用俄国这个词代替日本的话,那么"黄祸"就包含有另一个严重得多的因素。

由于当时英俄矛盾尖锐,而日本是英国的同盟国,因此包罗杰偏袒日本而猛批俄国。他揭露俄国叫嚷"黄祸"的企图不能说不深刻,但他仍然预测在未来的世纪中会有"黄祸",而且这种"黄祸"可能"严重"

得多,即俄国利用其境内的亚洲居民,甚至利用中国来反对欧洲。包罗杰视俄国为最危险的敌人,轻蔑地称之为"亚细亚的""鞑靼式的"国家[1] 英国另一个东亚问题专家奥托·尤利乌斯·艾尔茨巴赫(Otto Julius Eltzbacher)也在《十九世纪和未来》上发表题为《黄祸》的文章。他在对待"黄祸论"和批判俄国的态度上与包罗杰完全一致,不过他还分析了和俄国站在同一条战线上的一些法国政治家与评论家的言论,指出他们不过是在为俄国盟友作策应和声援。文章还讽刺了德皇威廉二世的态度和做法[2]

1911 年农历二月二十五日出版的《东方杂志》第 8 卷第 1 号上,刊登了一篇题为《耸动欧人之名论》的译文。文前译者志曰:"此论原名Letters from John Chinaman,为中国无名氏所著。刊行于伦敦,一时颇耸动欧人之观听。他国多有转译者,我国似未有译本,爰译载本志。其文字之奇警痛快,谅亦有目者所共赏。惟译者欲不失原文之本意,故译文不免冗漫,则译者之过也。"这篇文章的作者被译者猜测为"中国无名氏",日本桥川文三教授则推测为"清朝政府官员"或者"留学生",后来经过多名日本学者的揭示和桥川教授自己的考证,才确切弄明所谓"John Chinaman"原来是在英国剑桥大学王子学院担任历史和哲学讲师的高登瓦尔斯·洛斯·狄更森(Goldsworthy Lowes Dickinson,1862—1932)。

从桥川文三的研究可以知道,狄更森生长于宗教气氛浓厚的传统之家,但从学生时代起就重视古希腊的人文主义,服膺因撰写无神论作品而被逐出牛津大学的雪莱(P. B. Shelley)。狄更森尤其反感为帝国主义政策服务的"伪基督教",批评西方教会强迫中国接受基督教,酿成事件或传教士受到伤害后,又以此为借口进行新的掠夺。1910 年以前,狄更森就写有《希腊人的生活观》《善之义》《王国更替》《现代法国的革命和反抗》《19 世纪议会的发展》《宗教、批判主义和预言》《正义

〔1〕 〔英〕包罗杰:《"黄祸"恶魔》(D. C. Boulger, The "Yellow Peril" Bogy,载 The Nineteenth Century and After,Vol. IV,Jan-Juni,1904),第 30—40 页。

〔2〕 〔英〕艾尔茨巴赫:《黄祸》(O. J. Eltzbacher, The Yellow Peril),载同上,第 910—926 页。

和自由》《宗教和道德》等著作。1913 年狄更森首次到东方,游历印度、中国和日本。此后又写了《表象:关于中国、印度和日本文明的短论》(约 1914 年)、《欧洲的混乱》(1916 年)、《我们面临的选择》(1917年)、《魔笛》(1920 年)、《战争的本质、原因及对策》(1923 年)等,是一个具有广泛视野的文明史专家。狄更森对当时印度的神秘主义有些难以接受,倒是觉得"中国如其所想",因而中国"是他惟一热爱的外国,对儒教的合理主义评价很高"。1901 年"辛丑和约"签订之后,狄更森曾被推举为英国"应如何使用华北事变赔偿金讨论委员会"委员,由于他主张赔偿金"应该为中国的利益使用",因而与和平主义者罗素一起被逐出该委员会。第一次世界大战开始不久,狄更森基于对"力量即正义"的憎恨,反对以武力决定国际秩序,率先提出建立"国际联盟"(League of Nations)的构想。1931 年"九一八"之后,狄更森看到他所热爱的中国遭受日本侵略,内心十分痛苦,1932 年 8 月,他 70 岁时去世。由于狄更森的博爱主义、和平主义立场,日本学术界对其颇为重视,"二战"之后研究和介绍其人其书者颇不乏人。[1] 但在中国似乎无人谈过狄更森,对《东方杂志》上推测其为"中国无名氏"之误也历来无人纠正。

狄更森的这篇文章写于八国联军之役的翌年,即 1901 年,刊行在同年伦敦出版的《周六评论》(Saturday Review),1903 年又在纽约出版,标题改为《一名中国官员的来信》(Letters from a Chinese Official),并在该书的题名页上附加了"西方文明之东方见解"(Being an Eastern View of Western Civilization)数字。可知此文在英、美两国具有一定影响。但此文的两个题目或许正是使《东方杂志》的译者误认作者为中国人的原因。

狄更森的文章分"东西文明之冲突"和"冲突之动机"两部分。作者以中国人的立场和眼光,表明对西方文明的"领会",阐释"吾人所以极力排除该文明之势力之理由"。他虽然表示"间有一二处认西洋文

---

〔1〕 〔日〕桥川文三:《黄祸物语》,第 121—143 页。

明之优点",而且西人"向以野蛮之民目余等",但至今"而不悔为野蛮人"。文章指出,西人以中国人"为野蛮之论断",是在"乱民蜂起,掠夺惨杀诸君同胞之时,遂以此类暴民推及吾侪全体","又以吾政府之行动判断吾人"。作者强调,"暴徒与政府两者之行动,有识见之中国人皆非难而排斥之"。所以绝对不能因此把全体中国人看成"残忍好杀食人国之民"。他反问道,"北清事变(指八国联军攻入京津——作者)时,诸君之军队跋扈于吾国,暴戾狼藉,无所不至",那么中国人"以此推定西洋文明之性质",不是也会产生"嫌恶的感情"吗?

作者对中西文明作了对比。认为中国文明的长处"不但在安固,而亦构成一种道义的秩序"。"吾人之文明,则全然儒教也……即道义也,道德也"。体现在个人与社会的关系上,"吾人眼中所先映者社会,而个人次之。在吾人之社会,凡人生而为家族之一人。……所教训者在敬祖尊亲,各从其分。……以此结合而成为一团,即社会之单位也"。在这样的社会组织之下,中国人"无好与人争竞之念","吾人决不至被陷于欺罔人强迫人之邪道……惟玩味自然之惠泽,修礼节。利欲以外,以道义的关系,享有与其同胞交际的本能及机会"。总之,中国文明使中国人在伦理道德上保持了"优秀"的地位。

而西方"以个人为单位。一切单位皆自由自在也"。家庭只是儿童的"保护所",儿童成人之后,父母子女之间既无义务也无责任,一切"惟从其意之所向"。各人自立、竞争、苦斗,"皇皇营利,汲汲求私,龌龊其状","以金钱关系为惟一无二之关系",因而"诸君之社会,动摇也,混乱也,道义之缺乏也"。故在中国人看来,西方社会"不外野蛮社会之表彰"。中国人"推测文化之程度,不在财富堆积之分量,而在国民生活之品性与价值",如果要中国人从"物质的美点"与"德义的美点"两者中选择其一的话,中国人自然会选择"德义"而放弃"物质"。

作者认为,"近时酿成吾中国之风云之几多事件,实不外两文明之冲突"。但如果认为"冲突之挑拨者,中国也",则是"诬之甚也"。因为中国人深知,"适应于吾人,非必能适应于他人",故中国人"不求与西洋交通","不愿望揭自己之宗教,以风靡他人,及营国外通商贸易之念

也"。作者声称，"吾人不信救济万国之民或带教化之使命之言，况谓
必以炮火与刀剑始得遂其使命！……吾人惟以得解决自己之问题于愿
已足，何所好而必牵入于他国民之问题？"他反复强调，"政治上经济
上，吾人始终向吾人自求其满足，自消费其所产出者，复自产出其所消
费者。丝毫不望仰给于他国。……彼强其开放市场，至以干戈与他国
相见者，不可不谓为不正之行为。吾人以为一社会而欲立于确乎不拔
之政治之地盘，当保有经济上之独立"。

　　因此无论是从中国人的态度，还是从既往的事实来看，引起中西冲
突的主动者都是西方。"东西交际之开始，西人实以强力行之"；"诸君
以自己之宗教，视为独一真正之宗教，或临以白刃，务以强他国之民之
信奉为其义务，此即一侵略之动机，更合于其他有力之一动机，遂至坚
持其强横渔夺之态度而不自觉。其他一动机云者，即本于宗教以外之
经济事情者是也。……诸君以发现市场于他国之领域，卖出所产之制
造品，易食料品与原料品。为开放此市场之故，近年以来，诸君之国频
频构事于中国"，还美其名曰"开发富源"，"为清国之利益"。这都是西
方主动强迫中国的行动。而且现在更有进者，西方希望中国"当改造
中国之全社会，由农业国民一变为商业工业之国民；当牺牲政治上经济
上之独立，求前途之大繁荣。凡产业、道德、习惯并社会制度，皆当施一
大举新"。总之是西方要把自己的社会、文化、制度的模式强加给
中国。

　　狄更森指出，西方社会"数百年间""努力整顿调处，而其效果仅为
泡沫"，社会贫富不均，风气败坏，秩序荡然。"竞争市场之结果，至为
战乱流血等惨状，较之往者以王侯之野心，僧侣辈之迷信为战争之原因
者，所见尤频"。展望未来，"可知他日至无何物可分割之时，则彼等不
至互相搏噬不止。诸君军备扩张之故，实不外此"。因此可以预料，按
照西方的道路走下去，"驱百万生灵，竞争杀戮，腥风血雨，遍染于世界
地表之时日，当不远矣"。

　　作者声明，自己"居于英国天地中已送迎多许之春秋，于英国一切
文物制度"，自有"言论之权利"；但又"终不失其为中国人"，故对"故

邦""亦决不失其议论资格"。即他对两种文明均有了解,而且能排除"偏狭自私其国之见"的干扰,探讨有关"文明之真相"。文章强调,如果因为西方各国现时之社会混乱与对外侵略扩张,就认为"欧洲住民之天性,较之支那民族,愚而且恶者,余可断谓不然。盖人之性情,万民相等,或善或恶,惟随境遇而变迁",所以西方被中国人信为种种"缺点"的起因,"固非由于诸君之国民性格之缺陷,乃诸君强我等采用之政治上社会上诸制度之故也"。即认为不同种族、民族的人,性情差异并不是根本原因,关键在于政治、社会的各种制度。

狄更森还以中国人的立场表示,西方国家强迫中国人采用西方的一切制度,其实中国人如果"模仿诸君之社会制度,所谓富力,所谓科学,所谓艺术,与诸君颉颃高下,当亦非难"。即中国如果走西方国家之路,就很容易与西方并驾其驱。但中国人鉴于西方制度对自己内部造成的物欲横流、金钱至上;对外的必然经济扩张、军事征战不止,因此中国人"苟不瞑目,则不得不敬以辞之",即"卒不欲采用此制也"[1]。即表示中国不是不能,而是不愿走上西方式的制度之路。

在今天的中国人看来,狄更森此文深刻揭露帝国主义对中国的种种军事暴行,经济侵略和宗教强迫,尤其反对把西方制度强加于人,自然是一种可敬的公允和友善态度。他强调各种民族、各种文明的平等的主张,尤其显得难能可贵。但他反对商贸往来,主张"自消费其所产出者,复自产出其所消费者,丝毫不望仰给于他国",并且以对外交通贸易为影响国家独立和导致"社会腐败之渊源"等,实在令人想到当年乾隆皇帝拒绝与英国通商时的振振有词。另外,他对中国的家族制度,对中国人的家庭观念,以及对轻物质、重德义,轻创新、重守成的儒学教义的过度肯定,非常类似于与他同时代的辜鸿铭等保守主义者。在迫于救亡图存,急于向西方学习,激进思想成为时代洪流的 20 世纪前期,狄更森的言论在中国不受重视是可以想象的,这就像辜鸿铭的言论在

---

〔1〕《耸动欧人之名论》,《东方杂志》第 8 卷第 1 号(1911 年农历二月二十日出版),第 6—10 页。

中国受到嘲笑,而在西方受到重视的遭遇一样。其实狄更森本人可能也意识到了这一点,所以当有印度人向他提出把他批判西方文明的文章译为"古札拉杜语"(印度的一种地方语言)时,狄更森并不太赞成,说"那是为西方而写的,并不是为东方写的",[1] 可见他写这篇文章的主要目的,是借中国人之口,从外部来批判西方文明。因此在客观上也具有批判西方的"黄祸论"的意义。

在整个19世纪,美国始终存在着"排华"和反对"排华"两种声音。如1871年12月《纽约时报》发表文章说,美国应该是全世界人民的收容所,决不应该因为克勒特人(Celt,指反对华工最力的爱尔兰工人)不喜欢这些蒙古种人,我们就也表示不欢迎。[2]

19世纪60年代末任美国国务卿的西华德(W. H. Sewards),不仅与蒲安臣签订了前述条约,还一以贯之地支持移民。他说英国人允许中国人移民新加坡,荷兰人不禁止中国人移民印尼,美国人应该学习这些榜样。西华德卸任后作了一次环球旅行,出发前特地在排华争论最激烈的旧金山发表反对排外政策的演讲。他说,"移民和扩张是美洲文明的基本因素之一,和其他地方比较,这对太平洋沿岸是更需要的,也更能产生有利的影响"。他认为迁入加利福尼亚的移民是使该地区更生气勃勃的力量,不应该抑制这种趋势。当西华德到达中国向外移民的出发地香港时,他又发表了一次主题鲜明的演讲。他说:"移民有三种有利后果:移民所必需的海运促进了贸易;移民使人口过剩的国家卸除了劳动过多的包袱;返国的侨民不但带回了财富,也带回了能使祖国复兴的知识、技能和道德原则。因此,让我们把促进移民的任务承担下来吧!"[3] 西华德具有那个时代最彻底的自由思想,他的人口政策排除了一切种族观点,他相信通过移民能使各地区的人口平衡;人类只要和睦相处,就能使商业、财富和文化均衡发展。

[1]　[日]桥川文三:《黄祸物语》,第138页。

[2]　参见[西德]海因茨·哥尔维策尔:《黄祸论》(中译本),第76页。

[3]　[美]西华德:《环球旅行记》(W. H. Sewards, *Travels Around the World*, ed. by O. R. Seward, New York, 1873),第30、278页。

　　哈佛大学地质学教授拉菲尔·朋倍利(Raphael W. Pumpelly,一译庞佩利)与西华德的观点相同。朋倍利曾在中国和日本担任地质勘探师和矿山工程师,也曾在世界各地旅行。他在中国时就住在蒲安臣家里,对中国人有一种热情、亲近的态度。朋倍利预言中国在未来的国际社会中将占有举足轻重的地位,对中国文化中的"民主精神"非常敬佩;他还认为中国人富于进取精神、拓殖力量和经营组织的才能,且能够平等待人;中国的教育内容无所不包,只有受过足够的教育者才能充当官吏,这都是中国的优点。

　　关于中国向美国移民的问题,显然引起了紧张和不安;有人认为美国无论如何会繁荣起来,如果依靠中国移民大量入境,这个代价过于高昂。朋倍利则根据中国人顽强的生存能力和文化才能,中国人的勤劳性格和与人为善的处世态度,强调中国移民只会对美国有利而不会对美国有害。朋倍利认为美洲需要的劳动力是一个庞大数字,加利福尼亚州和内华达州特别需要大量劳动力,而从欧洲来的移民已经逐渐减少,因此除了使用华工别无他法。他还指出,欧洲劳工的工资已经提高,而美洲如果拥有大量廉价的劳动力,美国就能很容易从实行关税保护转为自由贸易,这对各国都会有利。

　　朋倍利承认,如果给中国人平等机会,移民到美国的中国人将会在数量上超过其他民族,但是他认为这无足忧虑。他说:"未来的观察家们如果看到一切事物的发展都是社会力量和自然力量进化的结果,是具有进步倾向的、朝着未来的和平时代演变的事物伟大内在规律在起作用,自然就不会有丝毫惊惧之感了。"他解释说,"有人提出责难说,中国人既然会在人数上远远超过美国人,势必垄断各门工业,在各个方面都将成为竞争势力。那么他就该这样回答:中国人必须真正具有和欧洲民族竞争的能力,才可能竞争,而这样我们就更无理由排斥他们,不让他们享受和其他民族相同的权利了"。朋倍利还说,"如果说世界发展的前途是人类结合成一体,那么这种结合的途径就是通过不同种

族的优点和长处的融合而产生一种全新的人种类型"。[1] 但是他主张
在美国的中国人必须美国化。

在 20 世纪初年的排华与反排华的争论中,美国的作家和诗人也有
卷入。住在加利福尼亚州的杰克·伦敦,和号称社会主义者的亨利·
乔治一样,相信未来会爆发种族战争。他在 1904 年《旧金山观察者》
杂志上提出警告说,如果日本人能够发挥他们优越的组织才能,控制了
为数众多的中国人和中国巨大的劳动力,盎格鲁萨克逊人将面临严重
的威胁。而马克·吐温与杰克·伦敦相反。他批评种族主义,反对排
华,曾以《对一个男孩的可耻迫害》为题撰文,对排华运动加以辛辣的
讽刺和嘲笑。[2]

美国传教士兼宗教学家、人类学家顾立克(Sidney Lewis Gulick,中
文亦有译作古利克)有意针对"黄祸"之说,像法国的法郎士一样,提出
"白祸论"。顾立克在日本传教及在大学讲授"比较宗教学"前后共二
十余年之久,与日本关系甚为密切。1904 年日本在日俄战争中取得胜
利之后,"黄祸论"在西方甚嚣尘上,顾立克在 1905 年出版了《东洋之
白祸》一书。

《东洋之白祸》历数西方国家在东方实行"军事侵略的历史",诸如
"法国在东京(指越南北部),英国在香港和威海卫,德国在胶州,俄国
在旅顺口和满洲"等等;考溯历史,从 19 世纪三四十年代起,"过去七
十五年间同中国多次的武装冲突,曾经导致白种人的军队进攻中国首
都,中国许多最贵重的珍宝和建筑物遭到破坏"。西方国家不仅依仗
"军事上的强大","迫使中国接受了那些完全违背其本意的条约",还
"正在明确地计划要瓜分中国"。还有,在商业和工业方面,西方国家
"要摧毁久已建立起来的贸易关系,要使千百万工人陷于贫困,要使东
方的财富转到西方的保险箱中去",中国"千百万人民的固有生活手段
的突然消失,包含着许多可怕的经济问题"。同时,"建筑铁路权以及

---

〔1〕〔美〕朋倍利:《跨过美洲和亚洲》(R. Pumpelly, *Across America and Asia etc*, New York, 1870),第 263 页。

〔2〕参见〔西德〕海因茨·哥尔维策尔:《黄祸论》(中译本),第 96 页。

采矿和领土特权曾接二连三地给予白种人";"在司法行政中,白种人在政治上和财政上的影响,就常常比正义和真理更为有效"。还有"白种人在东方各地如此普遍地显示出来的不道德生活和自私自利精神","显然破坏了道德"。顾立克认为,这一切正是白种人"今天正加于黄种人头上的实际灾难",所以"白祸"才是客观存在的"重大现实"。也因为如此,中国人以为"解决白祸最可取的办法就是驱逐白种人——这种办法在美国和澳大利亚作为解决蒙古人种的祸患的办法并不是没有试用过"——应该并不令人意外。

那么有没有"黄祸"呢?顾立克认为,"黄祸同白祸是相互关联的",有压迫就有反抗,如果事态仍然照当时的趋势进一步发展下去,比如瓜分中国,控制中国的命脉,强力"执行白种人的意志","把黄种人降低到政治附庸和经济奴隶的地位",那么"早晚会使黄种人对于所有白种人产生这样一种愤怒和仇恨之情",黄种人将"奋身而起","摧毁白种人的银行、铁路、工厂和一切企业,并且以咒骂和屠杀从自己的土地上把白种人赶出去",从而"真正引起一场黄祸"。顾立克还指出,白种人的"功利主义"和"傲慢的精神"是一种祸根,如果中国人一方面接受了西方的功利主义,一方面以相应的仇恨精神报复西方的傲慢精神,那么"中国在五十年或一百年或二百年以后,行动起来摆脱根深蒂固的残暴的白祸压迫时,它将是精明强干的,并且以现代武器装备起来",到那时出现的"灾难和流血,义和团骚动与之相比就会显得不算一回事"。顾立克的意思是,先有"白祸",然后才会引发"黄祸";现实是白祸仍在肆虐,未来则是"黄祸"更可怕。

问题如何解决呢?顾立克列举了一系列白人轻蔑、粗暴地对待中国人的劣迹之后,提出了"白种人以公平和文雅的态度来对待黄种人"的问题,希望西方国家政府、驻东方国家的公使、领事等,发布命令或行使权力,要求所有的西方人"本着有礼貌和善于体谅的态度","遵守东方人的礼节上的习惯",而不是"依靠他们的拳头和枪炮的力量",不顾亚洲各国各民族的愿望和发展,"把亚洲看作是一个合法的军事和商业扩张的场地"。当然从根本上着眼,是西方人必须放弃"白种人在本质上是优越的，具有支配全世界并使一切有色种族服从于他们自己的经济利益的固有权利”的“信念”，而“相信一切人的价值和权利在本质上是平等的”，“相信天下之人都是兄弟”。否则，“白种人就会继续是世界和平和福利的一种祸患”。

对于日俄战争后西方“黄祸论者”大谈“日本武装和领导黄种人来同白种人作战的可能性”的言论，以具有“在日本的长期经验”自豪的顾立克斥之为“极端无知”。他说日本领导人“知道日本的财政、政治和文明在世界上所处的地位。他们也知道一场种族战争——东方对西方的战争——将引起的祸害。他们决不会追求这样一场战争”；相反，“他们认识到，他们的继续繁荣密切地依赖于同整个世界继续保持亲密的关系”，因此日本对于美、英两国“并不是没有深刻的感恩之情”。顾立克还认为，“日本人的文化本能是太美好了”，“它将不会自吹自擂，也不会谋求剥夺白种人。……（日本）将作为白种人和黄种人之间的调停者，为他们的共同利益而努力”。出于这样的判断，顾立克认为日本对俄国的胜利“具有重要性”，“也将有助于抑制白祸当前特殊的侵略形式”。因此美、英两国应该“尊重”日本，不要相信俄国宣传的“它是为白种人而战”的理由，拒绝俄国人“寻求同情”的呼吁，而是坚持“使日本民族同西方结成亲密的伙伴”，这样就“有助于避免黄祸”。如果“由于肤色和宗教的相似，美国和英国的同情是在俄国一边”的话，则会使日本把这场战争“认作是一场种族和宗教的战争，因而加深将东方和西方分隔开来的鸿沟”。[1]

顾立克的《东洋之白祸》列举了西方侵略东方的一系列事实和思想根源，如实地承认先有“白祸”，而且未来可能引起“黄祸”，并且显示了一个虔诚的传教士希望人类平等、世界和平的宗教信仰，这使得他与西方的“黄祸论”者有了很大的区别。但是他忽视了西方的殖民主义方针和帝国主义政策问题，认为西方人不能平等对待东方人仅仅是个

---

〔1〕〔美〕顾立克：《东洋之白祸》，引文见吕浦、张振鹍等《“黄祸论”历史资料选辑》，第244—254页。

"态度"和思想认识的问题,从而靠政府及外交官发布命令及行使权力就能改变现状,逐步消融东方人的仇恨,这只能是自欺欺人的愿望。至于他对日本认识与判断的偏颇和失误,更是显而易见的。或者可以从根本上说,是20世纪初年美日矛盾还不及美俄在远东的矛盾尖锐,才导致了顾立克特意强调"尊重日本"的主张。

第一次世界大战爆发前数年,美国国内担忧"黄祸"的议论再度兴起。来自华盛顿州的众议院议员阿尔贝特·约翰森(Albert Johnson)发表演说,认为中国虽然正处于推翻清王朝之后的混战之中,但这种"正在进行着的战斗一定会加速军队的发展,使之在实际战斗中受到比一切演习都要强得多的训练",中国很容易训练成"五十万人的军队",并且"找到自己的拿破仑",然后"就足以使英国对印度的统治无法继续下去","从而把印度的三亿一千五百万人加到中国的四亿三千五百万人这边来"。继此之后,"痛恨基督教世界的广大伊斯兰教世界,将立即同一个有效率的、胜利的亚洲联盟携手,以便成全和分享它的霸权"。他还认为,军事上的"黄祸"和经济上的"黄祸"是密切联系的,中国、日本和印度一样,庞大的、日益增长的人口将迫使他们从事扩张,而为了扩张就会进行战斗。为此约翰森无中生有地说:"中国领袖们好久以前就表明过,一俟他们足够强大,他们就将为他们的移民强行打开澳大利亚和美国的大门,如有必要,就以大炮来打开。"

约翰森还老调重弹,宣称亚洲工人比任何地方的白种工人都能干更苦的工作,劳动时间长而所得报酬低,"如果在工业、农业、一切形式的手工劳动和贸易方面进行自由竞争,中国人无疑会胜过其他一切种族"。因此西方国家如果允许自由移民和自由竞争,世界"每一处地方都将有游击的种族战争",而且黄种工人尤其是中国人"将逐步取得胜利"。约翰森还强调指出,阿拉斯加有被日本夺取的紧迫危险。

为了防堵"黄祸",约翰森不仅主张西方国家继续"对亚洲移民关闭大门",而且美国应加强防备,"修筑一条从巴拿马至阿拉斯加的铁路,以便美国在整个太平洋沿岸可以拥有防御之利"。他还提出"白人国家早日实现联合",尤其是英、法、德、美四个白人大国订立攻守同盟,这四个国家"代表着世界工业的十分之九,合在一起就会构成一种压倒一切的力量",而对手就是"太平洋彼岸"的"九亿"人和"八百万"武装人员"[1] 总之,约翰森所鼓吹的,是名为防止,实为企图"制造"出一场人种间的大战。

来自马里兰州的众议员弗兰克·史密斯(Frank Smith)也在演说中主张:"最优秀的分子,人类最先进的类型应该有最好的机会来扩张,或者无论如何应能保持住他们的地位","这对于人类生活整个说来是最妥善的"。然而东亚日益成长的力量正在动摇和威胁白种人的地位,东亚的力量"在几年之内就要把英国赶出印度和澳大利亚,把法国赶出印度支那,把荷兰赶出荷属东印度,而在此之后就要吞并西伯利亚,最后则压服俄国本土,再一次像1241年那样把难以数计的蒙古军队带到德国边界上"。鉴于世界上"每有一个白面孔,就有两个有色面孔",即有色人种居于多数,史密斯反对"多数一定要始终居于统治地位";同时赤裸裸地宣扬武力强制,称"一切和平都是强制的,如果没有拥有储备充裕的弹药的行政力量,和平就连五分钟也不能维持"。他和约翰森议员一样,认为要解决"燃眉之急"的有色人种威胁问题,白种人大国之间绝对不能"继续倾轧不和",而是必须由英、法、德、美等白人国家"组成一个国际执行权力","作为保持其霸权的唯一方法"[2]

还有前面已经说到的美国海军上将玛汉,原本不大从种族角度思考远东战略,而且对日本十分信赖,但到1913年前后他的思想略有变化。这年的6月,他在回答英国《泰晤士报》国外新闻部主任瓦伦亭·吉乐尔(Valentine Chirol)关于种族纠纷的提问时,虽然说"我完全否认我的种族比中国人或日本人优越的任何假定或信仰","我承认我清楚地看到日本人象白种人一样比之黑人有巨大的优越性",但他仍然觉得他的美国"同胞"认为种族问题是一个值得"害怕"的"困难"的想法是"合理"的。玛汉特别谈到"日本人的刚强品质将更能有效地抗拒同

---

〔1〕　〔美〕顾立克:《美日问题》,引文见吕浦、张振鹍等编译《"黄祸论"历史资料选辑》,第257—259、265—266页。
〔2〕　同上书,第260—261、267—268页。

化,他们将构成一个纯一的外国集团。……这将成为我们与日本发生摩擦的永久性原因,其危险之大甚至要超过目前"。[1] 这显示出玛汉此时已对移民美国的日本人和美日关系怀有警戒之心。

针对以上种种言论,顾立克仍然坚持其一贯的反对立场。他指出,"虽然二十年来白种人已开始预见到一场可能的黄祸,但有色种族面临一种实际的白祸,已有四百年之久","在这四百年的不间断的征服过程中,欧洲民族已经取得了整个新世界——北美洲和南美洲,还实际上取得了整个非洲、澳大利亚、新西兰、西伯利亚和亚洲的大部分"。他还说,"白种侵略者在中美洲和南美洲残酷地屠杀了千百万人,犯下了可怕的罪行,在北美洲对印第安人做了许多坏事,这些在白种人的历史中构成了让人想起来就感到可怕而又可耻的一页"。"东亚在各个方面都受到白种人包围","剩下的只有日本和中国"。然而现在白种人突然"发现,它要统治世界的美梦遇到了抗阻,瓜分中国还远不是已定之局",而日本更已找到"应付并克服白祸的方法",从而使得"白人国家的思想和政策,正日益被对于黄种人的恐惧所支配"。总之,是"白祸"逼出了"黄祸",并引起了白种人对黄种人的恐惧。

顾立克接下来对白种人的思想认识作了揭示,"在许多人的眼中,亚洲人及其文明都是可鄙的和低劣的,由他们来统治世界,将是一场难以形容的灾难";而"白色种族及其文明所固有的本质上的优越性"则使得他们形成了这样一种信念:"世界和世界上所有的一切都是为了他们的特殊利益而创造的;异教土地上的一切民族和财富都是供抢劫掠夺的合法目标;占有、统治和剥夺由他们所发现的每一块土地和每一个民族,是他们的神圣权利。"总之,白种人认为,"夺取一切能够夺取的和杀死那些表示反抗的,这完全是上帝给予他们的权利范围以内的事"。由于顾立克内心也存有白人"先进"的观念,所以他也认为"由于长期以来殊途的进化造成了不同的种族、语言和文明,有些民族在一些

---

[1] 〔美〕顾立克:《美日问题》,引文见吕浦、张振鹍等编译《"黄祸论"历史资料选辑》,第262—263 页。

特殊的方面不可避免地会比其他民族先进",因此顾立克并没有批驳白种人的"文明优劣观"本身,他只是谴责"白种人对待有色人种极端残暴",并且作了一些"换位思考",比如他质问道:"如果美国的斯塔藤岛(Staten Island)被法国占有,新泽西州由于发生了杀害某些意大利人的事而被意大利夺去并加以占领,科德角(Cape Cod)被德国占有,曼哈顿岛(Manhattan Island)被分为许多外国租界,由各国分别占有和管理,美国人会感到满意吗?美国人对于那些掠夺了美国的国家还会十分友好吗?可是这实际上就是中国的情况。"可见顾立克在讨论白色种族与有色种族在历史与现实上的关系状况,以及思想感情的是非时,还是比较客观公正的。

顾立克也总结了东亚人对待西方的态度。他认为"黄种人发自内心地轻视"白种人,并且"对于白种人的高压手段还充满着愤怒情绪",他们起先用简单的方法,如"印度以兵变、中国以义和团起义来试图排斥外国人"。但是日本通过学习西方,"给了日本以新的力量,并使它在大国中取得了公认的地位",从而"向整个亚洲指出了民族独立的道路和应付白祸的道路",所以现在"亚洲打算学到白种人对大自然的控制,打算接近白种人的力量的源泉,打算发展文明和财富的物质工具,打算提高它所有各民族的生活标准。而作为达到这个目的以及获得政治独立和政治权力的一种手段,它在计划武装和训练自己的陆军和建立自己的海军"。而且,"随着亚洲人的智慧的日益增长,民族自觉和种族自觉就日益提高,对于丧失主权的愤怒就日益高涨"。

那么前景将会怎样呢?顾立克认为,亚洲人"计划对白种人实行侵略性的复仇",即采用白种人一贯的作法,进行"世界范围的战争和征服","在什么地方都没有出现"。最多也只会是,亚洲人"能够成功地对白种人保持住自己的阵地,重新获得失去了的领土并重新建立完全的主权,他们就会感到无限的满足"。但顾立克又给自己的这种乐观估计留有转变的余地,所以他接着又说,"任何一个象白种人那样发展的种族都会走上同样的世界大发现和征服世界的道路,并且会以同样的方式对待外国种族"。对于顾立克认识中的这种矛盾,只能解释为他一方面谴责"白祸",一方面又为"白祸"辩护;一方面认为亚洲人吸收白种人文明的结果在目前只会是要求"恢复旧有"的"阵地"和"主权",另一方面也担心未来仍不可预测。

尽管顾立克在该书本章的结尾说到,白种人、黄种人、棕种人和黑种人"寻求和平和进步的方法的时代已经到来了。和平和进步只有通过互相了解、发展亲善关系和互助精神才能实现。先进的必须帮助落后的,落后的必须向先进的学习。每一个国家都必须发展工业能力和社会、政治方面的廉洁和效率",但他仍旧摆脱不了社会达尔文主义的"优胜劣败"观念的影响。他说,"中国文明虽然在许多方面令人敬佩,但是在其他方面也是极为落后的","如果中国终于被'列强'瓜分,那将真正是由于中国人在政治上的无能。日本并吞朝鲜,也同样是由于朝鲜政治上的腐败与无能"。他甚至认为,"白祸不能认为仅只是应该归咎于放肆的侵略。……不同的社会风俗习惯和理想——再加上人类天生的自私自利和贪得无厌——不可避免地导致了冲突。白种人在军事上的优势不可避免地造成了征服"。因此他说,"要使被征服的种族承认他们之所以受到那种方式的对待,部分地应该怪罪他们自己,这是困难的",却又是千真万确的"事实"〔1〕 由此可见,顾立克尽管在事实的层面上谴责了"白祸",在情感上也对"被征服的种族"表现了同情,并对"黄祸论"作了批驳,但在深层的核心的价值观上,仍然保持着"白种人先进"和强者对弱者的"征服""不可避免"的判断。

---

〔1〕 〔美〕顾立克:《美日问题》,引文见吕浦、张振鹍等编译《"黄祸论"历史资料选辑》,第256—280页。

八 长期在华之西人的有关议论

近代有不少欧美人在中国滞留过较长时间。最早的是传教士和商人,但在 19 世纪 90 年代"黄祸论"喧嚣之前,他们虽然也有为数众多的关于中国文明、人口和民族性格的议论,但一般没有明确提及"黄祸有无"的问题。学者、外交官的情形与传教士、商人相似。从 90 年代中期开始,尤其是在义和团运动和八国联军战争期间,在华的外国记者、传教士、海关官员和其他人等,曾围绕"黄祸"问题发表了若干议论。一般地说,这些人由于长期生活在中国,对中国的情形和中国人的民族性格有些了解,发言立论不像他们在西方生活的同胞那样放言无忌,有少数人还比较客观、公正。但他们从根本上维护其西方祖国的立场和轻蔑中国的态度,仍是无法掩饰的。

这一类型的人物中首先应谈到的是罗伯特·赫德(Robert Hart)。赫德于 1854 年来中国,先任美国驻宁波领事馆翻译,不久任广州海关副税务司,1863 年任大清帝国海关总税务司,直到 1911 年死时才卸任,掌管中国海关 48 年之久。作为中国政府的雇员,赫德掌管着占中国岁入三分之一的海关总收入,因此深得晚清朝廷的信任,赐封"太子少保";英国维多利亚女王也授予他骑士和准男爵称号。"在外人眼里赫德的立场比较模糊。英国评论家指责他亲中国,而中国评论家则指责他亲英国","但是许多中国人认为……他来华的惟一目的就是把西方的利益更加渗透进中国。当代历史学家伯塞尔非常赞同这种观点"[1]

---

[1]〔澳〕西里尔·珀尔:《北京的莫理循》,檀东鍟、窦坤译,福州:福建教育出版社 2003 年版,第 122—123 页。

　　1900 年八国联军入侵京津地区时,赫德正在北京。同年 8 月和 11 月,赫德分别撰写了《各国驻北京公使馆:一次民族起义和国际插曲》《中国和重建》两篇文章,1903 年收入在伦敦出版的《中国问题论文集》。写于"黄祸论"因义和团事件而甚嚣尘上的这个年头的文章,应该说最能体现赫德的立场和态度。

　　赫德在谈到义和团起事的原因时,自然不会承认西方国家对中国进行了侵略,他只是轻描淡写地说:"欧洲对待中国并不是度量狭小的;但是,即使如此,也已经伤害了中国。"因此,义和团运动虽然是"官方鼓励的产物",但它仍然符合一般民众的感情和愿望,"这是一个纯粹爱国主义的自发自愿的运动",目标是"使中国强盛起来","重新恢复自己的旧生活,排除同外国的交往、外国的干涉和外国的入侵"。简言之,赫德承认义和团运动是一场抵制和试图排除外来压迫的爱国主义运动。他认为,义和团"起初的""活动计划乃是,一方面要消灭本国的基督教教民和根除基督教,由此摆脱一种外国宗教的腐蚀性影响(在他们看来是如此);另一方面,则是不伤害或杀害、而是恐吓外国人,把他们吓出中国去,由此使中国摆脱外国的侵凌、毒害和侮辱"。后来由于西方国家率先动用武力,派兵保护教堂、使馆,攻占天津,结果导致了"八个星期以来的噩梦":"外国传教士被谋害了;基督教团体遭到了屠杀;……和平的外国居民受到了敌对国军事人员那样的待遇,被围困,而且被轰击;照国际法看来是神圣不可侵犯的外国使馆遭受了侮辱……它们遭到团民、士兵和放火者的攻击达数星期之久,使馆人员上自全权公使下至通译生有许多丧失了性命,外国的建筑物及其内部的一切,公使馆、私人产业、教堂等等,被人肆无忌惮地放火焚烧,等等。"赫德在总结中不厌其烦写下了外国人的死伤和财产损失,却绝口不谈八国联军入侵给中国人造成的生命和财产损失,显然是忘记了他一向标榜的"一视同仁"。还有,一些外国报纸的通讯都刊登了八国联军进入北京后肆无忌惮的抢掠行径,而赫德居然只是轻描淡写地说:"外国占领的最初几天就已经出现了许多不必要发生而将来一定会感到懊悔的事",但北京"没有发生真正的抢劫"。以致辜鸿铭不得不在反驳文章中称这位绅士公然撒谎。

赫德撰写这两篇文章的直接目的,是针对当时列强众说纷纭而莫衷一是的如何"处置"中国的问题表达自己的意见。当时慈禧太后、光绪帝和众多朝廷大员已经逃到西安,但南北各省地方政府仍然效忠清王朝并维持局面。围绕"怎样缔结和平"和"加之以什么样的条件以保证未来"的问题,列强思考着从"瓜分、改换朝代、或者补缀满洲人的统治"这三项"办法"中选择其一。

赫德不赞成瓜分中国。他说,瓜分"对于如此众多的人口来说,决不能期望那是一劳永逸的办法。那样一来,骚动、不安和不稳定就会贯穿于以后的世世代代"。"不论中国哪一部分领土被割去,都必须用武力来统治。象这样,被割去的领土越大,治理起来所需要的兵力就越多。……中国如被瓜分,全国就将协同一致来反对参与瓜分的那几个外国统治者。那样一来,即使无政府状态不是连年不断,年年发生……(但)早晚会在各地发生突然的叛乱,表现出民族感情的存在和力量。这样做划得来吗?"赫德在这里分明是从西方国家的"利害得失"考虑,他却没忘记给自己反对的理由加上"正义、公平、或甚至博爱"以及"不抱偏见"的华美装饰。同时他也回避了"瓜分"可能导致列强因分赃不匀而引起内讧的敏感话题。

赫德也不同意"建立一个新王朝"的主张。他认为当时还"没有一个可以被全中国接受的有名望的人"能胜任新的统治者的工作,这样"将把中国投入多年的无政府状态中"。他分析当时的实际情况是,"联军的进军所产生的教育性或恐怖性的影响,只不过影响了所过两三个府的大路的两边而已",中华"帝国的工作仍然在照常进行"。还有,这场针对外国人的运动得到了多数"汉人的同情"。即使清王朝"不得民心的情况确实存在的话,因为王者无过,应当受责备的乃是那些不好的顾问们",中国人还不会抛弃清王朝。更重要的是,如果由列强出面共同建立一个新王朝、扶植一个新皇帝的话,中国人会认为这个王朝"将永远带有软弱和耻辱的标记","新皇帝就必须由外国的刺刀予以支持,他的命令将仅仅在很小的范围内有效,他的外国渊源将使他受到这个黑发种族的每一个成员的轻视,而一旦他失去外国人的支持,他本人和他所有的一切将会永远消失"。赫德认识到在中国人民眼中,靠外国刺刀上台的傀儡永远不会有合法性和权威,所以他认为这种办法"比瓜分更加没有希望"。

所以赫德强调,"为了法律和秩序以及使平静的局面得以迅速恢复",唯一实际可行的解决办法就是"把现存的王朝作为一个正在活动着的东西而接受下来"并且"竭力利用它"。赫德认识到,对于多数中国人而言,"这个外来政府,即清朝,三百年来已经成为全民族的一个重要部分",所以"听任现在这个王朝保持其现势和现状,让中国人民自己在感到对它的委托已经满期时去自行对付它;其次,仅仅以既公平而正当,又实际而可行的条款加于这个王朝身上,作为和平条件"的做法才是可行的。在这一根本途径确定之后,接下来的就是"必须要求赔偿,而且一定要得到赔偿,在实际的预见所允许的范围内并应防止这种种情况再度发生"。

赫德所说的应该防止的种种情况,即中国人民反抗外来压迫的斗争。他承认此事"充满着困难",说到底就是"黄祸"(虽然赫德使用这个名词时没有忘记加上引号,并采取一种嘲讽的语气)。他说,"中国人是一个有才智、有教养的种族,冷静、勤勉,有自己的文明,在语言、思想和感情各方面都很纯一。……经过数千年高傲的与世隔绝和闭关自守之后,被客观情况的力量和外来进犯者的优势所逼,同世界其余各国发生了条约关系,但是他们认为那是一种耻辱,他们知道从这种关系中得不到好处"。赫德在这里谈到了"黄祸"的缘由,尽管仍旧是轻描淡写,但毕竟还算客观。他还承认"民族情感是一个恒久性的因素,在处理到有关民族的实际问题时,必须承认这个因素,而不应该把它排除掉;而在中国的一种普遍的情感是:以中国的制度自豪,轻视外国的一切"。因此,赫德从这个角度得出结论:"中国人的情感和中国人的愿望",即中国人以自己的文明自豪,并希望自己强大得能够赶走外国人并排除外国的影响,"这些东西永远也根除不掉",并且早晚会"表现出自己的威力并达到自己的目标"。他说,如果这就是"黄祸"的话,那它

"就象太阳明天将会出来一样肯定"。

赫德不无忧虑地说，"中国必定要强大起来，它必定要依靠它的人民以增加自己的力量"。他夸张地描绘说，"两千万或两千万以上武装起来、经过操练、受过训练而且又受爱国的……动机所激励的团民，将使外国人不可能再在中国住下去，将从外国人那里收回外国人从中国取去的每一样东西，将加重地来报复旧日的怨恨，将把中国的国旗和中国的武器带到许许多多现在连想都想不到的地方去"，这种情景或许不能肯定。但是，"五十年以后，就将有千百万团民排成密集队形，穿戴全副盔甲，听候中国政府的号召，这一点是丝毫不容置疑的！如果中国政府继续存在下去，它将鼓励——而这样鼓励是很对的——支持并且发展这个中华民族的运动；这个运动对于世界其余各国不是吉祥之兆，但是中国将有权利采取行动，中国将贯彻它的民族计划"。他用现实推证将来，"如果今天的中国在 6 月 19 日毫不踌躇地向十几个条约国家挑战了，那么一百年以后的中国这样做的可能性会少些吗？""公元 2000 年的中国将大大不同于 1900 年的中国！"不能说赫德的话中没有恶意，但他的预见性是令人颇为惊奇的。

赫德的推测使他自己既不乐观也不悲观，"当然，中国根据常识也许不致于采取侵略政策和走极端；但是外国的发号施令有一天必须停止，外国人有一天必须离开中国"。外国人目前在中国所应做的事情，就是"怎样才能推迟它的出现，或者当其出现时怎样才能与之作斗争，或者怎样才能在现在就采取某种行动使之一出现就转到无害的轨道上"。赫德就是从这一根本目标出发，不赞成瓜分中国或者用刺刀另外扶植一个"新王朝"，而主张维持清王朝的地位并"竭力利用它"，当然还要使这个政府"感受到某种条约规定的压迫"。

这种"条约规定的压迫"要恰好掌握到何种程度？赫德没有具体地说明，他把这交给"我们的将军们和外交家们"去"苦心推敲"了。他只是从质疑的角度表示了两点，其一是提出问题，"军事示威能一直继续到全部现有的以及可能出现的团民都被斩尽杀绝为止吗？但是怎么能把中国的四亿人民消灭光呢？""或者是使中国人降低到农奴的地位,并使他们一直保持那样的地位——那是可能的吗?"他认为"种种惩罚性的措施"都是没有用处的;"发号施令以及高压威逼的作法","其效果只能是极其短暂的"。其二是对通过更广泛地传播基督教,"把中国改造成友好国家"的主张表示怀疑,认为这是"很少有实现希望的宗教胜利"假设;同时赫德对"最充分地推行中国的旧思想,防止尚武精神","由此把'黄祸'从人类的未来中消除掉"的主张也作了嘲笑。他说"迄今为止中国人作为军人并没有放出光彩;但是他们之中有的是勇敢的人,而这些人的数目将来还要增加"。

那么到底该如何处置西方同中国的关系,并从根本上预防"黄祸"呢?赫德虽未具体拿出方案,但大体上指出了路向。他说,"目前的形势确实为推行新政提供了一个机会",为此"对于地方情况和人民情况先加以比较精密的研究","根据常识、而不是根据感情对这些改革仔细加以检查,还应该小心从事,使之能明智而合理地进行下去"。他还强调,由于"西方的方法并不总是适合于中国或能在中国成功",因此"改革家们如果要想避免灾难,获得天福,他们就应该妥善地研究改革的根据和考虑双方的情况"。由此可见,赫德认为改善中西关系状况、防止中国人仇恨和报复西方人的根本办法,是对中国进行适当的"改革"。这种"改革"能否成功或是否有效,赫德没有断定。但是他强调:"一条比较圆通、合理而又言行一致的路线,也许能产生比较好的结果;但是无论如何,外国人决不能期望永远保持他们的治外法权地位以及中国被迫让予的那种种通商条件。"至于未来,他更近于悲观地说:"将来会出现新的人物和新的环境,而历史可能会重演。"[1]

由上可见,赫德的言论从根本上说是为了维护西方国家尤其是英国的长远利益,他仇视义和团的反抗行动也是明显可见的。不过他对中国文明和中国人民的民族性格,并没有加以诋毁和丑化;他也并不确认已存在西方所传言的那种具有巨大危险和威胁的"黄祸"。尽管他

---

〔1〕〔美〕赫德:《中国问题论文集》,引文据吕浦、张振鹍等编译《"黄祸论"历史资料选辑》,第144—159页。

并不愿意看到,却坚信中国会取得民族独立和解放,外国人根据不平等条约在中国享有的特权和不合理的支配地位将会丧失。尤其耐人寻味的是,赫德在 1900 年对 50 年、100 年以后的中国图景的预言,以及"中国根据常识也许不致于采取侵略政策和走极端"的猜测,与后来的历史真实居然相去不远。至于他悲观地说到的"将来会出现新的人物和新的环境,而历史可能会重演",如果不是指中国用"黄祸"威胁西方,而是指西方用"黄祸论"或是变种的"中国威胁论"来诋毁中国的话,那也是很贴切中肯的。

加拿大在华传教士邦德(G. J. Bond),在 1911 年写过一本名为《我们在中国的一份责任》的书。该书引用了赫德在 1908 年请假回到英国,在伦敦演讲时说过的话,"中国人是一个非常守法的民族";赫德还预言过,"一两百年之后中国可能强大到这样的地步,即足以为全世界规定和平条件,并且以永远站在遭受攻击的民族一边的办法使得战争不可能发生,使太平盛世得以实现"。邦德基本上赞同赫德的看法,说"中国人爱好和平,中华民族的发展将有利于和平",但条件是中国人必须接受基督教的教化。

邦德对 20 世纪头十年中国的发展变化给予了正面的评价,他称"世界历史上最伟大的社会变革已经在中国发生","过去十一年间,中国的进步比以往全部四千年历史上的进步还要大……它的进步比世界上任何其他国家都要大"。邦德首先谈到中国教育事业的变化,称赞中国"已经放弃了它那古老而受尊敬的教育制度,采用了最近代的西方学校和学院里的最新课程作为代替。……初级学校和中级学校,初中、高中、师范以及技术学校正在帝国的各个地方建立起来。成千上万出自名门望族的青年人正在出洋留学"。接下来邦德还列举了许多体现中国"对西方思想和西方文明的态度"已经产生变化的事实,诸如"它已经接受了立宪政府的原则,正在准备于 1917 年建立国会。各省首届谘议局会议于 1910 年召开。它正计划建立一支舰队,正以新法训练一支陆军。它已经建造并装备了大兵工厂和无烟火药工厂。它已经把邮政局从几十个增加到三千五百个。它拥有二万六千英里长的电报

线,大约五百所电报局,而且正把电报线路推展到那个西藏边疆,甚至
到神秘的都市拉萨。它有四千多英里铁路已经通车,正计划再修筑九
千英里。它正在要求废除治外法权的法庭"。此外邦德还谈到中国政
府已经颁布法令,要完全禁止鸦片,反对女子缠足,以及"数百种报纸
已经创办起来"。

　　讨论邦德对晚清新政的观察和评论是否正确,当然不是本书的任
务。这里试图证明的只是,当西方多数"黄祸论"者把中国在工业化和
现代化道路上的每一点进步,尤其是军事力量的发展看成"黄祸"征兆
的时候,邦德却把这些看成是中国接受了"西方思想和西方文明"的可
喜表现。他甚至对中国提出的要求废除外国人在华的"治外法权"一
事也加以肯定,明显反映出他具有另一种观察和思考角度。当然,邦德
出于一个虔诚的传教士的立场,认为"还有一些变化,从基督教的观点
看来更加惊人"。这些包括"闽浙总督最近禁止为崇拜偶像的迎神赛
会收捐募款;另一位总督命令他那数千名僚属每人都应自有一部《新
约全书》;再有一位湖广总督发布公告,规定……公立学校中《新约》应
同经典著作一道让学生们来学习。基督教的礼拜日在全国已定为国立
各院校的每周休息日。更有甚者,数千册又数千册的《圣经》以及《圣
经》各部分的单行本已经销售出去……基督教信徒正以空前的速度增
加着"。显然正是当时中国的这种"西化"趋势,使得邦德不大相信"黄
祸"的"威胁"。

　　邦德以不确定的语气引用了"黄祸论"者的说法,"一旦千百万中
国人意识到自己的力量时,将给西方文明带来灾难和毁灭",包括日
本、印度和中国在内的"黑黝黝的东方民族",人口众多,加之"训练有
素而且科学地装备起来的军队","可能要冲击破坏并且蹂躏西方文
明。现在,不是地中海或者大西洋、而是太平洋将成为全世界最惊心动
魄、最有决定性的战斗的场所"。但是邦德估计这种预言"不会应验"。

　　当然邦德也有几分担心。他说,中国青年到欧美留学后,"并不因
此……更多地感染上基督教的基本精神","却完全有可能会作为非基
督徒回到国内,把他们的个人偏见带给那些他们尔后在有影响的职位

上任职期间即将接触到的人"。他认为"在日本发生过的事极其可能
在中国发生",即中国人"渴望接受和吸收西方文明中的全部物质利
益","却没有为基督教的富有活力的精神所补救、革新和解放,那就真
不能想象有什么事会比中国处于这种境况具有更大的灾难"。

所以尽管邦德也承认,"中国人是出名的爱好和平的民族。当兵
这一行在他们的圣贤的训条或国家的条规中从来没有得到过公认地
位;如果不是出于自卫上的急需,如果没有基督教各国的榜样,这种职
业在今天也不会取得公认的地位";但他仍然认为,从知识、物质、制度
层面因学习西方而带来的变化,"并不一定有助于中国在道德和精神
方面的改善"。因此他强烈地主张,西方的基督教教会应履行起自己
的"职责","指导这个运动","要使这个接受西方教育的运动基督教
化"。他强调,只有"中国的发展不是成为反基督教,甚至也不是非基
督教,而是成为基督教占优势"的结局,才不会"出现黄祸作为一种恶
兆来惊动全世界"。[1] 概括邦德的观点,就是中国当时没有成为"黄
祸",此后会否出现"黄祸"的征兆,关键在中国能否实现"基督教化"。
这是一个以"中华归主"为职志的纯粹基督教传教士的立场和态度。

澳大利亚人乔治·厄内斯特·莫理循(G. E. Morrison,更多时候是
以英国人自居),1894 年曾经进行过从上海沿长江上行,经湖北、四川
到云南的"西南之旅",翌年在伦敦出版了记录此次行程和观感的《一
个澳大利亚人在中国》一书。1897—1912 年担任英国《泰晤士报》驻北
京记者,1912 年至 1920 年担任中华民国北京政府的政治顾问。二十
余年间莫理循主要在中国居留,其发表于《泰晤士报》上的文章,有关
演说、通信、日记及留存的档案资料中谈及中国之处极多。

莫理循在中国广交朋友,尤其长期支持袁世凯,袁世凯及其外交干
将蔡廷干自然对他有好感。莫理循北京家中的另一个常客曾广铨,曾
把 20 世纪初年中国人抵制美货运动、各省抗议列强攫取铁路特许权运

[1] 〔加拿大〕邦德:《我们在中国的一份责任》,引文据吕浦、张振鹍等编译:《"黄祸论"历史
资料选辑》,第184—190 页。

动的开展归功于莫理循,说他"不停地把北京使馆区侵略成性的一伙人的阴险无耻的渗透公开发表出来,最后唤醒了各省的人们",[1]认为莫理循的报道有利于中国人民的收回利权的运动。清末改革派人士、报人汪康年也称赞说,莫理循"为英伦《泰晤士报》访事于吾(国)垂十余年,声名甚著。欧人考求泰东之事,几以《泰晤士报》为主,即不啻以毛(即莫理循)所报为主",并说"毛之词颇右我国",[2]即以为莫理循的报道不仅真实可据,而且能为中国说话。但在 20 世纪 80 年代以前,中国学术界基本视莫理循为"帝国主义分子"。两种评价绝然不同,但同样都失于简单片面。

1910 年秋天,莫理循在英国伦敦的文学俱乐部发表题为"中国的觉醒"的演讲,他提醒听众说,"当他们畅谈欧洲的黄祸时,却忘了直到现在中国还存在很明显的灾祸:欧祸。他告诉他们,一方面中国正从三次农民起义的灾难中恢复过来,正在发展交通和教育;但另一方面她仍然在中世纪的统治体系,折磨、奴役和缠足的苦痛中苦苦挣扎"。他在总结时说:"我对中国这个伟大国家的未来充满希望;我相信英国政府在与中国打交道时所奉行的政策,打心眼里是为了中国好。我们对中国一贯采取温和、公正的态度。在过去的 50 年中,我们有过许多扩张领土的机会,但我们从未利用这些机会去获益。我们与中国人的交往建立在公平、诚信的基础上。……我们被告知应采取富有建设性的对华政策,不要顾忌中国是一个独立的帝国;我们鼓励所有会产生进步的运动;我们支持每一项意欲改善人民生活条件、增进他们的财富和幸福的措施。我们忠实地遵守我们的诺言,我们极力要求的是中国方面应忠实地遵守条约,就象我们所做的那样。"[3]上述讲话表达了两层意思。第一层是:欧洲人大谈"黄祸"但不知道中国人正在忧虑"欧祸"。

〔1〕 骆惠敏编:《清末民初政情内幕——〈泰晤士报〉驻北京记者、袁世凯政治顾问乔·厄·莫理循书信集》(以下简称《清末民初政情内幕》)上册,上海:知识出版社 1986 年版,第383 页。

〔2〕 汪康年:《汪穰卿笔记》,上海:上海书店出版社 1997 年版,第 141 页。

〔3〕 西里尔·珀尔:《北京的莫理循》,檀东鍟、窦坤译,福州:福建教育出版社 2003 年版,第308—309 页。

但对这种认知上的鲜明对照孰是孰非,莫理循没有展开分析。第二层是:美化英国的对华政策,要求中国遵守既往签订的不平等条约;但是希望中国实行改革,取得真实的进步,并称赞中国的未来充满希望。

从莫理循敌视在澳大利亚的黄种人移民这一点看,他与"黄祸论"者有相似之处。19世纪90年代,莫理循在中国西南旅行时碰到了吃苦耐劳的广东人,尽管这些广东人对他"总是很有礼貌、和蔼可亲,认为我和他们一样都是背井离乡的人",但莫理循内心却充满愤怒,他在那本游记中写道:"正是这些中国人把我们从澳大利亚的北部领土上驱赶出去,我们必须不惜一切来防止他们进入殖民地区","在澳大利亚,无论是中国人还是其他国家的人,都不能允许他们进入,否则澳大利亚是我们英国人的殖民地还是亚洲人的殖民地?"[1]正是基于这种信念,莫理循一直以赞同的态度对待澳大利亚和美国的排斥移民的行为。直到去世前夕,莫理循还在日记中写道:"白澳政策是澳大利亚最重要、最具全国性意义的政策……(它)得到了全国人民的支持。"[2]

19世纪末20世纪初,西方帝国主义者认为弱肉强食,穷兵黩武侵略他人并非不正义之举,相反认为这是给后进地区送去了先进的文化。莫理循没有例外地接受了这种观念。他赞扬英国的对华侵略,说"英国以同情中国的每一次变革而为世界所公认。那些变革的目的是为了使中国人民走向进步,为了促进中国的教育,为了传播自由思想和真理,为了主张正义和促进自由贸易"[3] 因此莫理循始终坚定不移地维护英国的利益。1898年列强在中国划分"势力范围"时,莫理循对英国只取得了长江流域表示不满,他说,"英国在这里能够提出的要求,最多不过是长江流域。你认为那就够了吗?我可不认为够了。我们在广东省的利益,比在长江流域任何一个省份的利益都大。……我们在亚洲的真正世袭遗产是整个东南亚,其中包括长江流域"[4] 他一直

〔1〕　窦坤:《莫理循与清末民初的中国》,福州:福建教育出版社2004年版,第29—30页。
〔2〕　《北京的莫理循》,第566页。
〔3〕　同上书,第295页。
〔4〕　骆惠敏编:《清末民初政情内幕》上册,第75页。

希望英国维持远东的霸主地位,并实现利益的最大化。

莫理循原先认为英国在远东的最大对手是俄国,为了"把俄国赶回去",他处心积虑促发日俄战争,并且反对美国促成日俄谈判以尽快结束战争。莫理循毫不掩饰自己的目的,是"必须准备好在我们的盟国日本击溃了俄国在远东的军队时,充分利用我们将会据有的大为改善的地位"。[1] 他说,"为什么要和平呢?……除开中国人之外,没有人会对在中国实现和平感兴趣"。[2] 很明显中国人不愿意日俄两强在自己的领土上打仗,尤其担心战争的持久会加剧中国人的财产和生命损失,但莫理循出于假手日本最大限度地削弱俄国的目的,根本就没顾及中国人民的利益和愿望。

当然,在1906年6月莫理循到日本控制下东三省的南半部考察,亲眼看到日本侵略者在东北的烧杀淫掠,并且大量输入"贴着假商标的冒牌外国货,轮盘赌、骗子、浪人和妓女。……那里没有公理和正义,日本人犯了罪也总是对的"的情形之后,他曾写信给《泰晤士报》国际部主任吉乐尔说:"在满洲的所有外国人,连同中国人也一样,对日本人普遍憎恶和怀疑,这很难说是夸大之词。"[3] 他又在日记中写道:"以前我们谴责俄国人在满洲犯下种种罪行,但现在所有这些罪行却在我们的默许下为日本人所重演。这是一个奇怪的世界。"[4] 此后莫理循逐渐转变,把日本看作是英国在远东利益的最大威胁,因此在中日两国的矛盾冲突中同情中国而反对日本。他自己说过,"的确,我可能有点亲华,因为我太反日"。[5]

日本人为了拉拢莫理循,于1909年5—6月间邀请其访日,殷勤接待,希望"莫理循博士将来对日本在满洲的政策持赞同观点"。但莫理循不为所动,他拒绝了日本赠予的"精致的勋章和名画",并且在横滨

〔1〕　骆惠敏编:《清末民初政情内幕》上册,第301—302页。
〔2〕　《北京的莫理循》,第225页。
〔3〕　骆惠敏编:《清末民初政情内幕》上册,第452页。
〔4〕　《北京的莫理循》,第280页。
〔5〕　同上书,第298页。

外国贸易董事会举办的宴会上说,他从事新闻工作,"就是要讲实话,要无所畏惧,决不趋炎附势";宣称自己没有在任何报道和电文中"羼杂进任何个人的偏见或爱好。当我看到报纸上说我亲此国、排彼国时,我感到愤慨。我是一个英国人,我所考虑的和我所希望要做的都是为了我自己国家的利益"。[1] 此后莫理循继续批评日本在中国的侵略政策。

1915 年初,日本秘密向袁世凯提出了几乎能置中国于死地的"二十一条"要求,并不许中国对外泄露。莫理循向袁世凯建议,公布"二十一条"以争取世界舆论同情。2 月 4 日,袁世凯接见他并谈话,告知"二十一条"内容但不许记录。莫理循凭记忆写出条文内容,交给另一个《泰晤士报》记者、也是澳大利亚人的端纳(Willian Henry Donald),但《泰晤士报》迟迟没有发表端纳发来的消息。2 月 15 日,莫理循通过蔡廷干得到了"二十一条"的全文英文译本,再次交给端纳。25 日又交了一份副本给汇丰银行北京分行经理熙礼尔(Edwurd Guy Hillier),从而使日本秘密提出的"二十一条"在全世界曝光。4 月 9 日,莫理循致函蔡廷干说:"日本人在继续攻击我。他们似乎认为我应该为这件事在某种程度上负责:那就是英国所有的报纸都支持中国抗拒日本所提的要求。"[2] 最终虽然由于西方国家忙于第一次世界大战而无暇东顾,尤其因为袁世凯政府的屈膝妥协,北京政府还是接受了日本的大部分要求,但莫理循全力揭露日本"外交上的奸诈事例",阻止日本"想从中国得到它所能够敲诈出来的一切",[3] 仍然具有不可忽视的意义。

说到是否视中国为"黄祸"的问题,如何对待义和团与八国联军事件以及传教问题,最能说明一个具体的西方人的态度。史料显示,当义和团迫害中国教民,进攻北京的教堂和外国使馆的时候,莫理循持与绝大多数在华外国人同样的反对立场。他参与了救助受害的中国教民的工作,甚至提枪上阵与义和团团众及清军作战,并因此而负伤。当八国

---

[1] 《北京的莫理循》,第 284 页。
[2] 骆惠敏编:《清末民初政情内幕》下册,第 423—424 页。
[3] 同上书,第 409—410 页。

联军控制了北京之后,莫理循也不光彩地把清军抢来的"两箱金银首饰","毫不客气地据为己有";议和期间,他又以住宅、家俱、器材、文物图书、照片及服装损失,以及右腿所受枪伤为由,要求中国赔偿他个人5804 英镑 10 先令 3 便士。[1]

但是另一方面,莫理循又多次在电报和通信中揭露联军的罪行。如 1900 年 8 月 17 日,他在给《泰晤士报》的一份电报中说:"北堂昨天解围,北京现在完全处于外国军队的控制之下。列强军队有组织地进行抢劫。法国和俄国的国旗飘扬在皇城最好的地段。据说那里埋有许多皇宫的珍宝。日本人挖到了一个密窖,据传里面藏有 50 万两白银(大约 62500 英镑)。"[2]9 月 24 日,莫理循又在给《泰晤士报》的电报中说:"俄国人洗劫颐和园的行动已经完成,所有的贵重物品都已包装好并贴上标签。"北海的白塔曾被作为义和团的总坛,这时遭到联军的严重破坏,莫理循说这是"可耻的野蛮行径"。他还谴责法、德两国军队掠夺北京天文台,"这些仪器的一半被送往柏林。……另一半送往巴黎。这种破坏公共财产的野蛮行径是十分令人遗憾的"。莫理循还描述法国人不仅"在抢劫过程中贪得无厌",甚至可恶到"强迫被抢劫的中国人把被抢劫的东西运到法国军营"中去。他说,这些可以写成一本书,"题为《北京宫殿洗劫一空——见证人之手》"。[3]

除了抢劫财产之外,莫理循还记下了联军杀害中国人,奸淫中国妇女的罪行。一位中国教师亲口告诉莫理循,他姐姐被俄国士兵轮奸,她全家 7 口人烧掉了自己的房子后全都吞鸦片自杀。莫理循说"这种事在当时很常见"。11 月 24 日,莫理循报道说:"德国军队继续在北京四处骚扰,其目的主要是为了掠夺战利品。德国官方还把这种袭击粉饰为重要的军事行动。"11 月 27 日,莫理循起草了一份长达 503 个字的电文,列举许多事实证实德军的残暴和野蛮,谴责德军屠杀无辜的中国老百姓,掠夺本来安分守己的城乡居民。他甚至建议英国军队退出联

---

〔1〕《北京的莫理循》,第 189、194—195 页。
〔2〕 同上书,第 190 页。
〔3〕 同上书,第 191—192 页。

军,不受瓦德西(Albert Graf Von Waldersee)的指挥。联军统帅瓦德西
大为光火,咒骂莫理循"是个卑鄙的流氓""妄自尊大",并说"在我的眼
里,新闻界的攻击就跟狗叫一样"。[1] 但是美国公理会传教士明恩溥
(Arthur Henderson Smith)对莫理循的报道作了肯定。明恩溥说到,因
为有两个德国人在京津之间的一个村里被杀,6 月初德军到那里作报
复性屠杀,150 名村民全部罹难。明恩溥写道:"当有人对此事以及德
军其他无数的同样行径加以注意时,他们的军事权威对《泰晤士报》记
者莫理循表示了极大的不满,因为他是第一个明确而有系统地对这些
现象表达感受的人。莫理循的电报说明了事实的真相。"[2]明恩溥所
说的"他们的军事权威"显然是指联军统帅瓦德西。由于当时莫理循
视俄、德、法三国为英国在远东的主要对手,所以他对上述三国军队的
暴行揭露较多,对当时是英国盟国的日本的揭露置于其次,而对英军则
没有多少指责。直到八国联军事件过去 5 年之后,他才在给友人的一
封信中对英军的丑行有所批评:"我们这儿有个皇家威尔士燧枪团。
义和团起义过后,人们普遍认为,威尔士燧枪团……比义和团更糟,但
却没有义和团那么勇敢;贼胆比义和团更大,说起谎来比义和团更是有
过之而无不及,是一群卑鄙无耻的盗墓贼。"[3]但总的来看,莫理循针
对英国政府和军队的批评很少。义和团事件发生前 5 年,莫理循说:
"中国也许是个未开化的国家,许多传教士都这么认为……但是让我
们看看事实:在过去的 23 年里,来自各国的传教士深入到中国的各个
角落……但是被杀的传教士却屈指可数。而且我们还不能否认,大
多数被杀的传教士都是因为他们自己的言行轻率卤莽才惹祸上身,
完全是咎由自取。而与此同时,却有成千上万无辜的中国人被文明
的外国人所杀害。"他还引用明恩溥的话作为证明,"一个外国人穿

---

[1] 《北京的莫理循》,第 192—193 页。

[2] 窦坤:《莫理循与清末民初的中国》,福建教育出版社 2004 年版,第 96 页。

[3] 《北京的莫理循》,第 258 页。

越中国,比一个中国人穿越美国所遇的危险要少"[1] 义和团与八国联军事件发生后,莫理循在讨论冲突的起因——是传教士行为不当,还是中国人"排外"——时说,"传教士要为义和团所惹起的麻烦负很大一部分责任"。[2]

义和团事件过去两三年后,莫理循就在通信中表示希望西方人士"忘记义和团的暴动",因为"中国为此已受到惨酷的责罚"。1906 年他访问广东、福建、上海等地,在报道中强调"调查的结果表明世界在过去对中国过度的恐惧是没有道理的","义和团运动时期的中国和现在的中国无法相比,因为现在的中国没有任何排外运动,与外国人和平共处"。[3] 而与此同时,莫理循仍然时有对传教士的批评,1909 年他曾向清政府建议,取消 1899 年制订的允许"天主教不同等级的教士都享有相应的官阶"的法令,[4] 即希望抑制西方传教士的势力和气焰。

莫理循对中国的总体看法常常自我矛盾,他一会儿说中国是"一个伟大的国家",称赞清末民初的"改革"取得了巨大的进步,中国有光明的无可限量的未来;一会儿又说中国是个"不可救药的腐败国家",他"看不出中华民国的国民与 15 年前我们所知道的中国人有何不同"。由于 1912 年初以前他的身份是《泰晤士报》的记者,他见之于报端的文字必然受到报馆高层乃至英国政府的某些干预;1912 年初之后受雇于中国政府成为顾问,其公开的文字和言论又不能过于违背中国政府的基本态度,所以莫理循当时公之于世的文字给汪康年等许多中国人留下了"颇右我国"的观感。

但是莫理循当时不曾公开的文字中似乎对中国和中国人的批评更多。他散见于通信和日记中的文字,批评过中国边防的空虚劣败,批评慈禧陵墓耗费巨资,批评清政府缺乏真心、没下实力进行改革,批评奕

---

[1] 〔澳〕莫理循:《中国风情》(原名《一个澳大利亚人在中国》),北京:国际文化出版公司1998 年版,第 261—262 页。
[2] 《北京的莫理循》,第 180 页。
[3] 窦坤:《莫理循与清末民初的中国》,第 96—97 页。
[4] 《北京的莫理循》,第 286 页。

劻、盛宣怀贪腐,批评驻英公使张德彝不认真工作和吃斥退员工的空饷,批评民国初年的武人干政、军阀横行。当然他也批评过孙中山的激进和有关政治改革、工业交通建设计划的不切实际,批评袁世凯的腐败(多妻妾)、在日本人面前的软弱无能及复辟帝制的行为。莫理循对一般群众有时加以称赞,认为他们"热情好客,彬彬有礼",但是说中国到处都闹灾荒、流行病,尤其成了"罪恶万端的鸦片烟的俘虏",所以中国"处处都有贫穷和饥荒,穷人悲惨地苦度时光","染上了严重的流行性疾病的,成百成百地死去"[1] 总之在莫理循眼中,中国的未来或许还有希望,但当时无论如何该批评之处极多;中国人民热情善良,但贫穷愚昧。

1913 年,莫理循在和顾维钧谈到中国问题时,他说中国人"拘于小事,大事糊涂"。他还系统谈到中国"所蒙受的许多耻辱",具体指出:

> 允许德国在山东建立军港、控制铁路是耻辱!
>
> 外国人受治外法权保护,不信任中国司法部门是耻辱。
>
> 允许家庭蓄奴是耻辱(中国是世界上惟一允许买卖亲骨肉的国家)。
>
> 为了能获得贷款,不惜让外国人在经济上卡住脖子是耻辱。
>
> 修铁路要在外国人的监督下进行,不相信中国自己的信誉是耻辱。
>
> 由外国传教士兴办中国惟一的医疗慈善机构是耻辱。

中国没有为国民提供保护,没有法律和治安的保证,只有外国人修建的马路或铁路,没有对从事做危险工作的工人提供保护措施,没有对儿童的生命以保护,没有为精神病患者设立医院,都是耻辱。还有:

> 严刑逼供是耻辱[2]

与此同时,莫理循在给朋友的信中也提到中国人有该批评之处,

---

[1] 《中国风情》,第 119、182、98 页。
[2] 《北京的莫理循》,第 438 页。

诸如：

> 中国人特别懒散。
>
> 缺乏纪律。
>
> 缺乏仪表的自豪感。
>
> 凡事拖拉，不讲效率。
>
> 缺乏克制精神，明显地比以前缺乏爱国精神。
>
> 不敢面对现实。胆怯，怕负责[1]

从总体来看，莫理循在公开的文字和言论中不乏肯定甚至称赞中国和中国人民之处，但在私下里批评乃至悲观的看法还是占上风。同绝大多数近现代西方人看待事物的方法一样，莫理循不相信一个人或一个群体的实际行动会由所谓"本性"来决定，认为关键还是在利害得失和实力对比，他认为中国不会成为"黄祸"就是立足于中国贫弱落后、不足以危害他人的这一判断。所以当1911年初莫理循访问圣彼得堡，俄国外交部长萨索诺夫（F. E. Sasolow）向他表示害怕中国由于强大而成为富有侵略性的国家，担心西伯利亚防御力量不足时，莫理循的回答是："在未来许多年里，中国不可能变得很强大。因为尽管在过去的几年中，中国的军队发展迅速，但……这对保卫中国这么大片疆土来说是个微不足道的数字。"[2]

莫理循看到中国的贫弱、落后、腐败，并大量列举中国的"耻辱"所在，应该说是体现了他观察的深刻和直言不讳，不应该一概视为"抹黑"。当然在深究中国为什么贫弱、落后、腐败，造成多种"耻辱"的原因时，莫理循未能正视西方侵略是一重大因素，而偏重于批评中国的制度和领导人物的守旧、无能和贪婪。例如在对待防禁烟毒的问题上，莫理循在1905年曾向英国新任印度国务大臣约翰·莫里（John Morri）建议，"必须逐渐废除印度和中国间令人厌恶的鸦片贸易"，[3]表现出某

---

〔1〕《北京的莫理循》，第439页。

〔2〕 同上书，第322页。

〔3〕 同上书，第237页。

种程度的正义感;他也同时批评了中国人的自甘堕落,不仅在云南等地自己种植罂粟,还"每年都从我们这里购买 42750 吨鸦片",从而成了"罪恶万端的鸦片烟的俘虏"。[1] 虽然对烟毒泛滥的外部责任流于轻描淡写,总还有所涉及。但在更多更重大的问题上,诸如西方国家对中国发动侵略战争,迫使中国割地赔款;西方国家通过一系列不平等条约,从中国获取政治、经济、法律的各种特权,对这种种"耻辱"之造成,莫理循或者避而不谈,或者片面地归咎于中国人自身,显然还是其立场所致。当然,中国人如果把自己贫弱、落后的原因和种种"耻辱"一概归于外来侵略的账上,不从本身的制度、精神、国民性格等方面寻求原因,恐怕始终也难以自强。

美国公理会教士明恩溥,也是长期居留中国者,并且其毕生著述皆以中国为描写和分析对象。明恩溥 1845 年生于美国康涅狄格州,大学毕业 5 年后,于 1872 年来华,长期在山东从事乡村布道、医药、慈善、教育工作,兼任上海《字林西报》通讯员。1905 年辞掉教职后又留居河北通州,致力于通俗教育,第一次世界大战后才回到美国。其在华时间长达四十余年,有关中国的著述则有《中国的格言与谚语》《中国文化》《中国人的素质》《中国的农村生活》《骚动中的中国》等书。其中以《中国人的素质》影响最大,该书出版于 1892 年,1894 年即出第二版,并被译成法、德、日等文。在我国,潘光旦先生曾选译该书二十七章中的十五章,收入潘先生 1936 年编选的论文集《民族特性与民族卫生》(商务印书馆,1937 年 7 月出版)。2001 年上海学林出版社出版了秦悦翻译的全译本,印数多达数万册。

明恩溥在《中国人的素质》的开头即承认,"中国是一个广阔的整体","只有在中国才能确切地理解中国人",但"中国人是一捆矛盾",是"复杂现象的集合",因而"不可能用一个概念来概括中国人的素质"。对于他自己所作的概括和分析,只能说是"用碳笔勾勒出的中国

---

〔1〕《中国风情》,第 46、119 页。

人某些性格的速写"[1] 在明恩溥的笔下,中国人素质或性格的正面意义与反面作用常常是紧密相伴的,但即使如此,他或是赞赏或是批评的倾向仍然比较明显。

明恩溥首先注意到,也基本上加以肯定的,是中国人的勤劳和节俭。他说,"中国人出于本性的勤勉真是广泛"[2] 他以自己常见的事例来证明,诸如农民天还没亮就在路上拾粪,妇女聊天时也在纳鞋底,商店、餐馆开门早而关门晚。在上海,从天亮到半上午,中国人往往干了几个小时的活,外国人的机关、公司才开始上班。"中国人都是极度地俭省",尤其在"饥馑之年,每天不足一文半的定额,也足以让成千上万的人苟全性命"[3] 诸如小孩拾柴草,妇女夜间纺纱织布,只靠墙洞里的植物油灯照明,而妇女所纳的鞋底也是利用碎布块做的,这一切都没逃过明恩溥的观察,因此他十分惊讶中国人的"修复能力"和"适应"能力。他说"不管破坏力有多大,总比不过修复能力。我们认为,只要有几十年的太平和丰收,中国几乎任何一个地方都能从本世纪一连串的灾难之中恢复过来"。而移民到国外的中国人,不论是到东南亚、澳洲或南北美洲,都"适应得十分迅速而完美,他们远比当地人勤劳和节俭"[4] 其次为明恩溥所注意的是中国人遇事忍耐、知足常乐、尊重法律和待人有礼。他指出,"中国人多年以来经常在最不利的条件下谋求生存,因而学会了把最为文明的民族的积极的勤劳同北美印第安人消极的忍耐融为一体",他们"毫无怨言地等待,泰然自若地忍受苦难","乐天安命","满足于为一点报酬而苦干",而从来"不想去改变这个体制"[5] 明恩溥还说,"中国人热爱秩序,尊重法律,即使法律并不令人尊重。在所有的亚洲民族之中,或许中国人最容易统治,只要统治方法让他们习惯",中国人就能"虽然处于一种半扼杀的状态,看来

---

[1] 〔美〕明恩溥:《中国人的素质》,秦悦译,上海:学林出版社2001年版,第2—4页。

[2] 同上书,第19页。

[3] 同上书,第12—13页。

[4] 同上书,第125—126页。

[5] 同上书,第132—136、141页。

却还舒服"[1] 还有,中国人恪守礼节,"对待礼仪就像对待教育,使之成为一种本能而非刻意去学的东西",认为礼节"是社会秩序的基础",至少也是"一种润滑剂,用来调节人际交往"。明恩溥甚至说,西方人如果"不要坚持我们的莽撞,把西方人的顽强与东方人的彬彬有礼结合起来,将会更好"[2] 应该说,明恩溥对于中国人的性格基本加以肯定的这些方面,除了恪守礼节这一点之外,大多数只是下层社会尤其是劳动者所具备的特性,如果说当时的富人和统治者也都勤劳、节俭、遇事忍耐和乐天安命的话,恐怕当时的中国人难以认同。

明恩溥因其西方人的眼光和悲天悯人的救世主态度,故即使是对上述中国人的性格也没有过多褒奖;相反,他对于这些性格特征的消极乃至有害的影响,作了更多更尖锐的批评。

比如说,中国人虽然勤勉,终日忙碌,但又不像西方人那样精确地安排时间,"短时间内更多地工作"。他说,西方人认为时间就是金钱,尤其反感他人耗费自己的私人时间,但中国人讲话冗长,聊起天来又好像"出奇地空闲",所以"很难培养中国人意识到快捷的重要",[3]即认为中国人虽然勤勉却没有工作效率。节俭当然是美德,但"西方常见的节省劳力的种种办法,中国人却一无所知"[4] 中国人的节俭却常常体现为不讲身体卫生,不多洗澡和夏天光着膀子;饮食不文明,吃剩饭剩菜和"动物死后一律吃掉";住房不讲通风和光线充足;乡村和城市都缺乏卫生设备,有病也不去治疗。明恩溥的意思是说中国人生活水平低下,但他没有探究生活水平低下是出于什么原因,反而仅仅归结为"中国人关于舒适方便的标准,与我们习惯的标准有极大的不同",[5]这显然是偏见和误解。

对于"忍耐"和"知足",明恩溥有更尖锐的批评。他说,"正是这种

〔1〕　《中国人的素质》,第195、122页。

〔2〕　同上书,第28—29、34页。

〔3〕　同上书,第35—38页。

〔4〕　同上书,第112—121页。

〔5〕　同上书,第122页。

无限的忍耐力,使中国出现了最悲惨的景象:成千上万的人默默地饿死。……(人们)见怪不怪,以致于心肠变硬了"。而且"中国人的知足是进步的对立面,知足阻碍着进步",比如中国人普遍相信"对现行制度进行具体而实际的改革,可不是闹着玩的。这种经历缓慢地培育了他们顽固的保守主义"[1]。由忍耐、知足到保守,进而就是迟钝、麻木不仁和缺乏同情心,他认为中国人在政治生活中"很难真的理解个人自由与社会自由的观念",[2]西方"将人的生命奉为神圣",中国却习惯于"刑罚残酷",缺乏"把人当作人来同情"的心理,"行善之心"也越来越难见。[3]中国人的"讲礼"成了一种形式,而"并非发自内心",所以不管对方是否乐于接受和感觉愉快,重要的是"表示自己确懂礼节"而且"没有失礼"。[4]

明恩溥认为中国人"是真正的实用主义者","他们的生活由两个部分构成,一个是胃,一个是钱包",[5]因而整个社会充满了彼此猜疑,缺乏诚信。"政府对人民不信任",极端的表现"就是一人犯罪,满门抄斩的东方做法",株连"使得中国社会的每一个成员都被带上了无法挣脱的脚镣"。[6]"各级官员颁布的告示比比皆是,内容包罗万象,措词精巧得当。缺的只有一个,那就是真实,因为这些堂皇的命令并没有打算实施"。人民对政府也不信任,"他们知道,所谓'改良'只不过是一种涂抹,很快就会剥落"。[7]"中国人理所当然地认为,不能相信别人",因为不仅从官场到社会都充满谎言,市场上更有"假秤、假尺、假钱、假货……这些现象在中国殊难避免",所以他认为"很少有中国人具备守约的道德"。[8]明恩溥还觉得中国人对外国人尤其不信任,"外

---

〔1〕《中国人的素质》,第138、141—142页。
〔2〕 同上书,第83页。
〔3〕 同上书,第171—185页。
〔4〕 同上书,第29—30页。
〔5〕 同上书,第77页。
〔6〕 同上书,第202页。
〔7〕 同上书,第247、248页。
〔8〕 同上书,第248、244、238页。

国人在实际事务中表现出来的毋庸置疑的能力,中国人看来并不感动",而且"几乎可以说,凡是外国人提出的一切,都会遭到反对"〔1〕。明恩溥说,中国人确有"强烈的民族感情",但这种感情只表现为"对外国人的仇视",并没有发展成为学习外国的内心渴望和维护国家、集体利益的"公共精神"〔2〕。

明恩溥认为,造成上述问题的原因有诸多方面。首先是制度的因素,他说,"中国政府在本质上是一个家长制的政府,要求臣民顺从听命",但"政府一方,尽管是家长,却主要忙于照顾家长自己,而不是照顾家庭成员",这样固然养成了中国人忍耐、服从的性格,但也使得中国人习惯于"只要自己的个人财产不受损失,就不必去关心或者没有责任去关心公共财产"〔3〕,把个人私利、地方利益摆到了比国家利益更高的地位。中国的制度还使得一个人的"关系"比他的能力与职业精神更重要,"看到依附关系和裙带关系在中国行政、军事和商业中发挥的作用,还会责怪中国的看门人和警察不忠于职守吗?"〔4〕明恩溥尽管是一个外国人,但他看到了中国传统制度最大最坏的两点影响,可以说是切中要害。

其次是儒学的根本局限。儒学教育是一种精英教育,脱离生产和生活的实际,而且考试形式僵化,时间又长(如秋试要考9天),中国的下层阶级根本不可能受到教育,"数以百万计的人贫困而又无知,如此的命运使眼界狭窄,心智也就必然会混乱",所以"中国下层阶级的多神论和泛神论"流行;而接受了儒学教育的上层阶级则多信仰"无神论",这种缺乏共同信仰的状况,就"根本无法支撑一个民族的精神生活"〔5〕。何况儒学对待客观存在的事实也要遵从为尊者讳、为亲者讳、为贤者讳的原则,换言之是要求人们在国家、圣贤、亲长的"名誉有可

〔1〕《中国人的素质》,第89、228页。
〔2〕同上书,第95—97页。
〔3〕同上书,第92—93页。
〔4〕同上书,第279页。
〔5〕同上书,第76、256—257页。

能受损失的情况下隐匿事件真相"，[1]因此，在中国要弄清一个普通事物的真实面貌，弄清一个普通事件的真相，都存在着困难。明恩溥说，他"愿意相信，儒学造就了一批道德高尚的人"，"中国人并不缺少智慧，也不缺少忍耐、务实和乐天性格，在这些方面他们都非常杰出。他们真正缺少的是品格和良心"，而"中国历史表明，儒学在试图给人以新生，让人有更高尚的生活和作为方面，是无能为力的"[2]简言之，儒学无法指导中国的制度和人性进一步向上提升。

最后一点也与儒学有关，就是中国人偏重于从历史中学习，恪守祖制和听命于年长者。明恩溥说，"中国人自己的历史就是他们的老师，而他们从中学到的课程全都具有保守的特点"，"中国人敬仰先人"，"只要年长的人一息尚存，年轻的人就几乎完全隶属听命"。[3]他强调，"没有哪个国家是靠了解自己的历史来接受教育的……正是在这一点上，中国人的知识有致命的缺憾"，因为"进步的第一动力，来自于亲眼目睹别人的优越条件。中国的绝大多数民众……对别的国家一无所知"。由于极度缺乏外部知识、恪守祖制和听命于长者，"人们的心灵被铁一样沉重的压力禁锢起来了，阻碍了发展，也阻碍了健康向上的变化"。[4]中国人认为历史文化资源丰富是自己的优势，以史为鉴是民族智慧的来源之一，鄙薄"数典忘祖"，尊敬先人和长者，这的确是一种重要的美德，但明恩溥的观点应该也能提醒我们，换一个角度思考上述思维方式未必没有裨益。

明恩溥把当时的中国政府和一般民众的"因循守旧"看得非常严重，甚至认为已经无可救药。他说："古代的经典造就了中华民族，也造就了政府体制，不管这个政府体制具有什么别的性质，它的顽强执著却是不争的事实"，"别国经历过的内部革命，中国却没有经历。……中国政府在任何情况下都不可能被吹倒，它是一个立方体，一旦翻倒，

---

〔1〕《中国人的素质》，第236页。
〔2〕 同上书，第278—279、273页。
〔3〕 同上书，第142、104、159页。
〔4〕 同上书，第142、159页。

也只是换个面,其外表与内涵还是一如既往"。[1] 下层群众既对外部
情形毫无所知,再加上"柔顺固执"的性格使然,尽管受到各种压力,
"一切事情还是老样子",就像一个人的头发,"可以梳理、修剪,还可以
剃掉,但将来长出来的头发肯定还是老样子"。他因而肯定地下结论
说,"中国永远都不可能通过内部自身进行改革",而只有"借助外力"
才能"彻底脱胎换骨"。[2]

　　毫无疑问,明恩溥是一个西方优越论者,他认为"基督教文明最美
好的结果,就是它所造就的美好人生","基督教文明带来的大大小小
的成就,是中国现有文明所无法企及的",因而中国新生的出路就是走
西方基督教国家的道路。虽然他说"外国与中国交往的全部历史,在
中国一方是猜疑和推诿,在外国一方无疑也有不少严重失误","大国
之间的国际关系,恰恰并没有给中国带去什么好处",但对西方列强给
予中国的损害轻描淡写。他甚至希望中国人相信,"外国人是中国人
真诚的祝福者",[3] 从而毫无保留地向西方学习。

　　那么中国最需要向西方学习什么呢? 或者换个角度说,西方应该
如何助成中国的改革呢? 明恩溥认为,仅仅使中国进入"国际大家庭"
还不够,"如果中国要改革,是不能通过外交途径来进行的","自由的
交往,自由贸易,以及和睦友好的关系",都无法促成中国的自我改革;
他甚至认为,西方的科学技术、物质文明以及民主等,对中国的作用都
不会很大,"中国人无疑迫切需要科学","但对科学的了解,一定能对
这个帝国的道德施加有益的影响吗? ……难道不会因此而在生活各方
面引发新的和始料未及的欺诈和暴力吗?""物质文明的积聚,是否就
能消除精神上的弊病呢?"还有,"把选举投票箱引进中国,是否就能使
中国人成为一个讲民主的民族,因而适合实际共和制度呢?"在排除了
种种在他看来是"治标"的方法之后,明恩溥提出,"要改革中国,就一
定要在素质方面追根溯源",对症下药,"中国需要的是正义","只需要

---

〔1〕 《中国人的素质》,第99—100 页。
〔2〕 同上书,第69—70、288、285 页。
〔3〕 同上书,第231 页。

人格和良心"。因此归根结底,"中国的各种需要只是一种需要。这种需要,只有基督教文明,才能永恒而又完整地给以满足"。[1] 可见明恩溥不仅是一个西方文明优越论者,而且他与上述莫理循的不同之处,还在于他是一个彻底的基督教救世论者。

从表面上看明恩溥的著作没有涉及"黄祸",但实质上与"黄祸论"仍有关联,这主要体现在以下两层意思上。其一,中国文明与基督教文明差异甚大,前者所造就的制度和人民都具有保守排外的性质,"中国目前对待西方的态度是拖延。一方面不太愿意接受新事物,另一方面则根本没有愿望,甚至不想放弃旧的事物";[2]而且他认为中国人自己不诚实,"对外国人十分猜疑","凡是外国人提出的一切,都会遭到反对",[3]因而西方国家与中国自然不可能形成相互信任和平等融洽的关系。

其二,明恩溥谈到中国人勤劳、节俭,具有忍耐力、适应能力和修复能力时,不时流露出某种担心和恐惧,所以他赞同美国和澳大利亚的排华运动,说"中国人作为一个整体不再大规模地移居海外,这对于其他民族的心情平和而言,肯定是莫大的幸运。如果东亚现在全是不可征服的人,渴望着把自己的能量发散到这个星球的其他地方,如同中世纪的中亚那样,我们很难想象我们双方会变成怎样,也很难想象适者生存的原则会怎样!"[4]意思是说在 19 世纪的当时,强大的西方足以控制东亚,所以还没有太大的问题。但是明恩溥对于未来并不乐观,他说,"在 20 世纪的各种纷争中,究竟是'神经质'的欧洲人,还是永不疲倦,无所不往而又不动感情的中国人最适于生存呢?"[5]他同样采用了"黄祸论"者的话语方式,说"如果有一天白种人与黄种人进行前所未有的激烈竞争,当这一天不可避免地到来时,谁将会败北呢?"而且明恩溥

---

〔1〕　《中国人的素质》,第 289—293、283 页。

〔2〕　同上书,第 105 页。

〔3〕　同上书,第 226、228 页。

〔4〕　同上书,第 126 页。

〔5〕　同上书,第 83、26 页。

没有停留于这种耸人听闻的发问,他还忍不住拿出了自己的答案:"如果一个民族能有像中国人那样的身体素质,就可以从战争、饥荒、瘟疫和鸦片的作用之中生存下来,如果他们再注意生理学和卫生学的规律,食物得当,营养充足,我们就有理由相信,单是这样一个民族,就可以占领这个星球的主要地区,乃至更多地区。"〔1〕所以,明恩溥汲汲于中国的"基督化",是出于对中国人苦难的同情,还是为了消除可能出现的"黄祸",只有他自己才清楚。

将近一百年之后,美国的中国学权威费正清(John K. Fairbank)曾简单地评论此书。他说,"美国人心目中对中国的映象的幻灭,是由一本读者甚多的著作来加以完成的,即明恩溥牧师所著的《中国人的素质》","该书是美国中产阶级眼中中国生活的经典写照",〔2〕这是一种中性的扼要评价。但与明恩溥同时代的、精通多种西方文字的中国保守主义者辜鸿铭,在读了明氏的英文原书之后,却以尖刻的嘲笑评说,"那个可敬的明恩溥先生,他曾著过一本关于中国人特性的书,但他却不了解真正的中国人"。辜鸿铭说,明恩溥写此书的目的,是为了证明盎格鲁萨克逊人是"凌驾于中国人之上的优越者",是"要开化中国人"的人,然而他根本不知道"不仅东方的孔子、康有为先生和端方总督之间有着不同的理解,而且在西方的莎士比亚、歌德和约翰·史密斯(即明恩溥)之间也存在着差别",即东西方文明自身内部也有很多差异,不能一概而论谈孰优孰劣。接着辜鸿铭引用了赞赏中国文明的伦敦会传教士理雅各(James Legge)博士的话,证明明恩溥的观点不过是一些应该"抛弃的关于东方精神真正本质的胡言乱语"。辜鸿铭还讽刺当时的西方"中国学"家说:"现在那些在中国的欧洲人,只出版了几本关于中国某些省份的方言录,或百来条谚语的汇编,就立刻被冠以中国学家的美称。当然,只取一个名目倒也无妨,凭着条约中的治外法权,一个在华的英国人,只要他乐意,随时都可以泰然自若地自称为孔子

---

〔1〕　《中国人的素质》,第130页。
〔2〕　同上书,第332页。

的。"〔1〕可知辜鸿铭当时对明恩溥式的中国学家及其对中国文明的基本否定结论,很不以为然。

20 世纪 30 年代,中国社会学家李景汉在为潘光旦的《民族特性与民族卫生》一书作序时,也谈到了明恩溥的《中国人的素质》。他说,"向来国人对于外人的意见,抱着种种不同的态度。有的只喜欢外人说我们民族如何如何优秀,而遇到指出我们的缺点时,即生反感,而替自己辩护;至于说得对与不对,往往不加深思的",他认为这种态度必须改变,"对于外人论断我们的话,尤其是依据精密观察的结果,我们不但不应当忽视,尤当加以重视,引为借鉴才对"。秉持这种态度,李景汉不同于辜鸿铭认为明氏所描写的"不过是一些社会表面的现象,是一些拉杂的、平常的、肤浅的叙述",认为"世间最平常的东西,往往也就是最重要的东西",并强调"这比一般笼统的、主观的、玄想的、去事实生活很远的大议论,有价值多了"。他列举了明氏所说的中国人"到处可以适应"但"不讲卫生""神经麻木""忍耐力强"以及"不抵抗""不求精确""不重视时间""勤劳""节俭""知足常乐"等品性,认为"他所引用的许多例子是我们不能不承认的";对于明氏所说的中国人"有私无公""缺乏同情心""言而无信""尔虞我诈"以及"爱面子"等,他也认为这"是使中国的读者容易发生反感的部分,但也是对于我们的当头棒喝,使我们反省的部分。读这一部分时,我们多少需要一些修养和'有则改之,无则加勉'的态度"〔2〕 最早节译明氏著作的潘光旦的态度和李景汉相似,他认为明氏所指出的中国人"一部分的民族特性,我以为不妨当做民族的病象看待。……民族的先天不足,惟有民族卫生的药方可治"〔3〕 言下之意是劝国人不妨把明氏的书看成苦口良药。

英国爱尔兰作家,《慈禧外记》的共同作者之一濮兰德(J. P. Bland,中译也有作勃兰德和柏兰德),1883 年进入中国海关工作,其后

---

〔1〕 《中国人的素质》,第 323—330 页。
〔2〕 同上书,第 300、306—312 页。
〔3〕 同上书,第 319 页。

又担任海关总税务司赫德的私人秘书两年。1897 年后担任英国《泰晤士报》的驻华特派记者,与前述莫理循是同事。濮兰德约在辛亥革命前后离开中国,1912 年出版了题为《中国近况与当前在华政策》的著作,其中第 14 章就是专谈"黄祸"问题。不过他也只能归入"软性黄祸论者"之列。

濮兰德首先形容说,"黄祸""必须公认为是一个衣衫褴褛的妖怪",或者"充其量也不过是一个可怜的妖魔"。接着他逐一驳斥了"硬性黄祸论者"的种种言论,诸如"他们从日本的军事成就这个题目进行宣传,把整个亚洲假定成具有一种生气勃勃的共同利益和共同理想的整体,认为印度和中国千百万有耐性、爱和平的人民突然彻底改变了他们从前代继承下来的全部脾性、信仰和制度",成为"新的成群结队的征服者,前来推翻欧洲文明"。他还注意到了"军事黄祸论"者们反复引用的各种证据,包括清末朝廷准备编练三十六镇(师)陆军,"大量购买军器","舞台上出现了一个在日本受过教育的军官的新阶层";清王朝被推翻之际,"南京参议院所做的实行全国征兵的决定,曾估计中国的常备军在最近的将来可能达到四千万名";南京临时政府发起了"爱国捐","在学校的孩子们都穿起制服,受军事训练"等等,总之,"中国人从长期的昏睡中觉醒了过来,为从事征服和复仇的战争而正在狂热地武装自己"。但是濮兰德不相信"和平的中国,这个无所争持的国家,正在迅速地变成为军事的国家";他认为中国"在一切公众言论中,都表达了希望国家有能力、有效率、有力量的理想",但这个"理想"不一定能变成现实。所以他赞同时任美国威斯康辛大学教授,后在1913—1919 年任美国驻华公使的芮恩施(P. S. Reinsch)的说法:"在严肃的政治上曾经起过作用的思想,没有一种比军事黄祸的思想更加空幻离奇。"

雄辩的濮兰德自认为有充足的根据破除"军事黄祸论",也许他的论据会使中国人听了不大愉快。首先他强调,民族性格以及"由前代继承下来的风俗习惯和信仰是不容易改变的"。"不论是爱国的学生、政客,或是热情的理想主义者,都不能以任何新的一套咒文使亚洲去改变它那些由多少世纪的孤立、由儒家哲学和佛家的冥想教义所培育起来的根深蒂固的本能和信仰——这些本能和信仰已经使东方哲学和文明的整个精灵本质上成了非侵略性的,特别是使中国人成了一种消极抵抗的种族。在中国不存在像日本的武士道那样的武士阶级和武士道德,以忠诚、勇敢和耐力的言教和身教来调节人民大众那种世代相传的奴隶性。"所以,"要在中国人民中间发展军事和行政效率所需要的那些品质,必须要有好几代人耐心教育的过程"。

其次,濮兰德认为,"考虑到亚洲生活的实际情况和历史事实,不可能想象东方会有那种目的和理想的统一——那种统一是构成黄祸的基础的根本条件——就如同不可能想象西欧会组成一个有效的联合来反对北美洲或南美洲一样。严峻的自然和进化法则规定,只有最适者才能生存",即认为亚洲各国不可能协调一致,相反,其内部会发生竞争和争夺。甚至中国也处在分裂的危险之中,"孙中山和追随他的那些书本理论家们以建立中华民国宣告了一个新时代的开始;在没有学习过怎样领导的领袖们的纷扰和叫喊中,北方已在与南方为敌,而蒙古则寻求俄国保护,西藏不再忠顺,满洲在地理引力的道路上正要步朝鲜的后尘"。他认为中国处于风雨飘摇之中,自顾不暇。

复次,濮兰德指出,"要说俄日两国中任何一国真正相信中国侵略的可能性,那是不会有的事"。虽然"俄国对于中国的军事准备和中国在蒙古的移民的不断增加,曾经一再表示日益增长的不安","在西伯利亚和满洲的俄国军事当局之中,长期存在着一种神经过敏的状态",但其实质"是由于想要阻止在满洲树立外国的利益,而不是由于对中国整顿军备的任何真正恐惧"。至于日本,它"对于中国军事力量的所谓发展,是不存在真正的畏惧的。由于日本在中国的每一省都有很多耳目,日本那些训练有素的军事专家和商业专家是不会受骗的。从长远来看,日本比任何其他列强都更能从中国的内部纷争和无所依靠中得到好处;它在满洲的政策已可靠地反映了对这个明显真理的认识"。濮兰德的意思是说,俄国和日本正在中国东北采取攻势,一步一步地扩大自己的利益,这就足以证明所谓的中国军事威胁根本不足虑。

濮兰德对中国的多数事情皆"有名无实"这一点看得很深刻,他提出不要"被青年中国所呈现的煌煌热情和破除陈俗旧见的标记等景象所迷惑,便忘记了在这个国家里把言词和行动分隔开来,也就是把制订法律和遵守法律分隔开来的那个大鸿沟";也不要相信"中国外交家和官员们的有意的政策。这种政策显然是企图制造并保持一种印象,使人觉得中国在狂热地大规模地武装起来,以此来恐吓可能的侵略者"。他称所谓"中国的军事行政正迅速地接近欧洲的标准"不过是一种"幻象"。

濮兰德也引用了戈登将军的观点,认为中国人"这个种族整个说来(特别是他的领袖们)缺乏一个战斗的种族所特有的那些道德品质和狂战本能","中国军队永远不能与欧洲军队匹敌致胜";所以"中国将来应该避免在军舰和大炮上负担无用的开销,因为中国拥有这些东西,可能会引起侵略者的贪心,中国可能会遭到掠夺"。戈登的这些话是他在1880年来华"调停"中俄伊犁事件时说的。三十余年后的濮兰德认为其看法仍然没有过时。

濮兰德认为,中国人并不"是完全缺乏军事品质的",中国士兵也"具有勇气、持久力和纪律",尤其是"在体力、智力和带有固执性的勇气方面,中国某几省的农民提供了极好的材料";但这显然远远不够,"要使一个民族武装起来,除了身强力壮、能适应环境的人以外,也还需要另外一些东西。中国的行政官员和军人都同样缺乏的品质主要是道德品质"。与此同时,"大量购买军器和制订纸上的改编计划并不能建成一支国家军队,而是必须先进行财政改革(以前同现在一样,这是中国统治者的独力资源所无法担负的任务),然后才能有军事效率"。否则一切都是纸上谈兵。

濮兰德用辛亥革命中众多的混乱事实证明,普通士兵虽然具有"持久的能力、勇敢精神和时而出现的热情的锐气",但是他们的"忠诚"和斗争目标是值得怀疑的,不一致的,"他们的选择一般视发放军饷的前景而定",当兵是为了吃粮,"做一名士兵就是去享受种种机会,这些机会能打动每一个有掠夺欲或自保本能的人"。于是,在军饷不足,军纪松弛的情况下,"军队和武装警察在许多地方就成了纷扰混乱、以掠夺为能事的乌合之众。劫掠狂被证明比爱国主义或纪律的任何吸引力都要强烈"。而且"随着皇上的传统权威的消失,劫掠的嗜好已经成为中国特有的风土病,满足这种嗜好已经成为一种习惯",从而"那些无防御之力的商人和农民所面临的前景,是不会乐观的"。

更为关键的是,在当时的中国,"找不到证据可以证明军事领袖们中间有科学的组织、效率、团结性、集体精神以及训练有素的才智";"军官大部分都表现得非常怯懦无能","有能力、有效率的将领的数目一直很少,而且他们的榜样完全没有能够遏止住风纪普遍败坏的潮流"。由于权威和"负责当局"的消失以及"伦理约束"的松弛,"军队已经充分意识到了它的机会和它的权力",于是"利用他们的地位来谋求纯粹自私的目的,或为政客们和煽惑人心的学生们的目的而效劳的事情已一再发生"。城乡遭受劫掠已令人触目惊心,更危险的是中国多数地方和多数人"受到了内战的一切痛苦和惩罚"。

所以,濮兰德判断说:"必须经过多年的教育过程,然后中国才能产生出领导人和纪律精神来把中国军队造成为黄祸预言家们所说的可怕大军";而"目前和最近的将来的中国军队,对于中国本身的福利构成一种严重的威胁,而对于中国的外部敌人,则只有很小的威胁,或根本没有威胁"。他接着说,"没有纪律,酷好劫掠的军队暴徒确实构成一种黄祸",它虽然只能祸害中国自身,造成中国的衰弱和纷扰,但"一个衰弱而混乱的中国就意味着远东长期侥扰不安的危险","对全世界是一个危险的源泉"。简而言之,大多数"黄祸论"者以为中国军事力量和中国的强大是一个威胁;濮兰德则认为中国的军事力量不可能强大,相反中国会因自己破坏性的军事力量更加混乱和衰弱,而混乱且衰弱的中国同样会给世界造成危险和威胁。

濮兰德最后强调,中国人很少"扩张和征服的梦想",但是"他们曾屡次使他们的征服者丧失其民族性,制服他们的征服者"。中国人"善于适应环境、刻苦勤劳、孜孜不倦、熟练技巧和不可征服的消极抵抗能力,除了希伯来人以外,任何种族从来都比不上",因此,凡是"在白种人和黄种人并肩生活和工作的地方,经济力的优势就会慢慢地但确定地转入亚洲人的手中"。他据此推断,如果说"中国对欧洲有任何威胁的话,那就是三亿人民为生活而进行的激烈斗争","中国千百万俭省、耐劳、尝尽了艰难困苦的苦力,迟早要使西方世界的经济平衡和工业平衡受到影响"。在这种严酷的经济斗争中,白种人会处于"毫无希望的劣势"。因为他们不可能"甘愿为一点工资而不停地劳动,靠着那样一点工资,大部分白种人必然会饿死的"[1]

濮兰德处在中国的新旧交替之际,对清王朝和民主革命派都没有好感,头脑中只有欧洲人尤其是英国的利益。他夸大中国人与欧美人的经济竞争,用停滞的眼光看待中国人的传统、性格,以及同化外来者的能力以及低下的生活水平。他在批驳中国军事威胁论时,以中国财力不足和军队素质低下为根据,并预计这种军事力量对外毫无用处,对内适足扰民乱国。民国时期的客观事实,多少有被他言中之处。

1912 年 8 月 1 日出版的《东方杂志》第 9 卷第 2 号,刊载有钱智修节译自"勃兰德原著"的译文《黄祸论》。经过认真核对,可以肯定这篇名为《黄祸论》的译文,和前述吕浦、张振鹍的译文一致,出自濮兰德的《中国近况与当前在华政策》的第 14 章"黄祸"。这说明当时中国人就注意到了濮兰德,但没有对其加以任何评论。

一年多以后,1913 年 10 月 1 日出版的《东方杂志》第 10 卷第 4 号,又刊登了濮兰德于同年 6 月在《大西洋月报》发表的《真黄祸论》的译文。译者未署名字,但在文前简短的"译者识"中说到对濮兰德的著作"译者曾择译其一二",表明这位译者可能就是钱智修,或者至少和钱智修一样,对濮兰德很关注。

濮兰德的《真黄祸论》与其之前相关著作有一脉相承之处,也有修正某些看法与提出新论之处。一脉相承之处,是强调"武力黄祸之说不足深信"。作者为此重复了他的中国"民族根性,殊无进取侵略之

---

[1]〔英〕濮兰德:《中国近况与当前在华政策》第 14 章"黄祸",译文据吕浦、张振鹍等编译:《"黄祸论"历史资料选辑》,第 167—183 页。

气";"中国军队精神之腐败,形式之颓唐……证据昭然";再加上辛亥革命后仍未能"痛革其财政政治",举国"无此种爱国不爱钱之官吏",所以中国"虽有日日操练之新军,徒为武装之傀儡,提枪之愚众。一旦有缓急,但可为野心奸人所利用,而为中国生命财产之巨患耳"等分析判断。濮兰德还引用了日本人"中国之黄龙虽狰狞可畏,然终是纸龙耳"的轻蔑之词,驳斥赫德"百万义和团,密伍而重胄",将把一切外国人驱赶出中国的形象描绘,断定中国军队的战斗力不仅远不及欧美列强,也"不足与俄(国)若日(本)敌"。

略有修正之处,是指濮兰德对自己原先预计的中国人会逐渐拥有"经济力的优势",从而"使西方世界的经济平衡和工业平衡受到影响"的观点作了重新检讨,认为由中国造成的"实业上之黄祸"也"不足畏"。他强调,中国虽有众多勤劳节俭,"能尽日工作,而索值惟自八九分至一角五分"的廉价劳力,农产物料和矿藏丰富,"又未遭社会党及工党之蹂躏",因而具备发达实业的潜在可能。但是由于"政府之失政,官吏之贪污",不可能进行"正本清源之财政改良";"其病根所在,在于财产权之不分明,保护财产之法律不周密",使得拥有资金者"不敢投资于国家事业,尤不敢合资与政府同营实业,惧为官吏所吞蚀也","中国之商人,虽身处租界之安,亦不敢公然出名置买财产,惧为民国官吏所知而有敲剥之危也"。濮兰德指出,采用欧美的最新机械和技术,甚至聘用外国人"教练其国人,为精能之工作",这都不难做到;但"中国遗传之制度风尚",不可能因"一旦变政而尽变之","种种障碍"难以消除,而实业精神、国家思想等"美德",绝非"易如种牛痘"一般"灌于中国人脑中"。濮兰德最后还献计说,万一中国实业发达起来了,"吾白人犹能以入口税则为长城,以御此亚洲贱值之工业"。所以他总结说,"武力之黄祸,实业之黄祸,皆不足畏"。

濮兰德在文章中所强调的,是"种族上之黄祸",具体地说就是移民问题。他说中国本来就存在着"人满食寡之患",西方文明之输入,如"卫生行政之施行",适足以加强这一问题。于是"年来中国政府试行殖边政策,将移民以实满蒙";民众亦千方百计移居国外。濮兰德还分析说："大抵前此之中国侨民,但存觅食之心,初无久居之志","是以向来华工一问题,但为地方的与生计的,犹未成一种族问题也";但是移民几十年的"阅历所得,已洞知重洋之外,乃有救贫避租税之金丹。……及于今日,全国之上流人士及南方之工商,莫不知侨寓之可以致富",因而"一变其崇拜祖先及孔教所遗传之社会制度","渐求自适于所居境地"而作"永居之人"。而且由于"华商团体殊富而有势力","其人多能保存其种族,亦赞助晚近国内革新事业",因而"将为他日种族上开一大难问题"。

濮兰德说,由于北美和澳洲坚持排华政策,中国移民"遂转而至缅甸、暹罗、马来、婆罗诸国","其中多久居留者……亦将渐去其故俗,以自适于新土"。长江以北的中国人感受到"饥寒所迫之潮流,亦已争趋西北诸土。循西伯利亚及满洲诸铁路,华人殖民之踪迹可认也"。他尤其强调指出,"今日华人殖民之最重要一方面,乃不在亚洲而在南美洲智利、秘鲁诸国"。由于南美诸国"正不得不用亚洲工人以发达其农牧实业",因而中国人"趋向南美热带、温带之殖民举动……将骤增无已","于是与所谓保全美洲及所谓门罗主义相矛盾矣"。

濮兰德总结说,"华人之群畏饿死而争越境以避之,吾于此而见吾所谓真黄祸焉"。那么如何预防或杜绝这种"真黄祸"呢?濮兰德称"无计可施"。因为像美国、澳大利亚那样公然制订"禁约",不仅引起中国人、日本人的"怨恨切齿",也"违背慈善之旨及耶教人类胞与之训",是"公然违背人道公道"。但是很明显,濮兰德的为难是故作姿态,其真心实意是不仅同情美国、澳大利亚制订"禁约",甚至暗中希望南美各国、俄国和东南亚国家也能订约排华。不然他为什么要危言耸听,夸大所谓"真黄祸"呢?

《真黄祸论》一文的译者在译文前面和中间加上了简单的"译者识"和"译者曰"。译者首先就说,"英人柏兰德,前曾游说此邦,诋毁吾国民甚至","既而柏氏归国。吾以为柏氏之狂论,从此可以不闻于此土。乃昨日展阅《大西洋月报》,则柏氏之文赫然在焉。……是不可无一读之价值也"。接下来在评介了濮兰德的"武力黄祸""实业黄祸"皆不足畏的部分之后，译者不无愤慨地责备作者"丑诋吾国人者至矣"，"究竟是何居心，而毁污吾国如此"。但他同时也承认，"柏氏久居中国，痛心切齿于中国官吏之贪污卑鄙"，认为中国如不"先痛革其财政政治"方面之"劣根性"，终难有所作为之说，不仅"可资他山之助"，甚至可视成"以吾国人作当头棒喝"。并因此表示说，"吾之译外人诋我之文，初非欲挑吾国人之怒，正欲吾国人之猛省，而除垢涤污，为根本之计，以塞人之口耳"。[1] 可见作者翻译此文的用心，主要还是在敦促国人进行政治、财政、社会的种种改革，提高官员和国民的道德觉悟，而对濮兰德的轻蔑之词，除了表示愤慨之外，并没有多加批驳。

---

[1] 《真黄祸论》，《东方杂志》第10卷第4号，1913年10月1日出版，"外论"，第15—21页。

九 日本与"黄祸论"

　　就在德皇威廉二世炮制"黄祸图"的 1895 年春夏，也就是中日之间签订《马关条约》前后，日本有一部分"志欲败和局，全吞中国"的狂人，大肆喧嚷"中国人种"的威胁。其中最突出者是后来以著有《新日本史》和《日本经济史》而闻名的竹越与三郎（一号竹越三叉）。竹越与三郎在甲午战争时期著有《支那论》，其书第四编中有"中国人种侵略世界"一节，丑化中国历史，夸大中国的人口和移民问题，鼓动日中对抗。

　　竹越以阴暗的眼光看待中国历史和中国人口问题，说中国三千年二十四朝之历史，"无代不有革命。一杀人如草、流血如河之历史也。他国之战斗，虽常有杀人；而中国之战斗，则专以杀人为荣。兵之所过，几无噍类。其历史之所谓太平者，乃当人民洗屠之后，壮者已死而少者尚幼，产物众而人数寡，故人民厌乱而小安，实不过一时苟且之太平耳"。但中国人尽管"经几千百回之凶残忍杀，加以瘴毒疠疫湿热之疾病，饥寒之死亡，且全不讲卫生之术，医药则徒用草根木皮，如是之国……（却是）最有膨胀力之人种"。他据 1890 年的调查，称当时整个欧洲也只有 3.57 亿人口，而中国人口为 3.615 亿。故恶毒地说："中国人者，世界最易繁殖之人种也。彼等如鼠族一般，恰似自乘数之增加焉。"

　　竹越由此不仅夸张中国移民，而且论证西方国家排斥中国移民的合理性。他说"今中国正行其人种侵略于暹罗、安南，实招法人之深恐……称之为不可压之人种。今法国之政治家，每思及将来，则慄然惶恐矣"；又说"英人之初占马来也，招五十名中国人居焉，今会则繁殖至数十万矣。故谓马来为中国人所有亦无不可也。彼等又方将以南澳洲作为第二个暹罗,此地之政治家大妒忌而痛斥之,遂效美国禁压之法"。竹越特地大段转引前已谈到的皮尔逊《民族生活和民族性格》中的话:"中国人政治之侵略,虽未可确言,而人种之膨胀,则毫无疑矣。彼等直追白皙人种之迹,而发其膨胀于世界。……彼等又能耐气候之变化,堪劳动之辛苦,非白皙人种所能及也。彼等在西藏之高原,与非洲之热地,皆能随处繁殖。且劳动者、商贾人向有勤俭之资格,所以彼等到处与白人竞争,而终不落后一步也。……中国政府不自谋殖其民,而我欧洲诸国营营于垦荒,直若为中国人辟殖民地耳"。其目的明显在于证明欧美和澳大利亚喧嚷"黄祸",并制订各种"排拒""禁止"华人的"至苛至虐之法"与"惨酷之刑"为必要。

《中国人种侵略世界》还分析发挥说,当时中国人"无国家之依赖,无军舰之保护,而出海外常五百万人,每年能获一亿万元回本国……吸收世界之富,亦不可尽轻侮也。况其国内山泽之利源未辟,文明之工艺未兴。苟一旦开采之兴起之,轮船铁路纵横国内,其财政吞吐之势,正如海洋之汪洋无已。国愈富而人口愈益","苟于六十年之内,彼四亿万之民更增一倍数,彼等将以何地为殖民乎? 虽或袭美洲之旷野,或辟非洲无人之地,然当其膨胀力之初发轫也,其侵略之鞭所先及者,必于黄海中国海之外,自北纬五十度至南纬四十度之诸岛乎?"竹越所说的这些地方,即今天人们所说的围绕中国大陆的西太平洋第一岛链,而当时日本已将这里定为其扩张范围,所以他说中国"膨胀"之初就"将直向日本之预定地而决来也"。

文章的结尾处更让人触目惊心。这一段话是:"中国人之势力如此之可畏,浸假彼异日能举动自由,纵氾横溢,我日本何能当其冲乎? 夫中国人之侵略,决无已时也。吾人今日岂可安坐沉默,以保东洋和平之虚文乎? 中日国民之争者,直如英俄、英法之争耳,盎格鲁萨克逊与拉丁人种之争耳。今日之必争者,理也,势也,人种的也,国民的也,国家的也。至争根深结,则生死的也。今不计此要重之的,而徒用'东洋'二字之地理空名,以养百千年之深忧大患,果何益哉?"所以,竹越撰写此文,不仅是要反对日中两国在甲午战后的"和议",夸大中国对日本的威胁,强调日中关系只能是生死之争,而且其思想深处,显然是要附和西方的"黄祸论",把日本与日本人同"东亚""亚洲人""黄种人"区分开来,即从人种和地缘的连带性中摆脱,暗示"黄祸"专指中国人。

此文的译者看出了竹越与三郎的用心,故称此文"皆写其妒意","其志欲败和局,全吞中国","多张皇之语"。译者更强调指出,"阅者读此文亦可窥外人妒中国之一斑矣,吾人有此绝大招忌之物,惹外人之凶暴压力,今地球各国,孰不欲芟灭吾人而甘心哉?吾人今日苟不思振奋自保,必无噍类矣,可不寒心"。[1] 译者的简短"附识"充满了危惧之感,而今天的读者读了竹越的文章,虽然不会产生那种危惧,也仍然能感受到日本极端民族主义者视中国为敌的可虑心态。

尽管在当时的日本有竹越与三郎一类的人物想"脱亚",或者摆脱"黄祸"的原罪,但是从前面的相关论述中可以知道,从19世纪70年代到20世纪20年代,西方国家的"黄祸"喧嚷是以中国和日本为目标的。当然从19世纪90年代起,由于日本与英国结盟,英国舆论对日本有些回护甚至美化。但结盟的俄、德、法三国与日本在朝鲜半岛及中国大陆的疯狂扩张,形成了尖锐的矛盾;日美之间也因商业竞争和日本向夏威夷、加利福尼亚大量移民而始终摩擦不断,因此俄、德、法、美诸国的舆论常常指摘日本为"黄祸"。

对此,19世纪90年代担任日本驻德国公使的青木周藏,同时或稍后留学欧美的河上肇、森鸥外、小寺谦吉等都有所觉察和感受。他们在相关著述中对"黄祸论"及人种学作过或多或少的介绍,有人还作过批驳。如青木周藏在自传中谈到了德皇威廉二世的政策,称其担心"黄人势力益发旺盛,白人社会必定受其危害",因而"一方面应牵制日本势力的发展,另一方面不应使清人(中国人)进步和开明"。河上肇则在读过德国

---

[1]　〔日〕竹越与三郎:《中国人种侵略世界》,《清议报》第40册,光绪二十六年(1900)农历三月一日出版,"时论汇录"第5—7页。

旅英文化哲学家张伯伦（Houstom Stewart Chamberlain，1855—1927）的《十九世纪的基础》（*Die Grundlage des Neunzehnten Yahrhunderts*，1899）之后，指出这本"强调人种和文明的密切关系"，宣扬"欧洲文明作为世界文明的代表，而欧洲文明又是条顿人种所造成"观点的书，"是德国皇帝非常赞赏的书"。河上肇对该书露骨地主张"条顿人种征服世界，符合天意神虑"表示愤怒，呼吁"有血性的日本男子汉"要有"自觉"和"自信"。[1]

学者高山樗牛由于关心西方的人种学，并与现实中俄、德、法三国干涉"还辽"的事实相印证，使得他由此前的"排斥岛国式的哲学思想"，重视"东西方思想的比较"的立场，转变为采取"人种竞争"甚至"人种战争"的态度。从1897年到1900年，他写了《历史和人种》《从人种竞争看远东问题》《不同人种的同盟》《大斯拉夫主义》《蒙面具将落下》《十九世纪总论》等文章。在相关文章中，他把西方人称为亚利安种人，而把原指从乌拉尔山到阿尔泰山的"都兰语族"（中译或作"图兰语族""土兰语族"）扩大为"句兰已安"（Turanian），把中国人和日本人都包括进去了。

高山樗牛在《从人种竞争看远东问题》中说："支那非属于吾人同种族之唯一帝国欤？句兰人种之国家，于远东以外因亚利安人种而被扫荡。吾人之日本与支那帝国，作为世界上最后（两个）句兰人种之国家，岂非应该拥抱协作、发誓命运相伴欤？支那是吾人唯一之同胞……吾人之使支那半死，非自断其一手欤？思及此处，吾人所自豪之日清（甲午）战争，毕竟是远东之横祸，非句兰人种之一大不幸欤？"他接着说道："亚利安人种对非亚利安人种，尤其对句兰人种之一千年间之姿态，吾人已知之。西力东渐之急潮，在19世纪澎湃而来注于远东之海的事实，亦已了然。……支那和日本，是非亚利安国家之最后遗孽。此幸存之遗孽立国于大陆之远东，如今为乘战胜千年之势而来之亚利安人种势力所掩击。决定句兰人种最后命运之最后搏斗早晚将至，非洞

---

[1]　〔日〕桥川文三:《黄祸物语》，第23—24，27—28页。

若观火欤？决眦而望前途,不觉骨鸣肉跃。呜呼,日本男儿真当义愤之时,该是在即将到来之二十世纪吧!"作者认为中日属同一人种,而且是兄弟国家,视甲午战争为日本自断一手,这与甲午战争后日本多数知识分子欣喜若狂的态度有所不同。但在高山的思考中并没有道义上的自责,而只有对亚利安人"扫荡"到远东的紧张和焦虑,简言之是出于对"人种竞争"的"利害"的考虑。

高山又在《十九世纪总论》中说:"俄罗斯不得志于中亚,乃倾全力于西伯利亚经营,横断东半球的北部,从黑龙江畔及萨哈林群岛(即中国文献中所说的库页岛)直接攻击支那、朝鲜、日本的背后。因此,作为句兰已安人种最后国家的支那、朝鲜、日本,受到了亚利安人种的大包围与攻击。"德皇威廉二世用"黄祸论"挑唆俄国充当镇压和打击东亚人的先锋队。高山樗牛则针锋相对,在亚利安人种中特别突出俄国人对东亚的侵略,这也恰恰符合当时日本正酝酿着的对俄战争情绪。不过高山始终不忘把"抗俄"置于"人种战争"的大旗之下。他在《蒙面具将落下》中说:"蒙面具将落下。即将到来者为何？试看之前如何以'人道主义'与'世界和平'为名,公然犯下多少罪恶,即可知'世界和平'已渐动摇。四千年人类历史上从未得见的一大场武戏,即黄白两人种的搏斗正要在远东开打。国民同胞,是当观众还是作演员呢？"诚如桥川文三所说,高山的人种思想是当时许多纯朴的日本人思想的反映,它带有"少年帝国主义国家日本的紧张心情",也"没有面对白种(而产生)的劣等感"和"日俄战争之后带有成年人色彩的诡辩"〔1〕

日俄战争前夕,曾留学欧美、在中国人的了解中是以文学家而著名的森鸥外,也非常关注人种学和"黄祸论"的问题,1903年6月和11月,森鸥外分别作过"人种哲学梗概"和"黄祸论梗概"的演讲,曾被开玩笑地称为"梗概博士"。他的前一篇演讲以介绍和批评戈宾诺的著作的形式进行。法国外交家兼作家约瑟夫·亚瑟·戈宾诺伯爵是个贵族主义者,他对法国大革命和1848年欧洲革命始终怀有强烈的怨恨之

---

〔1〕 〔日〕桥川文三:《黄祸物语》,第71—73页。

情,一贯抗拒民主和平等思潮。其风行一时的著作是《论人类种族的不平等》(*Essai sur I'negalite desraces humaines*,1853)。有关戈宾诺的其他作品,本书在"法国及比利时的黄祸论"一节已有介绍,这里所涉及的是森鸥外对该书的注重之点及其所作的批评。

在《论人类种族的不平等》中,戈宾诺根据他的"能使他者开化""不能开化他者而只能被开化""不能开化自我也不能被开化"的所谓标准,描绘和衡量黑人、黄人和白人。他说黑人"还有很多近于野兽","情感极端但不持久","意志猛烈,智慧平凡","不重生命因而残酷","该人种没有自我开化的能力,也没有被开化的可能"。黄人"体力软弱,形体不美","意志不强,但顽固、追求安乐、贪心",比黑人略为"重视生命和自由","智慧、理解力不高不低","黄色人万事中等。这人种没有开化他者的能力,但有被开化的能力。需要有优秀的其他人种对其进行开化,作为其开化的基础"。白人"身体正常,体力坚强且善于运用。'美'为白人所专有";"意志坚强,遇有阻碍能靠智力破除而前进";"注重利益,但利益能与高尚的理想结合";"珍视生命,但尤贵重自由和荣誉",因此"该人种得以开化他者"。总之,"能化之人,不论现今或往昔,仅有亚利安人种而已"。

戈宾诺还认为,当时的欧洲文明已有衰退的迹象,在这一点上他可说是斯宾格勒(Oswald Spengler)和汤因比(Arnold Joseph Toynbee)的前导。但与后两人不同的是,戈宾诺把欧洲文明衰退的原因错误地归结为两点,一是人种的混血,称"白人跟其他人种混血就吃亏";二是革命尤其是"民主""平等"思潮的广泛影响。因此他敬慕"古代的纯血种族",称"纯血时代即黄金时代",也要"抵抗骚然的民主和平等的要求"。他断言"以后新文明的唯一建设者只能是亚利安人,其他人种一概无此能力"。

森鸥外对他着重介绍的戈宾诺的若干论点作了批驳。他说戈宾诺称赞"古代的纯血种族"和"纯血时代即黄金时代"是"梦话",完全不合逻辑。他举例说,商、周时代的中国和古代日本的"开化",虽然有"人种混淆"的作用在内,但那该"不是亚利安人种的开化"之功吧?他批评欧洲"以亚利安人种为中心的人种论"只是"耸人听闻""粗糙"而多"空想性"的"自卖自夸","哪一个都基于只顾自己方便"。森鸥外与河上肇一样,对白人的自尊傲慢怀有愤怒,他一方面觉得对这种"白人自尊之论,读之殊无意义",但另一方面又认为黄人"受侮而不自知,怎能讲求御侮之策?"故而"愿使读者知道白人如何轻侮吾人"[1] 19世纪末20世纪初接触到欧美人种学的中日知识分子,大概都有这种类似的感受。

森鸥外发表"黄祸论梗概"的演讲是在1903年11月,翌年3月刊印单行本,此时日俄战争已经爆发,所以单行本中加上了"日俄之战如今正酣。而我军越胜,黄祸论的势力越会增加","余知世界上有白祸,而不知有黄祸"之类的话。如同前面他作"人种哲学梗概"的演讲是拿戈宾诺的书作介绍并加以批评的方式一样,这次森鸥外所评论的书叫做《作为道德问题的黄祸》(*Die Gelbe Gefahr als Moralproblem*,1902),作者是德国著作家巴尔特·冯·萨姆森–希默尔斯居尔纳(H. von Samson-Himmelstjerna)。由于森鸥外对作者萨姆森–希默尔斯居尔纳未多加介绍,桥川文三先生也没有深究,以为那位作者"并不那么有名",《作为道德问题的黄祸》大致是一本谈"黄祸论"而"没有系统的杂书",故认为森鸥外介绍此书"不一定是合适的"。其实并非如此,森鸥外举出此书也是别有一番深意的。据为《黄祸物语》作"解说"的山内昌之教授说,桥川文三先生生前写《黄祸物语》是参考过海因茨·哥尔维策尔的原文著作的。但他或许可能看得不够仔细,所以未能深刻理解森鸥外的意图。

根据海因茨·哥尔维策尔的研究,萨姆森–希默尔斯居尔纳应该是一个"中性黄祸论"者。他1897年写过《西方和东方的对比》这样一本书,1902年又写了《作为道德问题的黄祸》。作者在这些书中坚定地相信有一种"黄祸",但他强调这种"黄祸"是由西方的传教士和资本主义"召唤"出来的,它在缓慢地、不可避免地向西方逼近,但西方不能用暴

---

[1]　〔日〕桥川文三:《黄祸物语》,第33—39页。

力将其消除,而只能通过内政改革与和平手段来抵抗它。作者认为西方文化是病态的,而东方文化是健康的。他特别推崇中国文化和中国人的生活方式,强调"我们的后代只有当他们以中国特有的武器即以中国健康的生活观来对抗中国时,才能抵挡中国强大的扩张力"[1]。萨姆森-希默尔斯居尔纳当然也谈到日本对西方的威胁,但无论是担忧或是推崇,他对日本的重视远远不及中国。

森鸥外对《作为道德问题的黄祸》一书加以引述的,多是日本人和中国人性格的比较的文字。按森氏的说法是,作者"把日本看成小孩,而强调中国是真正的成年人"。诸如:

> 日本人全然没有思考力、思量力和抽象的能力。由于没有精神上的这种能力,日本人只能仿效他人,就象被施行了催眠术,完全被施术者支配。……反之中国人很沉着,对一切外来物先加以怀疑,不让它随意靠近自己。但中国人始终在进步,靠自己的本领进步,此外才是受外来影响而进步。

> 其次是道德的比较。日本从古以来没有独特的道德,因此日本人的理想为何,无从得知。日本人是人们贬义上的唯物者。……反之中国人在品行上受到称赞。……人生究竟是什么?有识者说人生就是过去、现在、将来都不间断地生活和学习。中国的实际正体现着这样理想的人生。

> 其次是宗教的比较。作者说日本有神道教,祭祀时有巫祝,并因宗教的缘故发生过战争。中国没有宗教,这是世界上无法比美的大幸。

森鸥外继续引用作者的话说,"中国的道德学说不相信有人格的上帝,因而不会产生对神的依赖心,安于天命而已,这就是精神上的自由"。这一点显示了中国道德学说的优越性,因为"西方人如果成为无神论者,同时就会有失去道德的危险;而在中国道德本来就是脱离宗教的,

---

[1] 〔西德〕海因茨·哥尔维策尔:《黄祸论》(中译本),第189页。

故无神论没有什么危险"。因此"欧洲将来必须养成中国人那样的独立的道德"。

据森鸥外说,《作为道德问题的黄祸》还"论及军事上的能力,政治、教育、农业、工商业等各种领域的问题,在所有的地方来比较日本和中国,中国都无比优秀"。

森鸥外评论说,萨姆森-希默尔斯居尔纳写作该书,是要表达如下看法:"欧洲已因日本能力之故,正在觉得危险,假如中国这个庞然大物也活跃起来,其危险将更不测","或许(中国)和日本联合起来,可能威胁欧洲。其先是把全体欧洲人从整个东亚赶出去。而后蒙古人种再次袭来的噩梦就会变成真实"。应该说森鸥外还是把握了《作为道德问题的黄祸》一书的基本思想。

不过森鸥外这篇演讲的重点不是放在批驳那种"中性的黄祸论",而是突出了原作者书中日中比较的内容,并对此发表自己的感想。他说,作者"在黄色人中分为中国人和日本人,抬举前者而贬抑后者,无所不用其极。可谓勉强抬举达到了理想化之程度,同时刻意贬抑则陷入吹毛求疵,其无疑醉心中国而憎恶日本"。显然森鸥外心中对此极为不平,他以为有些欧洲人谈论"黄祸",专只注意日本,甚至对日本加以"轻侮""憎恶",但同时主张对中国的军事、经济发展放手不管,如同萨姆森-希默尔斯居尔纳一样,甚至主张欧洲人应该学习中国人的道德,叫嚷"黄祸"而在道德上又"甘居人下"。既然如此,"就不应该说有黄祸,而是有黄福。难道不应以感激之心对待中国,改变自己的对策吗?"桥川文三推测道,森鸥外可能在这样说的时候,"带着怃然的面色","内心也有所不安似的"。[1]

其实这种心情可以理解。西方大多数"黄祸论"者是一箭双雕,既指中国又指日本,但是其中也有人有所偏倚,如前面谈到的美国的情形就尤其明显,这其中有的是出于政治外交策略,有的是出于个人好恶。作为同是受到西方压迫和欺凌的东方民族,本该同声相应、同气相求,

---

〔1〕 〔日〕桥川文三:《黄祸物语》,第40—46页。

但近代中日这两个"同种"的近邻,是既有差距也有矛盾,福泽谕吉宣传"脱亚入欧",蔑视朝鲜和中国落后,表示不屑为伍,甲午战争后日本人普遍转向轻视中国;而中国人对日本的侵略扩张也怀有或显或隐的憎恨情绪。虽然中国有康有为、梁启超主张"师法日本",孙中山也一度倾向于亚洲大联合;日本也有主张日本、朝鲜、中国利害相关的"连带论"和"亚洲主义",但这种思想的基础十分脆弱,中日之间缺乏互信。两国本来存有利害冲突,再加上西方政策和舆论的离间,或者至少是在中日比较时厚此薄彼,一扬一抑,就会使普通人中的那种本不强烈的"同病相怜"之情全然消散。具体来说,假如当时中国人看到了西方"黄祸论"者认为"黄祸"主要是指日本,并对日本人的文化性格、道德理想进行批评,而对中国加以称赞的文字时,心中会不会有"痛快"之感,把那类作者引为"知己",或者至少产生"躲过一劫"的窃喜呢?由此也就可以理解森鸥外介绍《作为道德问题的黄祸》一书时的心情了。森鸥外还算不错的,他虽然心中不快,但仍然把批评的矛头指向"黄祸论"者,并没有反过来说中国人的思考力和抽象力、道德、宗教及人生理想等如何低劣,如何不及日本,等等。而从日俄战争期间开始,的确有一些日本人更强调划分日中之间的人种界线,甚至为嫁祸中国而对中国百般丑诋。

最先颠覆传统的"日本人种论"的学者是田口卯吉(1855—1905)。田口卯吉与福泽谕吉、天野为之并称,当然其影响不像福泽谕吉那样大。田口服膺亚当·斯密的学说,率先把自由主义经济学引入日本,同时也是历史学家,担任《国史大系》的编辑和《史海》杂志的发行人,又在一定意义上涉及语言学和人类学,撰有《日本人种论》《日本人种的研究》和《破黄祸论》等。

《日本人种论》开头就说,"称我日本人种为蒙古人种即黄色人种的一部,和中国人种相同","乃是沿用欧洲人轻率地定下来的人种分类法",尽管"欧洲人特别倡导,我邦人亦均认定","余却不能容忍并以之教授我邦子弟"。他提出了"区别我日本人种和中国人种"的两个"要点"。一是"语法完全不同",最明显的是中国语的动词置于"主格"(主语)和"物体格"(宾语)之间,而且一般不用"助动词";而日语的动词置于"物体格"(宾语)之后,有助动词。然后他把日语、朝鲜语、土耳其语三者加以比较,得出结论说"大体上我邦的语法和从亚细亚北部到土耳其的人种相同,和中国人种及亚利安人种不同,是很显著的事情"。

二是"容貌骨骼"。田口承认"日本人中也有不少容貌、骨骼及智力很差的人",但强调"我社会上有势力的种族不仅血统纯洁,并且和其文明一样日进于精美。其最明显处是皮肤又白又光滑。中国人中虽非无极白者,但其中肌理细腻如一般所谓纺绸皮肤者定不可见。由此点不仅可见我人种胜于中国人种,并且胜于亚利安人种。亚利安人自夸白皙,但其皮肤多毛且粗糙,没一个有所谓纺绸皮肤者。且其所谓白乃赤白,日本人种之白则为青白。此点我邦上等人种之容貌可以证明"。田口也承认,"我日本人种的骨骼矮小","体力远比不上其他人种",但在"摔跤或其他搏斗时","我人种长于技巧,了解所谓秘诀,因此战力虽远不及他人种,但能以窍门得胜"。

田口卯吉大约是日本人中最先为区别中日人种而讨论日本人种问题的。不过他起初还只说到日本人种与中国人种、亚利安人种不同,而和从亚洲北部到土耳其的人种相同,即还是承认日本人种属于后来学者所说的"通古斯系",但其要在中国人种和日本人种之间划清界线,想方设法论证日本人种优越的意图是十分明显的。

1902 年,田口卯吉在其《古代的研究》中扩大了他的语言学比较,范围包括"满洲、蒙古、波斯、西藏、土耳其、匈牙利、巴素库,梵语、拉丁、希腊之各种语言"。他不仅对日本人种的祖先"属马来人种"说,"从南洋来"说,"与美国土人同种"说,"类似阿拉斯加的爱斯基摩人"说等,统统作了否定,而且进而对欧洲人所说的"亚利安人种乃至亚利安语族的实际存在"提出了怀疑。他说:"欧洲的语言学者研究梵文之后,惊讶于其话语和自己使用的话语一致之事实,将之视为同一语族,称为亚利安语族。把匈牙利、土耳其、满洲、蒙古、日本等称为句兰已安语族。说到为何称为亚利安,因为在梵文的《吠陀》诗歌中,使用梵语的人种自称为'亚利安'。……说到为何将日本等称为句兰已安,因为波斯人自称'伊兰',将其北方的人称为句兰,因此出现句兰已安之名称。其以前也有乌拉尔阿尔泰格即乌拉尔山阿尔泰山间语族之名称,如今专行句兰已安之名称。然而梵语、拉丁、希腊等之语言并词尾变化,既然反而跟匈牙利、土耳其、日本相同,而与欧罗巴不同,就可知此划分并非正确。"田口推断说:"果然如此,那么今日的欧洲人才是句兰已安人种。他们如今自称为亚利安人种,把我们称为句兰已安,只能说是抢夺我们的祖先,并且贬斥我们的人种。"

在田口看来,限定在政治、经济、科学、思想等范围中讨论人种问题,不大会有效果,所以他除了讨论语言问题之外,还一如他自己最初在《日本人种论》谈到的"美和丑""情爱"问题一样,在有关文章和演讲中反复强调"大和民族的容貌体格秀美"。他说,"从整体看来,我日本男子的面色决非黄色。其比欧美人种有所不及,乃以共同修饰不足之缘故。……我邦男子由于从来染于武士道之习俗,以修饰外表为耻,此其面色不美之根由。然而若对之加以修饰,纵使不及益格鲁萨克逊之上等人种,但可能胜过其下等。至于拉丁人种,我等与之相比并无不及。余暂时对于妇人不论,特只限于观察男子,在美国社会听说日本男子比葡萄牙、西班牙等(男子)更博得妇人之爱"。田口把人种问题与人的形体美丑以及微妙的情感问题联系起来,从侧面论证日本人种的优秀,颇能哗众取宠。所以当他演讲时说到日本"原来有很多容貌难看的人,但就此点而言,欧洲人中也相当地多"时,受到了听众的"鼓掌欢呼"。

1904年田口卯吉撰写的《破黄祸论》,内容仍不出以上两点。其一是说"所谓黄祸论专是指日本人种容貌有关的问题",而他以为证实日本人"容貌体格秀美决不是难事",于是只从生理的和情感好恶的方面来论证,而不是从科学的或人道理性的角度来批驳人种歧视。其二是说"黄祸论……意味着会有以日本人为盟主的中国人及其他黄种人联盟兴起而侵入欧洲的预想",田口说这是"不了解事实真相的杞人之忧",原因之一是他宣称"日本人有何等余暇余财敢行这等愚蠢之举欤?"即表示日本没有时间和经济实力与欧洲人为敌。原因之二是他所说的"大和民族和中国人不同种,而和印度、波斯、希腊、拉丁等同种。因此以余所见,黄祸论的根基即错,如将日本人看作跟中国人相同的黄色人种这一点,即已把事实弄错,故黄祸论为完全无根之流言"。不用说田口这种不从道义是非以及现实中是"谁在威胁谁"的本质出发,而只辩说"日本人种与中国人种不同",是根本之意不在"破黄祸论",而在建立"日本人种优越论"。所以他在《破黄祸论》中强调:"因此余不怀疑作为日本人种的本体的天孙人种是一种优等人种。此人种到底如何从天上降下来,实在是历史上的疑问。然而如从其语言语法推断的话,是和梵语与波斯等同一人种。是否属于语言学者所称的亚利安语族,是毋须絮说之事。"[1]

人们都知道福泽谕吉的"脱亚入欧"论是由于鄙视亚洲落后,不屑与中国、朝鲜为伍,因而要与欧洲人为友,从生产方式、经济和政治制度,乃至思想文化上"脱亚入欧"。到田口卯吉则更进了一步,要从人种上"脱亚入欧"了。不过他的这一辩解并非所有的日本人都赞同,前面说到的森鸥外在作《人种哲学梗概》的演讲时就说过,"记得田口卯吉君大约写过日本人种属于亚利安人种之类的话,但我不大明白"。

由于从20世纪初开始,中国有不少青年留学日本,还有革命派及失败后的维新人士也在日本客寓,所以对于日本讨论人种与"黄祸"的情形有所了解,《清议报》《中外日报》《外交报》《江苏》《警钟日报》等在1900年至1904年期间,共译载了日本人士的文章十余篇。这些有助于人们了解当时日本人对"黄祸论"的态度。

1900年《清议报》译刊了日本石川半山的《论种界之竞争》(未注明原刊出处及时间)。文章首先对人种作了重新划分,认为世界人种"大别""不过有白色、黄色、黑色三种",其独特之处在于把白种又区别为"红白种"和"黄白种"。作者说:"一曰红白种,英、俄、德、法、美诸国

[1]　〔日〕桥川文三:《黄祸物语》,第47—59页。

人属之。一曰黄白种,中国、日本、朝鲜、匈牙利、土耳其属之。"此外他还提到有"小别"的"赭色",指的是东南亚肤色比"黄白种"稍黑的人种。应该说这种划分不算太牵强,但总想让自己粘上"白色"的想法也是难以掩盖的。

石川认为,红白种人对其他人种构成了威胁,尤其是"赭黑两种渐次亡灭"。他说比如"缅人日减,无他,国中富力渐为西人所并,其女子亦甘为西人妾隶,血脉纷乱,驯至其种渐竭";再如南洋马来土人,"自欧人入其地,土人肤色渐为白色,亦人种变迁之效也"。作者在这里重点不是着眼于殖民地人民所受的奴役、压迫和迫害,而是强调不同人种在通婚中的地位状况。以为"世上颜色白皙眉目秀朗者,皆为女子眷爱,列国皆然。乃至有色种族妇女不爱土人男子而爱白人,联婚配偶者日众。而见其所生之子,其肤色渐变白色"。

石川预计,红白种和黄白种的竞争,将是20世纪的一大关键。谁胜谁败,"今日人人各异所视"。他举例说,日本的谷鸟尾二、三宅志贺认为红白种处于优势,故"数年前倡禁外人入内地杂居之说。据云一旦准外人杂居,我国人脑力体力,均不足与彼族相当,为其所压倒,竟不免衰灭"。而美国人阿连哈德克(B. Allan Hardk)则通过调查、比较日本人和北美人的"体格"和"脑力",认为"日人体质,视美人已无大差。而日人尤长于模仿之性,又事战争,尤为可恐"。这些客观地反映出当时日本人和美国人之间的互相畏惧。

《论种界之竞争》宣称黄白人种"远胜"于红白人种,其根据"一曰人口,二曰体力,三曰脑力"。作者列举了众多事例,诸如"闻英人移住于印度者,在其地三代辄失生殖力";"南欧地方人民一移于极北,忽致冻死";"荷兰占有爪哇,历有数百年,而荷种住该岛者常不出三万人以上";河内、西贡等地,"法人来往者皆为瘴疠所侵";还有在非洲、墨西哥、南美等地,土人"蕃殖",而白人或因怕热,或因容易生病,故"裹足不敢入",即使有移居者也"多致死亡",使得这些地方的白人人口增加不多。但是"日本人南移台湾,北住千岛,处于极寒极热之地,并无减生殖力之事,其体力胜于欧人也明矣"。

文章以有几分轻蔑的语气谈到朝鲜和中国的人口与生殖情况。他说，"朝鲜人起卧于粪秽之中，粗衣粗食，淡然自甘，略无艰苦色。若使欧人一日处于其间，克保其生者罕矣。尝见中国人在湫隘街巷，呼吸污气，饮用污水，殆为人间不耐。而其心气旺盛，体力康健，克全天寿者比比皆是，西人皆诧为怪异"。他又略带夸张地说，"中国面积四百二十一万方里，其人口则上于四亿，殆占全世界三分之一，而其生殖力尤为旺盛。以中国一国，其势力可克与欧种抗衡"。他尤其夸大中国人的移民问题，说"中国人之移住海外者，接踵不绝。北自西伯利（亚），南至开普（敦），到处莫不有其足迹。而其居处积月累年，生聚倍蕃"。石川列举了南洋各地中国移民人口快速增长并"垄断其贸易利权"的情形，还说到"西藏土地高寒，非洲瘴疠害人。中国人一往其地，并无所损，生聚日蕃"。但是他对日本人在 19 世纪末大量移居太平洋中诸岛、澳洲、美国西海岸及拉丁美洲的情况却不曾提及。

石川就人口和体质问题总结说，"盖文明越进，奢侈越长。奢侈越长，体力愈弱。无怪东西国民，其悬隔若是之甚也。生物学者巴克曼（John Bachman）尝论欧种亡灭有日，且云寒热气候，能锻炼人体，俾其康强，其效远胜于医药之力。所谓文明也者，不独于人体力无利，适足损其天然云云，非诬言也"。总之"欧种不适于殖民之理者颇多"，而"黄白种能耐寒热艰苦之性，复非红白种所能企及"。

《论种界之竞争》认为，不仅黄白种人"其数与体力凌驾红白种，其脑力亦可与相抗。古来先民之卓绝者，多出于东方人，其人物固不在欧人之下"。他对东西人物作了对比，说"彼有基督、苏克拉底、士坤度、歇给尔，我则有孔子、孟轲、老子、庄周"；"彼有亚历山沙、勒曼施塞，我则有秦皇、汉武、忽必烈、帖木儿"。石川还驳斥了"黄白种之性株守旧习，难望于一蹴而至文明之域"的看法，称"日本开关以来，不出四十年，而文物灿然，政治昌明，以视欧洲，多无惭色。均是黄白种也，日本所能为，岂有别国人不能为之理？"他表示相信，在 20 世纪将会看到黄白种人诸国"发愤自强，震动世界"，而"红白之族瞪然居后"〔1〕的图景。石川半山独出心裁地把黄种人称为"黄白种"未尝不可，但他夸大了"黄白种"的竞争优势，又特地标举忽必烈、帖木儿的"功业"，虽然有为"黄白种"人鼓气之益，但对"红白种"人而言，适足为"黄祸论"火上加油。

日俄战争前后，日本有关讨论"黄祸论"的文章很多，当时的中国报刊对其各方面的代表性论文有所翻译介绍。

当时最引起中国人重视的，是曾任日本内阁首相的大隈重信的有关谈话。大隈首先强调"欧洲诸国误会黄祸之真义，甚属可悲"，认为历史上的"黄祸"起源于"亚细亚洲东北地方"的"蛮族"，如匈奴、突厥、女真、鞑靼等类，"决非中国或日本为之渠魁"。相反，"亘古以来，被其祸者不独欧洲诸国，即如中国和日本，亦俱被其祸"，如秦代筑长城，汉朝初年屡被匈奴侵扰，"金占据满洲，几倾宋室"，"蒙古鞑靼……入中国，创立元朝，更渡海犯日本"，都是中国和日本"被其祸"的事证。而"帖木儿、铁木真、忽必烈攻掠欧洲一半，俱属蒙古鞑靼等种属"，"顾攻灭东罗马帝国，建半月旗旆于君士坦丁堡之土耳其族，亦与入中国、侵日本、略取俄国、远袭法德诸国之蒙古种族属同一蛮族，亦可知也"。总之，他认为"欧洲人所恐怖之黄祸者，其所由来固非日本人，亦非中国人"。

大隈为历史上的中国和日本作了辩护。他说，"中国人最好和平，不欲侵略他国，但必夷狄入寇，不得已而始为之防御。故被蛮族之祸，未曾有甚于中国者"。他当然也忘不了为日本辩解，认为"日本之被黄祸"，还并非始于元军进攻日本，早在"神功皇后时，熊袭一族亦实与亚洲大陆之蛮夷通谋抗叛，是亦黄祸也"。然后笔锋一转，称"神功早察祸源所伏。进征三韩，以绝祸根……此岂非大举征韩之真意哉?"把日本古代对朝鲜半岛的入侵称为"剿灭黄祸"，显然有古为今用，为日本在 19 世纪末、20 世纪初侵占朝鲜辩护的意图。

---

〔1〕　〔日〕石川半山：《论种界之竞争》，《清议报》第 48 册，光绪二十六年(1900)农历五月二十一日出版，"时论译录"第 5—7 页。

大隈最后指出,"日本今将立于世界之大场,崭然露其头角,而不免为各国所妒忌,拈出黄祸二字,以图诬陷日本",并预测"日清两国将同心协力侵掠欧洲",此不过"漫为杞人之忧"。而俄国"借口于此,以图夺欧洲人对日本之同情",故鼓噪"黄祸"之说不遗余力。大隈反唇相讥说,"俄国亦曾为蒙古所征服,受约束者二百余年","其体血大半化为蒙古鞑靼种属者,安知非方今俄人所以侵略四邻、贪婪无餍哉?由此观之,谓今之俄人为黄祸之本源,有何不可?"[1]最后巧妙地把"黄祸"的帽子反扣到了俄国头上。

由于大隈重信位高权重,其巧论一出,即为众多的日文文章所遵循和发挥,也得到了少数中国人的敬佩乃至恭维。如《论大隈伯黄祸说书后》一文的作者,出于对某些日本人"仅知利害、不顾种类之心,于中国实有所大不利"的担心,看到大隈的谈话处处把中国与日本相提并论,体现出一种"同种相携"的倾向,禁不住大加称赞,称"其用意之深远,措词之巧妙,可以推广于无穷,而又有历史以为之证,非同附会,真大政治家之绪论也"[2]。其实,大隈重信在中国王朝政权与北方"蛮族"的关系上,虽然沿用了中国传统的历史认识,但将其用在此时却颇有离间中国汉民族与北方少数民族关系之意。至于其为日本侵略朝鲜辩护,视日本"武力之扩张"为理所当然的用意,却未引起译者的批评,说明译者对大隈重信等人存有极不切实际的幻想和期待。

当时有的日本人为避免被视为"黄祸",寻找多种理由,力图与中国乃至亚洲各国划清界线。有的文章援引"法国盎列哥尔齐"的《日本膨胀论》中的观点,对该文中所说的"中日两国,实为亚细亚国民之二大宗,然不独人种之异,即历史所传之立国基础,亦全相反"津津乐道[3]。《非同文同种》一文,则首先从"头颅形""眼窝""发径"三项,来论证中日人种之别。其次从"语言"分析,称"日本与乌拉尔—阿尔

---

〔1〕《大隈重信述黄祸》,《中外日报》光绪三十年三月二十八日(1904年5月13日)。

〔2〕《论大隈伯黄祸说书后》,《中外日报》光绪三十年三月二十九日(1904年5月14日)。

〔3〕《论黄祸》(译自1904年7月20日日本《外交时报》),《外交报》甲辰年(1904)第21号(总第90期),第6—7页。

泰族各语皆属交换之附著语,中国与暹罗、安南同为孤立语"。从而得出中日"两国决非亲近之同种"的结论。作者特别强调"就利益之关系而定各国之向背,实近年世运之所致",日本通过维新改革,"得伍于列邦,与最强大国联盟者,皆此世运之所赐"。故不能违背"世运",对中国这个"老大之国,而漫然引同文同种为口实,使列国疑中日间有特别之关系,不免包藏祸心,将渐新旧习之欧美人再生黄祸之惧,而英人中持异种异教之说以反对英日联盟者,且将以此借口也"。因此作者把"日中提携说""日中连带论"这些本来就别有用意的主张称为"浅见""谬说",更指斥"欲以同种同文云云,就政治而利用之"为"无识已甚"。[1]

日俄战争之后,日本既因战胜而得到在朝鲜半岛和中国东北的大量权益,同时如同日本作家德富苏峰所担忧的那样:"一方面白皙人的嫉妒、猜忌,至少也是不安,将如黑云一般向日本涌来;另一方面,其他有色人种听到日本胜利的号角,将如触电一样昂起头来。(日本)立于两间,欲将如何呢? 如误一步,胜利即变成亡国之端,酿成世界空前之人种大战。"[2]鉴于当时日本自感力量不足,尤其还要继续利用英日同盟的种种好处,日本采取了淡化"黄祸论"的态度。其思虑和态度有如一位中国评论家所说:"日人亦明知其(指'黄祸论')用意之深,斤斤然若惧其说之偶行,则己且为世界戎首,群起而攻,后事且难逆料,故愈自谦抑,以结白人之欢。而主持清议者流,作为论著,以辩其说之不可信,连篇累牍,刺刺然不能已。欲以释白人之疑,使不致旁生枝节。未几黄祸之论亦稍息矣。"[3]日本在外交行动上,一方面继续巩固英日同盟,另一方面汲汲于跟旧敌俄国修补关系,尤其努力避免刺激美国这个新的"假想敌",1909 年与美国达成了限制日本向美国移民的"谅解"。

---

〔1〕《非同文同种》(译自 1902 年 5 月 2 日日本《时事新报》),《外交报》壬寅年(1902)第 10 号(总第 12 期),第 17—19 页。

〔2〕〔日〕桥川文三:《黄祸物语》,第 89—90 页。

〔3〕谷音:《辨黄祸之说》,《东方杂志》第二年第二期,光绪三十一年(1905)农历二月二十五日出版,"社说"第 32—35 页。

但日本与欧美列强的矛盾仍然在扩大。在中国进入"民国时代"、日本同时开始"大正时代"的 1912 年 3 月 10 日，美国《华盛顿邮报》刊登了一篇未署作者名的《黄祸论》长文。文章大意是说，如果中国的共和革命(指辛亥革命)获得成功，中国将会接受日本的指导并与日本结盟。中国将会振兴产业，扩张军力，经过二十五年，日本和中国就能做好世界大战的准备。战争从中国本土驱逐白种人开始，很快扩展到印度和波斯，接着土耳其人欣然迎接日中联军，于是"真正黄白人种之大冲突先在匈牙利之野开其端，结果全欧洲大陆一举投入混沌之祸乱中"。"大日本文明协会"迅即翻译此文并收入《欧美人之远东研究》一书中。而在此前后，日本也出版了千叶秋甫、田中花狼的《黄祸白祸未来之大战》，原田政右卫门的《遗恨十年：日俄未来战》，北原铁雄的《下一场战争》等预想未来的战争小说。其中仅有《黄祸白祸未来之大战》虚构日本获胜，其他作品都预料日本在战争中大败，反映出当时日本人的危惧感十分强烈。因而"黄祸""白祸"的文章、谈话也再度频繁登场。

1912 年，时任早稻田大学教授、后来担任过民政党干事长和斋藤内阁"拓务"大臣的永井柳太郎，发表了《白祸论》一文。文章通过对亚洲、非洲、美洲、澳洲、"太平洋洲"的土地面积和人口统计指出，从 1860 年以来，白种人新获取了一千万平方英里的土地，对一亿三千余万人进行殖民统治。而且遭白种人虐待的不只是殖民地之"土人"，"虽是独立国家并有高等文明者，因其皮肤非白色，又不免于同样命运也"。书中还说，"白种人独吞天下财富，世人岂无反感？ 如果说对白人的反感蔓延是有色人种之罪恶，毋宁说是白人之过错"。该书的结论说，"谁说黄色人种是侵略性的人种？ 世上若有可称为侵略性的人种，彼等白人不正名副其实吗？"[1] 此文大约是受到前述法朗士《在白色的石头上》的启发，首次用"白祸"为题，反守为攻。

1913 年 10 月，本来是研究东洋古代史的学者桑原骘藏，也在《新

---

〔1〕　〔日〕桥川文三：《黄祸物语》，第 151—152 页。

日本》杂志第 3 卷第 11 号上发表了《黄祸论》一文,对"黄祸论"加以批驳。文章指出,"纵观古代历史,匈奴或者蒙古虽曾一时侵入欧洲,但这群沙漠漂泊者是以攻掠四邻为生的蛮民,决不同于中国人和日本人,所以不应同样看待"。"日俄战争以来黄祸论逐渐成了世界性的问题",一方面是亚洲人"脑海里白人的威风扫尽,白人不可战胜的神话也就破灭了。……一种新的思想,即'亚洲是亚洲人民的亚洲'开始在东洋大地弥漫开来";另一方面则是"反映了白人对于自己以往过于瞧不起黄色人种的一种反思,但同时又变成对之过于戒备的心理"。他分析说,"有人主张日本是黄祸的中心,有人主张中国是黄祸的中心"。"黄祸"的具体内容集中在军事、移民和经济方面,而"美国在日俄战争以后,无论在军事上还是经济上,都与日本产生了利益上的差异和冲突","当然人种歧视的问题也是不可忽视的原因之一。继成功排斥华人以后,美国人想用同一方法将日本人从太平洋沿岸赶走"。桑原不愧是大史学家,能对这一重大问题作出精辟的分析并扼要地抓住核心本质,客观地描述矛盾所在,而不像别的日本学者那样或从人种上加以巧辩,或者嫁祸于人。

桑原说:"殖民(即移民)和经济涉及的方面很多……暂且放下不论。单就军事方面来说,黄祸之说决不可能成为一种事实。至少象西方的黄祸论者所说的那样日本人或中国人采取一种攻击的态度加害白人,扰乱世界和平的这种事态,是绝不可能出现的。"接下来他分别从中国和日本两方面阐述了他的思考。

对于中国方面,桑原说,"中国人是世界上无比厌恶战争的平和的人种……与其说他们是善于征服的一族,倒不如说他们是被征服的一族"。说"这样厌恶战争的中国人会迫害威胁白人,是令人难以想象的"。他引用了 1908 年身为驻美公使的伍廷芳在纽约所作的《中国的觉醒》的演讲,表示认同伍廷芳所说的中国人"虽遭白人排斥、迫害,却能够以大人风范,以德报怨"。

对于日本方面,桑原说,"日本人或许不像中国人那样爱好和平,但决不会毫无理由不讲道理地迫害白人。日清、日俄战争以后,日本被认为是好战之国,但这是混淆事实的污蔑性的评价"。他进一步辩解说,"以日本人的气质,不会有(中国人)这么大的宽容"。日本人"爱国心强烈",把"国家的尊严体面"看得"尤为重要"而"决不允许被损伤"。"这种精神就必须被重视,他国人也要尊重这一精神。若白人深深懂得我国的国民性,只要不对我国主权施以压迫,我日本人决不会迫害白人,正当的防御场合除外。他们决不必担心我日本人会采取主动进攻的姿态加害白人"。在论证日本人的"理想是和平而非战争"时,桑原引用了长期居留日本,对日本有深厚感情的美国传教士奥拉梅尔·亨克利(Orramel Hinckley,1830—1923)的著作《德国在东亚的利害关系及黄祸问题》,为日本被称为"好战国家""辩证"。在辩白的最后,桑原还提出了他的一个独特看法,"白人在历史上、宗教上、社会上比较容易形成大团结,黄种人之间形成这样的大团结是不可能的,黄种人联合起来一致对抗西方亦是难以实现的"。桑原没有申述这种看法的根据,但黄种人之间确实除了肤色之外,缺少别的认同,其较之白人的一致性和"大团结"要少,已被百余年的历史所证明。

桑原在为中国和日本辩白的同时,更对"白祸"作了直言不讳的批评。他说,"无论是过去还是现在,白人没有一天不在迫害着黄种人"。诸如在南洋群岛和马来半岛"杀害""迫害本地的中国人","又用武力强加威胁,中国和日本都被迫开放,且从此受尽白人的迫害"。桑原还批驳了白人自我美化的"博爱""伟大""高尚"等标榜之词。他说,白人真的超越了一切宗教、民族的差别,实施一视同仁的博爱行动吗?看白人东渐以来的事实,完全不是这样的,仅从白人向中国输出鸦片和发动鸦片战争一事,即可说明"他们不仅不将其所欲施与他人,还将其所不欲强加于人"。桑原总结说,可见"在所谓的'黄祸'之前应是已存在'白祸'的。……迫害黄色人种的白人却大叫'黄祸',这难道不是很奇怪的事情吗?"

文章还分析了双方的心态和情感。桑原说,"黄种人对白人的反感,大都是由于白人对黄色人种不抱半点同情、毫无顾忌、自以为是、随心所欲的行事而引起的"。而白人"自诩是世界上最优等的种族,认为他们理应有支配世界的特权,并以此偏见评判一切事情。世上的黄种人要遵照白人的意志行事,还不能表示一点不平之感。(现在)黄种人觉醒,还尚未得到多少所谓的自由,白人便开始叫嚷起来,说黄种人是在谋反"。桑原讽刺说,"这不得不说是一件滑稽的事"。

　　文章的结论是,"白祸是客观存在的一种事实,而黄祸则是一种虚妄之想。被误认为是黄祸之首的中国人和日本人,连自己的权益也难以保护,怎会有余力加害白人!"但是桑原发出警告说,"世上由虚妄变成事实的例子也很多。若白人一再不停地叫嚷'黄祸! 黄祸!'并任意欺压、迫害黄种人,从而引起黄种人的大反抗,黄祸会成为一种事实也未可知。可以说,黄白种族冲突是否会成为事实以及事实到来的迟早,完全决定于白人对黄种人的压迫有无缓急的改变上"。[1]

　　这篇文章被桥川文三教授称为"论旨并非特别新奇",但"要领极佳""非东洋学泰斗写不出来的""破黄祸论"的"平易的模范论文"[2]的确,桑原的文章剖析西方"黄祸论"者的心态,揭露西方殖民主义、帝国主义在东方的侵略扩张和横行霸道并且贼喊捉贼的伎俩,可谓准确精到,与同时代的中国人批驳"黄祸论"的文章非常近似。但有两点,是今天的中国读者很容易看出来的。一是如同当时桑原轻视中国的态度一样,桑原在辩白中国不会成为"黄祸"时,是立足于中国人缺乏爱国心,容易被征服的看法的。这一认识与20世纪30年代日本大举侵略中国的行动颇有关联。二是桑原虽然承认日本人"不像中国人那样爱好和平",也不会有中国人"这么大的宽容",但是他进而在日本人"爱国心强烈",不允许"国家的尊严体面"遭到"损伤的精神",抵御和反抗"白祸"等等理由之下,对日本在强大之后的对外侵略扩张作了明显的掩饰和辩护。当然,1931年死去的桑原不可能对他说过的"不必担心我日本人会采取主动进攻的姿态"一语负责,但桑原在文章最后所说的"由虚妄变成事实"无论如何都成了谶语。

―――――――――

〔1〕《黄祸论》,载〔日〕桑原骘藏:《东洋史说苑》,钱婉约、王广生译,北京:中华书局2005年版,第233—245页。
〔2〕〔日〕桥川文三:《黄祸物语》,第93页。

　　大正时代,日本关于人种学的讨论,尤其是否认日本属于黄种人的言论大为减少,坚持日本人种属于西欧系统的只有小谷部全一郎和木村鹰太郎。

　　小谷部全一郎当时被少数日本人称为"学亘东西,识通今古"的"奇士"。其实在严肃的学者看来,他不过是一个涉猎广泛但根本不经"考证"就信口开河的人。他敢于毫无根据地提出"成吉思汗就是源义经(日本贵族的重要人物)",还要写成书送给天皇观看。他的《日本及日本国民之起源》虽然出版于昭和初年,但其"研究"工作和观点早在大正初年就为人所知。他的"研究"一是从地名的读音开始,比如他说,"阅览亚洲的地图,就可发现亚美尼亚(Armenia)、塔伽马(Tagama)、哈拉(Halab)、哈兰(Harran)等地名甚是类似我国语。对此就亚美尼亚一词加以解释,亚美即我的阿么,就是天,尼是接续词,亚就是处……因此余可断言,天是称西部亚细亚的阿么之国,高天是该地的洲名塔伽马,原用于称该洲的古都哈兰"。接着就传说中的人类迁移发挥大胆想象,称日本人的祖先就是以色列十二支族中已经消失的十支族之一的"迦得族"。天皇之所以发音读作"弥伽得",就是在"伽得"前面加上了美称"弥"。还说日本每年7月17日的"夏祭",就是纪念诺亚方舟停在亚拉腊山的日子。小谷部然后"推定","迦得族"先经波斯到阿富汗到西藏。然后在西藏分为两路,一路经海参崴到朝鲜再到日本;一路经暹罗、南中国、琉球,再到日本。他的结论是,日本的"基础民族"是"希伯来神族的正系",是"亚伯拉罕的子孙迦得的后裔"。桥川文三先生说,英国也有将其民族起源追溯为以色列十二支族的研究,小谷部在书中列举了六本英国书,并作了详细介绍。[1] 小谷部的构想可能是受到了英国此类研究的启发,但完全没有可信的"考证"作为根据。

　　木村鹰太郎在1913年出版了《日本太古小史》,为了论证日本人种"西来"说,他嘲笑东京大学教授白鸟库吉和京都大学教授内藤湖南等关

---

〔1〕〔日〕桥川文三:《黄祸物语》,第62—64页。

于邪马台国的考证为"愚昧可笑",然后自己来了一个快刀斩乱麻的地理位置大挪移。按照他的说法,中国古代史书中出现的我国东北、朝鲜和日本的地名,统统在欧洲和北非,如"奴国"是"伯罗奔尼撒(Peloponnese)半岛东部阿尔果利斯(Argolis)国之阿尔果斯(Argos)府";"末卢"在希腊南部;"韩国"是"伽拉即意大利北部之总称";"狗邪韩国"在"意大利南部之东边";"带方郡"是"凯尔特人之国","是古代奥地利、德意志、法兰西一带之名称"等等。由此顺理成章得出了"倭人传中之倭女王国,就是吾等日本人在太古占据欧亚之中心埃及,意大利、希腊、阿拉比亚(Arabia)、波斯、印度、暹罗等均属我国版图"的结论。

桥川文三先生称木村是和小谷部一类的人,"想法新奇使人吃惊",其"浪漫""无稽"的解释让人"瞠目"。他还调侃说,"如果对方荒诞无稽地以白人为中心描写世界历史,这样(以荒诞对荒诞)立论也没什么关系吧",不过木村的理论还远未彻底,"最好干脆把日本列岛作为人类发生的中心之地,不是以'东渐'而是以'西渐'来说明世界历史,岂不是气魄更大?"[1]不过在今天的外国读者看来,木村令人吃惊的"大言",除了意欲推翻原来以白人为中心的世界历史,在其思想深处和当时日本扩张主义者大得吓人的领土野心恐怕也有关系。

但是前面说到的大隈重信始终不同意日本人种"西来"说。1905年冬他在一次演讲中说,"有人说日本人是亚利安种族。亚利安就那么高贵?我等不能没有怀疑。无论怎么说,我们的血跟亚利安不同。或许我们的血中多少混有一点亚利安的血,但因此就说日本民族是亚利安人种,这是有点牵强的论断"。到了1913年,他在《经世论续篇》中把白种人与有色人种,尤其是与中国人和日本人作了对比,认为无论是"颜色""容貌、姿势、举止动作",以及"身长""脑容积",总起来说就是"体力和智力","有色人种到底不及白人"。具体说到日本人,大隈承认日本人"身材矮","知识劣于人","从历史上观察,日本人也没有以何种伟大的发明著称于世的"。他还批评说,"吾辈平时不正常地夸

〔1〕〔日〕桥川文三:《黄祸物语》,第66—68页。

耀自己,总说决不亚于白人。但遗憾的是以上事实(不是他们所说的那样)"。

大隈是把人种问题与"黄祸论"联系在一起考虑的。他说,"欧洲人如此喧嚷黄祸,把远古的历史当作今日的梦呓,实际上是出于某种政策所需。可见欧洲人要像征服世界一样,怎么也要把其他民族踩在脚下",而日本人"终究是比白人低下一等的民族","不堪生存竞争","那么到底有无拯救之术呢?"他的回答是,日本人最后可以依靠的,就是"以天皇为中心的万世一系"的精神传统,这"是我民族成为世界上的优胜者的最后力量"。〔1〕由此可见,大隈在人种竞争问题上的思考,不是强词夺理地把日本人说成西来的亚利安种属,甚至从"事实"上承认黄种人尤其是日本人自己的劣势,目的是强化日本人的危惧意识。意在告诫日本人,不要让那些别人都不相信的、无可靠根据的种种"日本新人种说"自欺欺人,而忘掉了自己的"根性"。为了补偿日本在人种上的劣势,大隈搬出了日本的"国粹",即信仰和制度上"万世一系"的皇国主义,把人种学的问题巧妙地过渡到了政治问题上。

所以,在第一次世界大战以后,在日本学术和舆论界中,强辩日本人种属于西来的亚利安人的说法渐渐隐退。不仅如此,日本人逐渐以黄种人乃至有色人种的代表自居。1919年在巴黎和会上日本代表提出了"撤销人种歧视待遇"的议案(该议案因澳大利亚代表的反对未被立案),这可以视为这种转变的标志。紧接下来,由于俄国革命后日本出兵西伯利亚,虽然日本军队最终被苏俄红军逐出,但"出兵西伯利亚的经历,促使日本士兵向来对欧洲人所怀有的敬畏之念消失。……逐渐抛弃了欧洲优越这种神话"。

20世纪20年代,曾经担任过日本内阁首相的平沼骐一郎多次表达对白种人的不信任,并"厌恶西方作风"。以平沼为中心的"国本社"极力鼓吹皇国主义的"泛亚洲主义"。西方舆论把"国本社"视为"日本

───────────

〔1〕〔日〕桥川文三:《黄祸物语》,第60、98—101页。

法西斯主义的总根据地"[1]。而以介绍和研究尼采著名的学者生田长江，也在 1924 年发表了《东方人之时代》的文章，宣称"不管如何困难，东方人及东方文化早晚会再次支配世界，甚至将使全人类去过全新的生活。对此我们深信不疑。假若不相信东方人及东方文化有一天将会取代现在的西方人及西方文化，我们就会对于人类的将来完全绝望"。他解释说，"我们之所以提倡东方人及东方文化再次支配全球，不用多说，是因为认为它是拯救整个人类的唯一手段，并不只是为了满足我们东方人自己的权势欲望和荣誉心。……因为我们做梦也不曾想过把我们东方人尤其是我们日本人看成真正的弱者"[2]。日本人在种族、国体、文化等各方面全面地形成了自我优胜的想象。

　　20 世纪 20 年代后期和 30 年代初期，即日本进入"昭和时代"的头几年，部分日本人更以进攻的姿态谈论人种与"黄祸"的问题。如前面说到的在甲午战争时期极端丑诋中国人的竹越与三郎，1928 年在"经济调查联合会"座谈会上发表题为《即将到来的新黄祸抑制运动》的演说，称"眼下各处殖民地人心动摇，对欧洲和白人的反抗心非常强烈"。之所以如此，"最近的原因是欧洲人互相杀戮，财富丧失，暴露出欧洲文明的弱点"；"反过来求其远因……白人文明动摇的原因在于日本。故现在欧洲盛行列国必须加强对日本监视的议论"。竹越明确地说，白种人对有色人种尤其是日本人的"包围战"，"是否会在二十年、十年，甚至五年以后开始，这是普通人无从断言的。但我以为时间不会太久"[3]。竹越在演说中点名提到了美国政治评论家斯托尔达德(Theodore Lothrop Stoddard)的著作《有色人种如潮涌动》(*Rising Tide of Coloured Race*)，这本 1920 年出版的书警告美国人说，"欧洲战争给了日本自由控制中国的机会。……而且中国人也的确看到了日本人计划的优点——特别是'大东亚共荣圈'思想，在这种观点驱使下所有的白人都

〔1〕　〔日〕桥川文三:《黄祸物语》，第 164、177 页。
〔2〕　同上书，第 184—185 页。
〔3〕　同上书，第 219 页。

将被逐出远东"[1] 双方都预计到了冲突的难以避免。

由于日本大肆宣扬自己的"独特精神"和"皇国主义",鼓吹由日本来"解放受白种人压迫的东方诸国",连当时的日本外交评论家清泽洌都在其论文《新黄祸论》中承认:"旧的黄祸论是被寻衅,新近的黄祸论则是由我方寻衅(而引起)。"他尤其批评了当时日本陆军大将荒木贞夫的"日本人的精神和性格,应该跨越七海,向五大洲宣扬。如有防碍其出路,就不惜以武力加以排除"之类的言词。他对此提出疑问说:"作为日本人,是大肆标榜人种问题,一边刺激世界民心一边前进比较好呢,还是把尽量避免那种逆风作为国策较为明智呢?"他担心地表示,如果"走前者的危险道路","我想黄祸论一有机会就会被提到世界上"[2]。

果然,在日本侵占了中国东北数年之后,在"七七事变"发生之前,美国的《大西洋月刊》(*The Atlantic Monthly*)1937 年 5 月号上,刊出了长期未曾公布的、德皇威廉二世 1909 年对美国作家赫尔(W. B. Hale)的谈话。其中有"谁都知道在亚洲和西方,即白种人和黄种人之间有什么事情会发生。……全世界都知道决定全地球上人类命运的一大危机在很快靠近","日本人憎恨白人,犹如白人憎恨魔鬼。日本人是魔鬼,那是最简单的事实。对我们而言,危险不只是日本,而是日本成为统一的亚细亚的领袖。日本统一中国——那就是威胁世界的最大的坏事"[3]等等内容。显然美国报刊此时公开德皇威廉二世将近三十年前的这种露骨言论,完全是借古喻今。

以后随着日本对美、英战争的展开,双方互相丑化。日本称美、英为"鬼畜美英"。在澳大利亚的美国记者则把日军称为"日本蟹"。英国报纸常常刊登丑化日本人的漫画,"日本人基本上都被画成猴子,或者是比猴子稍微进化一点的露出龅牙、戴着眼镜,总在寻人嘶咬的矬个

---

〔1〕 〔美〕汤普森:《黄祸论》,第 402 页。

〔2〕 〔日〕桥川文三:《黄祸物语》,第 221—223、402 页。

〔3〕 同上书,第 220—221 页。

儿,而且跟随在希特勒和墨索里尼身后蹭着小步地走路"〔1〕 当英国战舰"威尔士亲王"号(Prince of Wales)被日军击沉的时候,连英国首相丘吉尔也气得用"黄种猴子"来称呼日军。1943 年 6 月美国盖洛普调查所就"战后美国能否恢复与德日两国国民深交"问题展开民意调查,12 日发表调查结果显示,回答能与德国国民恢复深交的达 67%,而回答能与日本国民恢复深交的仅有 8%。而且当时美国人用来形容日本人的字眼通常是"野蛮,一如野兽,卑劣,狂热信从,未开化,肮脏,不可信任"等等〔2〕 1944 年 1 月,美国杂志《财富》(Fortune)刊登"战后哪些国家应该参与国际联合组织"的舆论调查结果,显示英国名列第一,为 72%,然后依次是中国,为 67%,苏联 65%,法国 42%,巴西37%,意大利 20%,阿根廷 19%,西班牙 16%,德意志 4%,日本 2%,大概居于末位。日本报纸感叹说"由此可见美国国民对我国的敌意程度"〔3〕 日本发动侵略战争及在战争中的野蛮、疯狂行径,使日本人的形象在国际社会中跌落到了最低点。

桥川文三教授曾大体上概括了西方"黄祸论"的所指对象。他说,"二十世纪前半期黄祸的中心是日本,后半期则被代以中国,这样(总结西方人的看法)大概不错吧"〔4〕 面对来自西方的"黄祸论",敏感的日本人迅即作出反应,他们对西方人的优越感感到气愤,欲极力摆脱"黄祸"的魔咒,或是反守为攻,指俄国人乃至全体白人为祸,或是嫁祸于人,称中国人为祸,为此不惜在人种上"脱亚入欧"。第一次世界大战以后,日本人在人种上回到了黄种和有色人种的立场,以有色人种的代表和"亚洲的解放者"自居,配合自己的侵略野心,由"被寻衅"到主动"寻衅",最终挑起了侵华战争和太平洋战争。在长达半个世纪以上的国际关系纠纷中,"黄祸论"是一个始终贯穿其中的话题,虽然对于攻辩双方而言,"种祸"都不是实质而是借口和说词,但这一体现人种

---

〔1〕 〔日〕桥川文三:《黄祸物语》,第 232 页。
〔2〕 同上书,第 236—237 页。
〔3〕 《美国舆论陈说些什么?》,《每日新闻》昭和 19 年 3 月 12 日。
〔4〕 〔日〕桥川文三:《黄祸物语》,第 262 页。

歧视的说词无疑起到了伤害各方感情,凸显种族和民族差异,为国家之间的矛盾冲突火上加油的负面作用。这当中显然存在着人类应该汲取的教训。

十　中国近代的人种学回应

　　19 世纪末,"黄祸论"在西方甚嚣尘上之际,西方的种族理论在中国的传播也像当时的其他西学一样,主要是通过以下两种渠道:翻译日本学者的有关论著和在华传教士的报刊科普文章。

　　西方的人种学说在日本的传播主要是通过日本 1884 年成立的人类学会。这是由坪井正太郎(1863—1913)、鸟居龙藏(1870—1953)等人创立和发展起来的专业学会。这个协会中对中国人影响最大的就是鸟居龙藏,他于 1895 年首次对中国辽东半岛进行实地考察,并对世界各地的种族进行了体质、文化多方面的研究,1902 年编撰完成了《人种志》一书,第二年便经福建人林楷青翻译、由闽学会正式在中国出版。[1] 编者将世界的人种划分为亚细亚系统人种(包括"支那种族")、西北利亚种族(包括日、韩、蒙古等)、欧罗巴及阿非利加系统人种、北非地中海种族等。其中对中国人种(时称"支那人")有这样的描述:"支那人的体质,皮肤黄,发黑而直,容貌多美而长,须极少,鼻有特形,眼颇倾斜,头形大小适中,身长平均一六三仙迷(今通译为厘米)。要之支那人有亚细亚系统人民一种之特质,言语用孤立语。"[2] 这显然是与其对中国人种的实地考察所得的直接感性认识分不开的。当时,在中国本土得到传播的人种学说,主要还是布鲁文巴哈的人种五分说和康德(I. Kant)的人种四分说。其中被誉为近代人类学鼻祖布氏的人种五分法在当时已被西方广泛接受,并早在 19 世纪 80 年代就传到日

---

[1]　〔日〕石川祯浩:《辛亥革命时期种族主义与中国人类学的兴起》,中国史学会编:《辛亥革命与 20 世纪中国》中册,北京:中央文献出版社 2002 年版,第 1000—1001 页。

[2]　〔日〕鸟居龙藏编辑:《人种志》,林楷青译,《闽学会丛书》,1903 年,第 2 页。

本,日本还有专门文章介绍,其学说是依据头颅形状来区分人类。[1]

　　早在严复引入进化论之前,西方传教士就在 1892 年将西方近代人类学的理论用于讨论人种问题,但人种问题引起国人的广泛关注则是在达尔文进化论传入中国之后。1892 年,英人傅兰雅(John Fryer)主编的中文报刊《格致汇编》中就有专门介绍世界人种理论的文章,并且依据肤色、发型、鼻型、头型,以及心性文化等不同的特征,分别介绍了上述的两种人种分类学说:"西国常以人分五大类:一曰蒙古人,一曰高加索人,一曰马来人,一曰亚美利加土人。以肤色分之,则曰黄人、白人、黑人、棕人、红人。……又有格致家将全地球之人统分为三类,以亚美利加土人与马来人并蒙古人为一类。"[2]五六年后维新志士唐才常亦大力宣传西方的人种理论,他在《各国人种考》一文的开头几乎只字不差地照搬了上述《格致汇编》中的有关人种五分的理论。

　　进化论传入中国略晚于人种论。近代最先把进化论引入中国者,严复首居其功,时人对此已有评论,谓"自严氏书出,而物竞天择之理,厘然当于人心,而中国民气为之一变,即所谓言合群言排外言排满者,固为风潮所激发者多,而严氏之功盖亦匪细"。[3] 早在 1895 年,从英国回来的严复就以达尔文主义为武器,提出"保种"的主张。[4] 其后严氏在译述《天演论》时,其重要的民族自觉就是对"保种"问题的强烈关注,也可说是第一次正面敲响了"亡国灭种"的警钟。在严复的眼里,由"种"到"群"是现代国家的必经过程,即"所谓存自存者……其始也,种与种争,及其成群成国,则群与群争。而弱者当为强肉,愚者当为智役焉"。[5]

　　《天演论》中宣传"物竞天择,适者生存"的思想,一再强调"自强保

〔1〕　〔日〕石川祯浩:《辛亥革命时期种族主义与中国人类学的兴起》,《辛亥革命与 20 世纪中国》中册,第 999—1000 页。

〔2〕　《人类五分说》,《格致汇编》第 7 年第 3 卷(1892 年)。

〔3〕　汉民:《述侯官严氏最近政见》,《辛亥革命前十年间时论选集》第 2 卷上册,北京:三联书店 1978 年版,第 207 页。

〔4〕　《论世变之亟》,王栻主编:《严复集》第 1 册,北京:中华书局 1981 年版,第 4 页。

〔5〕　《原强》,《严复集》第 1 册,北京:中华书局 1981 年版,第 5 页。

种之事,反复三致意"。[1] 严复的种族危机观也引起了其他维新人士的共鸣,康有为在考察了法属越南和英属印度的现状后,指出"西人最严种族,仇视非类",故"吾神明之种族"必须对此警觉,以免陷入沦亡的命运。[2] 由此可见,进化论的引入,使当时的有识士人对于种族的生存忧患意识大增,戊戌时期维新派在其《保国会章程》中也明确地提出"保国、保种、保教"的口号,其中保种就是要"保人民种类之自立"。[3]

当时,将进化论思想与人种观念联系在一起的人,除严复之外,还有唐才常和梁启超等人。唐才常于1897—1898年在《湘学报》第15—27册上连续发表长篇人种学的论文《各国种类考》,把世界人种向国人作了全面的介绍,目的就是要唤醒国人设法强种。而梁启超则在其早期著作《论中国之将强》《论中国宜讲求法律之学》等文中,对人种学和种族观念进行了大量分析,其前后一贯的理论基础便是进化论,尤其是社会进化论。梁氏认为"凡人类智识所能见之现象,无一不可以进化之大理论贯通之。政治法制之变迁,进化也;宗教道德之发达,进化也;风俗习惯之移易,进化也。数千年之历史,进化之历史,数万里之世界,进化之世界也"。[4] 从梁氏以上的言论中,我们不难发现,进化论成为了19世纪末20世纪初新式知识分子观察和分析世界最为重要的理论工具。而人种论和种族观念的并入,使中国人对于世界种族(尤其是对于白种人)的看法也发生了若干变化,由此而引发了"种战"观念。这一思想又与西方喧嚷的"黄祸论"合上了节拍,成为当时中国人回应"黄祸论"的第一步。

近代中国人对于种族的认识,特别是对于白种人的认识,经历了一个较大的变动过程,并与对中国人种(黄种人)的自我认同联系在一起,两种认知态度的变化又与文化认同密不可分,并呈现出大致相同的

---

〔1〕《天演论·自序》,《严复集》第5册,北京:中华书局1986年版,第1319页。

〔2〕《京师强学会序》,汤志钧编:《康有为政论集》上册,北京:中华书局1981年版,第165—166页。

〔3〕《保国会章程》,汤志钧编:《康有为政论集》上册,第233页。

〔4〕梁启超:《论学术之势力之左右世界》,《饮冰室合集》文集之六,北京:中华书局1989年版,第114页。

轨迹和同步的趋势。

中国人对西方白种人的认知,早在传教士来华时就有所体现。无论是魏源的《海国图志》,还是徐继畬的《瀛环志略》都有对白种人毛发、肤色、眼睛等特征的描述,而中国人无疑是最好的对照标准,在有意无意之中,还反映出中国人种的优越感。到了19世纪七八十年代的薛福成的眼中,则认为作为最高贵的人种,欧洲的白种人是唯一能与中国人相并肩的人种,"大抵中国之民,皆神明之胄,最为贵种。而欧洲开辟,不过稍后于中国,亦既英隽迭兴。且溯欧洲人类之始,颇有谓由亚入欧者,故其人之聪明秀拔,是与中国颉颃,外此无能及者"。[１] 可见当时士人心目中华夏族作为"神明贵胄"的地位并没有动摇。

但是甲午一战中国的惨败与西方入侵的加重,使中国士人对中国的文化与种族进行了一系列的反思。在强大的白种人面前,中国人也自甘于承认"野蛮"了。维新派的健将梁启超、严复、康有为等人无一不持此观点,并且将白种与黄种的差别归因于政治环境造成的结果。换言之,此时的中国人已经沦为"弱种",成了当时士人的共识。

这一时期,随着西方人种学关于人种分类的知识进一步传入中国,在中国士人的思想中也形成了人种等差的排序格局:白种人是世界上最优秀的人种,而黑色和棕色人种是最低劣的人种,黄种则处于前二者之间。这一"知识",经过严复翻译赫胥黎(Thomas Huxley)的天演竞争"公例"之后,更成为一种当时人们普遍接受的"科学公理"。

这样从进化论的观点来看,历史的发展就是优等各族消灭劣等各族的过程。而在种族等级秩序中,白种人处于优胜的地位,黄种人则处于劣败的处境。而劣种人必然被优种人所吞噬,种族之间的竞争就演变成了种族之间的大战。故而梁启超、康有为、严复乃至张之洞等人明确提出了"保种"的口号。

需要说明的是,就词源学意义上讲,种族通常指的是有共同祖先和

---

〔１〕 唐才常:《通种说》引用《四国日记》中语,见湖南省哲学社会科学研究所编:《唐才常集》,北京:中华书局1980年版,第100页。

共同生理特征的一群人,但同时对种族的描述也包括共同的社会和历史特点,如共同的语言、共同的居住地及共同的政治实体即国家等。在当时的中国知识界,与进化论同时引入中国的西方近代意义上的种族概念,对以上两层涵义经常是交差互混地使用,并没有一个清晰的分别。当时的知识界无论是观察世界,还是对政治理念的表达,在对"种族"这一概念的使用过程中,为我所用的倾向十分明显。在 19 世纪末 20 世纪初,即西方"黄祸论"最为盛行、东方种战思想也日益盛行的日子里,西方到东方却一度流行"中国人种西来"的学说,这不能不说是一种对"黄祸论"的间接回应。但如何看待二者之间的关系,学者们很少从正面予以回答。

1900 年是中国近代史上一条重要的界线,民族危机日重和 19 世纪末的"西学东渐"潮流汇集到一块,使 20 世纪初"中国人种西来说"在中国流行一时。"中国人种西来说"源于法国汉学家拉库伯里(Terrieu de Laconperie)于 1894 年发表的题为《中国古文明西来论》的一篇专业论文,20 世纪初经蒋智由等人著文广为宣传,在中国知识界引起关注。此说的流行一方面说明中国在世界上的地位发生了根本的变化,中国知识界对于传统的信仰开始崩溃;另一方面中国知识界产生了强烈的落后和危机意识,改变中国在现代世界上的不适应状态成为现代中国的主题。因而对民族的来源和优劣的关注格外引人注目。梁启超就认为西方列强的强大就是源于种族的优越,他说:"条顿人今遂优于天下,非天幸也,其民族之优胜使然也。"[1]这样从人种的角度来探讨中国民族与西方民族的共同点,就成为当时知识分子的一种不自觉的文化选择。

为了论证中国种族的优越,章炳麟、刘师培诸人竟一度对于中国民族西来说深信不疑,甚至还称中东的加尔特亚(Chaldea)为"宗国",并附会于古代传说中"葛天氏"的对音。章太炎于 1904 年发表的《序种姓》一文,通过对古代姓氏演变的考察,阐述古代华夏族的形成史和与

---

〔1〕　梁启超:《新民说》,《饮冰室合集》专集之四,北京:中华书局 1989 年版,第 11 页。

胡汉姓氏的同化史,借此来唤醒国人的种姓意识,但其中称"方夏之族,自科派利考见石刻,订其出于加尔特亚,东逾葱岭,与九黎、三苗战……其后人文盛,自为一族,与加尔特亚渐别",[1]认定华夏民族来源于西方。从今天考古学和人类学的研究成果看,章氏等人当年之论的确是一种无稽之谈,但在当时的中国知识界看来,却正是一种相当流行的时髦理论。如何看待当时知识界这一现象?仅仅归咎于知识演进中的浅陋无助于理解当时的思想状况,而《钱穆与中国文化》一书的观点无疑具有启发意义,该作认为,这件事决不能仅仅当作笑话来看,也不能解释为知识不足,而是深刻地反映了当时民族国家认同的心理危机。[2]

"中国人种西来说"其实也是对黄白种战背景的一种间接反映。"中国人种西来说"更多地体现了当时中国人民族认同的困境,的确抓住了问题的关键。除此之外,"中国人种西来说"也同样反映出这是在当时人种竞争背景下,从种族同源的角度间接对"黄祸论"所作的一种回应。蒋智由的《中国人种考》(上海华通书局 1930 年出版)可以说是作者在 20 世纪初年对人种问题思考的结晶。全书共分:人种原始二派之论说、人种之多源一源及其产生地种类附古书之解释、中国人种西来之说、西亚文明之源起、西亚之种族、中国人种之诸说、昆仑山、结论等共八章。蒋氏在结论中即强调中西人种来源同一,从种族之源的角度来颠覆西方"黄祸论"的人种论基础,可以说是用心良苦。

为了种族的生存,19 世纪末以来,中国人对于西方的"黄祸论"的回应,就一直用"保种"与"强种"相号召,以争取在种战中立于不败之地。戊戌以降,有关"保种"的设想主要包括"通种"与"强种"两大方法。

在清季白种人为优秀种族的普遍认知之下,黄种人要去掉自身的"劣种"性,一个简便而有效的方法是黄、白人种进行通婚的"合种"。

---

[1]　章太炎:《序种姓上》,《章太炎全集》第 3 册,上海:上海人民出版社 1984 年版,第 170 页。

[2]　余英时:《钱穆与中国文化》,上海:上海远东出版社 1994 年版,第 2 页。

这种与白种人通婚以求自身种族的强大的想法,其理论上的直接依据乃是当时生物学上所谓的"杂交优势",也受到中国传统社会同姓不婚的启示。唐才常在考察香港、新加坡、南洋等华洋杂处之地时,发现那些黄种人与白种人通婚的子女,"聪明才力,迥绝等伦",所以他得到了启示:"则知黄白合种必大聪强无疑也。"[1]他强调与白种人通婚是黄种自强最有效的手段,否则黄种则有亡种的危险,即"能速通黄白之种,则黄种人之强也可立待也",反之"则黄种的存亡未可知"[2]。唐氏列出了十条例证来说明其黄、白种族通婚的合理性,以进一步证明其保种方法之可行。他说"今试与海内君子平心考验,而知将来之立天国,同宗教,进太平者,惟通种之为善焉"[3]并以花木、动物以及东西方人类为例,证明通种为自然的公理法则。同时也强调通种更是进入世界大同的途径,"夫通种者,进种之权舆也;进种者,孔孟大同之微旨也"[4]唐的主张在当时得到一些士人的响应,《湘报》上有人撰文,同样主张将与白种人通婚列为强种"四策"之一,"黄人与白人互婚",则可达到"合种与留种"的效果。作者进而具体建议:"留种之计,莫如以诸王郡主宗室县主下嫁于俄德法列邦之世子,王公台吉贝勒复广娶列国之公主郡主,并下一令曰:上自官绅,下逮庶民,愿嫁女于泰西各国者,听;愿娶妇于泰西各国者,听。"[5]其后在康有为的《大同书》中,"通种"也成为其"平种界"的重要方法,他认为黄种与白种通婚,则可以进为白人。可见他仍然以种族等级秩序为基准,认为白种人无疑是先进的代表。[6]

　　但"通种"的倡议却遭到一些保守士人的反对,所持理由是通种后是否还能保持华夏种族的延续,即"几若数千百万中国之赤子无一可

〔1〕 《通种说》,《唐才常集》,北京,中华书局1980年版,第101页。

〔2〕 同上书,第102页。

〔3〕 同上书,第100页。

〔4〕 同上书,第103页。

〔5〕 易鼐:《中国宜以弱为强说》,《湘报》,北京:中华书局1965年影印本,第77—78页。

〔6〕 康有为:《大同书》,李似珍评注,郑州:中州古籍出版社1998年版,第149—150页。

留种者"[1]。严复则援引日本也曾主张与欧洲人通婚合种却行不通的例子,表明他对以合种方式达到强种的怀疑,他说:"近者日本,或倡杂种改良之说,英国哲学家斯宾塞(Herbert Spencer)于此事最深,尝寓书其国会,罗列确证,深诫和人,不宜与欧人为合,以就进种。谓二者血气过于相睽,于事验恐适得其反云。"[2]事实上当时的通种合婚之说并没有得到朝野的普遍认同,更谈不上实行了。

"通种"只是当时少数中国人的一厢情愿,如本书后面所述,西方不少人种学家尤其是"黄祸论"者恰恰认为混血是优秀的白种人道德衰落、文明退步的一个重要原因。何况事实证明,即使是西方的一般社会大众,出于人体外型差异、内在的文化、习惯隔膜以及社会压力,绝大多数不愿与异种异族人通婚。

到了20世纪初,大批留学生出国,他们对于中国的积贫积弱文化停滞感触极深,从而把对于种族的关注和对于文化的关注联系,担忧种之不存,文化何以传承? 于是出现了这样的呼声:"愿吾同种之人,忘其昔年创造文明之往事,而从此为因袭文明之国民。我同种而诚能因袭文明乎,岂惟存国保种而已,以中国飞扬突起于二十世纪,以中国优尚之人种,横行于此地球,有何难之有?"[3]显示出种族的危机感比文化的危机感更直接,更有切肤之痛。

面对中国人种的羸弱,稍为开放的士人纷纷给出不同的自我"强种"药方,即人种的自我改良。根据当时报刊的相关文字,归纳起来主要有以下几点建议:

措施之一,禁早婚。清季以来,面对白种人巨大优势的压力,士人对于自我种族积弱的原因进行了深入剖析。他们看到一个普遍的事实就是婚姻、优生与种族优良之间关系极大。对于中国的情形,他们一个普遍的认知就是中国人结婚太早,对中国人种的优良危害显著。清季执中国思想舆论牛耳的严复、梁启超就反复申论了这一论点。严复提

〔1〕　苏舆:《翼教丛编》,上海:上海书店出版社2002年版,第177页。
〔2〕　《法意》"按语",《严复集》第2册,北京:中华书局1986年版,第968页。
〔3〕　君武:《创造文明之国民论》,《译书汇编》,第2年第12期(1903年3月)。

到黄种人人数虽然众多,但由于文化未开,急于婚嫁,有婚姻而无"家室之费","饮食粗弊,居住秽恶,教养失宜,生长于疾病愁苦之中,其身必弱,其智必昏",结果造成"谬种流传,代复一代",中国的人种也就日益退化,男女身材也"日趋短小"。故严复建议婚姻年龄男子应以 30 岁、女子应以 20 岁为宜。[1]《中国新女界》第三期上发表《中国婚俗五大弊说》,其中第二弊就是"早聘和早婚","此二子者,一则为中国子女失权之所由,一则为中国人种日劣之大原,皆于社会上、民质上有至密之关系者",[2]所指就是早婚因男女发育未完全成熟,生下的子女往往不健壮。

措施之二,放足。虽然戊戌时期就有禁缠足之议,但当时只与女性解放问题相关。将放足与种族改良直接联系起来则是 20 世纪初期的事。1903 年,《觉民》就发表社论《放足与人种之关系》,指出"女界沉沉,女权势扫地,我二万万同胞姊妹,为盲人,为聋妇,为病者",其根源即在于缠足之风,缠足之害不可胜数,"盖放足者,独立之起点。强种之根源。我既体育发达,则登高山渡大海,无不如志,筋力与男子无异。则可以努力读书,振起爱国之精神,可以练习体操,强全身之筋骨,则可生产强健之子女,可以挽祖国之危亡"。[3] 明确地把放足的意义扩大到了"强种"。

措施之三,普及女子教育,尤其是体育教育。女性乃种族之母,所以在 20 世纪初的报刊中,又从种族的竞争中抽象出"女种"的竞争,并认为这是一切种族竞争的立足点。丁初我指出,按"种战之公例,由下等动物而高等动物者,战而败则将复反优而为劣,而女种实先当其危也。亡种之惨,其过于亡国之痛者","女种既败,一切竞争皆不利",[4]因此,要"光大汉之天声,出立于民族竞争之新舞台",[5]就必

---

〔1〕 《法意》"按语",《严复集》,北京:中华书局 1986 年版,第 987 页。
〔2〕 炼石:《中国婚俗五大弊说》,《中国新女界》第 3 期(1907 年 4 月)。
〔3〕 大雄:《放足与人种之关系》,《觉民》第 1 期(1903 年 11 月)。
〔4〕 初我:《哀女种》,《女子世界》第 6 期(1904 年 6 月)。
〔5〕 大雄:《放足与人种之关系》,《觉民》第 1 期(1903 年 11 月)。

须普及女子教育并注重体育,保种以自强。

措施之四,兴女权。如果说早期的种族改良还只是关注种族本身,多属于人种和生物学意义范畴,那么到了 20 世纪初,在新式知识分子心目中,种族的改良与进化,已经从婚姻、优生扩大到了教育、道德和女性解放等方面了。20 世纪初的一篇题为《女权为强国之元素》的文章中再三强调:"夫女子者,强国之元素,文明之母、自由之母、国民之母,使弃其权利,而不知天职之尽,黑暗无学术,并不知权利之何谓?"换言之,种族的改良与时论创造"新国民"已经紧紧地联系在一起了。[1]

以上的种族改良措施,集中到一点上就是对女性的关注,从而引发了近代第一次妇女解放高潮,但从其最初的意义上讲却是出自于种族的复兴上。

中国近代学者曾对"黄祸论"的流行有所归纳。1927 年黄新民在其《世界人种》一书的第六章《人种问题的源与成》中专辟一节《白人的黄祸论》讨论这个问题。作者指出"德皇威廉二世高唱'黄祸论'(Yellow Peril)之后,继而起者颇不乏人。过去如俄国的克将军(指俄国司令官库洛帕特金)曾著一书题为《俄国的使命》,以日本为中心而高唱黄祸论,德人列夫沿特鲁伯的《世界和平与战争》中,亦力说黄祸论。晚近如斯科列飞德(Scholeield)的《黄祸论》,标尼尔(Buell)的《黄祸重来》(*Again the Yellow Peril*,1923)等都是。我们综观其言,莫非力陈黄祸如何如何恐怖,而一面提倡白色人种大同盟,以对待我们有色人种"。[2] 他指出,世界的人种问题是自 1492 年哥伦布(C. Columbus)发现美洲和 1521 年麦哲伦(Ferdinand Magellan)发现菲律宾之后,"欧罗巴洲白人的野心勃发,侵夺各洲弱小民族为殖民地或附庸国。尔来三百年,白色人种视我们有色人种为他们的俎上肉,可以任意宰割"。[3] 换言之,"黄祸"乃一种殖民理论,时人对此有清醒的认知。

---

〔1〕　曾竞雄:《女权为强国之元素》,《女子世界》第 3 期(1904 年 3 月)。

〔2〕　黄新民:《世界人种问题》,上海:光华书局 1927 年版,第 51 页。

〔3〕　同上书,第 22 页。

　　近代种族思想传入中国之时,也是与白种人的殖民侵略联系在一起的,因而形成"白种"与"黄种"对立而引发种战思想。中国人对于"黄祸论"的回应有多种途径,其中一种是认为种族之间的战争不可避免,尤其是黄白之战的发生会在眼前。1897 年,梁启超在《变法通议》中提出"黄、白大战":"种战之大例,自有生以来至于今日,日益以剧……自此以往,百年之中,实黄种与白种人玄黄血战之时也。"[1] 从理论上说,梁氏借助社会达尔文主义,将国内汉族对满族的矛盾转移到黄、白种族大战之上,虽与其一贯的调和满汉关系的主张相协调,但也是对当时西方甚嚣尘上的"黄祸论"作了正面的回应。

　　到 20 世纪初年,经历庚子之乱后,中国的生存危机日益加重,知识分子对中国民族问题的思考开始从世界的范围进行观察,他们强调"中国今日之岉危,论者莫不知由于全国人民不能对外竞争之所致"[2]。民族整体的生存竞争弱势及其严重的生存危机,成为当时知识界日益关注种族问题的动机所在。"今日者,黄人与白人生存竞争之时代也。失今日不治,后悔莫追,一刻千金,间不容发之际,尚可有所需迟耶?"[3] 如有人就明确提出黄种的生存威胁来自于白种,"白种者,天之骄子乎? 蹙黑而黑微矣,压赭而赭灭。夷棕而棕亡。今且出其群魔竞逐、万矢齐发之手段,以窥伺我黄,以窥伺我黄之汉种矣"[4]。由于进化论对中国近代民族思想的另一个重要的理论贡献就是"合群"思想,《天演论》中给中国人开出的药方就是"合群",认为"人之有群,其始亦动于天机之自然乎!""夫如是之群,合以与其外争,或人或非人,将皆可以无畏,而有以生存。"[5] 可以说,种与种争所带来的后果必然就是合群,正如严复所强调的"天演之事,将能使群者存,不群者灭;善群者存,不善群者灭"[6]。合群成为近代知识分子一再强调的重点,

〔1〕 梁启超:《变法通议》,《饮冰室合集》,文集之一,北京:中华书局 1989 年版,第 83 页。
〔2〕 《论国民宜改良对外之性质》,载《神州日报》1908 年 4 月 8 日。
〔3〕 《湖南自治论》(社说),《游学译编》,第 12 册(1903 年 11 月)。
〔4〕 亚庐(柳亚子):《郑成功传》,载《江苏》第 4 期(1903 年 7 月)。
〔5〕 《天演论》"案语",《严复集》第 5 册,北京:中华书局 1986 年版,第 1344 页。
〔6〕 同上书,第 1347 页。

而合群的立足点依然在保种。

晚清对"合群"思想阐发最为透彻的要算梁启超。19 世纪末 20 世纪初,梁氏政治思想的大部分都是围绕着"群"来展开的。1897 年,梁启超发表了《说群序》以研究"群"的概念,其"说群"始终围绕政治共同体的融合与组织问题而展开。"群"在梁启超的论述中,至少包含有三个方面的意义,一是社会的整合问题,即如何将中国人整合为一个有凝聚力的组织良好的政治实体。二是民众的社会政治参与问题,即群的实现问题。三是将引导中国建立成一个新的政治共同体——民族国家问题。[1] 这其中,进化论是合群的理论基础,而民族的生存是合群的最终目的,即如梁启超所说"合群云者,合多数之独而成群也,以物竞天择之公理衡之,则其合群之力愈坚且大者,愈能占优胜权于世界上"。[2]

面对西方的白祸,中国人欲求自存,首先要国内各民族进行联合。这一思想超越了当时狭隘的排满主张,其中尤其以梁启超的"大民族主义"为代表。[3] 已有研究者明确指出,在 19 世纪 90 年代后半期,中国的知识界有把整个亚洲与黄色人种等同的共识。[4] 地理与人种是结合在一起的,章太炎在谈论亚洲唇齿相依的关系时就是因为亚洲是黄色人种,以区别于欧洲,"天地以五大洲别生分类……故自唐尧以来,以里海乌拉岭为戎索,以绝欧、亚,以区黄人、白人"。[5] 这里黄种与亚洲等同、白种与欧洲等同,这一划分不仅将满族包含在内,也将日本人包含于其中,这些均为其后所倡导的亚洲联合提供了人种理论上的支援。

在黄种与白种的对立之中,黄种的划界就不仅把满人,有时甚至连

〔1〕 参见张灏:《梁启超与中国思想的过渡》,南京:江苏人民出版社 1995 年版,第 69 页。

〔2〕 梁启超:《十种德性相反相成义》,《饮冰室合集》文集之五,北京:中华书局 1989 年版,第 44 页。

〔3〕 参阅许小青:《梁启超民族国家思想研究》,《华中师范大学学报》2000 年第 2 期。

〔4〕 孙隆基:《清季民族主义与黄帝崇拜之发明》,《历史研究》2000 年第 3 期,第 73 页。

〔5〕 章炳麟:《论亚洲宜自为唇齿》,汤志钧编:《章太炎政论选集》上册,北京:中华书局 1977 年版,第 5 页。

日本人也算在敌我阵营中自己的一方,这种"泛黄种人主义"也为后来日本的大亚洲主义在中国有一定的市场提供了理论来源。19世纪90年代后半期,中国知识界——从严复、梁启超到章炳麟都将整个亚洲与黄色人种等同进来,黄白之战成为其所预测之事。梁启超在1897年明确提出"泛黄种人主义":"直当凡我黄种人之界而悉平之,而支那界、而日本界、而高丽界、而蒙古界、而暹罗界、以迄亚洲诸国之界、太平洋诸岛之界而悉平之,以与白色种人相驰驱于九万里周径之战场,则二十世纪之所当有事也。"[1]梁氏对黄白种族大战的预测,源于其对不同种族能力的认识,其中包含着相当严重的种族偏见,如他在同年6月写道:"彼夫印度之不昌,限于种也。凡黑色、红色、棕色之种人,其血管中之微生物,与其脑之角度,皆视白人相去悬殊。惟黄之与白,殆不甚远。故白人所能之事,黄人无不能者。日本之规肖西法,其明效也。日本之种,本出于我国,而谓彼之长,必我之短,无是道也。"[2]梁启超将国家的强弱归结于种族的优劣,并视白人为强种的标准,为加强自己的论证和民族的自信心,并将日本的成功归于种族上源于中国。章炳麟在读《日本国志》时也发出感叹:"呜呼!天特使日本盛衰兴替之际,前于今三四十祀,其亦哀夫黄种之不足以自立,而故留弹丸黑子以存其类也。"[3]章炳麟进而把人种的区分归因于地理上的原因,把地理单位与人种单位视为同一,种族的标志之一肤色成为当时知识界最为看重的因素之一,显示当时的"种族"概念仍然相当模糊,而当时建立在这种模糊种族概念之上的"民族国家"观念也尚未成熟。

黄色人种联合的思想逐步发展则是东亚人种的联合(尤其是与日本人联合),这一思想在1897年底因日本的对华示好行动而强化。当时日本为抵制西方列强在东亚的扩张,急于与中国修好,并在中国朝野中大力推行"公关"活动,不仅争取到张之洞等晚清重臣的赞同,也引

〔1〕 梁启超:《变法通议》,《饮冰室合集》文集之一,北京:中华书局1989年版,第83页。

〔2〕 梁启超:《论中国之将强》,《饮冰室合集》文集之二,北京:中华书局1989年版,第13页。

〔3〕 章炳麟:《读日本国志》,汤志钧编:《章太炎政论选集》上册,北京:中华书局1977年版,第49页。

起了湖南维新分子的积极反应[1]。在这种背景之下，维新人士也纷纷提出与日本联合的主张，这种中日同文同种的思想与日本国内盛行的大亚洲主义合上节拍，一时在新式知识分子中颇为流行。"湖南之湖南人"（杨笃生）则在《新湖南》中宣称，推翻清朝的统治将会激起对外国侵略者的有效抵抗。一旦汉族在斗争中"自相吸集"，就能帮助满、蒙、藏、回种族完成他们的"自相吸集"，然后"集权于亚洲中央政府以抗御白祸"[2]。

在1904年至1905年的日俄战争期间，联合黄种人的主张及其影响达到高峰，当时报刊转载称："俄报谓，观于此次日俄之战，则知十年前德皇所谓黄祸之说，确有见地。按黄祸之说，非创于德皇，而创于英人华而雷斯。二十年前曾载于曼克米伦英报。盖中国今日之谓二十年前之中国之缺点，在无整顿、无武备、无政策耳。若三者具备，则欧洲人之大祸立至矣。"[3]俄国人所担心的是在与日本的联合过程中，中国人学习到了整顿、武备和政策，这样就会从一个一盘散沙的民族成长为和日本一样强大的民族，使得西方的"黄祸"恐惧日益加深。

所以在日俄战争之初，以黄种人的联合为特征的"黄祸论"在西方盛行一时，与日本有同盟关系的英国舆论则对此作了一番辩解，"近者欧洲大陆各报，莫不痛诋中国政府，且谓黄人不日联合，将以称兵拒俄，且拒白种各国……乃德法及他国，均谓中国背中立，而张大其黄祸之说。噫，我英人独非白种也耶？为此说者，莫不以中国有背中立为词，然实非注意于中立，乃注意于其土地耳！"[4]这从反面证明，战争之初，俄、德、法诸国都在夸张中国与日本的联合，以黄种人的联合对抗白种人的俄罗斯。

---

〔1〕　〔美〕任达：《新政革命与日本——中国，1898—1912》，南京：江苏人民出版社1998年版，第13页。

〔2〕　杨笃生：《新湖南》，《辛亥革命前十年间时论选集》，第1卷下册，北京：三联书店1978年版，第613—614页。

〔3〕　《黄祸溯源》，《四川官报》乙巳年第11册，第34页。

〔4〕　《论中国中立》（译自英国1904年4月《康顿白烈报》），载《外交报》第81期（1904年6月28日）。

当然,战争一方的俄国人对此事大肆宣扬,可谓毫不足怪。其所谓的"黄祸论",仍然是服务于其远东的战争策略。日俄战争期间英国报纸所刊载的《论黄祸》一文指出这次俄国人大倡"黄祸"的动机,一针见血地指出:"方俄人之自知不能敌日也,乃冀中国出而助日,以便有所借口,怂恿欧洲各国,谓黄人必与欧人为难云云。"虽然当时中国新式知识分子大力倡导与日本的联合,但朝廷却"严守中立",事实上的黄种人联合并没有实现。这一点就成为了英国人揭穿俄人"黄祸"谎言的有力证据,"幸中国大为忍耐,虽华兵在中立地为俄兵击毙,亦隐忍不较。至是而俄人见欧人之不欲干预也,故以黄祸一语,四处煽动。俄之友邦,皆知俄人见识,非较他国为优,以是皆不之信。"[1]

俄国急于掩盖其在战场上的失利,因而鼓吹中日联合后将对欧美各国造成巨大威胁,以此来转移舆论的注意力和争取"同类"的援助。当时俄国驻美国大使在报纸上大造舆论:"有谓满洲若属日本,则日本自能整理陆师,而欧美各国必皆为之震慑者。此言不为无见,盖即黄祸之说也。有志者,皆当留意及此。华人若经训练,可成劲旅,或谓华人不堪充伍,实伪言也。华人易受教训,而通国人口,殆有四百兆之众,设中日两国联合,其陆军必能称雄天下而耀武列邦矣。中日两邦,悉为蒙古人种,不第欲振其荣名于远东,且将控制各国。华人易纳人言,而于侵略人土之事,亦甚乐为。诚如是也,岂惟俄国当之,高加索种恐皆不免,抑岂惟欧洲独受其祸,即远而美洲,亦当被其影响也。"[2]显然,俄国这种观点明显带有强烈的战争宣传意味,同时亦无法掩盖所宣扬的"黄祸论"与生俱来的殖民扩张色彩。

事实上,日俄战争的结果是黄种人的日本战胜了白种人的俄罗斯,这的确在西方引起了很大震动,"黄祸论"也再次达到了一个高潮。对此当时中国的《外交报》第 113 期就发表《论佛教同盟》的文章,对"黄

〔1〕《论黄祸》(译自英国 1904 年 8 月《康顿白烈报》),载《外交报》第 94 期(1904 年 11 月 2 日)。

〔2〕《论俄在远东情形》(译自美国 1904 年 5 月《拿呼美报》),载《外交报》第 88 期(1904 年 9 月 4 日)。

祸"的来源作了这样的介绍:"当甲午中日交战时,德皇曾亲绘一图,以赠俄皇。图中画一大水,水之东有一佛像,合掌乘龙,豪光四彻,西向渡海而至;水之西有陆地,地上立有天神,手持火剑,四顾叱咤,若指挥其同类,以迎敌者。其后列天神者六七人,各持剑盾而立,空中则悬一大十字架。此画之意,纯用寓言,佛像表泰东佛教各国,天神持剑,德皇自喻;其后六七人者,表欧美各国;十字架表耶稣。其意以为日既胜中,则各佛教国,皆将兴起,积渐将侵入欧洲,以白人所加诸黄人者,还以加诸白人。此其端惟已先见之,故愿率西方耶教诸国,及其未至而共拒之也。"可见当时的"黄祸论"是以"佛教"来代表东方诸国,把种族和文明(宗教)混为一谈。但是到了日俄战争结束之际,黄祸之说已甚嚣尘上了,"此图成之十年以前,西人未之奇也,及日人再胜俄人,则此图之意,已有端倪,而黄祸之说,乃大布于欧美"[1]

　　近代"黄祸"有一个重要的现象就是与日本的对外扩张纠缠在一起,尤其是日俄战争中日本的胜利,对鼓舞黄种人的信心曾产生一定的促进作用。日俄战争以后,黄种人联合思想曾继续得到发扬,中国与强国日本的联合更显突出,这尤其表现在戴季陶的思想上。戴季陶在1910年认识到,虽然日本有亡我之野心,但是难以实现,除了日本虽强却小外,另一个重要原因是"日本以一黄色种族立足于世界白皙人种之势力圈中,其一国之力果足以争自存也乎,果足以雄飞世界也乎,欧洲各国宁皆十分同情于日本者乎?"[2]故而他认为中国与日本的联合也是日本自身的需要。

　　辛亥革命后不久,孙中山、戴季陶等一批国民党人,仍极力主张与日本联合,他们所持的一个重要理由即为中日均为黄种国,日本强而小,中国弱而大,二者的联合乃是各取所长,进而改变世界的基本格局。1913年戴季陶随孙中山访日后,发表对日评论《强权阴谋之黑幕》,表示要"讲善邻之策",与日本"联络""提携","以共谋黄种存立"。所持

〔1〕 《论佛教国同盟》,《外交报》第113期(1905年6月27日)。
〔2〕 戴季陶:《日本人之气质》,《天铎报》1910年10月20日。收入唐文权、桑兵编:《戴季陶集》,上海:华中师范大学出版社1990年版,第113页。

理由为"亚洲人种之国,今日仅存者,惟日本与我二国耳,而我国即在欧洲人种领土扩张的漩涡中。苟日本不与我国联络,以共谋黄种之存立,全世界皆将为白皙人种之领分,日本之危亡亦且迫矣"。因而提出"合中日两国之力,以与欧洲人种之列强抗,欧洲人种之国,未有不翻然改其侵略为联合主义者。如是则两大人种,携手并行,世界平和,于是乃可希冀。故大而言之,中日两国之联络,为黄白人种联合之起点;小而言之,中日两国联络,亦可保全东亚之大局"〔1〕 可见辛亥革命后,戴季陶一再申论中日联合的思想,其一个重要的理论基础就是中国与日本乃"同文同种",以求与日本的联合,来抵抗欧洲白种人的侵略。背后黄种人的联合来抵抗"白祸"的目的仍十分明显。

　　总之,兴起于 19 世纪末的"黄祸论",既是欧洲对匈奴人和蒙古人早期历史记忆的复活,更是新的历史条件下殖民扩张的理论需求。"黄祸论"的最初出现,是西方人种学从纯粹生物学意义发展到社会学意义下的产物,是与 19 世纪兴起的进化论与社会达尔文主义紧紧联系在一起的,因而带有强烈的种族主义色彩。虽然"黄祸论"作为一种殖民扩张的理论借口,包含有政治、经济、军事和文化多方面的内涵,但其理论的最初根基却是建立在肤色基础的人种学上,种族主义是其立论的出发点。

　　19 世纪末来华的传教士和游历欧洲、日本的中国人,将西方的人种学分类知识和进化论一起传入中国。其时正值中国遭受西方和日本侵略、国势颓危之际,民族生存受到了极大的威胁,所以甲午之后,国人普遍提出"保种"口号,以期振兴。从人种学的角度看,当时中国人提出的方案中,最为直接的便是与所谓人种等级中优秀的白种人通婚,即以"合种"来达到强种的目标,但这一方案既遭到保守人士的反对,在现实层面更不可能实现。而通过自身的习俗、教育改良来达到强种,便被视为举国都会赞同、且便于实际操作的方案,而这也成为日后"国民

〔1〕 戴季陶:《强权阴谋之黑幕》,《民权报》1913 年 4 月 3 日。收入唐文权、桑兵编:《戴季陶集》,上海:华中师范大学出版社 1990 年版,第 636 页。

性改造"的先声。但"改良""改造"均非短期可见成效,难以挽救目前危局,故在 19 世纪末 20 世纪初,又有一些人士提出一种直接有效的方案——联合黄种人(主要是日本人)来对付"白祸"。这一方案更是对西方盛行的"黄祸论"的直接回应,它在带有渲染种族色彩的日俄战争期间达到了高潮。黄种人联合思想既是在从西方引入的人种学理论影响下,突出和强调中日之间存在的"同文同种"的共性,更包含中国人借助强大的日本以自强的一厢情愿。日本人别有用心,借此大力倡导"大亚洲主义",为建立其殖民帝国张目,故"大亚洲主义"成为其后军国主义的一个重要理论根源和社会心理基础。

十一　中国近代报刊的舆论回应

　　对于喧嚷一时的"黄祸论"，中国人并非麻木不仁，毫无觉察和反应。检索 19 世纪末、20 世纪初年的报刊，可知从 1898 年的《昌言报》开始，此后陆续有《清议报》《新民丛报》《外交报》《中外日报》《游学译编》《警钟日报》《大陆报》《广益丛报》《东方杂志》《庸言》《大陆》等报刊，曾经刊出有关"黄祸"的文章 70 余篇，其中译载英美报纸文章约 25 篇，译载日本报纸文章约 15 篇（中国人所译日文文章有的又是日本译出的英文文章），中国人自己撰写的约有 30 篇（不包括孙中山的有关文章和谈话），可见当时中国思想界和舆论界对这个问题还是很重视的。

　　这里先概述翻译西文的情形。由张元济编，严复、蔡元培、马裕藻等人担任"译撰"，在上海商务印书馆出版的《外交报》，共刊载英报文章 14 篇，美报文章 1 篇，此外，《清议报》《警钟日报》各译载英报文章 1 篇。《东方杂志》《广益丛报》《大陆报》和《大陆》则既有译文，也有以"纪事"和"时局丛谈"为形式的介绍和"译述"文章。其中首先值得一提的是译载英国报纸的文章《白祸论》。文章指出："黄祸之说，创自白人"，但真实情况完全相反，"自欧人东渐，势力日盛以来，世之所谓白祸者，年甚一年，直至今日"。作者列举从 16 世纪以来欧洲人在亚洲各地的种种殖民侵略行动，论证"若言白祸，则诚有之"，而所谓"黄祸"，"实谰言也"。文章指出亚洲人尤其是中国人反抗列强，但目标只是要求收回被白人侵夺的土地和主权，"复其固有"而已，并称"华人性质，以太平无事为福，高掌远跖，可决其无此思想"，故"白祸去，黄祸亦消归于无有"，[1]译文未载原作者姓名，无从知道作者的详细情况，但由此可见在西方国家中，不附和舆论主流、敢于说"公道话"者也不乏其人。而中国舆论界借英国人的"另类"文章来反守为攻，亦不失为对"黄祸论"的有力批驳。

19世纪末和20世纪初，英日同盟与俄、法、德三国尖锐对立，因此当时的英报文章多次揭露俄、法、德宣传"黄祸论"的用心，称"俄国及依附于俄国之诸国，见日本势力坚强。出其意外，遂愈以急激之调，唱黄祸之声，此声恶声也"。[2] 他们指出："欧洲大陆各国倡言黄祸，无非徇一己之私。"尤其是俄国，一面"蚕食中国北境""兼并中土"，一面以"黄祸论""欺欧洲诸人，以遂其抚有中土之政策"，"其祸之尤甚于黄祸"。[3] 有的文章甚至说："俄国跨有东亚，故亦谓为黄种"，"俄人实为亚人，非黄种而何耶？"俄国不仅"为暴欧洲"，还"将钳束中国，而制其死命，岂非黄祸也哉？是则最烈之黄祸，实惟此为甚也"。[4] 干脆把俄国称为"黄祸"。

英国报纸在日俄战争期间一反其同类皮尔逊、里亚尔、克劳赛和陆军元帅伏尔赛利的"黄祸"之说，宣称来自日本和中国的"黄祸"，是"假设"的"悬揣之词"，至少"非今日之事，乃数百年以后之事也"。虽然作者预见"白人贸易远东所得利益，必有为黄人全夺之一日"，或者担忧在20世纪"欧人断不能如昔日之操纵自如，得以远驭于亚洲各国"，但其相信"黄祸云者，非进攻欧洲之谓，乃使欧人不能管辖亚洲之谓也"，"黄人往攻白种之事，未必果有"。英报文章作如是说，乃是为了阻止俄、法、德等国利用"黄祸论"离间英日同盟，并且把迫在眉睫的英国与俄国在中国争夺利益的矛盾放在首位。他们的所谓目前不存在"黄祸"，也仅指军事方面而言，在政治上、经济贸易上仍然忧心忡忡。

─────────────

〔1〕《论白祸》(译自英国1905年6月《显屈烈报》)，《外交报》乙巳年第22号，总第122期。

〔2〕《论黄祸》(译自英国1904年5月6日《印度泰晤士报》)，《外交报》甲辰年第14号，总第83期。

〔3〕《论黄祸》(译自英国1904年1月《显屈烈报》)，《外交报》甲辰年第3号，总第72期。

〔4〕《论黄祸》(译自英国1905年1月7日《泰晤士报》)，《外交报》乙巳年第3号，总第103期。

英报文章在把矛头对准俄国时,大力美化日本和他们自己。上引的同一篇文章说:日本在中国东北对俄作战,"实非志在拓土,惟望中国之日臻富强而已"。"日本所求,惟辅助中国维新及开辟其矿产、增厚其防务而已",亦不忘表白"我英非有意侵占中土,所期者惟中国能自强自保,及英人在华贸易,得享自由权利耳"[1]。极力否认日本和英国的侵华野心。有的文章强调日本之所以强盛,原因就在日本已"脱亚入欧","彼日本者,非藉其黄种之能力以胜敌也,乃由取法白种,经营实业,而后有以致此耳"[2]。如此抬举日本,不仅意在说明日本不会为祸,而且要让日本与亚洲各国彻底分道扬镳,甘当英国在亚洲的鹰犬。

与此同时,英报文章极力蔑视和丑化中国。其内容可分为两个方面:一是指现实政治状况,认为中国"无完全无缺之中央政府,各省规制互异,不相联属",而且"时至今日,失权甚矣",统治阶级"守旧性成……坚不可破","又安望其再有维新之举耶?"此类判断基于文章作者们对清王朝的认识,指出中国在这样一个腐败无能、受制于人而不思振奋改革的王朝统治之下,终究难以有所作为,这种观点虽含有轻视但还不能说是污蔑。但此类文章还有第二个方面,即丑化中国人的民族性格,贬斥"华人无学而性质又劣""无爱国之忱""性耽逸乐,惟愿长处升平""天性懦弱,不可救药"等等,所以"不能为祸于列强"。他们还认为"华人信服日人,举国若一",也希望中国"事事效法"日本,[3]即要中国臣服于追随英国的日本。如果中国不能走上这条道路,"若竟为(日本)所侵凌,则中国之事为有道德之人(仍指日本)所主持,犹胜于为行专制之人所主持也",即宁愿中国受制于日本,不愿中国受制于俄国。

---

[1] 《论黄祸》(译自英国 1904 年 5 月 6 日《印度泰晤士报》),《外交报》甲辰年第 14 号,总第 83 期。
[2] 《论黄祸》(译自英国 1904 年 4 月 2 日《斯忒梯司报》),《外交报》甲辰年第 11 号,总第 80 期。
[3] 《论东方之害》(译自英国 1905 年 5 月《康顿白烈报》),《外交报》乙巳年第 17 号,总第 117 期。

不仅如此,当时还有英报文章深以赫德的观点为然,即认为潜在的"黄祸"来自中国而非日本,因为中国"有仇视西方之心,固各国所共知",而日本从制度到精神全然效法西方,故"两国必无联盟之理",〔1〕即预计中国不会走上日本式的西化之路。加上"中国矿产,且较美国为多,丰饶之处,世罕其匹。其人民长于制造,性质勤敏,亦非他国所及","至其勇于战斗之心,则与他人无异"。还说中国人"好拓疆域之思想,亦与俄人相类"。作者因此赞同赫德"他日中国能为天下患"的"预言"〔2〕至于美报文章,此时仍然主要根据人口和移民的问题,称"黄祸属于华人",因为"日本国小,不足置虑",而"中国民数之多,财源之富,苟行殖民政策,较之日本不更为可虑耶?"〔3〕可知在 20 世纪初年,不仅俄、法、德三国报纸,还有英、美两国的报纸,都在宣传旨在排斥和压制中国人的"黄祸论"。

《清议报》《外交报》《游学译编》《警钟日报》及《江苏》杂志、《湖北学报》《东方杂志》等,共译载日本报纸文章约 20 篇。日本文章对称自己为"黄祸"或视"黄祸"包括日本的观点,千方百计地"辩其诬妄",并进而把俄国和中国说成祸源。

有些日本文章出于分化欧美,争取同情的目的,对其他西方国家也在喧嚷"黄祸"的实情,以及美日矛盾逐渐凸显的形势,佯装不见,先把矛头集中于俄国。他们称俄国编造"黄祸论",目的是"欲使各国之愤我嫉我,使我国困于孤立",指出"黄祸"其实是"俄祸",因为"俄国遂行其侵略主义","彼之所为,实专为反对文明道德之主义,于公法固不相容,即列国之利益亦有妨害"。同时美化自己,说:"日本之所以战者,为保己国之安全,东亚永久之平和,世界将来之利益",并宣称"日本之胜,亦文明、平和、进步国民、公同主义之胜利,世界列国之利益

〔1〕《论黄祸》(译自英国 1905 年 1 月 7 日《泰晤士报》),《外交报》乙巳年第 3 号,总第 103 期。

〔2〕《论黄祸》(译自英国 1904 年 5 月 6 日《印度泰晤士报》),《外交报》甲辰年第 14 号,总第 83 期。

〔3〕《论黄祸之属于华人》(译自美国 1907 年 11 月《拿呼美报》),《外交报》戊申年第 1 号,总第 200 期。

也",而且"即盎格鲁萨克逊主义之胜利"〔1〕把自己说成正义的卫护者,并极力取得英美的好感。

有的文章则表示"人种之争可不深究",而关键在"文明与非文明"。作者力斥俄国"野蛮""专制",而标榜日本"文明""立宪"和"进步",故称日本战胜俄国就是文明战胜野蛮。文章进而强调:"文明者,决非欧西诸国之私物,以黄人中文明思想之国,与白人中文明思想最低之国,而比较高下,其结果亦可知矣。"〔2〕他们又用"优胜劣败"的观点来证明"黄祸"所说不合学理,称中世纪蒙古人能够征服东欧,是斯拉夫人智力、学问及军事武力均不及蒙古人之故;20世纪初年,日本将战胜俄国,亦由于日本的"组织、知识进步,德义也同时进步","日本人之智力更远胜俄国"〔3〕总之,日本为了论证俄国是祸源,并且美化自己,不仅对日俄战争的起因和性质完全作了只利于自己的辩解,而且用历史与现实,人种与文明,以及优胜劣败的进化论等多种理据,证明"黄祸"与自己无关。

在此同时,有的日本文章却指中国人为祸,作者借英国人之口说:"若乃中国人之所为,则非吾人之所敢保证,彼殆无荣誉功名之见,惟求免其责任、充其情欲已耳",称中国能否"持正当之见解,慎(日本)战胜之效果而不滥用之,殆无人敢为之保证"〔4〕这是警告中国人在日本战胜俄国之后,要接受列强尤其是日本的安排处置,否则中国就会被视为"祸源"。当时日本还有人认为,西方国家不应使中国"开放",因为"开放""不惟不能速其死,反使彼有生机"。理由之一是:"开放其国,是牖其智而觉其梦也,以敏明勤练之支那人,使之从事于工业,则其横行于天下,谁能抗之?"理由之二是:"以言劳力之多寡,则支那人为

〔1〕《论日俄战争之真相》(译自日本1904年6月14日《国民新闻》),《外交报》甲辰年第18号,总第87期。

〔2〕《论黄祸》(译自日本1904年7月20日《外交时报》),《外交报》甲辰年第21号,总第90期。

〔3〕《论黄祸之说不合于学理》(译自日本1904年7月13日《时事新报》),《警钟日报》甲辰年六月十一日(1904年7月23日),第3版"外论"。

〔4〕《黄祸辩》(译自日本大阪《每日新闻》,未注日期),《警钟日报》甲辰年正月二十八日(1904年3月14日),第3版"外论"。

其最;以言工价之高低,则支那人居其廉。"故"支那开放劳力输出之时,即世界白人劳力者危急存亡之秋也"。作者提出对于中国人最好是"无惊其噩梦,徐起而制其毙,庶几无死灰复燃之虑也"〔1〕 文章显然是模仿拿破仑勿惊醒中国睡狮之说,但用心更险恶,因为其最终目的是让中国在睡梦中由日本和列强来制其死命,以永绝"黄祸"。

上述四十余篇翻译文章,并不能反映西方和日本对"黄祸论"的全部观点和态度。当时俄、法、德三国与英日同盟对立,前者叫嚷"黄祸"最多最凶,英美两国也有类似说法,不过英国此时为了拉拢日本对付俄、德两国,报刊上颇多为日本开脱的文章。而中国报刊只从英、美、日的文章中选择译载,而且所选者多为揭露俄国的侵略野心,美化英国和日本的言论,这固然可以理解为一种斗争策略,即借外国人之口表达只有"俄祸"(附带表示也有"白祸"),而不存在"黄祸",尤其中国不会为祸的观点,但这种处理方法也使后人感到当时中国人对西方喧嚣一时的"黄祸论"未必全然了解,尤其是对俄、法、德三国的舆论,可能因为语言文字的缘故,完全没有涉及。

而且对上述四十余篇译文,只有2篇加上了"附识"和"按语"。其一是《清议报》在《中国人种侵略世界》文末"附识"曰:"吾人有此绝大招忌之物,惹外人之凶暴压力。今地球各国,孰不欲芟灭吾人而甘心哉?吾人今日苟不思振奋自保,必无噍类矣,可不寒心。"〔2〕"附识"对中国深受列强欺压的境遇及险恶前景,表示了极大忧虑,但面对文章中诬蔑丑化中国人和中国历史的谬论,毫无驳斥,尤其是附和了中国人口众多才"招忌""惹外人之凶暴压力"的观点,显然更是错误。其二是《外交报》在《非同文同种》之后加了"按语",〔3〕说日本在俄、法、德三国干涉还辽之后,"倡同文同种之说,以潜布势力于我国",而在与英国

〔1〕 《黄祸豫测》(海州张景光译《早稻田学报》,未注明刊期),《江苏》第1期(1903年4月1日出版),第103—107页。

〔2〕 〔日〕竹越与三郎:《中国人种侵略世界》,《清议报》第40册,光绪二十六年(1900)农历三月一日出版,"时论汇录",第5—7页。

〔3〕 《非同文同种》(译自日本1902年5月2日《时事新报》),《外交报》壬寅年第10号,总第12期。

订立同盟之后，"又有恐以此招欧人之忌，而著论非之者。前后两说皆非实意，不过外交家之作用耳"。"按语"仅仅揭露了日本舆论反复无常的特征及其利己动机，但未能揭穿西方和日本对中国的深藏祸心。所有译文应说是客观而有选择的产物，但由于对英国和日本的种种自我美化没有批驳，难免使读者误以为英国与喧嚷"黄祸论"无关，并被日本把自己在东亚的侵略扩张与争霸说成维护和平与正义的诡辩所迷惑。而且上述文章有的为说明中国不足为祸而对中国极尽轻蔑和鄙视，有的为说明中国可能为祸而对中国加以丑化、歪曲，译者和报刊对此缺乏适当的反应，近乎默认了种种谬说。

中国人自撰的约三十篇文章，以刊于《中外日报》的 6 篇为最多，《外交报》4 篇次之，《清议报》《东方杂志》各 3 篇，《河南》杂志、《北京杂志》《滇话报》《雅言》《庸言》等各 1—2 篇。这些文章分别表达了如下几点思想内容。

一是从正面回答中国不是"黄祸"，这主要体现在 2 篇短文中。其一为旅居美国的张又棠发表在北美报纸上的文章。该文指出："黄祸"由华人而起之说始于义和团事件，当时中国人认为"瓜分之时已至"，因而奋起"自保疆宇"，其所作为"乃力拒人之害己，而非欲侵占他人者也"，故能使一切"安分华人亦与之表同情焉"。敢于肯定义和团斗争的正义性。接着作者强调："中国对外政策，素主平和，其或出于战争，则迫于不得已耳。盖凤尚商业农业之人，焉能舍其筹算，弃其耒锄，从事疆场，以占人土，而为人之患哉？"故"华人侵犯欧美之事，有所必无"，"黄祸之事，自必乌有"[1]文章不长，但能冷静说理，尤其是联系考虑了华人主要的生活特征和民族性格。其二为驻英公使汪大燮同英国记者的谈话。汪大燮认为："华人心气和易，殊无所贪，且中国富于矿产，宜于农牧，谋生之道，无待外求。"而且表示清政府与各国交往，"自当遵约而行"，"与英美日之邦交，自必益厚"，如此"焉得而成黄

---

[1] 《中国张君又棠论黄祸》（译自美国1904 年 9 月《而利费报》），《外交报》甲辰年第 28 号，总第 97 期。

祸耶?"〔1〕答词虽然显得底气不足,但也符合一个弱国外交官的特殊身份。

二是反守为攻,阐述中国人对人类文明的巨大贡献,进而揭露白人种族主义的危害。如《论中国人种有功于地球》一文,从中国人"开辟地球之草昧""转输地球之商务"等等活动,证明"地球之文明生产,支那人亦颇有功焉"。但是"列国以限制支那人为第一大问题,以分割支那为第一大政策",尤其是西方列强"曰地球上之土皆宜为白人之私产,地球上之人皆宜为白人之服役"〔2〕,以世界主人自居,不容其他人种尤其是中国人自存自主。有的文章强调,"考诸往事,白人之为祸世界,亦甚呕矣",逐一列举俄国、法国、德国在全球各地"鲸吞蚕食而欲得人地"的事实,并指出他们借"黄祸"之说"煽惑列邦""于中取利",以图实现其"钳制亚洲人民"并"辖治其土地"的目的。〔3〕 作者已经清醒地看到,欧美列强"非将亚洲之地尽取而为己有,不足以快其吞并之心;非令亚洲之人尽服从于欧美,不复有反侧之思,不足以遂其兼罗并包之念",于是一面制造"黄祸之说",一面离间破坏亚洲各国人民的关系和感情,足见"竞争之念,既以愈逼而愈狠;排挤之术,即因愈用而愈精","必使亚洲黄人不得复见天日而后快"〔4〕 以亚洲尤其是中国所面临的危急形势向人们敲响了警钟。

三是指出"黄祸论"对中国有巨大损害,但中国人对此认识不足,更未振作行动以反弱为强。《论黄祸专指中国》一文的作者指出:"黄祸之说,则已于吾人有切肤之灾矣",因为日本无论"以幅员论"还是"以人口论",均不会使欧美各国感到它"能使地球遍受其害",而"中国之版图与民数,皆十倍于日本",列强视中国"有大可为之资",因而对

---

〔1〕 《清驻英公使汪大燮就黄祸等问题答路透社访员问》(译自英国1906年1月26日《繙连苏报》),《外交报》丙午年第7号,总第139期。

〔2〕 无涯生:《论中国人种有功于地球》,《清议报》第28—29册,光绪二十五年(1899)农历八月二十一日、九月初一日出版,"本馆论说",第1—5,1—5页。

〔3〕 《中国张君又棠论黄祸》,《外交报》甲辰年第28号,总第97期。

〔4〕 《论西报谓白人宜查究黄种联盟事》,《中外日报》光绪二十九年十月初一日(1903年11月19日),第2版"论说"。

付中国"乘机惟恐不先,举事惟恐不密,压迫惟恐不周,殄灭惟恐不尽"。然而中国却"至愚极庸","方以醉嬉淋漓,因循却顾者应之",结果将"万无一幸矣"[1]《辨黄祸之说》一文也认为"黄祸论""盖特为中国发耳"。因为欧美各国以为中国受日俄战争之刺激,从而"规画于国门之内,举所以腐烂之原而痛除之,举麻木不仁之疾而大灸之","为正本清源之治","耽耽然崛起于东方"。然而事实上中国"仍寂然不动。政府之安闲也如故,官吏之营私也如故,人民之醉睡也如故,不肖之卖国也如故……终无梦醒之一日矣"[2] 还有《读西人黄祸说感言》一文,也是感叹"吾族则醉歌于漏舟之中,鼾息于岩墙之下,一听人之仇雠我、鱼肉我,茫然曾不思所以御之"。作者着重指出,被英国某些文章视为"非黄祸"的日本,"虑他人之竞着先鞭,乃奋起疾驱,莫肯让人","去自岁(1907 年)以来,乃尽弃其同种同文、唇齿辅车之旧说,专力与我为难,谋殖其势力于大陆"。中国被诬为"黄祸",实则"大势之危,其尚能有豸乎?"[3]这类文章对"黄祸论"并未多加批驳,重点放在批评当时政府和国人缺乏应对之策,没有采取有效的改革行动。

四是从历史和未来论证黄种人尤其是中国人的"优势"。《历史上黄白二种之竞争》一文,从被中原王朝打败的大月氏能打败大夏,匈奴能"破峨特,入罗马",突厥"屡破东罗马","雄视欧亚",还有蒙古"并俄罗斯,扰波兰、匈牙利,败德意志"等等,证明"黄人之天然武力,实胜于白人"[4]《论中国人种之将来》一文,则以为中国人具有"富于自治力""有冒险独立之性质""长于学问,思想易发达""民人众多,物产沃衍,善经商而工价廉"四个有利条件,预言中国人"将握全世界商工之大权","天下之富源必移而入中国人之手",进而说"中国人于来世

〔1〕《论黄祸专指中国》,《中外日报》,光绪三十年九月十九日(1904 年 10 月 27 日),第 2 版"论说"。

〔2〕谷音:《辨黄祸之说》,《东方杂志》第二年第 2 期(1905 年 3 月 30 日出版),"社说",第 32—35 页。

〔3〕《读西人黄祸说感言》,《外交报》戊申年第 5 号,总第 204 期。

〔4〕《历史上黄白二种之竞争》,《东方杂志》第三年第 13 期(1907 年 2 月 7 日出版),"社说",第 248—250 页。

纪必为世界上最有势力之人种","能有实力以开通全世界"。〔1〕这类文章对于处在困境中,并且多少有些丧失自尊自信的中国人未尝不是一种精神鼓舞,但文章丝毫没有涉及如何改变中国落后危急的现状,如何回应"黄祸论"的问题,并且难免有片面选取某些历史事件故作大言以自壮之嫌。

通观当时中国人自撰的有关文章,我们不难发现其中的不足与失误。首先,其最根本的原因是上述作者未能像同时代的以孙中山为代表的革命民主派那样,认识到当时世界已经进入帝国主义和被压迫民族自求解放的时代,而"黄祸论"幽灵的再现,乃是帝国主义为转移各自国内人民的斗争目标,协调列强之间的矛盾,加紧征服和瓜分中国而捏造出来的"恶魔"。正因为如此,作者们对某些国家抱有幻想。他们在揭露叫嚷"黄祸论"者,分析其用心,批驳其"伪言"时,也只把矛头集中于俄国,对德国、法国已很少提及,于英、美两国更完全予以回避,甚至说"英美二国之不以黄祸之说为然",这显然不合事实。同样,在反守为攻,批判"白祸"的时候,多是统言"白人""白种",具体谈到国家名字时,也只限于俄、法,对德国也是轻描淡写,而对英美的自我美化不仅未加揭穿,反而吹捧说"英美之于亚洲,如此措施,华人亦断无仇视之心,尚何有侵犯之念耶? 且英美之于其属境(指其殖民地),所在许人自由,故土人莫不感服"。〔2〕对此我们恐怕不能过高估计当时作者们的智慧,以为这是在使用策略,分化列强而尽量少树敌。而是他们对英美的"文明发达"怀有敬畏,抱有幻想,所以上述十几篇文章都没有使用当时已为中国革命人士所熟悉的"帝国主义"一语。

其次,由于没有认识到帝国主义的本质和特点,再加上夹杂着以人种划线的消极影响,他们对日俄战争的理解,对中日关系及中国前途的认识,均体现出种种偏差。比如他们说"日本之胜","此中实有一大可喜之事在",因为"自亚欧人相遇以来,欧人无不胜,亚人无不败,黄不

〔1〕　梁启超:《论中国人种之将来》,《清议报》第 19 册,光绪二十五年,农历五月二十一日出版,"本馆论说",第 1—6 页。

〔2〕　《中国张君又棠论黄祸》,《外交报》甲辰年第 28 号,总第 97 期。

如白之言遂深入人心,而牢不可破",认为日本战胜俄国打破了这种"天实为之"的宿命论,[1]故以为"日胜俄败,正天下太平之福"[2]。这些言论表明,当时中国思想界确有一些人认为中国"得力于日本甚大"[3]。他们虽然未像英报文章那样吹嘘日本"人种进化之速率",战争中"用兵之神妙,应敌之有方",但对日本确实敬佩有加,故极力恭维大隈重信论"黄祸"的文章"用意之深远,措词之巧妙,可以推广于无穷","真大政治家之绪论也",甚至说"今日本之攻俄,固已无负保全中国土地之义务矣"[4]。由于他们对日本不乏"感激"之情,所以对日本报刊上侮辱中国人,甚至诬指中国为祸的种种谬论,都采取了避而不谈的忍让态度,对日本侵略干涉中国的行动也未加谴责。

再次,由于当时中国人正围绕着救国是需要"革命"还是需要"立宪"展开争论,恰恰《清议报》《外交报》《中外日报》《东方杂志》等在内政问题上都持温和的改良立场,故论及中国的前途或世界和平的希望时,都不忘大谈"立宪"的优越。如认为日本战胜俄国,说明"国家强弱之分,不由于种,而由于制。黄种而行立宪,未有不昌;白种而行专制,未有不亡"[5]。故中国只要"开国会以通舆论","改专制为立宪",就能"纠内力以当外侮"[6]。甚至以为在立宪之国,国家有危难时"国民必思自救之法",而政府"欲博开疆拓土之荣"时,"则必有人阻之"。如此一来,"中国既兴,则瓜分之说息,而天下之兵可以不用矣";"俄国宪政若成",其国民必能阻止政府对外扩张。总之,"天下之祸,莫祸于

---

〔1〕《论日俄战争之益》,《中外日报》光绪二十九年十二月二十八日(1903 年 2 月 13 日),第 2 版"论说"。
〔2〕《论黄祸》,《中外日报》光绪三十年二月五日(1904 年 3 月 21 日),第 2 版"论说"。
〔3〕《清驻英公使汪大燮就黄祸等问题答路透社访员问》,《外交报》丙午年第 7 号,总第 139 期。
〔4〕《论大隈伯黄祸说书后》,《中外日报》光绪三十年三月二十九日(1904 年 5 月 14 日),第 2 版"论说"。
〔5〕《论日俄战争之益》,《中外日报》光绪二十九年十二月二十八日(1903 年 2 月 13 日),第 2 版"论说"。
〔6〕《读西人黄祸说感言》,《外交报》戊申年第 5 号,总第 204 期。

战"，而"立宪"可以强国，可以"弭战"，[1] 岂不是最好的办法和道路？这显然只是悬想甚至是欺人之谈。因为中国通过立宪能否强大，俄国通过立宪能否变得不好侵略，皆属未知数，再说美、法早是"民主立宪"国，英、日是"君主立宪"国，不正在世界各处为祸？

此外，上述文章对"黄祸论"的其他"理据"，诸如中国人口众多，会向各处移民扩张；中国工人会夺去白种工人的饭碗，中国工业化会使欧美的工业产品失去市场；中国人习惯于"排外""不开放""难以和他人共处"；尤其是对于丑化中国历史，贬低中华民族文化的种种谰言，或因了解不多，或因自己"底气"不足，都没有予以批驳。

然而上述作者却自以为高明，认为他们对"黄祸论"的回应已经足够，分寸更拿捏得当，因此劝告别人"毋徒辩黄祸之无征，为他人窃笑，以自速其亡可也"。[2] 有的甚至讥笑"自鸣为先识忧国之俦者"（似指当时的革命派人士），说他们"怒气交愤，外强中干，叫号跳踉，如飘风疾雨之不可终日，于是曾靡所裨益，徒使彼主张黄祸者，愈得执为口实"。[3] 好像受害者根据事理详加批驳会使"黄祸论"火上加油，反之只有多多含垢忍辱才能使"黄祸论"平息。这恐怕又是一厢情愿。

但是检索中国近代报刊，可说只有 20 世纪初这一段的报刊文章曾经热烈地回应过"黄祸论"，1912 年以后，此类文章竟常常数年不得一见。所以 20 世纪初年出现的这批文章，在有关"黄祸"问题的论辩史上应该占有相当重要的地位，毕竟它们能在相当的程度上反映当时中国人的思想认识。

---

〔1〕《论黄祸》，《中外日报》光绪三十年二月五日（1904 年 3 月 21 日），第 2 版"论说"。
〔2〕谷音：《辨黄祸之说》，《东方杂志》第 2 年第 8 期（1905 年 3 月 30 日出版），"社说"，第 32—35 页。
〔3〕《读西人黄祸说感言》，《外交报》戊申年第 5 号，总第 204 期。

十二 辜鸿铭的"文明论"回应

　　19 世纪末 20 世纪初,当欧美列强为了瓜分中国并企图用基督教使"中华归主"而先发制人地虚构"黄祸"威胁之际,在政治上和文化上都持保守主义态度的辜鸿铭,也作出了自己独具特色的解答。由于辜氏的此类文章均用英文写作,而且发表在外国人所办的刊物上,因而对外影响可能更直接。但因此也就不为大多数中国人所知道。1996 年黄兴涛大量收入辜氏西文作品的《辜鸿铭文集》问世之后,读者才发现,这个自命为"真正的中国人"的文化怪杰,对"黄祸论"和"谁是魔鬼"这种挑衅式的问题,发表了不少有理有据、极具价值意义的作品进行回应。

　　由于辜鸿铭能阅读多种西文,且广泛接触外国人士,故能充分了解西方喧嚣"黄祸"威胁的来龙去脉及问题的严重性,也能明确具体地对一些"黄祸论"者作指名道姓的批驳,体现出他言辞犀利的论辩风格,而且有关批驳不是泛泛之论。"黄祸论"出现不久,他就尖锐地指出,论者显然不仅是为"贪求物质利益并着眼于贸易目的的自私",而是欧洲的"殖民政策"这个"庞大的吃人恶魔",才"激起了这位显然是中世纪欧洲最后的一位皇帝,去绘制了那幅'黄祸'的著名图画",即强调商业利益背后隐藏着殖民主义者的人种歧视和"文化战略",把批评的矛头直指 1895 年绘制"黄祸图"的德皇威廉二世。他还明确地表示:"黄种文明本身如何会对欧洲人构成一种潜在威胁,实在让人难以思议。"[1]

---

[1] 辜鸿铭:《尊王篇·远东问题中的道德难题》,《辜鸿铭文集》上册,海口:海南出版社 1996 年版,第 171 页。

　　西方"黄祸论"者的所谓理由多种多样,诸如中国人"仇外""排外""不开放""不守信用";19世纪90年代长江流域各省的"教案"尤其是世纪之交的义和团运动,证明中国人抵制基督教;东方文化"低劣",中国人"不文明"等等之类,可说不外是对历史和现实的歪曲捏造或者夸大其词。一个英国人在上海就曾当面对辜鸿铭说:"你们中国人非常聪明并有奇巧的记忆力。但尽管如此,我们英国人仍然认为你们中国(人)是一个劣等民族。"〔1〕这种西方民族和文化的优越感及由此而来的傲慢与仇视,随着"黄祸论"的出现在日益蔓延和放大。

　　问题还在于,西方的帝国主义者和殖民主义者在虚构了"黄祸"图景之后,将会采取后续实际行动。1900年八国联军在镇压了京、津地区的义和团,并迫使清王朝朝廷避迁西安之后,那个混迹中国多年,担任中国海关总税务司的英国人罗伯特·赫德,撰文提出了他为消除"黄祸"所作的两个设想,"一种是实行强硬的军国主义瓜分,一种是在中国奇迹般地传播基督教"。赫德承认,鉴于中国地广人众,人民富有反抗精神,瓜分之后各国统治不易,因而最好的办法还是迅速传播基督教以征服中国的人心,"认为这样中国人民就会变'乖',成为友好列强的挚友,从而使欧洲摆脱'黄祸'"。辜氏读了赫德的文章后辛辣地讽刺说:"赫德爵士怎么没有想到把欧洲人从'黄祸'中拯救出来,鸦片与基督教一样是最好的麻醉剂! 无论怎么说,鸦片瘾的广泛传播,比基督教的传播要简便易行,容易接受得多!"〔2〕他把基督教与鸦片置于同等地位,看出了西方列强要从精神上征服中国人的企图。

　　文化民族主义者的辜鸿铭,本来就视"道德力"重于"物质力",一贯不以中国学习西方的坚船利炮为然,深信有悠久历史和发达文明的中国不可能被列强瓜分,因此他与孙中山先生略有不同。孙中山认为,欧美帝国主义标榜"维持文明之福,防塞黄祸之祸",其目的在"分割支那(中国),隶之为列强殖民地",〔3〕故回应重点首先放在警醒国人,迅

〔1〕　辜鸿铭:《尊王篇·序言》,《辜鸿铭文集》上册,第13页。
〔2〕　辜鸿铭:《尊王篇·关于中国问题的近期札记之四》,《辜鸿铭文集》上册,第133—134页。
〔3〕　孙中山:《支那保全分割合论》,《孙中山全集》第1卷,北京:中华书局1981年版,第219页。

速奋起革命以救亡,同时向世界表明中国强大之后也不会损害西方利益和在亚洲称霸。而辜鸿铭则把重点放在论证中国文明的高尚优美,说明中国人不是"劣等民族",尤其反对西方用基督教使中国人从精神上"西化"的宗教战略。

西方人认为中国文明落后、中国人性低劣的一个根据是中国的物质生活水平低下。对此辜氏指出,这只是一种"没有思想且讲究实惠"的"标准"或"尺度"。他强调,"一个民族的生活水平可能因为经济原因而变得非常低下,但是它本身却不是该民族道德文化或文明低下的一个证明"。那么,评判文明高下的真正标准是什么呢?辜氏认为应该是道德教养所造就的生活态度,是待人接物的温良有礼。他强调说:"只要无私和仁慈——那么,不论你是犹太人、中国人还是德国人,也不论你是商人、传教士、军人、外交官还是苦力——你都是一个基督之徒,一个文明之人。但假若你自私和不仁,那么即使你是全世界的皇帝,你也是一个乱臣、贼子、庸人、异教徒、夷、蛮子和残忍的野兽。"[1]为此,辜氏把西方文明与中国文明从核心处作了对比。

辜鸿铭认为,欧洲中世纪的基督教文明是"建立在一个依赖于希冀和敬畏(上帝)之情的道德文化基础之上的文明"。到了"现代",由于人们对"上帝"的希冀和敬畏之情已不复存在,于是只有依靠法律、警察和军队等"外在"之物作为"一种约束力量"来维持社会秩序,故"在公理通行之前只有依靠强权"一语不胫而走;进而,"欧洲的军国主义"成了"用来对抗真正的文明,反对中国人民及其政府"的主要手段。简言之,现代西方文明靠物质力、强制力、武力来维持,因而富于侵略性。

而中国的儒教文明是"建立在一个依赖于人的平静的理性基础之上的道德文明","这一文明人们更难达到。而一旦实现,就能永恒持久,不衰不灭",它不是出自外铄,而是"出自人类生来热爱仁慈、正义、

─────────────

〔1〕　辜鸿铭:《尊王篇·关于中国问题的近期札记之三》,《辜鸿铭文集》上册,第116页。

秩序、真理和诚实本性的内在之爱"〔1〕 儒教文明的三大特征是"深沉、博大和纯朴",它造就的中国人"完全过着一种心灵的生活———一种情感的生活"〔2〕 这种文明是一种道德的、从内心自发的精神文明,它从未构成对他人的威胁,尤其不会使用武力去危害别的国家和民族。相反,儒教文明曾给叫嚷"黄祸"威胁的欧洲带去光明和进步,"现在无论何人,只要他不厌其烦地去阅读伏尔泰(Arouet Voltaire)、狄德罗(Denis Diderot)的作品,特别是孟德斯鸠(Montesquieu)《论法的精神》,就会认识到中国的典章制度的知识对他们起了多大的促进作用……至少对我们今天所讲的自由思想之迅速发展与传播是起过促进作用的",而当时的自由思想"带来了欧洲中世纪制度的'全面解体'或彻底崩溃"〔3〕 也就是说,促使欧洲"走出中世纪黑暗"的"启蒙运动",就曾得益于中国的理性精神和道德文明。

儒教文明不仅使得中国人"拥有理性民主的精神",同时还富于互助和自治的性质。辜鸿铭不是用自己的话,而是引用了英国传教士、也是汉学家的麦嘉温(John Macgowan)的《近代中国的人和生活方式》一书中的话来加以证明:"这个民族的一个显著特征,即他们的结合能力,这种能力是文明人的主要特征之一。对于他们来说,由于生来崇尚权威和恪守法纪的天性,组织与联合行动是件容易的事情。……可以说他们的国家,立于人人自治自立之上。"〔4〕所以中国始终是一个有秩序、守信用的国家,尽管"在中国的一般外国人,他们往往蛮不讲理,易躁易怒,而一般中国人则彬彬有礼,具有涵养"。义和团事件期间,担任北京使馆区司令的英国外交官窦纳尔(D. Macdonald)指责中国人"不守信用、背信弃义",辜氏回敬说,这首先是由于列强"对中国人所施行的诡计和地地道道的背信弃义行为"所致,因此,"事情的说法正好可以反过来,而且逼迫中国人不得不像他们所做过的那样行事的力

〔1〕　辜鸿铭:《尊王篇·远东问题中的道德难题》,《辜鸿铭文集》上册,第 177—180、182 页。
〔2〕　辜鸿铭:《中国人的精神》,海口:海南出版社 1996 年版,第 5、31 页。
〔3〕　辜鸿铭:《尊王篇·远东问题中的道德难题》,《辜鸿铭文集》上册,第 174 页。
〔4〕　同上书,第 173 页。

量,甚至更为强大"。[1]辜氏强调,西方仗恃力量强大,一再对中国予取予夺,食言自肥,所以"不守信用、背信弃义"的不是中国人,而是列强自己。

辜鸿铭曾具体地为义和团辩护说:义和团"完全是一种合法的村社防御制度,其目的在于防御,而不是进攻",其所以后来"脱离了原有的运动轨迹,变成了一种更富于攻击性的、好战且完全失去控制的狂热",首先应归咎于"外国使臣的干涉和压力所强化了的'地方困难'"。[2]而归根到底,则是起因于"欧洲那'养尊处优的集团'(按辜氏文意,养尊处优的集团是指统治者和资产阶级)竭力驱使政府以一种愚蠢野蛮的方式同这一文明(指中国文明)进行交往",[3]于是"义和团民才不得不奋而起事,同他们的法国兄弟在1789年所做的那样,向全世界发出血淋淋的呼吁,呼吁应当把中国人当人看待"。[4]在这里,辜氏也许拔高了义和团民的思想认识,夸大了义和团运动的历史意义,而抹煞了义和团运动的诸多缺陷,但他强调的主旨"义和团不是黄祸",或者至少可以说不是中国人首先加害于欧洲人,而首先是列强造成了中国人的恐惧不安,仍不失为对"文明冲突"的探本溯源之论。

辜鸿铭上述对中国儒教文明本质的探讨,对中国人性格特征的总结,对中西交往历史特别是对世纪之交义和团运动起因的回顾,充分说明了中国文明"不仅对于现在的欧洲民族,就是对于人类的命运与文明也不是真正的威胁"。[5]相反,中国文明崇尚道德、仁爱,追求正义与和平的理性精神,是人类文明中最可宝贵的一部分。

据辜鸿铭说,八国联军占领京、津期间,当时住在上海的一位传教士夫人玛丽·菲奇(Mary Fitch)曾经提出过"究责谁是魔鬼? 中国人还是外国人?"的问题,从而引起了辜氏的讨论兴趣。为此辜氏引述了

〔1〕　辜鸿铭:《尊王篇·为了中国的良治》,《辜鸿铭文集》上册,第53—55页。
〔2〕　辜鸿铭:《尊王篇·一个中国人对于义和团运动和欧洲文明的看法》,《辜鸿铭文集》上册,第29—30页。
〔3〕　辜鸿铭:《尊王篇·远东问题中的道德难题》,《辜鸿铭文集》上册,第179页。
〔4〕　辜鸿铭:《尊王篇·关于中国问题的近期札记之五》,《辜鸿铭文集》上册,第152页。
〔5〕　辜鸿铭:《尊王篇·远东问题中的道德难题》,《辜鸿铭文集》上册,第177页。

孔子的话"人能弘道,非道弘人",并发挥说"你是什么样的人,你就有什么样的道;而不是你自称有什么样的道,就决定你是什么样的人"。[1] 此语实在深刻,一个人的自我认知或自我定位与他人的认可并非完全一致,关键还是在这个人实际上怎么做和做什么。在辜氏的眼里,当时那些从西方到中国来的外交官、记者、军人、商人、传教士乃至无业游民,尽管他们都打着"上帝""民主""自由""平等""博爱"等炫目的旗帜,可是他们的言行却未必与其所宣扬的"道"相符。

辜鸿铭认为,西方文明之"道"并非一成不变。西方的基督教尽管是建立在希冀和敬畏(上帝)之情的基础上,但毕竟有劝人向善的功用。然而后来"递相传衍,愈失其真,非特无以为教,且足以阻遏人心向善之机"。[2] 尤其是在旧教势力甚大的国家出现的坚持反对宗教改革的耶稣会,标榜"教皇至上",实则抛弃了"博爱"精神而代之以自私自利。另一方面,18世纪的自由主义或曰自由思想曾有打破黑暗的中世纪时代之功,"为公理和正义而奋斗",但"今天欧洲那种自由主义也已经变成了一种独裁,一种'养尊处优的集团'的独裁","今天的假自由主义则为法权和贸易特权而战","只是卖力地促进资本家与金融商人的既得利益"。[3] 他把西方列强的所言所行称为"军国主义""帝国主义"和"殖民主义",特别着重指出,"英国的虚伪的帝国主义和德国吃人的殖民政策,不过是耶稣会教义与虚假民主杂交的产物"。[4] 其批评的深刻犀利和击中要害,在19至20世纪之交的中国,鲜有人能出其右。

辜鸿铭还对几个主要西方国家的"养尊处优的集团"和"群氓"(按辜氏文意"群氓"是指那些"半受教育",因而"粗野不堪,无优雅之处可言",而且"无法克服和抑制自身的欲望"因而"过激"的政治人物[5])

---

〔1〕 辜鸿铭:《尊王篇·关于中国问题的近期札记之三》,《辜鸿铭文集》上册,第116页。
〔2〕 辜鸿铭:《给托尔斯泰的祝寿文》,《辜鸿铭文集》上册,第234页。
〔3〕 辜鸿铭:《尊王篇·远东问题中的道德难题》,《辜鸿铭文集》上册,第180页。
〔4〕 辜鸿铭:《尊王篇·关于中国问题的近期札记之四》,《辜鸿铭文集》上册,第138页。
〔5〕 辜鸿铭:《中国牛津运动故事》,《辜鸿铭文集》上册,第370—371页。

的性格特征作了概括。他说英国人"总是一边抗议着偷盗,一边又去偷盗",[1]他们的身上附着一种"傲慢的恶魔";[2]德国人身上则有"自私的毛病"和"吓人的胃口";[3]而正在吞噬法国人灵魂的,"不是放纵肉欲或淫荡,而是耶稣会教义"。[4] 辜氏多次形象地说耶稣会教义会使耶稣基督"变成食肉动物",即根本扭曲和改变基督精神,由教人向善变为恃强凌弱。此外,辜氏还说"与俄罗斯人被认为残暴一样,美国人被认为粗俗"。[5] 辜氏的这些概括多是依据自己对这些国家的在华人士的直观印象而成,很难说准确恰当,只能说是对视中国人为"劣等民族"的一种反唇相讥,但其中也未必没有贴切之处。

　　接下来辜氏又从外国人的报刊通讯中找到诸多例证,说明在华西方人行为的无礼粗暴、残忍无情及采取双重标准的可恶嘴脸。如外国公使通常是"引导或帮助其国民通过出卖主义信条、假药、铁路股票,或后膛装弹的新式枪械去做生意或谋生"。[6] 他们不仅顽固维护外国人在华的特权——"治外法权",甚至粗暴干涉中国官员任免,如英国公使要求朝廷"解除四川总督的职务";[7]再如 1900 年夏天八国联军攻占天津和北京之后,"天津……街头上躺着成千上万具(中国人的)尸首,死尸在阳光的照射下发着惨人的光。城内大部分地区还在燃烧,夜幕降临时,熊熊的火焰将郊野上空映得一片血红"。与这一惨景形成鲜明对照的是:"上海租界的外国侨民竟张灯结彩,举着火把骑自行车游行,以庆贺北京的陷落和公使馆解围。"这种强烈的对比,使辜鸿铭忍不住说出:"卑鄙下流者的突出标志就是粗俗。"[8]然而这种责备仍然不失"彬彬有礼"。

---

〔1〕 辜鸿铭:《尊王篇·关于中国问题的近期札记之一》,《辜鸿铭文集》上册,第76—77 页。

〔2〕 辜鸿铭:《尊王篇·关于中国问题的近期札记之二》,《辜鸿铭文集》上册,第95 页。

〔3〕 辜鸿铭:《尊王篇·关于中国问题的近期札记之三》,《辜鸿铭文集》上册,第112 页。

〔4〕 辜鸿铭:《尊王篇·关于中国问题的近期札记之四》,《辜鸿铭文集》上册,第132 页。

〔5〕 辜鸿铭:《尊王篇·关于中国问题的近期札记之五》,《辜鸿铭文集》上册,第145 页。

〔6〕 辜鸿铭:《尊王篇·序言》,《辜鸿铭文集》上册,第10 页。

〔7〕 辜鸿铭:《尊王篇·为了中国的良治》,《辜鸿铭文集》上册,第57 页。

〔8〕 辜鸿铭:《尊王篇·关于中国问题的近期札记之五》,《辜鸿铭文集》上册,第166 页。

在中国的外国人都"高尚"吗？辜鸿铭又举了一例，仍是 1900 年"夏天，在北京和天津，外国平民、传教士，甚至于还有官员，公然无耻地抢劫财物。连上海出版的那份并不很严正的《字林西报》也为此感到羞愧，并不得不在社论中大声疾呼'……制止眼下正在北京持续的这种无耻局面'"。然而前述罗伯特·赫德竟能平静地面向全世界作证说，"的确没有发生过真正的抢劫"。对此，辜鸿铭忍不住进行了讽刺，说如果"让像赫德爵士这种头脑中具有随机应变的双重道德价值标准的人充当辩护士，要回答'究竟谁是魔鬼？中国人还是外国人？'的问题，是不容易的"[1]。

辜鸿铭仍把重点放在揭露传教士的所作所为上。辜氏强调，传教士是伴随着"某些外国政府炮舰的威胁"进入中国的，因此，他们"傲慢自大和狂妄放肆""不在乎(中国的)公众舆论""无恶不作""到处插手和施展小小的暴虐"[2]。辜氏又说"四处奔走的传教士们，乃是……做生意的'旅行推销员'"，"不用说其他肮脏生意，仅他们所从事的土地投机买卖一项，就已火红得了不得。除此之外，在中国，每一次教案，对耶稣会士来说就意味着发一笔横财。因为每遭受一两银子的损失，他们就要中国政府赔偿白银 50 至 100 两。我不知获利的百分比是多少！"[3]不仅勒索中国官府，教会甚至认为"它有权向中国的饥民索取赔偿。在这些饥民的家中，基督教会的代理人们帮着纵火，使他们无家可归，无以为食，以致陕西已经在出售人肉"[4]。而当忍无可忍的中国民众起而反抗时，"这些口口声声对这里的人民念着仁慈和慈爱的人们……便以炮弹和葡萄弹威胁他们"[5]。

少数传教士居然在中国搜集情报。辜鸿铭引用了进占北京时的法军统帅的机要秘书埃里松(Lecomee Herisson)所著《一位译员在中国的

〔1〕 辜鸿铭：《尊王篇·序言》，《辜鸿铭文集》上册，第 11—12 页。
〔2〕 辜鸿铭：《尊王篇·为吾国吾民争辩》，《辜鸿铭文集》上册，第 44—48 页。
〔3〕 辜鸿铭：《尊王篇·关于中国问题的近期札记之四》，《辜鸿铭文集》上册，第 141 页。
〔4〕 辜鸿铭：《尊王篇·关于中国问题的近期札记之五》，《辜鸿铭文集》上册，第 148 页。
〔5〕 辜鸿铭：《尊王篇·为吾国吾民争辩》，《辜鸿铭文集》上册，第 46 页。

日记》,日记中清楚地记载着传教士为八国联军效劳的行为,"耶稣会士所呈献给将军的一切情报——以及说明情报的准确性的事件,无论是关于我们将必须经过的那些省份的资源的情报,还是关于我们将要在前面碰到的(中国)部队人数的情报,都是通过耶稣会士获得的。……耶稣会士在这个时期表现出了热烈的爱国主义和令人敬佩的忠诚"〔1〕。随着西方列强在中国战争的进展,教会更加无所忌惮,丝毫"没有什么耻于为之之事,它甚至不以'传教士抢劫'为耻"〔2〕。所以八国联军占领天津、北京期间,不仅有传教士持枪上阵,还有传教士加入了外国平民、军人、官员的抢劫者行列。

更加令人触目惊心的是,辜鸿铭引述的德国大主教昂塞(Anser)在1900年末的一期《未来》(Zukunft)杂志上撰写的评论德皇名为《不要宽恕》的讲演的文章,其中居然白纸黑字地写着:"我们俘虏五万名中国佬干什么? 养活他们都很困难。如果我们遇上五万条毛毛虫,我们会怎么做? 把它们统统碾死!"辜鸿铭评论说,如果"依照这位政治牧师之见,耶稣基督也会变成食肉动物的"〔3〕。不过辜鸿铭始终没有直接说出来华的西方不速之客是魔鬼,他只是说,希望"外国列强或他们在中国的高级代理人"尽快采取"真实、智慧和道德"的态度及行动,"使中国人民相信,欧美人真的不是'魔鬼',而是像他们一样有心肝的人类"〔4〕。

辜鸿铭既从文化和政治本质上对西方列强的军国主义、帝国主义与殖民主义作了理论分析,又以大量的具体事例揭露了西方外交官、军人、侨民尤其是传教士在中国的种种远远说不上是"规矩""高尚""文明"的言行,实际上对"谁是魔鬼"的问题显示了他的答案。尽管他的举例已有众多史料可以证实,不过这些事例仍然经过了"筛选"。为数

---

〔1〕　辜鸿铭:《尊王篇·为吾国吾民争辩》,《辜鸿铭文集》上册,第50—51页。

〔2〕　辜鸿铭:《尊王篇·关于中国问题的近期札记之五》,《辜鸿铭文集》上册,第147页。

〔3〕　辜鸿铭:《尊王篇·关于中国问题的近期札记之三》,《辜鸿铭文集》上册,第114页。

〔4〕　辜鸿铭:《尊王篇·一个中国人对于义和团运动和欧洲文明的看法》,《辜鸿铭文集》上册,第36页。

众多的传教士自然良莠不齐,但不可否认,也有一些虔诚的教会人士不仅没有为非作歹和蔑视中国文化,反而是对沟通中西文化作了若干贡献,给中国的教育、医疗、社会救济等工作带来了一股新风。他们传播的西方科学知识,不能说是"愚昧的东西";也不该把他们吸收的中国信众统称为"中国人中的最糟糕、软弱无知、贫困堕落之徒"[1]。辜鸿铭议论时爱走极端的特点,往往掩盖了其观点的合理性。

辜鸿铭认为,"黄祸论"、义和团,尤其是来自西方的传教行为和强加给中国人民的战争,造成了"一种可怕的彼此恐惧状态。中国人为亡国灭种而恐惧,欧美人则为他们在华同胞的生命财产而恐惧",因而紧要的工作不是像赫德那样强化这种彼此的恐惧,而是要消除或者至少是"减轻这种可怕的彼此恐惧"[2],以免这种恐惧进一步发展为仇视。

如何解决这个问题呢? 辜氏首先着重强调的是中国人和西方人都"需要扩展(expansion)"。他解释说:"我这里的所谓'扩展'就是需要懂得:那些后来被归纳成体系的称之为基督教或儒教的理论汇编,行为规范与信条,并不是绝对真实的宗教,正如中国的文明或欧洲文明并非是真正完美无缺的文明一样。"[3]"孔子说'有教无类',这就是'扩展'的真正含义","或如中国人所说:一视同仁"[4]。为此中国人需要一定的"自省"。他说,"自来我中国士大夫夜郎自大,其贻讥外人固不足怪"[5],而且客观事实是,"在今日的中国,真正的儒家文明或道德文化可以说正处在衰落状态"[6],故必须承认,"中国文人学士之所以束手无策,无能为力,是因为他们没有此种认识。现代欧洲文明无论利弊如何,其伟大的价值与力量——就在于法国大革命以来,欧洲人民已经有

〔1〕 辜鸿铭:《尊王篇·为吾国吾民争辨》,《辜鸿铭文集》上册,第44、42页。
〔2〕 辜鸿铭:《尊王篇·一个中国人对于义和团运动和欧洲文明的看法》,《辜鸿铭文集》上册,第37页。
〔3〕 辜鸿铭:《尊王篇·中国牛津运动故事》,《辜鸿铭文集》上册,第279、280页。
〔4〕 辜鸿铭:《尊王篇·关于中国问题的近期札记之五》,《辜鸿铭文集》上册,第152页。
〔5〕 辜鸿铭:《张文襄公幕府纪闻》,《辜鸿铭文集》上册,第466页。
〔6〕 辜鸿铭:《日俄战争的道德原因》,《辜鸿铭文集》上册,第203页。

力地抓住了这种扩展观念",而中国不少文人学士却"坚守社会的、政治的和宗教的陈规故套","顽固排斥一切新事物"。[1] 通观辜氏的全部作品,此类"责己"的文字虽然不多,但应该看到,在第一次世界大战发生之前,辜氏并没有完全拒斥西方文明。

辜鸿铭同时指出:西方人,尤其是"现代英国人更需要'扩展',一种心灵开阔意义上的正确扩展","不再那么迫不及待地要将自己的这种小小看法强加给别人",应该尊重他人的文明,把中国人看做文明民族,平等地同中国人交往。他强调要"实现这种真正的扩展",可以套用"一句政界的时髦词来说,就是'门户开放'的原则",不过这里的"门户开放"不仅仅是指"贸易和铁路的'门户开放'",也不是仅指"政治上或物质上的'门户开放'和'扩展',而是一种知识和道德意义上的'扩展'。没有知识上的门户开放,不可能有真正的心灵扩展;而没有真正的心灵扩展,也就不可能有进步"。[2]

辜鸿铭深知已经形成定势的东西,几大文明不可能彼此取代,即中国不应也不会西方化,西方也不会中国化,所以他选择"扩展"一词,即各方都不放弃其文明核心,但可通过开阔胸怀,放开视野,平等地对待不同的文明,让不同的知识和道德在全人类中交流,互相融合,彼此补充,作为解决"文明冲突"的根本之道。为此他希望西方人尤其是英国人改变"自私""傲慢""虚伪"的性格,回归到"共同的理性意识和道义感"[3]上,"为获得我们称之为普遍自由主义名义下的新的道德文化而斗争"。[4] 需要指出的是,辜氏在向列强提出批评和建议的时候,多援引《圣经》及一些以自由、平等思想著称的作品为根据,他曾说:"吾用彼国学说,倘责我,应先毁彼彝训。"[5] 这种以子之矛攻子之盾的方法,有点近于以西学反西方。

---

[1] 辜鸿铭:《中国牛津运动故事》,《辜鸿铭文集》上册,第280页。
[2] 同上书,第282—283页。
[3] 辜鸿铭:《尊王篇·关于中国问题的近期札记之二》,《辜鸿铭文集》上册,第97页。
[4] 辜鸿铭:《尊王篇·远东问题中的道德难题》,《辜鸿铭文集》上册,第180页。
[5] 孔庆茂、张鑫著:《中华帝国的最后一个遗老辜鸿铭》,南京:江苏人民出版社1996年版,第136页。

　　大概辜鸿铭也认识到这种建议难免流于抽象,所以他还提出了若干具体亟待解决的问题。例如他认为,"传教士在中国的存在,无论对于中国人还是外国人都是一种危害"。因此,有关国家应该"采取措施,如果不将其全部撤走,至少也应该对目前在中国业已存在的整个传教系统做出某些修改和调整"〔1〕 他尤其强调西方社会在看待中国时,不要只听传教士和某些在华记者的一面之词,民众和政府不要被那些不公允、不客观的舆论所影响甚至左右。还有,"如果在中国废除治外法权的时机还不成熟,那么列强……便应采取适当的措施","以保证在华外国人自身的良治秩序",不能进而"允许其代理人否认帝国政府对于中国的国民的裁判权",不要"侵犯中国地方官对于国民的裁判权"〔2〕 当然最根本的问题是,中国人"希望有一种选择权,憎恨突然给他们划定道路"〔3〕辜氏根据自己已形成的现代国家主权观念,强烈要求"让中国独立",认为"只有当帝国政府的中央当局有权去做它认为正确的事情,帝国的法律至少对于所有的中国国民还具有唯一绝对的效力时,改革方才成为可能"〔4〕

　　当然辜鸿铭也清楚地知道,列强不会为他的口舌所动,"大人物们都是些滑膛枪崇拜者",欧美人"在很大程度上对使用暴力丧失了理性"〔5〕,所以义和团事件之后,西方报刊"齐声要求所谓在中国的炮舰政策并平静地列出瓜分中国的计划"。对此,辜鸿铭就不仅从"是非"也从"利害"上表示自己的看法,"我不知道是不是有人曾经想过",如果因瓜分中国而引起中国人狂热的反抗,那么"要维持中国四万万民众的秩序与治安将会耗费欧洲各国多大的开支"?"外国人在中国实施炮舰政策,将只能对中国人和外国人所有相关的利益构成损害"。而且,"一旦军国主义在中国成为必要,那么中国人肯定会成为一支强

〔1〕　辜鸿铭:《尊王篇·为吾国吾民争辩》,《辜鸿铭文集》上册,第47、41页。
〔2〕　辜鸿铭:《尊王篇·序言》,《辜鸿铭文集》上册,第9、10页。
〔3〕　辜鸿铭:《中国牛津运动故事》,《辜鸿铭文集》上册,第281页。
〔4〕　辜鸿铭:《尊王篇·为了中国的良治》,《辜鸿铭文集》上册,第64页。
〔5〕　辜鸿铭:《尊王篇·远东问题中的道德难题》,《辜鸿铭文集》上册,第177页。

大的军事力量,或者势必为外来军事力量所制服。但无论出现哪种情况,全世界都将不得不为此付出一大笔额外的军事负担"。[1] 辜氏的文章主要是写给外国人看的,他的建议或要求也许带有与虎谋皮的天真幼稚,他的利害分析又是站在对方的角度"为人"谋算,但其中智慧的预见却大多得到了历史和现实的证实。

〔1〕 辜鸿铭:《尊王篇·远东问题中的道德难题》,《辜鸿铭文集》上册,第179、180页。

十三 孙中山先生的综合回应

　　孙中山因为曾遇到"黄祸论"的挑战和困扰,对这样一种西方舆论显然有所考虑。无论是从他对于此类问题的正面回答中,还是从他在外交、内政方针的制订上,都可以看出他对"黄祸论"的应对策略和严正立场。晚年他对国际局势的科学分析,对中国在维护人类正义与世界和平方面作用的期许,更是对"黄祸论"的有力批驳。

　　说孙中山曾遇到"黄祸论"的挑战和困扰,并不是想象之词。孙中山读过亨利·乔治的书,而亨利·乔治的书中就有排斥华人移民的观点。1924 年冬孙中山在《对神户商业会议所等团体的演说》中,称"美国便有一位学者,曾做一本书,专讨论有色人种的兴趣。这本书的内容是说日本打败俄国,就是黄人打败白人,将来这种潮流扩张之后,有色人种都可以联络起来和白人为难,这便是白人的祸害,白人应该要思患预防。他后来更做了一本书,指斥一切民族解放之事业的运动,都是反叛文化的运动"[1]。孙中山这里所说的美国学者,应该是前述亚当斯兄弟、格兰特(Madison Grant)、腊斯克(H. H. Lusk)等人中的某一个。

　　凡是研究孙中山或辛亥革命的人都知道,从辛亥革命发生前数年直到南京临时政府时期,孙中山与他的军事顾问美国人荷马·李亚过从甚密。不过人们不大知道荷马·李亚也是一个"黄祸论"者。当然他与前已提到的另一个"黄祸论"者、美国海军上将玛汉不同,玛汉主张美国与日本结盟,彻底征服中国;而荷马·李亚主张美国和日本进行

---

〔1〕　孙中山:《对神户商业会议所等团体的演说》,《孙中山全集》第 11 卷,北京:中华书局1986 年版,第 404 页。

"生存斗争",为此他要帮助孙中山推翻清王朝,改造中国并使中美结盟。荷马·李亚的《无知的勇气》《撒克逊的日子》和《不列颠帝国的命运时刻》等书,同样充满了征服欲和"黄祸论"的观点,孙中山对此显然不会一无所知。

此外,我们从《孙中山全集》可以发现,从 1901 年到 1924 年,总计有 10 位以上的西方和日本记者曾就"黄祸论"或类似的相关问题向孙中山发问。尤其是美国《展望》杂志记者林奇(G. Lynch)曾当面向孙中山表示:"实现他的抱负将会酿成真正的'黄祸'。"[1]而孙中山对这些动机各异的提问都作了解答。

毫无疑问,孙中山从一开始就对"黄祸论"的本质有清醒的认识。但由于他对西方列强的"希望"有一个由大变小、由多变少,最后完全失望的过程,反过来说也就是存在一个对帝国主义的本性认识逐渐深刻、反帝态度渐趋激烈的过程,因此他对"黄祸论"的回应在 20 余年间自然有所变化。这一变化大体上可以划分为三个阶段。

第一阶段是 1912 年 4 月以前。这个时期孙中山一直在从事推翻清王朝及保卫新生的革命政权的斗争,无论是由于对列强的本性认识不足所产生的幻想,还是基于斗争策略的需要,使得他对"黄祸论"基本只能作被动的解释,反复说明不应该把中国和中国可能发生的变化看作祸害。尽管被动当中也有若干主动,却始终没有点破不是中国给西方造成了威胁、而是西方给中国带来了灾祸这个历史的本质问题。综观这一时期孙中山的文章和言论,他对"黄祸论"的回应有如下几点。

第一,指出喧嚷"黄祸"是为瓜分中国制造舆论。他曾说,"西洋之倡分割者曰:支那人口繁盛……今其国衰弱至此,而其人民于生存竞争之场,犹非白种之所能及;若行新法、革旧蔽,发奋为雄,势必至凌白种而臣欧洲,则铁木真、汉拿比(即前述迦太基名将汉尼拔)之祸,必复见

---

[1]　孙中山:《与林奇谈话的报道》,《孙中山全集》,第 1 卷,北京:中华书局 1981 年版,第 211 页。

于异日也。维持文明之福,防塞黄毒之祸,宜分割支那隶之为列强殖民地。"[1]他在同时间的另一篇文章中亦说,西方人认为,"支那地大物博,大有可为之资格,若一旦醒其渴睡,则世界必为之震惊;倘输进新文明于国内,将且酿法兰坎斯坦(Frankenstein,一译弗兰肯斯坦,著名电影中的科技怪物)事故;现时最巧之政策,皆以共亡支那为目的,如倡'黄祸'论者是也"。

　　针对上述论点,孙中山辩解说:"支那人为最平和勤勉,最守法律之民族,非强悍好侵略之民族也。其从事于战争,亦止自卫。使外人果能始终去其机械之心,则吾敢谓世界民族未有能及支那人之平和者也。"[2]当然他也严正地向列强提出警告:中国人民决不会让瓜分论得逞,"支那国土统一已数千年矣","若要合列国分割此风俗齐一,性质相同之种族,是无异毁坏人之家室,离散人之母子,不独有伤天和,实大拂乎支那之人性;吾知支那人虽柔弱不武,亦必以死抗之矣","分割之日,非将支那人屠戮过半,则恐列强无安枕之时矣"[3] 表达了中国人民不惜牺牲生命以反抗列强瓜分的无畏精神。

　　第二,对日俄战争作探本之论,并指出维护东亚和平的根本途径。1904 年日俄两国为争夺朝鲜和中国东北,在中国东北及日本海发生战争,西方竟有舆论称,"这个根源乃在满清政府的衰弱与腐败,它正是由于自身的衰弱,而有扰乱世界现存政治均衡局面之势"。孙中山一方面指出这种说法"肤浅""表面""好象是说笑话",一方面也承认,"如果不是由于满清政府完全无力保持其在满洲的势力与主权,那么这次战争是可以避免的"。这是部分赞同西方舆论的观点。

　　但孙中山接下来着重强调,"中国终究要成为那些争夺亚洲霸权的国家之间的主要斗争场所","这次战争只不过是在中国问题上利害有关各国间势将发生的一系列冲突的开端而已"。因此战争无论谁胜谁负,都无法使问题得到彻底解决。他指出,维护和平的根本途径,只

---

〔1〕　孙中山:《支那保全分割合论》,《孙中山全集》,第 1 卷,第 218—219 页。
〔2〕　孙中山:《支那问题真解》,《孙中山全集》,第 1 卷,第 246—247 页。
〔3〕　孙中山:《支那保全分割合论》,《孙中山全集》,第 1 卷,第 223 页。

能是在中国"以一个新的、开明的、进步的政府来代替旧政府",以"消除妨害世界和平的根源"[1]。孙中山把日俄战争的起因归咎于列强在亚洲争夺霸权,并由此得出必须推翻清政府、建立新政府的结论,体现了他的革命立场。但这篇文章的突出缺陷是对日本、俄国乃至所有列强都没有加以谴责。因为道理很明显,维护亚洲和平既要靠中国等丧失了主权和独立的国家的振兴强大,使列强不再有争夺的目标;同时还要赶走列强,让亚洲各民族完全自主。这本来是同一问题的两个方面,但孙中山只强调了前者而回避了后者。

第三,用历史证明中国的传统并非"封闭",指出"排外"只是清政府的主张,表示革命成功之后中国会对各国"开放"。孙中山说,"西方人中有一种普遍的误会,以为中国人本性上是闭关自守的民族,不愿意与外界的人有所往来",而"历史可以提供充分的证据,证明从远古直到清朝的建立,中国人一直与邻国保有密切的关系,对于外国商人与教士从没有丝毫厌恶歧视"。他列举了汉代传入佛教,隋唐时传入景教,历代均有外国商人来华贸易,以及明代徐光启等人皈依天主教、利马窦(Matteo Ricci)等来华传教士得到当时中国朝野的尊崇等等事例,证明中国人并非"不乐交通"。而清代之所以形成"排外精神",清政府采取"闭关自守政策,乃是满洲人自私自利的结果,并不能代表大多数中国人民的意志"[2]。

为了消除外国人对中国是否"开放"的疑虑,尤其是为了使中国得到更快的发展,孙中山反复表示:未来的新中国"可使全国与外人通商,可使铁路推广敷设,可使天然物产日益发达,可使民族高尚其资生之程度,可使外来物品消售愈多,而万国商业必百倍于畴昔"[3]。因此,他认为有理由让人们相信:"占全世界人口四分之一的国家的复

---

〔1〕　孙中山:《中国问题的真解决——向美国人民的呼吁》,《孙中山全集》,第1卷,第248—249、254页。

〔2〕　同上书,第250—251页。

〔3〕　孙中山:《支那问题真解》,《孙中山全集》,第1卷,第247页。

兴,将是全人类的福音。"[1]武昌起义胜利之后,孙中山在欧洲的演说及对外国记者的谈话都一再宣布,"共和成立之后,当将中国内地全行开放,对于外人不加限制,任我到中国兴办实业";[2]"新政府于各国通商一层,更为注意,当弃除与外人种种不便之障碍物"。[3]而且此后孙中山的对外开放思想还有发展。

第四,不论列强会采取何种态度,中国一定要振兴工商业。还在20世纪之初,孙中山就认识到列强只乐于使中国长期充当外国商品的倾销市场和廉价原材料的供应地。他说:"他们不至于笨到这般地步:实行商业的自杀,来帮助中国拥有自己的工业威力而成为独立的国家。我坚决相信,如果我们稍微表现出要走这条道路的倾向时,那么整个欧美资本主义世界就会高嚷所谓工业的'黄祸'了。因此,他们的利益首先在于使中国永远成为工业落后的牺牲品。"[4]对此,孙中山一面向外国人解释说:"中国人本质上是一个爱好和平的而不是好战的民族",因此"产生'黄祸'的唯一可能会是在工业竞争的形式之中;但在变动了的情况下,生活舒适的程度和工资的比率会很快上升,因此无需再把中国劳工廉价输出到世界其他各地地方去。"[5]意思是说,工业竞争是不可避免的,但是随着中国工商业的发展和人民生活水平的提高,这种竞争不再是以中国廉价劳力与他国工人抢饭碗的形式出现;只要不是这样,外国也就无权干涉。孙中山坚定地主张中国必须振兴实业,南京临时政府甫一成立,他就把发展实业、改善民生作为工作重点之一。

第五,在有关对外宣言中反复表示坚持"和平主义"的立国方针。无论是1906年发布的《中国同盟会革命方略·对外宣言》,还是1911年冬的《通告各国书》,1912年初的《临时大总统宣言书》《对外宣言书》以及这段时间的各种演说,孙中山均一再强调"当尽文明国应尽之

〔1〕　孙中山:《致鲁赛尔函》,《孙中山全集》,第1卷,第319页。
〔2〕　孙中山:《在欧洲的演说》,《孙中山全集》,第1卷,第560页。
〔3〕　孙中山:《与巴黎〈政治星期报〉记者的谈话》,《孙中山全集》,第1卷,第561页。
〔4〕　孙中山:《复鲁赛尔函》,《孙中山全集》,第1卷,第322页。
〔5〕　孙中山:《与林奇谈话的报道》,《孙中山全集》,第1卷,第211页。

义务,以期享文明国应享之权利",于"排外之心理,务一洗而去之;与我友邦益增睦谊,持和平主义"[1] 具体地说,上述文件和谈话都表示承认武昌起义之前清政府与各国所订条约为有效,承诺偿还清政府所欠所借债款,答允保全外人在华租界,保护外人生命财产和各种"既得权利"。还曾特别提到,"虽日俄强逼清政府所订各种不公平之和约,新政府亦依然遵守"[2]

当然,在有关谈话中孙中山提到过"于海关则须有自行管理之权柄,盖此乃所以保其本国实业之发达,当视中国之利益为本位";并表示中国"各种改革完成时,政府当立即取消领事裁判权"。关于前者,孙中山称"须与西人和衷商议,决不使中国使债主有烦言","设法不与以前各国在中国所已得之利益相冲突";关于后者,由于设下了"各种改革完成时"的先决条件,故实施显然是以后很久的事。不仅如此,孙中山还反复强调,"中华民族和平守法,根于天性,非出于自卫之不得已,决不肯轻启战争";"共和政府之精神,决无帝国派之野心,决不扩张军备,但欲保其独立及领土完全而已。倘此二者被侵,彼并无须军备,但以最近拒用外货办法",就足以使列强"望风而靡"。可以说,孙中山的上述种种表示,已经最大限度地体现了他"惟利于与列强相亲,决不利于与列强相仇"[3]的立场和态度。

总之,在上述第一阶段,孙中山已经比较全面地对"黄祸论"作了揭露和批驳。但为了取得列强对他的革命事业的支持,在涉及如何处置列强既得利益的问题上,他是非常温和的。这使他在美、日及欧洲各国的非当权者中得到了一批朋友,在外交场合造成了他"开明""文明"的形象,美国甚至有舆论称其为"西化的东方人"。但对孙中山和中国而言,破除"黄祸论"的实际收效显然是很有限的。

从 1912 年 4 月到 1919 年五四运动之前是第二阶段。这期间有几

〔1〕 孙中山:《临时大总统宣言书》,《孙中山全集》,第 2 卷,北京:中华书局 1981 年版,第 2 页。

〔2〕 孙中山:《与巴黎〈政治星期报〉记者的谈话》,《孙中山全集》,第 1 卷,第 561 页。

〔3〕 孙中山:《在欧洲的演说》,《与驻沪外国记者的谈话》,《孙中山全集》,第 1 卷,第 560—561、582 页。

个因素和变化是应该作为有关背景来考虑的。其一是孙中山已于1912年3月底离开了临时大总统的位置,他讲话时可以更自由地表达自己的真实思想。其二是列强并未因中国成了"民国"而改变其对华侵略行径,孙中山的革命政府始终没有得到列强的承认和支持;而且,先是有俄国趁中国政局混乱之机在外蒙古地区制造分裂,大有侵吞中国北部之势;继有日本以对德国作战为名,出兵山东,还提出"二十一条"要求,几乎要使整个中国成为其殖民地。其三是第一次世界大战的进行和俄国十月革命的发生,使孙中山对国际形势和中国的外交方针产生了若干新的思考。上述因素使得孙中山直接或间接涉及"黄祸论"的谈话,既有第一阶段思想内容的延续,也有一些新的变化。

首先是既要维护主权,又要"行开放主义"。1912年4月中旬,孙中山在一次演说中就提出,"仆之意最好行开放主义,将条约修正,将治外法权收回,中国有主权,则无论何国之债皆可借,即外人之投资亦所不禁"[1] 又说"通商口岸必定裁法",因为住在口岸城市的中国人"不愿在中国而归洋人统辖"[2] 同时"开放中国本部全土,以供外人营业",但条件是所有在华外人"应服从中国治权"[3] 简单地说就是用开放全国来换取撤除通商口岸和收回治外法权,以实现"保障主权"。

其次是再次解释中国不会成为"黄祸"。主要内容有两点,一是说"中国地方甚广……将来一经开拓,则吾国工人无庸出外。其实余意中国若兴农、矿、制造,则十年之间,可以自养其民"[4] 对于西方"外人投资中国之后,华人商业大兴,必将祸及全世界之商业"的说法,孙中山指出情况恰恰相反,"中国果能日臻发达,则全世界之境况均可借以进步"[5] 二是强调中国不会侵犯他国,但也不容许他国侵犯自己。他说:"欧人多恐中国他日之侵犯……吾意中国无侵略志,因吾人志尚

---

〔1〕　孙中山:《在上海中华实业联合会欢迎会的演说》,《孙中山全集》,第2卷,第340页。
〔2〕　孙中山:《在香港与〈南清早报〉记者威路臣的谈话》,《孙中山全集》,第2卷,第389页。
〔3〕　孙中山:《在北京与路透社记者的谈话》,《孙中山全集》,第2卷,第453页。
〔4〕　孙中山:《在香港与〈南清早报〉记者威路臣的谈话》,《孙中山全集》,第2卷,第389页。
〔5〕　孙中山:《在北京与路透社记者的谈话》,《孙中山全集》,第2卷,第453页。

和平。吾人之所以要水陆大军者,只为自保,而非攻人。若果欧人势逼吾人,则吾将以武力强国。果尔,将来事势所趁,则难预言。"[1]话很含蓄,但绵里藏针,警告列强不要逼迫中国太甚。

最后是提出中国要加强军备,而且对眼下最凶狠的敌人应不惜一战。1912年4月下旬,孙中山就曾说过:"欲中国成为强固之民国,非有精强陆军不可","今日要务在乎扩张军备,以成完全巩固之国"[2]。稍后又曾强调,"今日中国欲富强,非厉行扩张新军备建设不可","现在强邻如虎,各欲吞食我国,若我国不有相当武械自卫,则我国必为虎所食也"[3]。1912年冬,由于俄国对蒙古野心毕露,不愿同中国谈判,而列强对俄国均"不以为难",孙中山十分焦虑,他说,俄国和列强的这种态度,"此非故为瓜分之余地乎? 与其俯首而听人之瓜分,何如发奋一战以胜强俄?""纵以常理论之,今日战亦亡,不战亦亡,与其屈于霸道强权而亡,不如一殉人道而亡。"[4]孙中山这段时间关于加强军备和武力抗俄的呼吁,明显是对前段所持"与列强相亲"的"和平主义"政策的修正。

第一次世界大战进行之际,孙中山正忙于"二次革命""护国"及"护法"斗争,但他仍然在关注和思考中国与列强的关系问题,这段时间尤其是在酝酿着对日方针的改变。众所周知,孙中山在从事反清革命和反袁斗争的过程中,曾长期居留日本,也曾多方设法争取日本政府和各界人士的支持,故在1913年春,他还说日本"与我国利害相关,绝无侵略东亚之野心",又称"亲日政策,外交上之最妙着",[5]主张对日本等友邦"不必限制太过,以伤感情"。[6] 但他此时对日本军国主义者

〔1〕 孙中山:《在香港与〈南清早报〉记者威路臣的谈话》,《孙中山全集》,第2卷,第389—390页。
〔2〕 孙中山:《在广州军界欢迎会的演说》,《孙中山全集》,第2卷,第345页。
〔3〕 孙中山:《复陈其美函》,《孙中山全集》,第2卷,第390页。
〔4〕 孙中山:《倡议钱币革命对抗沙俄侵略通电》,《孙中山全集》,第2卷,第549页。
〔5〕 孙中山:《在东京中国留学生欢迎会的演说》,《孙中山全集》,第3卷,北京:中华书局1984年版,第26—27页。
〔6〕 孙中山:《在上海国民党交通部宴会的演说》,《孙中山全集》,第3卷,第52页。

的野心已有洞察,所以同时又发过惊心动魄之论:"关于中国的将来,能够制中国于死命者必为日本,对此余确信无疑。"[1]不过一方面由于日本此时尚未有大动作,另一方面孙中山出于斗争策略的需要,所以直到中日发生"二十一条"交涉和日本借口对德国作战出兵山东时,孙中山都没有公开发表批评日本的言论。直到五四运动期间的1919年6月,他才谴责"日本武人,逞其帝国主义之野心","发展其侵略政策",[2]并从此开始把声讨和反对日本帝国主义作为他外交工作的重点。

1919年五四运动之后是第三阶段。从这时起到孙中山逝世,国内外形势和中外关系又有若干变化,如国内政局持续动荡,使得1922—1923年间列强又有对中国实行"共管"之说;1922年华盛顿会议之后,美日矛盾逐渐加剧;1917年俄国发生的十月革命,对中国的影响在五四之后越来越明显;还有中国民族工业在第一次世界大战期间得到初步发展,国内各阶层反对帝国主义斗争热情的不断高涨等等,有助于孙中山彻底摆脱"黄祸论"的压力,科学地分析复杂的现实情况,更深刻全面地表达自己的相关看法。其中最直接而明显者有如下几点。

第一,认为中国的实业一定能更快发展,迫使外国改变对华经济政策;列强再度掀起的"共管"说也决不会得逞,中国一定要实现完全的独立自主。1920年4月孙中山在美国《独立周报》撰文,表示"中国不能永久购买那些本国易于制造的物品,那样做是极其不合理的。中国迟早是要自己制造自己需要的东西,你们的产品将不再能够在中国与中国的国货竞争。因之,你们只有开始在中国与中国合作设厂,否则迟早都要被驱出中国市场"[3] 可见孙中山对我国的工业化具有极大的信心。

---

〔1〕　孙中山:《在长崎中国领事馆华侨晚餐会的演说》,《孙中山全集》,第3卷,第50页。

〔2〕　孙中山:《答日本〈朝日新闻〉记者问》,《孙中山全集》,第5卷,北京:中华书局1985年版,第72页。

〔3〕　孙中山:《中国人之直言》,《孙中山全集》,第5卷,第249页。

对于"共管"之说,孙中山更不屑一顾,他说,"现在共管之说,同十三年前瓜分之说一样利害","怕他什么?……其实欧洲战争之后,各国百孔千疮,只有美国同日本还保持战前的地位,别的国差不多是病夫了。病夫能管我们么?"[1]他又称,"共管一说之所以发生,就是帝国主义在中国做梦","我们的民气已经发达到了收回那些管理权的极点,他们所做的梦,不久便要失败,便要化为乌有"[2]。这期间孙中山主持制订的国民党"一大"宣言已经明确表示:"一切不平等条约,如外人租借地,领事裁判权,外人管理关税权以及外人在中国境内行使一切政治的权力侵害中国主权者,皆当取消,重订双方平等、互尊主权之条约。"[3]可以说此时孙中山的反帝态度已很鲜明、坚定。

第二,深刻揭露帝国主义的本质,指出它们对中国的侵略正是中国内乱不已,而且将危及亚洲乃至世界和平的根源,并由此高度评价中国革命的意义。孙中山说,中国"十三年来之战祸,直接受自军阀,间接受自帝国主义,明明白白,无可疑者"[4]。"夫以积弱而分裂之中国,而自然之富甲于天下,实为亚洲之巴尔干,十年之内,或以此故而肇启世界之纷争;故为保障亚洲及世界和平计,其最善及惟一之方,惟有速图中国之统一及解放。"[5]所以他认为从这个意义上说,中国革命"实为欧洲帝国主义宣布死刑之先声也"[6]。而当时革命军北伐的直接目标,正如孙中山对美国记者所说,就是推翻"为日本外府之北庭","推翻日本在中国之势力范围",使日本不能"遂其穷兵黩武之帝国主义"。他还肯定地说,"能维持太平洋和平之国家,非英国,实中国也"[7]。十

---

〔1〕　孙中山:《在广州全国学生评议会的演说》,《孙中山全集》,第8卷,北京:中华书局1986年版,第118页。

〔2〕　孙中山:《在长崎对中国留日学生代表的演说》,《孙中山全集》,第11卷,第370页。

〔3〕　孙中山:《中国国民党第一次代表大会宣言》,《孙中山全集》,第9卷,北京:中华书局1986年版,第122页。

〔4〕　孙中山:《中国国民党北伐宣言》,《孙中山全集》,第11卷,第76页。

〔5〕　孙中山:《复苏联代表加拉罕电》,《孙中山全集》,第9卷,第130页。

〔6〕　孙中山:《致犬养毅书》,《孙中山全集》,第8卷,第404页。

〔7〕　孙中山:《与美国〈华盛顿邮报〉记者的谈话》,《孙中山全集》,第6卷,北京:中华书局1985年版,第101页。

年以后的形势变化,证实了孙中山分析得完全正确。

第三,对未来可能产生的世界大战和中国所担责任的分析,把按人种划线的"黄祸论"彻底揭穿。1923—1924年间,孙中山对这一问题多次发表谈话,他说,"夫再来之世界战争,论者多谓必黄白之战争,或为欧亚之战争,吾敢断言其非也"。他预计,"那种战争,不是起于不同种之间,是起于同种之间,白种与白种分开来战,黄种与黄种分开来战。那种战争是阶级战争,是被压迫者和横暴者的战争,是公理和强权的战争"。他还说,"将来白人主张公理的和黄人主张公理的一定是联合起来,白人主张强权的和黄人主张强权的也一定是联合起来。有了这两种联合,便免不了一场大战"。他并且具体指出,"在欧洲露(俄)、独(德)为受屈者之中坚,英、佛(法)为横暴者之主干;在亚洲则印度、支那为受屈者之中坚,而横暴者之主干亦同为英、佛;而米(美)国或为横暴者之同盟,或为中立,而必不为受屈者之友朋,则可断言也。惟日本尚在不可知之数"。

孙中山在同时期的讲话中称赞十月革命"不但是打破俄国的帝国主义,并且是打破世界的帝国主义",视苏俄为"欧洲受屈人民之救主而强权者之大敌"[1]并坚定地表示:中国不仅要"与世界帝国主义公开斗争",而且"要济弱扶倾,才是尽到我们民族的天职。我们对于弱小民族要扶持他,对于世界的列强要抵抗他"。以上孙中山对"受屈者"和"横暴者"两个阵营的划分,大体上是正确的。他对美国和日本还留有余地,在尽力争取他们改变对待中国及其他被压迫民族被压迫国家的态度。孙中山也希望加强和巩固黄种人、亚洲人之间的团结,因为"亚洲除日本以外,所有的弱小民族都受强暴的压制,受种种痛苦,他们同病相怜"[2]孙中山不以人种划线,而以压迫者和被压迫者区别敌友,同时又运用策略,分化敌人,扩大联合战线的思想认识和斗争艺术,均值得肯定。

---

〔1〕　孙中山:《致犬养毅书》,《三民主义·民族主义》,《孙中山全集》,第8卷,第402—404页,第9卷,第191—193页。

〔2〕　孙中山:《三民主义·民族主义》,《孙中山全集》,第9卷,第253、193页。

第四，从文化的角度批驳"黄祸论"。正如许多研究者已经指出的那样，孙中山生前最后几年思想上呈现出一种对中国传统文化的"回归"，不足的是这些研究者没有把孙中山的文化"回归"与他批判"黄祸论"的背景联系起来。实际上这个因素也是客观存在的。前面已经提到，孙中山1924年冬在日本演说时，仍然记得那个写过"黄祸论"的书的美国学者，所以他在演说中反驳西方人"以欧洲的文化，是合乎正义人道的文化；以亚洲的文化，是不合乎正义人道的文化"的观点，批评"欧洲人自视为传授文化的正统，自以文化的主人翁自居"的西方文化中心观和白种优越论。

孙中山认为，欧洲近几百年的文化"是科学的文化，是注重功利的文化"，同时"是一种武力的文化""霸道的文化"，"讲功利强权，是用洋枪大炮来压迫人"。他认为亚洲的文化"是王道的文化"，"讲王道是主张仁义道德"，"是由正义公理来感化人"。他主张亚洲人对待这两种文化的正确态度应该是以"我们固有的文化"即"仁义道德""作基础"，"另外还要学欧洲的科学，振兴工业，改良武器"。但他强调学习欧洲人"并不是学欧洲来消灭别的国家，压迫别的民族，我们是学来自卫的"。[1] 文化是一个内涵相当宽泛的概念，孙中山用"王道"与"霸道""仁义道德"与"功利强权"来分别概括东西文化的特点，也许不够准确全面，而且带有中国传统的古老色彩，但将其置于20世纪20年代受压迫的东方民族与压迫人的西方列强的激烈对抗之中，置于"黄祸论"蔑视和丑化东方文化的背景之下，就不难理解孙中山这种说法的缘由及其所包含的合理性。

总之在最后这一阶段，孙中山的思想认识出现了升华，他不再只是被动地辩解中国不会对西方和世界构成祸害，而是以坚定的反对帝国主义的战斗精神，以科学的分析眼光和多方面的斗争艺术，对"黄祸论"作了有力批驳。

---

〔1〕 孙中山：《对神户商业会议所等团体的演说》，《孙中山全集》，第11卷，第404—405、407页。

孙中山的一生可以说终处于困境之中，但他一直未停止思索和奋斗。他以其特有的襟怀、识见和思虑，为时人和后来者树立了如何对待"黄祸论"之类的虚构理论的成功榜样。这无疑也是对维护正义和争取世界和平作出的贡献。

孙中山和辜鸿铭是中国近代曾对"黄祸论"作出最多回应的两个代表人物。他们都了解西方文化，重视西方舆论。但一个是先进的反对皇权的革命者，一个是守旧的保皇主义者，然而两人在批驳"黄祸论"方面却有异曲同工之妙，这说明把中国人妖魔化的"黄祸论"是对全体中国人的诬蔑和伤害，因此必然会遭到各式各样的中国人的批驳。

十四 20 世纪 40 至 70 年代的"黄祸论"变形

    20 世纪 30 年代起,由于日本军国主义不断扩大对中国的侵略,中国人民被迫奋起抗日。日本对亚洲和太平洋地区的侵略扩张损害并危及英、美在这一地区的利益和霸权,英、美与日本的矛盾也日益尖锐。到 40 年代初太平洋战争爆发,中国成了全世界反对德、意、日法西斯阵线中的一员,把中国和中国人称作"黄祸""这种带有很不愉快的种族歧视色彩的词便自然而然很少使用了"[1] 于是中国人暂时摆脱了"黄祸"污名的困扰。

    中国人民在反法西斯战争中做出了巨大的牺牲和贡献,因而有理由希望"反法西斯战争的胜利将会结束帝国主义的剥削和压迫。但这些想法被证明是太浪漫了","这对新起的帝国主义来说是不可容忍的"[2] 中国人需要什么样的政府? 中国按照什么样的计划去重建? "在中国人决定这些问题之前,他们的未来已在华盛顿和莫斯科被决定了。大国一致认为,由蒋介石来统治全中国是战后世界秩序和稳定的一部分。而作为回报,蒋也对俄国和美国牺牲了中国的利益"[3] 第三次国共合作和"联合政府"胎死腹中,与其说责任全在蒋介石,不如说是源于蒋的行为正好符合美国的意图。就在毛泽东、周恩来及其他非国民党派领导人为制止内战、建立联合政府而努力的时候,美国驻

---

〔1〕 〔美〕亨斯曼:《中国:是黄祸还是红色希望》(C. R. Hensman, *China: Yellow Peril? Red Hope?* London: SCM Press Ltd 1968),第 1 页。

〔2〕 同上书,第 74 页。

〔3〕 同上书,第 175 页。

华大使司徒雷登从南京致信美国国务卿马歇尔,称"尽管目前某种形式的联合政府似乎很有希望,但我认为从美国政府的立场来看,这是极不受欢迎的。……我们怀疑在不久的将来,一个共产主义政府是否会通过联合政府以外的手段取得全中国范围的政权。因此我们建议,美国人努力的方向应该是阻止联合政府的成立"。[1] 循此主张,美国提供借款和武器,在实质上促成中国内战,就是势所必然了。

当然也有站在人口论角度而希望中国分裂,以及把中国人口问题看作世界灾难的老调重弹。1949年美国评论家威廉·弗特(Willian Voget)在其著作《生存之路》中说:"一些人口权威认为世界和平的最大的潜在威胁,是印度和中国的工业的发展——甚至潜在的战争。把众多的人口与其破败的国土联系起来时,很难认为这种威胁是严重的。……(中国)更可能的是'分裂'成地方势力,象以往一样,每一方都由一个军阀统治。中国将重新回到20年前的状况……有可能蒋介石和他的集团仍然占据长江下游,控制着富裕的工业城市,共产主义者会控制其他的某个区域,可以肯定的是任何一方都不能取得决定性的胜利。……(但)世界将无法避免在几年之内中国发生大规模灾荒的恐惧……以几何级数持续增长的中国人只能是全球的灾难。"[2] 而且他认为中国无论由谁统治这种灾难都无法避免。

中国共产党取得了内战的胜利,建立了红色政权,这当然是中国人的内部事务。但中国是一个大国,政权的易手确实会影响到世界政治格局。所以丘吉尔(Sir Winston Churchill)1949年在波士顿的演说中称此事为"西方自'二战'以来遭受的最大灾难"。西方担心中国出现"复仇式的非殖民化。英国人和欧洲人意识到,中国人民解放军的胜利将导致中国人对西方人在亚洲地位的'极度'仇恨"。[3] 而到1950年1月,由于美国国务卿艾奇逊(Aches Dean Gooderham)的权威声明及自

〔1〕〔美〕亨斯曼:《中国:是黄祸还是红色希望》,第104页。
〔2〕〔美〕威廉·弗特:《生存之路》(Willian Voget, *Road to Survival*, London: Gollancz, 1949),第236页。
〔3〕〔美〕亨斯曼:《中国:是黄祸还是红色希望》,第182页。

由派的《纽约时报》等"报道"的影响,美国公众"确信中国已经走上了那些已落入苏联控制的东欧国家的道路。苏联攫取满洲、新疆及内蒙的情形被专门报道",新生的中国政府"被斥责为傀儡政府"[1]显然这是由于"二战"结束以后不久即将形成的"冷战"态势,使得英、美等西方国家担忧因为中国的加入而使社会主义阵营势力增强。

就中华人民共和国成立之后的国内政策而言,由于新政权建立之初面临着"一场巨大的、复杂的运动",这场运动是由西方号称"中国通"的一批"传教士、学者、士兵、外交官及记者"们组织的,目标是"瓦解中国人民的忠诚,阻挠中外关系和贸易,破坏中国的经济重建,推翻其政府乃至攻击其人民"[2]中国政府和人民为了自我保护和完成国家重建的艰苦任务,不得不采取一些"非殖民化"的措施,诸如没收帝国主义的在华财产;对某些从事破坏和颠覆犯罪的帝国主义分子加以驱逐、监禁或逮捕;并在人民群众尤其是知识分子中"以极大的决心根除中国人对欧洲和北美的自卑感或屈从态度"。这种决心和方法"极深地冒犯了西方","不仅激怒了欧洲人和美国人,而且使他们感到害怕"[3]

败退到台湾的国民党政权为这场新的反华运动火上加油,"由被国民党权贵非法存入私人帐户的中国公共基金所资助,期望夺回失去的中国的美国政界、传教士和商人,组织或者支持那些阻止西方人了解中国真相的团体。除少数人外,所有曾以'中国友人'的身份呆在中国的人都感到中国重新获得主权和独立不可容忍。……由于极度的仇恨,一些人在他们的谈话中表现出比以往更加肆无忌惮的种族主义,于是对于'黄祸'的恐惧复活"。他们把中国人民摆脱百余年的屈辱和欺压后,能够掌管自己的事务,并且不再对西方俯首听命的独立姿态说成是"被洗了脑子"和"对极权主义感到害怕"[4]

这其中的问题显然包括了对历史记忆和现实感受的不同认识。正

---

〔1〕　〔美〕亨斯曼:《中国:是黄祸还是红色希望》,第 37 页。
〔2〕　同上书,第 76 页。
〔3〕　同上书,第 181 页。
〔4〕　同上书,第 82—83 页。

如少数公允的西方人士所说,"中国人作为一个民族对于他们的历史记忆得多么生动、鲜明!"因此"中国人把自己在 20 世纪中期的复兴视为一段被外来控制及外来统治的沉沦时期之后的重新崛起",中国建立什么样的政权,走什么样的道路,都是应该由中国人自己决定和选择的事情。而西方至今几个世纪以来挂在口头的"理由"则是如何"保卫基督教文化避免野蛮的黄种匪帮的危险"〔1〕在这种冠冕堂皇的借口之下,西方从 19 世纪到 20 世纪的征服东方,就是"传播文明"和"开化"野蛮人种;而新中国的政权是否具有"合法性",中国人民的"非殖民化"行动是否"合理",都得由欧美人说了才算数。不仅如此,西方舆论还反咬一口,一再指责说中国具有"中国是(世界)中心国家的观念",批评"这极其有悖于时代的精神。没有哪个民族声称比其他任何民族优越,或者比其他任何民族更重要——无论其人口多么少"〔2〕实际上"中国是中心国家"的观念,是古代中国人的模糊的世界观,到近代这种观念不仅完全被打破,而且中国人完全处在"亡国灭种"的危惧之中,"天下中心"的那种优越自大感实际上荡然无存。倒是西方民族自以为是"上帝的选民",西方国家尤其是美国自认为有决定和维护世界等级秩序的权力与使命。

正是基于这种认识和态度,在西方领导者和思想家们看来,新中国的成立及其内政举措,具有极大的、超出中国范围之外的"挑战"意味。著名的中国通费正清把中国新政权称为"极权主义的怪兽",并认为"无论如何,这种现象——一个极权主义怪兽国家的出现——强烈地暗示着一个非西方人和非西方社会体制占绝对优势的世界"〔3〕的形成。这才是西方担忧的核心所在。数亿中国人,在西方人眼里本来就自成世界,何况中国人竟然不接受西方人的"社会体制"!加上中国的独立不仅使西方丢掉了一个大市场和廉价的原材料供应地,而且中国还试图通过自己的经济变革,"在其国内创立大规模的工业","开始体

〔1〕　〔美〕亨斯曼:《中国:是黄祸还是红色希望》,第 48、51 页。
〔2〕　同上书,第 17 页。
〔3〕　同上书,第 99 页。

面的、有尊严的、独立市场的'万里长征'"。如果中国能够"决定性地颠覆欠发达国家的贫困的恶性循环",解除占世界 1/4 的人口的贫困问题,那无疑将成为中国邻国乃至一切后进国家的"一个鼓舞人心的因素"[1]。怀有敌对心理的西方人就是这样看待新中国的政治、经济模式的挑战性。

还有,西方优越论者担心中国独立以后,"如果中国本土文化不再被轻视,那么曾经对中国文化或者其他亚洲文化夸耀其'优越性'的一切便毫无意义。西方的制度,使者的'贡献',西方的教育和文化,西方的标准,在中国人看来对中国的进步是不合适的和不必要的"[2]。西方人把这些视为"民族主义的观点",断言"中国人已对其在 19 世纪受阻的文明的价值和普遍性充满信心","憎恶"西方的"权威"和价值观念,使西方人"一贯的优越感,进步的模式,知识的优胜及它的能力,统统受到质疑和挑战"[3]。这自然使得他们感到不可容忍。

所以,尽管还在国共内战后期,中国共产党领导人就郑重表示,革命胜利之后愿意同所有不干涉中国内政的国家友好相处;1955 年在万隆召开的亚非会议上,周恩来总理向美国发出呼吁:"中国人民和美国人民是友好的。中国人民不愿同美国打仗。中国政府愿意坐下来与美国政府讨论远东,尤其是台湾紧张局势的问题。"1960 年周总理又对美国记者埃德加·斯诺说,中美两国人民之间不存在利益冲突。但所有这些善意的表示都"被华盛顿无理而高傲地拒绝了"[4]。美国和受美国控制的联合国一直拒不承认和接受新中国。

然而西方却反过来,"称中国为对抗者的主要原因之一是,中国拒绝按照常规的文明方式与外部世界交往,从而使其丧失了'获救'的可能性。……一个大民族的这种自我孤立本身,就是人类安全威胁的重

---

〔1〕　〔美〕亨斯曼:《中国:是黄祸还是红色希望》,第 185—186 页。

〔2〕　同上书,第 191 页。

〔3〕　同上书,第 191—192 页。

〔4〕　同上书,第 87,90 页。

要来源"。〔1〕 这里西方显示的逻辑乃是:为了尽量缩小和遏制新中国对一切欠发达国家的影响和示范效应,就有必要把中国孤立起来,然后把"孤立"作为一种罪过强加到被孤立者的头上。当时西方舆论中充满了中国"一意孤行""具有威胁性""渴望霸权,诡计多端而且残酷"的诬蔑之词,甚至贼喊捉贼地说:"如果对他们作出友谊和谅解的姿态,我们预知会得到粗鲁无礼的回应。……对中国我们所能期待的只是'强硬的反应、冥顽不化、甚至自高自大和歇斯底里'。"〔2〕

接下来就是诬蔑中国"好战"。朝鲜战争、越南战争,本来是新老帝国主义为了围堵中国,有意在中国人身边燃起的战火。但在有些西方人看来,这都是中国追求霸权的例证,并且牵强附会地将此归因于毛泽东的思想学说。1956 年,澳大利亚记者丹尼斯·瓦勒(Denis Warner)出版了一本题为《枪杆子下》的书,在该书的"结论"处说毛泽东说过(此处按该书的英文直译):"我们的目标不仅仅是一个国家而是整个世界;而且我们的目标不仅仅是暂时的和平而且是永久的和平","为了达到这一目标我们必须发起一场生与死的战争,必须做好牺牲一切的准备,而且要战斗到底直到实现我们的目标。牺牲可能是巨大的,时间可能是长久的,但一个永久和平、永远光明的世界已清晰地展现在我们眼前"。然后作者发挥说,毛泽东和中国"正沿着他如此明确地标识的道路一步步迈向世界'和平'","穿过亚洲的版图,刺刀在闪烁,鸽子在飞翔,迎来了'和平'军队的先锋。我们在有生之年可能会看到西方世界变成另一个奠边府"。〔3〕

读过《毛泽东选集》的人都知道,所谓"枪杆子里面出政权"一语,出自 1938 年 11 月 6 日毛泽东的讲话《战争和战略问题》,这句话的前面还有话:"(中国)劳动人民几千年来上了反动统治阶级的欺骗和恐吓的老当,很不容易觉悟到自己掌握枪杆子的重要性。日本帝国主义

---

〔1〕 〔美〕亨斯曼:《中国:是黄祸还是红色希望》,第 14 页。

〔2〕 同上书,第 12 页。

〔3〕 〔澳〕丹尼斯·瓦勒:《枪杆子下》(Denis Warner, *Out of a Gun*, London: Hutchinson, 1956),第 231—232 页。

的压迫和全民抗战,把劳动人民推上了战争的舞台,共产党员应该成为这个战争的最自觉的领导者。每个共产党员都应懂得这个真理:'枪杆子里面出政权。'"〔1〕显然这句话是总结中国国内革命战争,同时针对抵抗日本帝国主义的军事侵略而发的。在外国不对中国发动军事进攻的条件下,原本没有用武力解决国际矛盾的意味。不仅如此,上述丹尼斯·瓦勒所引的毛泽东的另一处讲话,表达的恰恰是与他的理解相反的意思。那段话出自1938年5月毛泽东的讲演《论持久战》。毛泽东在把战争区分为"正义战争"和"非正义战争"之后,指出"我们的战争是神圣的、正义的,是进步的、求和平的。不但求一国的和平,而且求世界的和平,不但求一时的和平,而且求持久的和平。为达此目的,便须决一死战,便须准备着一切牺牲,坚持到底,不达目的,决不停止。牺牲虽大,时间虽长,但是永久和平和永久光明的新世界,已经鲜明地摆在我们面前"〔2〕 只要不是有意曲解,谁都会承认毛泽东的这段讲话是呼吁用正义的战争打败日本帝国主义和法西斯集团,以争取中国和世界永久和平的美好目标,根本没有如丹尼斯所说的另外提出一个"和平"标准,而且语带玄机地说"我们的目标不仅仅是一个国家而是整个世界"的意思。

《枪杆子下》写于1954年法国军队在越南奠边府大败和1955年日内瓦会议宣告越南战争结束之后。作者意在强调奠边府中越军队的胜利,标志着"中国击溃整个西方世界的长久规划中的阶段性任务的完成","而且他警告人们,不要被那时在很多人看来是非中国式的周恩来总理的风度和理性所蒙蔽"。该书因此"成为(中国新政府成立)早期一个强有力的黄祸警告",〔3〕起到了很恶劣的带头作用。

在1950年开始的朝鲜战争中,被认为"土里土气",在训练、技术和装备上"远远不及美国人"的中国人民志愿军,"突然变成非常可怕的敌人"。在美国士兵和军官们看来,中国人之所以可怕,不仅在于中

〔1〕《战争和战略问题》,《毛泽东选集》,第2卷,北京:人民出版社1966年版,第511—512页。

〔2〕《论持久战》,《毛泽东选集》,第2卷,北京:人民出版社1966年版,第444页。

〔3〕〔美〕亨斯曼:《中国:是黄祸还是红色希望》,第6页。

国军队讲究"盲目服从",有"铁的纪律",采取"愚蠢的机械式的行动"甚至"自杀式行为"等等,更在于中国人因数量庞大而采用"人海战术",使他们感到自己"犹如在跟大量疯人打仗"。所以美军的有关报告中充满了"黄潮汹涌",战场"被四面八方涌来的黄潮整个吞没"的描写。由此而来的结论是中国人很"残酷""生命很便宜",以为"牺牲多少人都不成问题",甚至推而广之断言,"许多亚洲人一生下来就具有施行较好教育的地区一般不会看到的特殊的残酷与暴虐"〔1〕美国人跑到老远的地方去打仗时还不忘炫耀自己的文明,指责中国人乃至亚洲人野蛮残暴。

法国虽然是西方国家中与中国建交较早的国家,但在 1964 年以前,法国的多位政治领导人在谈话中曾经流露出对有色人种尤其是亚洲人口压力的恐惧感。据戴高乐(Charles Andre De Gauue)的《大战回顾录》记载,"二战"结束不久,戴高乐就作过这样的预测:"苏联当然喜欢共产主义在中国扎根。不过,俄罗斯人承认自己是欧洲人,而且他们知道黄色的中国大众有一天会被难以抑制的野心和壮大的力量所驱使,把注意力转向(西伯利亚)广大的原野。"而西方通讯社有报道说,在 1958 年 5 月举行的中共"八大"会议上,毛泽东说过"我们希望迅速增加人口,这是我们的财富"之类的话,这些话引起了西方国家的广泛关注。

同年 8 月,戴高乐在非洲的布拉柴维尔(Brazzaville)发表演说,称"亚洲有庞大的人口,而且在国内没有充分的生活手段,因此正要大量外流。这种外流正如人们通常所做的那样,还带上了意识形态的面具。但在这种意识形态的背后,很明显存有一种利害关系的帝国主义,即试图在外国领土上确保其政治的桥头堡"。戴高乐此时呼吁建立"法非共同体",动机之一就是阻止亚洲移民。

也在同一时间,曾任过法国总理的坡卢·勒侬(Polu Iey)更露骨地说,"欧洲各国在中国采取反对节育的姿态之前,对中国不会太有警戒

---

〔1〕 〔日〕桥川文三:《黄祸物语》,第 285—287 页。

心。但在这之后,凯撒·威廉和阿道夫·希特勒的'黄祸'之声将重新复苏"。公然和德皇威廉二世及法西斯头子希特勒采取同一腔调。他在与赫鲁晓夫会谈时,也强调"中国决定增加人口出生率,这是人类历史上最耐人寻味的重大事件"。他对赫鲁晓夫(Nikita Khrushcher)解释法、德等国要"造成统一欧洲"的原因时,居然说"二十五年内中国的人口将达到十亿。考虑到这种人口压力,欧洲继续分裂会落后于时代。未来在苏联与欧洲各国之间,如果有什么事情使得双方完全理解并和好的话,那唯一的原因不外是共同面对中国这一威胁"[1] 联系到下文将会述及的1955年赫鲁晓夫与西德总理阿登纳(Konrad Adenauer)的类似谈话,很容易使人感到当时苏联、法国、西德三国领导人还没有摆脱19世纪末俄、法、德三国联盟的陈旧思路。

　　1960年前后,中国因发展方针的失误和连续几年的自然灾害,经济生活遭遇空前的困难,尤其是粮食短缺造成了普遍的营养不良、疾病和数以百万计的人口死亡。西方的"黄祸论"者以为又有了新的"口实"。罗伯特·S.艾勒津特(Robert S. Elegant)在其《世界的中心》一书中,一方面认为"中国的苦难提出了冲击整个人类的人道主义问题。……成千上万的成年人在生病和死亡,同时更多的孩子在畸型和疾病中成长,因为他们缺乏食物。尽管中国政府在设法解决他们的痛苦,但人们怀疑那些拥有大量余粮的国家拒不提供食品是否合适",这一批评或者可以视为包括对中国的困难抱持幸灾乐祸态度的美国等西方国家在内。但另一方面作者又认为,"人道主义的困境仅仅是一个非常实际的问题的表象。事实上黄祸的确存在,中国人有可能因征服世界而毁灭世界"[2]

　　如果说读者弄不清作者在这里的思维逻辑的话,那么稍后由美国记者哈里森·E.赛里斯布里(Harrison E. Salisbury)撰写的《中国的势力范围》一书,就把前者遮遮掩掩的意思挑明了。作者预计,到21世

---

〔1〕〔日〕桥川文三:《黄祸物语》,第257—261页。

〔2〕〔美〕罗伯特·S.艾勒津特:《世界的中心》(Robert. S. Elegant, *The Centre of the World*, London: Methuen, 1964),第173—174页。

纪开始不久,中国人口会多达近20亿,占全世界人口的1/3,因此"对中国而言,继续像现在这样从其他国家购买供销售的余粮来补充其粮食需求会越来越困难。显然这种困境会燃起中国对外侵略的欲火"。他怕这番推理不被人们重视,接下来又把他的猜想表述得更加具体和煞有介事:"中国的领导人不会让他的人民挨饿。如果没有足够的食物来养活人民,或者没有足够的土地来生产粮食,他们就会从周边地区寻找食物和土地。例如北边西伯利亚富饶的土地,这里的农业潜力尚鲜为人知;在产稻地区柬埔寨、越南、缅甸及泰国,无疑中国的对外政策中常常意味着侵略、歇斯底里和恐怖。"[1]但中国对这些周边地区具体有什么样的"侵略"行动,作者完全没有事实证明,而只能用"常常意味着"这样的模糊说法一语带过。

中国人民依靠自力更生的精神和顽强的生命力战胜了为时数年的灾荒,而且从1964年起再度走上了快速发展的道路,还成功地试制了原子弹和氢弹。为了遏制中国,此时美国接替早已从印度支那撤走的法国,扩大了对越南的侵略行动。出于对武装侵略的配合,针对中国的"黄祸论"迅速蔓延并提高了调门。

1966年初,在伦敦发行、有上百万英国读者的《斯坦德晚报》(*Evening Standand*),一天下午以大写、加粗的首页标题赫然印着:"'黄祸',美国新的警告!"标题下的文字是"美国国防部长罗伯特·麦克拉马拉先生(Mr. Robert McNamara)在巴黎召开的一次重要会议上对美国盟邦的首脑们说:这就是为什么我们在越南作战"。麦克拉马拉不仅指出,中国"有世界上规模最大的军队,其现役军人达2,300,000人,还有民兵队伍和准军事组织",由于中国大力支持越南,"战争正在耗费着越南人、美国人及其盟友的大量生命";而且他特别指出,未来的"1975年更令人忧虑",因为届时"中国将是一个具有全球范围的进攻性武装力量,并会对欧洲和美国造成严重的核导弹威胁"。[2]

---

〔1〕〔美〕哈里森·E. 赛里斯布里:《中国的势力范围》(Harrison. E. Salisbury, *Orbit of China*, London: Secher & Warburg,1967),第190、193—194页。

〔2〕〔美〕亨斯曼:《中国:是黄祸还是红色希望》,第1—2页。

　　有迹象显示，麦克拉马拉的发言是受到了 1965 年 12 月 19 日的《周末时报》(Sunday Times) 上美国的"苏联和中国事务政策研究院的前顾问迈克尔·马肯托斯(Malcolm Mackintosh)的文章《黄祸,1975》的影响。文章预测到 1975 年,中国会具有向西方世界发动核进攻的能力。而在麦克拉马拉的讲话见诸报端之后,1966 年 2 月 8 日,英国曼彻斯特的《卫报》(Guardian) 即发表社论说:"如果中国如麦克拉马拉所说将拥有核弹发射系统,情况可能会在几年之内发生变化。现在它并没有远程进攻武器,即使它企图在远离其疆界的地方发起一场侵略性战争,它也没有这个能力。"因此中国和西方都会抓紧时间作准备。伦敦的《泰晤士报》(Times) 也说,中国"除了进行颠覆以外,目前还没有实施扩张主义政策的手段,但我们预设在十年内中国将会更危险地显示她的力量"[1]　显然,在对"黄祸"是怎样的一种"现实危险"的看法上,这几种报纸略有分歧,但认为中国"持有可怕的侵略意图",并且在十几年后具备"危险的力量"则是一致的。具体地说,《周末时报》就认为,"在常规的有限的边境对抗、颠覆和威胁框架内,中国的传统武装力量依然对周边非共产主义国家构成有效威胁",而且"到了 1975 年,中国将不仅拥有中程核导弹,而且将能使用远程洲际导弹和能发射火箭的潜艇"。报纸上的文章一方面鼓吹加紧战备,一方面"满怀希望地推测,到了 1975 年,1965 年的中国领导层可能已经被更谨慎、不那么好战的人所接替"[2]

　　美国的《纽约时报》(The New York Times)、《先驱论坛报》(The Herald Tribune,即后来的《国际先驱论坛报》)、《华盛顿邮报》(The Washington Post) 当然也会与麦克拉马拉、腊斯克(Dean Rusk,先任联邦秘书,后任国务卿)之流配合。如 1966 年 1 月 3 日的《纽约时报》刊登美国专栏作家索尔兹伯格(C. L. Sulzberger)的文章,称"北京将越南战争看作其取得世界霸权的长远斗争中的第一步,因此也是势必获胜

---

〔1〕〔美〕亨斯曼:《中国:是黄祸还是红色希望》,第 2—3 页。

〔2〕　同上书,第 4 页

的一场战役。只要能控制形势,北京将不惜任何代价发动战争"。
1966 年 10 月 24 日的《先驱论坛报》则刊登前述写过《世界的中心》的
艾勒津特的文章,说"中国人,就像希特勒一样并不隐瞒他们的目标,
宣称亚洲只是其全球战略中的初步目标。……但是危险并不在于中国
征服世界,而在于中国人将用其最终拥有的核武器毁灭世界的许多地
区"。1966 年 2 月 16 日的《先驱论坛报》刊出了美国时事评论员瓦
特·里普曼(Walter Lippmann)的文章,说"在必须遏制红色中国的军
事扩张这一问题上,在这个国家里已完全形成共识。在今天遏制中国,
就如同战后遏制斯大林主义的苏联。这对世界和平是非常必要的,也
是美国的重要利益"。《华盛顿邮报》也刊登了与里普曼类似的文章。
同年 12 月 8 日的《先驱论坛报》在一个专栏里发表了该报两名评论员
罗兰德·伊文思(Rowlan Evans)和罗伯特·鲁非克(Robert Novak)的
两篇文章,危言耸听地说"中国即将与美国开战",因为中国派遣了
"40000 到 60000 军人在越南北部昼夜忙碌",文章喋喋不休地攻击"红
色中国肆无忌惮的对外政策……歇斯底里的侵略性的对外路线"以及
"正在越南进行的外交冒险"[1]。

　　除了报纸以外,渲染"黄祸"的著作也不断出现。1965 年底,美国
的战略研究所就推了两本书,一本是肯尼迪(D. E. Kennedy)所著《南
亚的安全》(*The Security of Southern Asia*),另一本是艾里斯特·布产
(Alistair Buchan)主编的论文集《中国和亚洲的和平》(*China and the
Peace of Asia*)。两书一致认定中国是其周边国家安全和独立的威胁。
如论文集中刊载的西方公认的中国问题专家莫顿·哈柏林(Morton
Halperin)的文章说:"在周边地区,中国政策的重心不在革命战争,而
在于使用武力,并与政治技巧相配合,以图控制周边国家。还通过军
事压力和政治姿态,承诺或威胁,在这些地区建立霸权。在缅甸、尼
泊尔、柬埔寨,人们发现一种政策模式。在这种政策中,中国人划定
边界的有关条约,或者缔结的友好条约,最终目的都是在这些国家建

----

[1] 〔美〕亨斯曼:《中国:是黄祸还是红色希望》,第 7 页

立霸权。"[1]

　　在"黄祸论"者笔下,中国的"侵略"计划或"野心"简直大得无边!不仅进军西藏、坚持对台湾的主权是霸权主义,支持朝鲜人民、越南人民抵抗美国侵略也是霸权主义,还有"中国人企图侵占俄国领土","中国人企图在拉丁美洲建立霸权"等等。总之,"对在台湾的美国人,对俄国人,对印度及其邻国如锡兰(今称斯里兰卡)、对印度尼西亚,对澳大利亚,对非洲,对古巴及拉丁美洲其他国家,对西欧及北美,据称中国均图谋不轨。毫不夸张地说,只要中国我行我素,任何国家的安全都没有保障!"[2]他们被自己虚构的可怕图景吓坏了,前面已提到过的哈里森·E. 赛里斯布里禁不住惊呼:"中国! 当我思忖北京所言所行的含义时便背脊发冷。(黄祸)仅仅是一种返祖现象吗? ……中国沙文主义的种族主义之类的特质,其要求黄色皮肤的人、棕色皮肤的人、黑色皮肤的人团结一致,难道只是宣传吗? 我不认为如此。"[3]强调中国是一个切切实实的现实威胁。

　　"文化大革命"发生以后,"'清洗'一词所引起的恐惧和厌恶被激发。在此期间欧洲人和美国人经常报道中国发生的'大规模清洗'、流血和其他恐怕事件"。报刊连篇累牍地刊登中国"极权主义压制民主""大杀戮""摧毁经济""毒害和破坏家庭""毁灭中国文化"之类的"报道"和"评论"。1968 年美国"盖洛普"的一次"民意测验"显示,美国人认为中国人的五种品质是"勤劳""无知""好战""狡诈""不忠实"。除了第一种"勤劳"之外,全是负面结论。该次测验末尾还显示出用心险恶的诱导:"能容忍这样的民族吗?"[4]恨不能开除中国人的"球籍"。

　　撰写《中国:是黄祸还是红色希望》的 C. R. 亨斯曼认为,事实是西方国家尤其是美国不尊重中国人的选择,从经济、外交乃至军事上遏制

〔1〕　〔美〕莫顿·哈柏林:《中国的战争观》(Morton Halperin, *China's Strategic Outlook*),载《中国和亚洲的和平》(*China and the Peace of Aisa*, London, 1965),第 106 页。

〔2〕　〔美〕亨斯曼:《中国:是黄祸还是红色希望》,第 17 页。

〔3〕　〔美〕哈里森·E. 赛里斯布里:《中国的势力范围》,第 12 页。

〔4〕　同上书,第 33—40 页。

中国,干涉中国的内政,甚至陈兵中国周边,时时加以威胁。因此"中国人对美国统治者的愤怒。对其动机的疑虑,是他们以往的战争经历的合乎理由的、完全可以理解的结果。它可能是不幸的,但肯定不是毫无理由的、病态或者过分的;相反它是健康的和理智的"。作者为中国辩护说,"但是并没有证据表明中国人对美国人民怀有仇恨","中国从未进攻过美国,甚至未曾打算这么做,那些沿海岛屿并非美国的领土"。他还强调中国"倾注其力量于国内大规模的重建,但她对其邻邦及第三世界其他国家是友好的,而且对其义务十分自觉"。

亨斯曼认为,西方的主流舆论多是诬蔑、夸张,甚至完全是无中生有之词。比如说,"以中国的'扩张主义'为例,中国具体'扩张'了哪些领土? 在什么时候? 这一问题需要的只是我们熟悉的历史地理知识,而不需要对难以捉摸的事件进行思索和判断",就可以知道西方的鼓噪没有事实根据。他特地强调,中国扩充部队或其他军事力量是为了"自卫",而"不是意味着要侵略或者进攻或者兼并并非中国的至少一寸领土"。亨斯曼反诘说,"中国曾宣称他们是美国人或英国人或澳大利亚人的敌人了吗? 如果他们曾经说过,他们是怎样说的? 他们曾在什么场合表示他们将要进攻或毁灭美国或其他北约国家? 他们正在做什么样的公开的或秘密的准备?"他强调指出,"不能认为中国人的思想状态是意在攻打或者毁坏美国",也不能从西方的"会议、宣传机构或者政府、半政府部门中寻求真相"。"如果事实并不存在,或者证明了完全不同的观点,那么我们就必须对我们关于中国扩张与侵略的假设做出评估"。还有所谓对中国"输出革命"的指责,作者也认为,世界上确有一些地方发生过"旨在反对美国或其他帝国主义"的斗争,但中国对这些斗争是否负有责任? "我们有必要非常具体地了解这些旨在摆脱帝国主义和暴君统治的民族革命和战争是否是中国人或他们的机构组织的",[1]而不能作毫无事实根据的无端指责。

作者还在书中强调,"谁在威胁谁"这个客观的事实并不难弄清

---

〔1〕〔美〕亨斯曼:《中国:是黄祸还是红色希望》,第100—101页。

楚,但为什么西方人的"主观世界与客观世界没有联系",甚至完全背离呢? 原因就在西方的主流舆论一直在"强化这样一种错误观念",宣传只要是"在知识和道德上都低人一等"的中国人存在,就会构成对西方的威胁,这成了束缚多数西方人的一种"意识形态"[1] 也不是没有明智的、善良的西方人敢于发表不同的甚至相反的见解,主张多了解"真实的中国",但是他们的声音往往被压倒甚至掩盖。至于非西方人的声音,"普遍看来,第三世界所做的研究和著述(也就是说由那些不持西方观念的人所写的)并未受到与西方学术相同的关注"[2] 即西方主流社会是不大可能听到、理解和接受非西方人的声音和诉求的。

任何人都不应低估"黄祸"之类的说辞所具有的危险性。1965 年12 月,由于美国联邦秘书腊斯克对美国人民说"中国阻止在越南达成和平协议",紧跟其后的一项"民意调查"就显示,"46% 的美国人……支持他们的政府使用核武器打击在越南参与反对美国的战争的中国军队,所有这些说明由报纸杂志、收音机、电视和书籍谈到中国所引起的恐惧和不安在不断增加"[3] 而在制造了这样的"民意"和情绪之后,"国防部长麦克拉马拉才可能冷酷地计算一颗美国原子弹落在中国将会消灭五百万中国人",可见"用核武器攻打中国——美国对此已作好准备"[4] 千真万确的是,西方喧嚷"黄祸"就是准备打击中国。

至于中国与苏联的关系,正如亨斯曼所说,在新中国成立之初,由于以美国为首的西方国家不仅拒不承认新政权,而且竭力围堵、企图颠覆她,"如果他们务实的话,他们除了倒向苏联一边之外别无选择。……(但)中国的革命者及其支持者并不完全高兴"[5] 另一方面,斯大林逝世后的苏共领导人也对中国深怀戒心。1955 年,当西德总理阿登纳访问莫斯科时,曾经老把"中俄是亲密的战友和兄弟"挂在

---

〔1〕 〔美〕亨斯曼:《中国:是黄祸还是红色希望》,第 226、229 页。

〔2〕 同上书,第 107 页。

〔3〕 同上书,第 5 页。

〔4〕 同上书,第 90—91 页。

〔5〕 同上书,第 77 页。

口头的赫鲁晓夫,此时却向曾被他称为"复仇主义头子"的阿登纳提出苏德联合反华的问题。据《阿登纳回忆录》说,"他(指赫鲁晓夫)把赤色中国说成是最大的问题。他说,'您想象一下,赤色中国现在已经有六亿以上人口。每年还要增加一千二百万。这些人都靠一把米过活。这该会发展到什么地步呢?赫鲁晓夫相当突然地说,'我们能够解决这个问题!但这是相当困难的。因此我请您帮助我们。您帮助我们对付赤色中国吧。'"[1]1959年以后,赫鲁晓夫在中国最困难的时刻落井下石,撤走了在华专家,停建"援助"项目,并逼迫中国"偿还"抗美援朝斗争中所欠下的"债务"。把中苏两国间的裂痕公开化。

从1964年中国成功试制了原子弹和氢弹之后,"几年以来俄国人和东欧人对中国的措词比美国人更加严重"。1966年11月21日,苏联外交部长葛罗米柯(Andrei Gromyko)在同美国官员会谈时,"反复强调他的国家对于拥有日益增多的核武器的中国的忧虑"。第二天,即1966年11月22日的《纽约时报》报道说:"据称葛罗米柯在谈话中暗示,由于苏联和中国之间的分歧不断增加,可能会形成对抗。葛罗米柯强调对中国领导人可能发起核进攻感到担忧。"他还表示,"苏联对北京在这类事情上是否总能保持理性没有把握"。在葛罗米柯的率先煽动之下,"苏联及其他实行共产主义制度的东欧国家有时使用类似西方的言辞谈论来自中国的危险。到1967年,人们普遍相信存在着中国对苏联的直接威胁,有很多关于中国打算对苏联发起核进攻的讨论"[2]而苏共领导人的发言与谈话,尤其是其喉舌《真理报》上,屡次出现"中国人好战","中国推行霸权主义","中国是世界战争的策源地"以及"中国是黄祸,推行成吉思汗式的政策"等等攻击诬蔑之谈。

中国政府对西方和苏联的诬蔑言论相当了解,所作回应虽然不多,但批驳、论证义正词严,而且一石二鸟,既批驳了西方也还击了苏联。

1960年春,《人民日报》编辑部的文章《沿着伟大列宁的道路前

[1]〔德〕康拉德·阿登纳:《阿登纳回忆录》,第2卷,上海:上海人民出版社1976年版,第625—626页。

[2]〔美〕亨斯曼:《中国:是黄祸还是红色希望》,第10页。

进》为了回答谁是侵略者、谁在危害世界和平的问题,首先回顾了新中国成立十年来为维护和平所作的种种努力:"从 1950 年到 1953 年,中国人民派出了自己的志愿军到朝鲜前线,同朝鲜人民一道,为制止美国的侵略作了英勇的斗争,迫使侵朝美军接受了停战协议,从而维护了远东的和平。1954 年,中国政府积极参加了日内瓦会议,在这个会议上达成了关于恢复印度支那和平的协议。同年,中国政府的领导人先后同印度政府、缅甸政府的领导人,共同倡导了著名的和平共处的五项原则,这五项原则一直是中国对一切不同社会制度国家的外交政策的基石。1955 年,中国政府积极参加了在印度尼西亚召开的亚洲国家的万隆会议,这个会议宣布了以五项原则为基础的亚洲各国相互关系的十项原则。1958 年,中国从朝鲜撤退了全部人民志愿军。中国人民一贯积极参加世界和平运动和亚洲和平运动,并且再三倡议实现亚洲和太平洋地区的集体安全,成立亚洲太平洋地区的无原子地区。中国政府一贯主张用和平的方法而不用战争的方法解决同别国(包括美国)的争端,并且至今还在就这个问题同侵占着中国领土台湾的美国举行着谈判。"[1]事实一再证明,中国追求和平,而且是维护和平的一支重要力量。

而美国为了扩大自己的利益和霸权,到处伸手,随时挑衅和显示武力,由于这样的事例太多,《人民日报》的文章仅对 1959 年 10 月至 1960 年 4 月这半年中的有关事例的统计就多达 37 件。其中重要者或与敌视中国有关者即有:

> 1959 年 10 月 16 日,美国助理国务卿伯丁发表演说,认为美国不能接受和平共处,因为这等于承认社会主义阵营的现状。
>
> 10 月 21 日,美国操纵联合国大会通过关于所谓"西藏问题"的非法决议,干涉中国内政,诽谤中国政府平定西藏地方农奴主反动集团的叛乱。

---

〔1〕《人民日报》编辑部:《沿着伟大列宁的道路前进》,载《列宁主义万岁》,北京:人民出版社 1960 年版,第 59—60 页。

11 月 3 日,由于巴拿马运河区人民举行示威,要求收回巴拿马对运河区的主权,美国占领军实行镇压,打伤 120 多名巴拿马人。

12 月 4 日至 22 日,艾森豪威尔以扩大冷战为目的访问了欧亚非十一国。他在访问中竭力鼓吹加强西方军事集团……并积极活动扩展美国在国外的导弹基地网。

12 月 9 日,美国操纵联合国大会通过关于朝鲜问题的提案,不顾朝鲜民主主义人民共和国最高人民会议在 10 月 27 日发出的呼吁,拒绝从朝鲜南部撤退美国军队和实现朝鲜和平统一。

12 月 24 日,美国指使老挝少数极端亲美分子发动军事政变,进一步扩大老挝内战。

12 月 29 日,艾森豪威尔宣布,美国自 1960 年 1 月 1 日开始,有恢复核武器试验的自由。

1960 年 1 月 7 日和 8 日,艾森豪威尔提出国情咨文和预算咨文……规定 1961 年财政年度的军事开支为 455 亿多美元,占总预算的 57.1%。

1 月 15 日,尼克松说:"在任何情况下,美国和她的盟国都不可减少他们的兵力。"

2 月 19 日,美国助理国务卿帕森斯发表演说,表示美国要继续侵占中国领土台湾,仍然"期望"新中国"崩溃",并且说美国要执行"一项谋求抵消(中国)这种力量增长的政策","坚持旨在对付这种力量的措施"。

2 月 26 日,美国在违反朝鲜停战协定、不断地把导弹武器运入南朝鲜之后,公然在南朝鲜乌山发射"斗牛士"式导弹。

2 月 29 日,美国复照古巴政府……威胁说:美国始终可以自由采取她认为有必要采取的"任何步骤"。在这以前和以后,美国飞机连续轰炸古巴。据古巴总理卡斯特罗 3 月 14 日说,美国飞机对古巴的空袭已达 40 多次。

3 月 16 日,美国和蒋介石集团开始在台湾海峡举行大规模军事演习,美军 50000 人参加。

3 月 21 日,美国军舰又一次侵犯中国领海。中国政府向美国提出第 93 次严重警告。从 1959 年 10 月到现在,美国侵犯中国领海、领空共达 21 次。

4 月 6 日,艾森豪威尔正式批准加速发展洲际导弹和发射"北极星"式导弹的核潜艇的计划。据报道,美国政府准备把原定三年内制造的洲际导弹的数目从 270 个增加到 312 个,核潜艇从 7 艘增加到 40 艘。

4 月 20 日,美国支持的委内瑞拉叛乱分子发动武装叛乱,企图推翻委内瑞拉政府。

两相对比,中国和美国,谁在威胁别人? 谁在危害和平? 事实再清楚不过了。《人民日报》特别强调,美国上述言行,均"限于美国政府和美国报刊所公开宣布了的材料"。尽管美国的所作所为远远不只这些,但只有"让中国人和别国人知道"这些"真相","才能有利于和平,才能和缓局势"〔1〕

同年 4 月 22 日,为了纪念列宁诞生 90 周年,《红旗》杂志编辑部发表了《列宁主义万岁》一文。文章分析了当时的世界形势时代特征,着重批评了苏共领导人在"战争与和平"问题上一方面推行霸权主义,一方面屈服于美帝国主义的核讹诈,甚至美化帝国主义,而视亚非拉的民族独立解放运动和社会主义运动为洪水猛兽的机会主义路线;提出应该区分"革命的"和"反革命的"两种不同性质的"暴力",要坚持无产阶级的科学立场,依靠前者来制止和消灭后者。文章明确地表明了中国维护和平的态度,"社会主义国家的外交政策只能是和平政策。社会主义制度决定我们不需要战争,决不会去发动战争,决不许可、决不应该、也决不能够侵占邻国的一寸土地"〔2〕 同时又分析说,"革命是每一个民族自己的事情","某一个国家人民的解放,要依靠自己国内

---

〔1〕 《人民日报》编辑部:《沿着伟大列宁的道路前进》,载《列宁主义万岁》,第 64—70 页。
〔2〕 《红旗》杂志编辑部:《列宁主义万岁》,第 26 页。

人民的觉悟,自己国内革命条件的成熟。革命不能输出,也不能输入。谁也不能不许别国人民进行革命,也不能用'揠苗助长'的方法去制造别国的革命"。文章强调,"社会主义国家决不许可、决不应该、也决不能够在不是受到国外敌人侵略的情况下,使自己的军队越出国境"[1]。这些透辟的说理和庄重的承诺,表现了中国人民坚持革命,维护正义与和平的正确立场;而对于习惯于把自己的价值观念、政治经济模式和生活方式强加于他人,并且在本国境外有大量军事基地和驻军的美、苏两国,都是有力的揭露和批驳。

针对帝国主义"有它的两手,一手是战争,一手是'和平'",文章强调"各国人民一定也要有两手来对付帝国主义,一手是揭穿帝国主义的和平欺骗,竭力争取真正的世界和平;一手是准备在帝国主义发动战争的时候,用正义战争来结束帝国主义的不义战争"[2]。即使是战争中动用核武器,正义的人民的一方也会获胜。"可以肯定,如果美帝国主义或其他帝国主义者拒绝达成禁止原子武器和核武器的协议,而且一旦敢于'冒天下之大不韪',用原子武器和核武器进行战争,结果将只是这些在世界人民包围中的野兽自身很迅速地被毁灭,而决不会是什么人类的毁灭。帝国主义发动罪恶的战争,始终是我们所反对的,因为帝国主义战争会给各国人民(包括美国和其他帝国主义国家的人民)带来巨大的牺牲。但是,如果帝国主义者把这种牺牲硬加到各国人民头上,我们相信,正如俄国革命和中国革命的经验一样,这种牺牲是会得到代价的。胜利的人民,他们在帝国主义死亡的废墟上,将会以极迅速的步伐,创造出比资本主义制度高千百倍的文明,创造起自己真正美好的将来。"[3]

显然,上述声明的意思再明白不过了。但在美国和苏共领导人笔下,却变成了"中国要发动世界战争,来取得社会主义在全世界的胜利"。美国报纸文章说中国人"好战","主张通过战争输出革命";《苏

---

[1] 《红旗》杂志编辑部:《列宁主义万岁》,第30—31页。

[2] 同上书,第28页。

[3] 同上书,第20页。

共中央公开信》则表示他们"不能同意中国领导关于在数以亿计的人的尸体堆上创造出'高千百倍的文明'的观点",并捏造罪状说,中国人"建议把美好的将来建筑在毁灭于热核战争中的旧世界的废墟上",然后质问"中国同志":"他们是否明白,世界火箭——核战争会留下什么样的'废墟'?"1960 年 10 月 1 日和 8 日,美国代表华兹沃斯(Christopher Wordsworth)在联合国大会上亦歪曲《列宁主义万岁》中的那一段话,诬蔑中国"欢迎原子战争","想用一场氢弹来进行的世界战争","使共产主义有希望征服世界"。翌年 12 月 1 日,美国代表史蒂文森又旧话重提,诬称中国是"好战的国家""残酷无情""侵略成性",是"对人类生存的一个巨大和残暴的威胁"[1]。

　　《苏共中央公开信》还诬蔑中国共产党"反对和平共处",以"针锋相对的斗争""往帝国主义的'战争边缘'政策的磨盘中注水,给主张军备竞赛的人帮忙",以"保持和加剧国际紧张局势";说中国共产党"想用最轻易的办法在亚洲、非洲、拉丁美洲的人民当中赢得声望……使民族解放运动孤立于国际工人阶级及其产物——世界社会主义体系之外",甚至恶毒地攻击"中国同志特别努力地在亚洲、非洲和拉丁美洲的共产党和工人党中进行颠覆活动","企图要其他兄弟党从属于自己的影响和控制"[2]。1963 年 7 月 19 日,赫鲁晓夫在"苏匈友好大会"上发表讲话,影射中国和中国共产党说:"似乎某一个社会主义国家,这个国家的共产党有权利对这个或那个资本主义国家发动一场战争……把这个国家的工人阶级从资本主义压迫下解放出来。"他在捏造了这种莫须有的"主张"之后,又用心险恶地说,"根据这种逻辑,帝国主义国家也会有'权利'对社会主义国家发动战争,使资本主义制度在这些国家复辟"[3]。历史的事实是,中国从来没有为了解放哪个资本主义国家的工人阶级而认为社会主义国家有权利发动战争,相反倒

---

〔1〕　文宜祝:《赫鲁晓夫为什么要在"帝国主义死亡的废墟"这点上大造谣言》,《红旗》杂志 1963 年第 17 期。
〔2〕　洪谷:《一个腔调,一个步伐》,《红旗》杂志 1963 年第 17 期。
〔3〕　林铭蕙:《逻辑与脑子》,《红旗》杂志 1963 年第 17 期。

是美国在此前一年向社会主义国家古巴发动过战争。所以苏共中央和
赫鲁晓夫的相关言论,除了诬蔑中国共产党之外,还有明显为帝国主义
尤其是美帝国主义辩护的意图。对于美国和苏共领导人诬蔑中国共产
党和中国人"好战""低估热核战争的毁灭性质""用战争来输出革命"
等等不实之词,上述《人民日报》《红旗》杂志上代表中共中央观点的文
章,以及前引文宣祝、洪谷、林铭蕙等作者的文章,都作了理据充分、深
刻有力的批驳。

苏共领导人和赫鲁晓夫等在攻击中国共产党和中国人时,除了使
用"战争狂人""破坏和平""教条主义""冒险主义""宗派主义""分裂
主义"等等之外,还拾人牙慧,与近现代西方的"黄祸论"者一样,说中
国人头脑中充满了"民族主义""沙文主义""种族主义"。他们贩运
"种族论",诬蔑亚洲、非洲、拉丁美洲人民的民族解放运动是"有色人
种反对白种人的运动",把亚、非、拉人民的团结互助视为"以地理和种
族原则为基础"的产物,尤其恶毒攻击中国人民坚决支持民族解放运
动的立场和主张,将其说成是"利用亚洲和非洲人民的民族主义的、甚
至种族主义的偏见","建立种族和地理的藩篱","用种族观点来代替
阶级观点"。当时苏联的某些报刊文章甚至公开重提"黄祸",危言耸
听地喧嚷"成吉思汗的威胁又来了"。

对这种新一波的"黄祸论",《人民日报》《红旗》杂志在《新殖民主
义的辩护士——四评苏共中央的公开信》中,专门写了"驳'种族论'和
'黄祸论'"一节加以批驳。文章分析说"当代的民族问题"实质上"是
一个反对帝国主义斗争的问题","这里根本不是站在白色人种一边,
还是站在有色人种一边的问题,而是站在全世界被压迫人民和被压迫
民族这一边,还是站在一小撮帝国主义和反动派那一边的问题"。而
苏共领导人有意模糊这个界限,"在欧洲和北美洲的白种人中煽起种
族主义的仇恨心理",这"才是为帝国主义和殖民主义服务的民族沙文
主义"和"种族主义"观点。文章提出,半个多世纪以前,德皇威廉二世
宣扬"黄祸论","是为了进一步瓜分中国,侵略亚洲,镇压亚洲的革命,
转移欧洲人民革命的视线,并且作为当时积极准备发动帝国主义世界

大战和争夺世界霸权的烟幕",但"没有过多久,这个反动头目连同他制造的反动理论,都一古脑儿冰消瓦解了"[1] 当时苏共领导人"要扮演威廉第二这个角色","继承威廉第二的衣钵",显然是为了替帝国主义的侵略扩张辩护,施放转移世界人民反对帝国主义和霸权主义的斗争目标的"烟幕"。

从 20 世纪 70 年代末开始,伴随着中国的改革开放和经济实力的迅速增长,新一轮的"中国威胁论"逐渐形成,进入新世纪之后更达到了危言耸听的地步。"中国威胁论"经过多年的发展和不少人的精心包装,已有不少的变种和不同版本。有"中国军事威胁论""中国经济威胁论""中国环境威胁论""中国能源威胁论""中国输出通货紧缩论"等等,分别拿中国的"军力发展""经济崛起""环境破坏""能源需求"及汇率政策做文章。特别是一些国家的军工集团,为谋求自身的特殊利益,不惜收买媒体,炮制所谓民意,鼓动对中国不利的言论。这些舆论鼓噪误导一些国家的民众,从而干扰和破坏这些国家与中国的交流与合作,也为某些国家发展军事增强军备、遏制围堵中国制造借口。

中国以两种方式对此作出回应。其一是实际行动,就像孙中山先生很早之前就预计到的,"中国果能日臻发达,则全世界之境况均可藉以进步"[2] 据世界银行的一份报告统计,按购买车平价法计算,1980 年至 2000 年间,中国对世界经济增长的贡献率已达到 14%。而美联社 2017 年 12 月 11 日的报道说,联合国在其年度经济报告和预测中,称 2017 年与 2016 年相比,世界经济增长 3%,而"中国经济在这一年里就贡献了全球经济增长的约三分之一"。除了经济贡献之外,中国在坚定地维护亚洲与世界和平方面所作的努力,也为世人所公认。

〔1〕 《人民日报》编辑部、《红旗》杂志编辑部:《新殖民主义的辩护士——四评苏共中央的公开信》,载《红旗》杂志 1963 年第 20 期。

〔2〕 孙中山:《在北京与路透社记者的谈话》,《孙中山全集》第二卷,北京:中华书局 1981 年版,第 453 页。

　　其二是针对以美国和日本为代表的西方势力发起的专门针对中国的"中国威胁论"喧嚣,中国领导人、宣传和外事部门、专家学者和大众舆论,或者加以义正词严的批驳,或者摆事实讲道理以阐明真相,以日益增长的文化软实力解构甚至颠覆着西方的话语霸权。中国"和平崛起"的道路和"负责任的大国"形象,必定会使"中国威胁论"彻底破产。

　　现代社会因交通便利和资讯发达,中国读者对这一轮针对自己的舆论攻防战可说已是感同身受,而且耳熟能详,加上前之带有种族主义色彩的"黄祸论"已渐渐改头换面,所以这本意在温故知新且内容重在温故的作品也该结束了。

结　语

儒者倡导"恕道"，"犯而不校"是"恕道"最精要的表达，本意是"小人"冒犯了"君子"，"君子"不要计较。更不用说"君子"是不会去主动冒犯别人的。据说耶稣基督也教人左脸被人打了还要把右脸送上去，这不仅是一种宽恕和仁慈，还进而是视敌为友。但这种宽容、大度和高尚的德行，除了圣贤，以个体形式出现的人能够真正做到的并不多；而在由无数个体聚合组成的民族、国家之间，"犯而不校"的情形恐怕更是少之又少。

冒犯有程度之异，更有方式的不同。在不同的民族、国家之间，最轻微的是言语冒犯，比如歧视、丑诋对方；较严重者是在自己权力所及的范围内排斥、压制、遏阻对方，违背人道和公正的普世价值，剥夺对方的权利；最严重者则是诉诸武力，杀戮对方的军人和平民，攻占其领土领海，掠夺其财富和资源，甚至不惜灭其国而奴其种。而且历史事实证明，最初通过言语体现的歧视和丑诋，总是伴随着行动上的排斥、遏阻甚至战争，即不仅有"言"而且有"行"。任何言语都有刺激、煽动大众感情的作用，或者是唤起大众的某种信念与希望，甚或是煽起人们的疑虑与恐惧，达到为自己的不当行为寻找借口的目的，博得大众支持，同仇敌忾。因此，这最初的寻衅言语，实际上隐含着制造舆论的动员作用；而被冒犯的一方也就不可能不加以注意和关切，从据理批驳、反唇相讥，直到对抗和报复，很难完全做到"犯而不校"。

对待争辩有两种基本态度。相信"真理（真相）愈辩愈明"者主张争辩；以为"真理（真相）不辩自明"者则不热衷争辩。争辩可能与"百家争鸣"的条件、氛围有关，所以先秦时期是中国辩者蜂起的时代。不过即使在那个时候,"好辩"也没给人留下好印象,所以孟子要用"不得已"为自己的"好辩"作解释。此后中国进入严格控制言论的专制时代,人们害怕"口舌贾祸",渐渐从木讷蜕变为麻木。当然这也与中国人较为相信"真理(真相)不辩自明"的态度有关。明末清初颇长于说理的王夫之虽主张论辩,但强调论辩不要被"邪曲"之谈牵着走,而应以立起自己的"正论"为目标,"君子之言有物也。物也者,实也。言吾之是,非以折彼之非;言吾之直,非以辩彼之曲;言吾之正,非以争彼之邪",然而"是之胜非,直之胜曲,正之胜邪,操常胜之势,揆之义而义存,建以为名而名正,何患其不胜哉?"[1] 也就是相信,立论只要以真理、真相为归,光明正大,对立面的邪说就会不攻自破。客观地说,进入 19 世纪后期,中国的言论环境比以前宽松多了,各种舆论较前大增,但可能主要是因为语言文字隔膜之故,当时的中国人对西方"黄祸论"的言说情形知之有限,因此直接对"黄祸论"作出回应的并不多。

　　当然可能还有另外一种原因影响到中国人对"黄祸论"大多采取不予置辩的态度。戊戌时期的维新志士谭嗣同的想法可以作为这种态度的代表。谭嗣同基于更强调民族自省的立场,多将批评的锋芒指向守旧、自大的"误国之臣"和"亡国之士",说这些人"不虚心、不自反、不自愧、不好学、不耻不若人";表示"吾何暇计外洋之欺凌我、虏刘我哉?责己而已矣"。[2] 他强调中国的出路在"自强",并以为既然"名之曰自强,则其责在己而不在人","任彼之轻贱我,欺凌我,我当视为兼弱攻昧,取乱侮亡,则诋毁我者,金玉我也;干戈我者,药石我也"。[3] 显然这种认识有可取的一面,即凡事不忘先从自己一方找原因,不要一听言语冒犯、一见矛盾冲突就丧失理性和冷静,一切诿过于人而不反省自身。但是问题还有另外一面,如果对方有意寻衅,颠倒是非黑白,而受污者完全"失语",就会导致积非成是,世界全无公理和正义可言了。

〔1〕　《船山遗书》,同治四年湘乡曾氏金陵刊本,"宋论"卷十三,第 12—13 页。
〔2〕　《报贝元徵》,《谭嗣同全集(增订本)》上册,北京:中华书局 1981 年版,第 225、210 页。
〔3〕　《仁学(四十四)》,《谭嗣同全集(增订本)》下册,第 361 页。

所以对待他人的"丑诋",不必多辩但也不可不辩。

鲁迅先生对待"黄祸论"的态度可谓独树一帜。20 世纪初,鲁迅先生在《破恶声论》中曾批评当时中国人面对"黄祸论"的三种表现。一种是"自屈于强暴久,因渐成奴子之性,忘本来而崇侵略";一种是"人云亦云,不恃自见";一种是"援德皇威廉二世黄祸之说以自豪,厉声而嗥"。他既着重批评了恐惧或崇拜西方侵略者的奴隶性格,也嘲笑了因"黄祸"说而自豪的虚骄自大,视其为"梦中狂人",强调"若夫今日,其可收艳羡强暴之心,而说自卫之要矣"。[1] 20 世纪 30 年代,即在鲁迅先生晚年,也有几篇文章涉及应该如何对待"黄祸论"的问题。如《准风月谈·黄祸》指出,三十年前德皇威廉二世称黄种人要席卷欧洲,中国"有些英雄听了这话,恰如听到被白人恭维为'睡狮'一样,得意了好几年"。然而这些人"一面在做'黄祸'的梦",中国却仍在鱼烂瓦解,被他人欺凌宰割。"倘是狮子,自夸怎样肥大是不妨事的,但如果是一口猪或一匹羊,肥大倒不是好兆头。"这是强调中国人如果只是梦想强大或者自以为强大,会蕴含着极大的危险。当然鲁迅也不苟同那种过分自卑的态度,称"但倘说,20 世纪的舞台上没有我们的份,是不合理的"。[2]

20 世纪 30 年代初,当标榜"民族主义文学"的《前锋月刊》把当时中央军与阎锡山、冯玉祥之间的中原大战想象成蒙古人的"西征",其后又无视日本人已经侵占中国东北三省,鼓吹"黄种人团结的重要",讴歌"亚细亚勇士们张大吃人的血口",客观上配合了日本人的反苏宣传时,鲁迅先生批评说这实在是要"先使中国人变成奴才,然后赶他打仗",而"用民族主义来朦混读者"。[3] 而当西方的"黄祸论"者或其他人在谈到中国文明、制度、现状及中国人的性格和精神问题的时候,鲁迅先生并不赞同讳疾忌医,以为外人一说中国的缺陷就觉得是伤害了

〔1〕 鲁迅:《破恶声论》,王世家、止庵编:《鲁迅著译编年全集》第一册,北京:人民出版社2009 年版,第 309—310 页。

〔2〕 鲁迅:《准风月谈·黄祸》,同上书第十五册,第 431—432 页。

〔3〕 鲁迅:《"民族主义文学"的任务和命运》,同上书第十三册,第 322、326 页。

中国和中国人的尊严，其实更多的是认为"丢了面子"的态度。所以当美国传教士明恩溥在其著作《中国人的素质》中较多谈到中国人素质的缺陷时，辜鸿铭在《中国人的精神·序言》《约翰·史斯密（即明恩溥）在中国》和《中国学（一）》等文章中力加批驳，而鲁迅先生却认为明恩溥批评中国人做事"撑场面的分量多""这话并不过于刻毒"，他希望中国有人译出该书，让更多的中国人"看了这些，而自省，分析，明白哪几点说得对，变革、挣扎，自做工夫，却不求别人的原谅和称赞，来证明究竟怎样的是中国人"[1]。总之，由于鲁迅先生一生最主要的是致力于与黑暗抗争及改造国民性，因此在对待西方人的寻衅、丑诋或客观的批评而中国人的回应又未必全然冷静、科学的时候，他主张中国人多做"自省，分析"，"变革、挣扎，自做工夫"，既不自卑，更不自大。鲁迅先生的这种态度，是同时代的日本人所没有的，在中国人中也不多见，因而具有特别的意义。而在中国刚刚开始走向强大，即有人"未富先骄"，中国人的素质亟须继续提高的今天，尤其值得珍视和记取。

我们还有一点自知之明，深知要写出这样一本系统总结之作，非我等力所能逮。但我们深信"人类共生"之理，憧憬人类和谐和世界大同，因此希望共生于地球上的不同种属、民族和国家的人，彼此之间能逐步消除歧视、猜忌和敌意，无论是对历史上的恩怨还是现实中的分歧，都能从客观的理性的态度出发，先求沟通和理解，真正做到"知己知彼"。但这种"知己知彼"不是为了"百战不殆"或者"不战而屈人之兵"，而是为了求同存异，进而"（扩）大同（缩）小异"，最终弃异求同。因此本书的内容，主要是在大量阅读中外文献的基础上，再现围绕"黄祸"这一话题展开的论辩史，虽有若干评论，但不多作人种学的、民族主义的或现代意识形态的批评。虽然历史学从来就带有一种"旧事重提"的特征，但从"致用"的目标出发，人类最需要的是从中总结出有益的经验教训。尽管西方有人认为中国人习惯引经据典，援引历史成例，

---

[1]　《鲁迅评〈中国人的素质〉》，载明恩溥：《中国人的素质》，秦悦译，上海：学林出版社2001年5月第2版，第294、297页。

是思维方法的显著不足,而且一直有人提出"人类果真能从历史中汲取教训吗?"的难题,中国也有人视历史为"无用"且必须抛弃的"包袱"。对此我们只能简单地回答:历史是人类知识和智慧的资源之一,理性科学地对待和借鉴历史,对于人类总是有益无害的吧。

主要参考文献

一、中文部分（含外文已译书籍，按作者姓氏拼音排列）

〔德〕奥斯瓦尔德·斯宾格勒著，齐世荣等译：《西方的没落》（上下册），北京：商务印书馆 2001 年版。

〔美〕J. M. 布劳特著、谭荣根译：《殖民者的世界模式》，北京：科学文献出版社 2002 年版。

〔美〕哈罗德·伊萨克斯著，于殿利、陆日宇译：《美国的中国形象》，北京：时事出版社 1999 年版。

〔英〕戴维·米勒主编《布莱克维尔政治学百科全书》（修订版），北京：中国政法大学出版社 2002 年版。

〔德〕海因茨·哥尔维策尔：《黄祸论》（内部读物），北京：商务印书馆 1964 年版。

黄新民：《世界人种问题》，上海：光华书局 1927 年版。

李恩涵：《曾纪泽的外交》，台北：台湾商务印书馆 1966 年版。

〔英〕罗宾·科恩、保罗·肯尼迪著，文军等译：《全球社会学》，北京：社会科学文献出版社 2001 年版。

吕浦、张振鹍编译：《"黄祸论"历史资料选辑》，北京：中国社会科学出版社 1979 年版。

宁骚：《民族与国家》，北京：北京大学出版社 1995 年版。

〔美〕明恩溥著，秦悦译：《中国人的素质》，上海：学林出版社 2002 年版。

〔法〕皮埃尔-安德烈·塔古耶夫著，高凌瀚译：《种族主义的源流》，北京：三联书店 2005 年版。

〔美〕任达：《新政革命与日本——中国，1898—1912》，南京：江苏人民出版社 1998 年版。

〔日〕桑原骘藏著，钱婉约译：《东洋史说苑》，北京：中华书局 2005 年版。

王墨林:《后昭和的日本像》,台北:稻禾出版社 1991 年版。

〔德〕威德著,西庵译:《李鸿章与俄国》,上海:东方书局 1935 年版。

〔美〕雅克·巴尔赞著,林华译:《从黎明到衰落》,北京:世界知识出版社 2002 年版。

余英时:《钱穆与中国文化》,上海:上海远东出版社 1994 年版。

张灏:《梁启超与中国思想的过渡》,南京:江苏人民出版社 1995 年版。

张枬、王忍之编:《辛亥革命前十年间时论选集》,北京:三联书店 1978 年版。

《戴季陶集》,武汉:华中师范大学出版社 1990 年版。

《唐才常集》,北京:中华书局 1980 年版。

《辜鸿铭文集》,海口:海南出版社 1996 年版。

《雷铁崖集》,武汉:华中师范大学出版社 1986 年版。

《鲁迅全集》,北京:人民文学出版社 1972 年版。

《孙中山全集》,北京:中华书局 1981—1986 年版。

《饮冰室合集》,北京:中华书局 1989 年版。

《章太炎全集》上海:上海人民出版社 1984 年版。

报刊

《大陆》《大陆报》《东方杂志》《广益丛报》《国民日日报》《湖北学生界》《湖北学报》《河南》《汗血周刊》《红旗》《江苏》《警钟日报》《觉民》《前锋月刊》《苏报》《清议报》《外交报》《女子世界》《游学译编》《新世界学报》《庸言》《浙江潮》《中外日报》《中国新女界》

二、日文部分（按姓氏笔画排）

山口一郎:《近代中国对日观の研究》,日本亚洲经济研究所 1970 年。

日本中国研究所:《中国の日本论》,日本潮流社 1948 年。

户川猪佐武:《犬养毅と青年将校》,东京讲谈社昭和五十七年。

井上清等:《日中战争と日中关系》东京原书房 1988 年。

田口卯吉:《鼎轩田口卯吉全集》(第二卷),东京经济杂志社昭和二年。

田口卯吉:《日本人种の研究》,东京经济杂志社明治三十八年。

田口卯吉:《古代の研究》东京经济杂志社明治三十五年。

田村圆澄:《东アジアと日本》,京都吉川弘文馆昭和六十二年。

本多熊太郎:《欧洲情势と支那事变》,东京千仓书房昭和十四年。

石田干之助:《欧米における支那研究》,东京创元社昭和十七年。

竹内好等:《日本とァジア》,东京筑摩书房 1966 年。

池亨吉:《日米战争》,东京博文馆明治四十四年。

江上波夫等:《日本と中国——民族特质の探讨》,东京小学馆昭和五十七年。

江口朴郎:《第一次世界大战后の世界》,东京中央公论社昭和五十八年。

远山茂树:《近代日本の政治家》,东京讲谈社昭和三十九年。

桥川文三:《黄祸物语》,东京岩波书店 2000 年。

信浓忧人:《支那人の见た日本人》,东京青年书房 1937 年。

鱼返善雄:《中国人の日本观》,东京目黑书店 1943 年。

嵯峨隆:《戴季陶の对日观と中国革命》,东京成文堂 1998 年。

宇野俊一:《日本の历史(26)日清・日露》,东京小学馆 1976 年。

村濑兴雄:《フアシズムと第二次世界大战》,东京中央公论社昭和五十八年。

栖崎观一:《满洲、支那、朝鲜》,日本大阪屋号书店昭和九年。

黑龙会编:《东亚先觉志士传》,东京原书房昭和四十一年。

三、外文著作（按作者的姓氏字母排序）

〔美〕艾里斯特・布产:《中国和亚洲和平》(Alistair Buchan , *China and the Peace of Asia* , London , 1965)。

〔英〕享斯曼:《中国:是黄祸还是红色希望?》(C. R. Hensman , *China: Yellow Peril? Red Hope?* SCM Press Ltd 1968 , London)。

〔澳〕皮尔逊:《民族生活和民族性格——一个预测》(Ch. H. Pearson , *National Life and Charater. A Forecast* , London and New York , 1893)。

〔澳〕丹尼斯・瓦勒:《枪杆子下》(Denis Warner , *Out of a Gun* , Hutchinson , London , 1956)。

〔英〕密切尔:《海外华侨:十九世纪》(E. Mitchll , *The Chinaman Abroad: The Nineteenth Century* , 1894 , II)。

〔德〕戈尔茨:《从历史观点看黄祸》(F. V. Goltz , *Die gelbe Gefahr im Lichte der Geschichte* , Leipzig , 1907)。

〔美〕哈得森・马克西姆:《没有防卫的美国》(H. Maxim , *Defencelee America* , London /New York/Toronto , 1915)。

〔美〕哈里森・E. 赛里斯布里:《中国势力范围》(Harrison E Salisbury , *Orbit of*

China, Secher and Warbury, London ,1967)。

〔德〕郭士立:《中华帝国史》(Karl. Gützlaff, *Geschichte des Chinesischen Reiches*, hrsg. Von)〔K. F. Neumann, Magdeburg und Tübingen,1847〕。

〔法〕谢曼:《戈宾诺传》(Ludwig Schiemann, *Gobineau*, Ⅱ , Strapburg,1916)。

〔美〕霍夫斯塔托:《1860—1915 美国思想界中的社会达尔文主义》(R. Hofstadter, *Social Darwinism in American Thought 1860-1915*, Philadelphia,1945)。

〔美〕理查德·奥斯汀·汤普森:《黄祸论》(威斯康辛大学 1957 年博士学位论文, Richard Austin Thompson, *The Yellow Peril 1890-1924*, Arno Press, New York)。

〔美〕爱德华·诺斯:《变化的中国人:东西方议论文化冲突下的中国》(Edward A. Ross, *Changing Chinese: the Conflict of Oriental and Western Cultures in China*. New York,1912)。

〔美〕乔治第二:《亨利·乔治传》(T. H. George Jr, *The Life of Henry George*, New York,1911),载《亨利·乔治全集》第 9 卷。

〔美〕西华德:《西华德环球旅行记》(W. H. Sewards, *Travels Around the World*, ed. by O. R. Seward. New York ,1973)。

〔美〕威廉·弗特:《生存之路》(William Voget, *Road to Survival*. Gollancz, London,1949)。

后　记

　　"黄祸论"是 19 世纪后期在西方主要国家出现的,针对中国和日本的煽动、污蔑和诋毁的核心话语之一,一直流行到二战结束。其败坏中国人和中国的形象,对中国造成了很大困扰和不良影响。西方国家和日本对"黄祸论"不乏研究,20 世纪 50 年代以来,原西德的海因茨·哥尔维策尔的《黄祸论》(中国有 1964 年商务印书馆作为"内部读物"的译稿)、美国汤普森的《黄祸论》(未有中文版)、英国亨斯曼的《中国,是黄祸还是红色希望》(未有中文版)、日本桥川文三的《黄祸物语》(未有中文版),是最主要、最有代表性的四本著作。不过这些研究成果完全没有涉及当时中国人的回应。

　　而在中国,20 世纪 50 年代以来,此一问题的研究几为空白。出版的资料文献也只有两种:一是翻译了上面提到的哥尔维策尔的《黄祸论》(因是内部读物,传播范围有限),一是吕浦、张振鹍两先生编译的《黄祸论历史资料选辑》(中国社会科学文献出版社 1979 年出版),该书收集了部分国内外有关资料。可以说,对这一问题尚无深入系统的研究(详见引言中之黄祸论论辩史和黄祸论研究史)。

　　作者对此问题关注和研究前后已有 10 年之久,正是由于这一问题的重要研究价值和学术现状,该项研究 2003 年被列入国家社会科学基金研究计划,本书稿就是这项研究的最终成果,夸张地说是迄今中国人自撰的第一本研究"黄祸论"的作品。

　　本书建立在充分利用中外文献资料的基础上。国内资料方面,从 19 世纪末开始直到现在的报刊上、专著中有涉及黄祸论者,几乎全部收齐并作了认真辨别;国外方面,我们除充分利用已有中译资料外,还设法收集各种外文文献,前面提到的四本代表作中未译的三本,我们全部找到并做了中译。因此,在资料的完备性上,有足够的自信。

　　本书的内容,五分之二用于再现和分析近代几个西方国家喧嚷"黄祸论"的背景、言论及其内容特色;另五分之二则系统发掘并分析近代中国人对"黄祸论"的各种回应;五分之一写日本对此问题的关注和反应。这一结构安排,既弥补了外国成果中对"中国回应"研究的不足,又可让今日的读者对西方、日本相关情形有所了解,写作中尽可能集中体现出"黄祸论"这一特定思想文化问题的动态的攻辩过程,并在这种历史轨迹中寻找思考解决现实问题的策略。

　　本书绝大部分为我撰写,日本桥川文三的《黄祸物语》亦由我翻译。但仍然得到了多位青年同行的帮助,其中有本人所在的华中师范大学中国近代史研究所许小青教授,他撰写了《引言》中"人种论与黄祸论"的一小节和本书第十部分《中国近代的人种学回应》。华中师范大学历史系的江满情副教授,用了较长时间把前述未曾中译的两本书,即美国汤普森的《黄祸论》、英国亨斯曼的《中国,是黄祸还是红色希望》的大部分译成了中文,供我参考利用。她因此无暇参加撰写,做了默默无闻的贡献,这是我想特别在此记下一笔的。

罗福惠

2017 年春于武汉